北京师范大学刑事法律科学研究院

刑法学研究总整理文库

总主编　赵秉志

非法拘禁罪、绑架罪专题整理

魏昌东　钱小平　编著

赵秉志　　　　　审定

中国人民公安大学出版社

·北京·

图书在版编目（CIP）数据

非法拘禁罪、绑架罪专题整理/魏昌东，钱小平编著．—北京：中国人民公安大学出版社，2009.8

（北京师范大学刑事法律科学研究院刑法学研究总整理文库/赵秉志总主编）

ISBN 978-7-81139-570-9

Ⅰ．非… Ⅱ．①魏…②钱… Ⅲ．侵犯人身权利罪—研究 Ⅳ．D914.04

中国版本图书馆 CIP 数据核字（2009）第 083092 号

北京师范大学刑事法律科学研究院刑法学研究总整理文库

非法拘禁罪、绑架罪专题整理

FEIFAJUJINZUI BANGJIAZUI ZHUANTIZHENGLI

魏昌东 钱小平 编著

赵秉志 审定

出版发行：中国人民公安大学出版社
地　　址：北京市西城区木樨地南里
邮政编码：100038
经　　销：新华书店
印　　刷：北京蓝空印刷厂

版　　次：2009 年 8 月第 1 版
印　　次：2009 年 8 月第 1 次
印　　张：14
开　　本：880 毫米×1230 毫米 1/32
字　　数：426 千字
印　　数：1~3000 册

书　　号：ISBN 978-7-81139-570-9/D·478
定　　价：35.00 元

网　　址：www.cppsup.com.cn www.porclub.com.cn
电子邮箱：cpep@public.bta.net.cn zbs@cppsu.edu.cn

营销中心电话（批销）：（010）83903254
警官读者俱乐部电话（邮购）：（010）83903253
读者服务部电话（书店）：（010）83903257
教材分社电话：（010）83903259
公安图书分社电话：（010）83905672
法律图书分社电话：（010）83905637
公安文艺分社电话：（010）83903973
杂志分社电话：（010）83903239
电子音像分社电话：（010）83905727

总 序

新中国刑法学在新中国成立初期创建之后，虽然曾因政治运动出现过一段时间的停滞，但在党的十一届三中全会后开始复苏，并逐步走上繁荣发展的道路。尤其是晚近20多年来，刑法学研究更是突飞猛进，成果迭出，成就斐然，从而成为公认的我国法学领域最为发达的主要学科之一。在新中国刑法学创建以来的近60年间，共出版著作近3000部，发表论文数万篇。面对如此丰硕的研究成果，总结其成就，反思其得失，从而为刑法学的进一步开拓发展提供导向，显得异常迫切。这就需要加强对数十年来刑法学研究成果的系统整理，将体现刑法学发展和具有重要学术价值的代表性研究成果，从发表在数以百计的报刊和文集上的浩如烟海的论文中精选出来按照专题汇集成册，从而为今人的研究、学习提供便利，也为后人保留有代表性的研究资料。

以高铭暄、赵秉志教授为首的北京师范大学刑事法律科学研究院的刑法学研究团队，在潜心刑法理论研究的同时，历来都非常重视刑法学研究资料的整理和汇集，多年来在此方面曾推出了数部非常有影响的学术资料荟萃书籍。例如，《新中国刑法学研究综述（1949—1986）》（高铭暄主编，河南人民出版社1986年版），《刑法修改研究综述》（赵秉志主编，中国人民公安大学出版社1990年版)，《刑法争议问题研究》(赵秉志主编，河南人民出版社1996年版)，《新中国刑法学五十年》(高铭暄、赵秉志主编，中国方正出版社2000年版)，《新中国刑法学研究历程》(高铭暄、赵秉志主编，中国方正出版社2002年版)，《刑法学的新动向》(刘志伟主编，中国人民公安大学出版社2005年版)，等等。"删繁就简三秋树，标新立异二月花"，这些书籍简明扼要地概括了中国刑法学理论研究的实际状况，反映出刑法学理论研究的最新动态，揭示了刑法学术研究的前沿问题，既为刑法学理论研究提供了资料方面的便利，免除了研究者披沙拣金、查找适合资料这一皓首穷经的辛苦，又汇集了各家学说，避免了研究者冥思苦想的观点却是前人已有之说的无谓劳动，从而有利于激发研究者学术研究的热情。

为承袭前述著作的成功经验，汇集近年刑法学术的前沿论述，赵秉志教授等学者在中国人民大学刑事法律科学研究中心工作时，即曾酝酿编撰一套系统整理新中国成立以来刑法学研究成果的著作，但因故未能付诸实施。2005年8月，赵秉志教授、卢建平教授等数位学者首批加入北京师范大学并创建了全国首家实体性的刑事法律科学研究院。随后，经过多次研究和论证，决定组织精干队伍，编撰出版"刑法学研究总整理文库"。该文库将刑法学各个重要问题的有关内容分别编辑成册，系集专题述评、代表性论文精选、研究论著索引为一体的大型学术工具书。它既是全面展示新中国刑法学研究成果的重要窗口，也是刑法学研究者、学习者从事刑法学研究和学习的捷径，还将为刑事法实务工作者集中提供权威或有价值的指导或参考。为保证本文库高质量地及时出版，北京师范大学刑事法律科学研究院刑法学研究团队给予了高度的重视，并精诚团结，投入了大量的时间和精力。聘请了研究院名誉院长高铭暄教授，研究院特聘顾问教授马克昌、王作富、储槐植先生担任本文库的学术顾问，组成了由院长赵秉志教授担任主任，常务副院长卢建平教授、中国刑法研究所所长李希慧教授为副主任，黄风教授、张远煌教授、吴宗宪教授、刘志伟教授、王秀梅教授、李汉军教授、王志祥教授等为成员的编委会，负责文库的策划、作者的确定以及指导解决编写过程中遇到的重要问题。设立了由刘志伟教授兼任主任，讲师黄晓亮博士、张磊博士为副主任，刘科博士、袁彬博士、李山河博士、苏明月博士、蒋娜博士、博士研究生彭新林为成员的编辑部，负责协调有关编辑与出版事宜。文库的编写队伍主要由北京师范大学刑事法律科学研究院的研究人员和部分博士后、博士研究生，以及中国人民大学法学院刑法专业部分博士研究生组成。其每一册均由对相应专题有研究专长或研究兴趣的教师、博士研究生或近年毕业的博士担任编著者。考虑到本文库涉及刑法学总论、各论中的数十个专题，编著工程浩大，耗费时间也长，经过与中国人民公安大学出版社协商，决定根据各个专题的性质、完成的进度、文稿的规模分批出版，成熟一批出版一批。近两年来，基于各位编著者、审定者的辛勤工作，在中国人民公安大学出版社的大力支持下，刑法学研究总整理文库已有18本付梓问世，成为刑法学理论研究的重要参考，受到了刑法学界诸多专家学者以及读者朋友的热烈欢迎与好评。我们将以此为动力，一如既往地勤勉工作，不断推出高质量的专题整理作品。

最后，需要说明的是，“刑法学研究总整理文库”是以公开发表的论文和出版的著作作为基础编写而成的，没有广大论文与著作原作者的辛勤劳动，就不会有本书的问世，在此向他们表示衷心的感谢与崇高的敬意；受编写者的学术素养、概括与总结能力以及编写和出版时间等因素的限制，本丛书对原作者观点的概括和介绍难免有不准确、不妥当之处，尚祈广大作者和读者谅解。同时，也欢迎广大读者多提宝贵意见，以便我们在今后的编写修订工作中不断改进。

北京师范大学刑事法律科学研究院
“刑法学研究总整理文库”编委会
2008年8月18日

目 录

上编 研究述评

下编　代表性论文精选

一、非法拘禁罪精选论文

二、绑架罪精选论文

上编　研究述评

第一章 非法拘禁罪与绑架罪的研究概况

一、非法拘禁罪的研究概况

非法拘禁罪是新中国第一部刑法典——1979 年《中华人民共和国刑法》所确立的 14 种侵犯公民人身权利的犯罪之一,① 也是受到中国刑法理论与实务界共同重视与关注的重点罪名。刑法典颁行 30 年来，刑法理论界对于非法拘禁罪的研究，以合理协调理论创新与司法实践需要的关系为基本目标，高度重视刑事司法实践的迫切需要，在借鉴、吸收的基础上不断拓展对非法拘禁罪的研究范围，形成了一定规模的研究成果，这些成果为最高国家司法机关相关司法解释的通过与施行——特别是刑法立法的更新与完善——提供了至关重要的决策依据。在 1997 年修订刑法的过程中，刑法理论界的研究成果得到立法机关的肯定，立法机关在充分考虑刑法理论研究成果的基础上，修正并完善了非法拘禁罪立法规定的内容。修订后的刑法除保留 1979 年刑法关于非法拘禁罪规定的基本内容外，根据罪刑相适应原则的要求，兼顾刑法在实现社会保障与人权保护机能中双重作用充分发挥的需要，重点对“索债型”非法拘禁行为的性质进行了立法确认，并增加了身份犯从重适用刑罚的规定。随着非法拘禁罪理论研究

① 据统计，1979 年刑法分则第四章“侵犯公民人身权利、民主权利罪”共配置了 19 个条文，规定了 19 个具体罪名，其中，涉及公民人身权利的罪名为 14 个。非法拘禁罪被规定于第 143 条，该条共规定了两款，其中第 1 款是关于非法拘禁罪基本犯罪构成和情节加重构成的规定，第 2 款则规定了非法拘禁罪的结果加重构成。

的深入，理论界对非法拘禁罪的研究开始由罪质要件研究向刑事责任研究转化，科学而完善的研究成果，将为非法拘禁罪立法的再次完善提供新的理论基础。纵观三十年来中国刑法学界对非法拘禁罪的研究历程，应充分肯定的是，刑法典关于非法拘禁罪的立法规定与修订是适合中国国情与司法实践需要的。

回顾三十余年来中国刑法学界对非法拘禁罪的研究历程，我们可在总体上将之划分为两个鲜明的研究阶段。

第一阶段：以第一部刑法典为中心、以注释性研究为主要方法的研究阶段（1979 年—1997 年 3 月）

总体而言，中国刑法学界关于非法拘禁罪的研究，是以第一部刑法典的正式颁行为全面启动标志的。在初始研究阶段，理论与实务界重点关注的问题主要涉及两个方面：

1. 非法拘禁罪罪质标准与适用条件研究

犯罪的罪质标准研究是对刑法典所规定的罪刑规范所进行的全面解析，也是刑法学注释研究的核心内容，罪质研究是沟通立法与司法的桥梁，这项研究以对刑法典所规定的非法拘禁罪罪状的注疏性研究为核心，重点关注了非法拘禁罪客观要件中的行为方式、行为对象、行为程度，以及主观要件的内容，明确了成立非法拘禁罪所必须具备的构成要件的具体内容。这项研究作为非法拘禁罪研究的重要基础，对于明确非法拘禁罪犯罪构成的内容以及在司法实践中准确适用刑法奠定了基础。

2. 特殊类型非法拘禁行为性质研究

20 世纪 80 年代末期，随着改革开放的逐步深入，中国开始由计划经济体制向市场经济体制过渡与转型，市场经济体制的重要特征之一就是市场主体的多元化以及市场经济活动规模与数量的陡增。由于我国在向市场经济体制转化过程中所采取的渐进性转化的模式，加之，国家对在市场经济体制下所需要建构的法治准备存在认识与观念上的不足，由此导致大量市场主体市场经济流转失范行为的激增，市场主体间债权关系无法得到有效而及时的法律调整。在这种情况下，一种经济权利自救行为——“索债型”非法拘禁行为开始大量出现，并成为国家与社会关注的焦点问题。对于司法实践中所亟待正确界定与处理的“索债型”非法拘禁行为性质的确定以及其与绑架罪（最初为绑架勒索罪）的界限，刑法理论与实务界给予了高度关注，司法实践的迫切需要，为刑法理论研究提供了内在的动力。对“索债型”非法拘禁行为性质的研究，成为20世纪90年代后期非法拘禁罪研究的重点问题。通过刑法理论界的激烈争论与研讨，使得“索债型”非法拘禁行为的刑法性质得以明晰，从而为1991年9月全国人大常委会《关于严惩拐卖、绑架妇女、儿童的犯罪分子的决定》的颁行，特别是绑架勒索罪的立法确认提供了有力的理论支撑。

第二阶段：以修正刑法典为中心、以注释研究与规范研究为主要方法的研究阶段（1997年3月至今）

1997年修正的刑法典对非法拘禁罪的罪刑规范进行了较为全面的修订与完善，罪刑规范内容的调整，特别是对非法拘禁罪刑罚规范的完善，为刑法学非法拘禁罪研究提供了全新的研究内容。在这一阶段，刑法理论与实务界重点关注的问题主要涉及三个方面：

1. 非法拘禁罪罪质标准与适用条件研究

基于注释研究对于刑法规范适用的基础意义，非法拘禁罪犯罪构成要件研究仍是这一时期刑法理论研究中重点关注的问题，罪质要件研究的深化，进一步细化了非法拘禁罪的司法适用标准，为准确适用本罪奠定了基础。在罪质标准研究中，主要是围绕非法拘禁罪客观构成要件要素的内容展开的，重点关注了“非法性”与“拘禁行为”的内容等问题，在研究层次上取得了明显的深化。

2. “索债型”非法拘禁行为性质研究

刑法理论界对“索债型”非法拘禁行为性质的研究，并未因得到修正刑法第238条第3款的立法确认而告终结，体现出中国刑法理论研究的执著与责任意识。尽管“索债型”非法拘禁行为的性质已被修正刑法典确定为非法拘禁罪，但是，刑法理论界始终秉承深入追问、高度负责的学术精神，对修正刑法典将“索债型”非法拘禁行为规定为非法拘禁罪的正当性展开了深入的研究，通过广泛研究，不断深化了对现行立法正当性的认识。认识的深化集中表现为，在修订刑法典颁行之初，理论界对立法的正当性仍存质疑，对立法适用中可能出现的因罪刑不相适应而产生的消极后果普遍存在担心与忧虑。然而，随着刑法理论与实务界对“索债型”非法拘禁行为与绑架罪罪名关系、立法机理、刑罚配置原理研究的深入，理论界逐步达成了统一的观点与认识。

3. 非法拘禁罪加重构成理论与适用研究

在非法拘禁罪的罪刑规范中增加加重构成的类型以及增加转化犯的规定，是修正刑法典根据司法实践的需要对原罪刑规范作出的重要立法完善。因加重构成与转化犯规定，均直接涉及因罪刑对应关系变化而产生的非法拘禁罪与相关犯罪的罪质界限辨析问题，因而，直接关涉司法适用中的认定。对刑法第238条第2款所规定的行为类型、适用条件以及与相关犯罪之间罪质界限的研究，仍属于传统的注释性研究的范畴，而在此基础上，刑法理论界对这一构成类型中刑罚配置原则与合理性的研究，则是对非法拘禁罪研究领域的拓展，成为非法拘禁罪研究领域深化的重要标志。

刑法理论与实务界对非法拘禁罪的长期关注与理论创新，是确保非法拘禁罪正确适用的重要前提。这些研究成果，不仅为准确认定犯罪奠定了基础，同时也是对刑罚适用均衡性研究新思考的有效开端。

回顾改革开放以来中国刑法理论界对非法拘禁罪理论研究的历程，经过三十年的理论积累，中国刑法学界已相继形成非法拘禁罪理论成果专著3部，即张志杰主编：《非法拘禁罪》（中国检察出版社，1996年版）、祝铭山主编：《非法拘禁罪、绑架罪》（中国法制出版社，2004年版）、裴广川主编：《刑事案例诉辩审评：绑架罪与非法拘禁罪》（中国检察出版社，2005年版），直接以非法拘禁罪为选题的硕士毕业论文4篇（以中国期刊网收录的数据为准），并在国内期刊相继发表论文近200篇。

二、绑架罪的研究概况

中国刑法理论界对绑架罪的研究，始终是与中国社会发展的基本状况、基本阶段，以及中国刑法发展与演进的基本方向与内在规律相联系、相适应的。在近二十年的理论研究进程中，由于科学地协调了理论研究与社会需求的相互促进关系，使得绑架罪的立法与理论研究具有了鲜明的时代特色。理论研究的发展不仅为刑法立法的完善奠定了扎实的基础，同时，刑法立法的发展也为刑法理论对绑架罪的研究提供了现实动力，出现了良性互动的局面。

中国刑法绑架罪立法的发展，在总体上经历了三个阶段，即立法缺失阶段、补充立法阶段以及立法完善阶段。与绑架罪刑法立法发展状况相对应，中国刑法学界对绑架罪的研究也形成了三个明显的阶段性分期：

第一阶段：以绑架行为性质刑法辨析与立法必要性研究为中心的阶段（1979 年—1991 年 9 月）

1979 年第一部刑法典并未将绑架罪规定为法定的罪名。然而，自第一部刑法典颁行以后，在司法实践中不断出现的掳人勒赎行为的司法定性难题，在客观上促使刑法理论与实务界积极启动了关于绑架型犯罪的学理研究。在这一阶段，刑法理论重点关注的问题主要包括以下两个方面：

1. 绑架勒索行为刑法性质判断研究

绑架勒索行为是与“索债型”、“人质型”非法拘禁行为具有一定相似性的行为，对其性质判断直接影响罪名的认定与刑事责任的承担。对于司法实践中所最初出现的这一行为类型，刑法理论与实务界重点关注了其与非法拘禁罪的行为界限以及刑事责任程度界限的问题，经过充分研析明确提出了应严格界分二者行为性质的论断。

2. 绑架勒索罪独立立罪必要性研究

在司法实务界基于惩治绑架勒索行为的需要，以司法解释性意见①的形式规定处置原则后，刑法理论界以促进绑架勒索罪独立立罪为目标，对这一解释的正当性与合理性进行了评析，就相关犯罪之间

---

① 最高人民检察院 1990 年 4 月 27 日《关于以人质勒索他人财物案件如何定罪问题的批复》［高检研发字（1990）第 11 号］。依照本批复意见：以人质勒索他人财物犯罪案件，应依照刑法第 150 条规定以抢劫罪论处。

的罪质界限进行了厘定。这些研究成果，为立法机关将绑架勒索罪确定为独立罪名奠定了重要的理论基础。

第二阶段：以单行刑法立法合理性与适用性研究为中心的研究阶段（1991年9月—1997年3月）

单行刑法将绑架勒索行为入罪的罪刑规范，为刑法理论界全面展开对绑架罪的研究提供了重要的规范依据。为确保罪刑规范的准确适用，科学界分绑架罪与相关犯罪的罪质界限，刑法理论与实务界重点关注了以下两个方面问题：

1. 绑架勒索罪罪质要件的注释性研究

因单行刑法是以援引立法的模式对绑架勒索行为作出规定的，由此也凸显了对绑架勒索行为罪名性质与罪质要件研究的迫切性。以绑架勒索罪司法适用为中心的罪质要件研究，是围绕单行刑法以及最高人民法院、最高人民检察院关于适用单行刑法的司法解释的规定，[①]对绑架犯罪的罪名确定、罪质要件问题展开的。其中，对绑架罪的罪名设定、绑架罪成立要件中犯罪客体、客观方面乃至主体要件研究，均形成了颇具争论性的观点。例如，在犯罪客体研究中形成了“简单客体说”与“复杂客体说”的争论；在犯罪客观要件研究中，形成了行为类型的限定化与非限定化、[②]构成要件行为的单复（即绑架罪属于“单一行为犯”抑或“复合行为犯”）的争论、绑架罪的对象是否具有限定性，等等。

2. 新型绑架犯罪与罪刑对应关系研究

此项研究重点关注了两个方面的问题：一是针对司法实践中出现的偷盗婴、幼儿型绑架行为性质认定的研究，明晰了“人质型”非

---

① 即最高人民法院、最高人民检察院1992年12月11日《关于执行〈全国人民代表大会常务委员会关于严惩拐卖、绑架妇女、儿童的犯罪分子的决定〉的若干问题的解答》。

② 即绑架勒索罪的绑架行为是否只能以全国人大常委会《关于严惩拐卖、绑架妇女、儿童的犯罪分子的决定》（1991年9月4日）第2条第1款所规定的“暴力、胁迫或者麻醉”方式实施，是否包含三种列举方法以外的方法实施，即非前述三种方法的“其他方法”是否可以成立本罪所存在的争论。

法拘禁与绑架罪的界限；二是绑架勒索罪法定刑配置与适用研究，以罪刑相适应原则作为理论依据，对绑架勒索罪立法配刑的正当性与司法用刑的标准等问题，进行了全面研究。这些研究深化了绑架罪研究的领域，也为1997年修订刑法典对绑架罪罪刑规范的全面修订，提供了重要的理论准备。

第三阶段：以修正刑法典为中心、以注释研究与规范研究为主要方法的研究阶段（1997年3月至今）

这一阶段的绑架罪研究，在围绕绑架罪罪刑规范展开罪质标准的注释性研究的同时，还通过规范研究、比较研究的视角，对刑法绑架罪罪刑规范的立法正当性进行了充分研讨，并现实地推动了刑法立法修正活动的开展。[①] 这一时期的重点研究内容如下：

1. 绑架罪罪质标准与适用研究

修正刑法典关于绑架罪罪刑规范的规定，是刑法学理界开展全面研究的依据，通过注释研究方法的运用，对该罪的罪质标准进行了充分的研究，主要涉及：犯罪客体的质与量判断；犯罪客观要件行为的基本类型、行为内容与行为对象；犯罪主体要件中的刑事责任年龄标准；犯罪主观要件中的“以勒索财物为目的”要件的理解与适用等方面，均取得了一定的理论突破，为绑架罪罪刑规范的准确适用奠定了基础。不仅如此，构建于绑架罪罪质标准的研究成果，对绑架罪的罪质界限与停止形态标准，也形成了符合罪刑规范本质的观点。

2. 绑架罪罪刑对应关系研究与立法正当性研究

基于绑架罪刑罚规范规定的特殊性，刑法理论研究还重点关注了绑架罪绝对死刑规定适用标准、不同罪刑对应关系条件下的刑罚适用标准问题。不仅如此，刑法理论界以刑法典绝对死刑规定适用类型正当性争鸣为切入，对“杀害被绑架人”的刑罚适用原理进行了热烈

① 即2009年2月28日由中华人民共和国第十一届全国人民代表大会常务委员会第七次会议通过的《中华人民共和国刑法修正案（七）》，以刑法理论界多年的研究成果为基础，对绑架罪的刑事责任标准进行了立法修正，明确规定，绑架罪“情节较轻的，处五年以上十年以下有期徒刑，并处罚金”。

争论。这些理论突破，对于准确适用刑法规范、深化与拓展绑架罪的研究领域与层次，起到了十分重要的作用。

3. 绑架罪罪刑规范与罪数理论研究

从刑法罪数理论的视角考察绑架罪罪刑规范的规定，无疑是对刑法罪数理论的一种新的立法探索。由于在修正刑法典绑架罪的罪刑规范中，绑架杀人行为仅是被作为该罪加重犯的情形而规定于绑架罪之中的，刑法理论对于这一立法模式的基本内涵、理论归属以及罪数规定的正当性等问题，进行了全面而热烈的研究，形成了广泛的争论。这项研究不仅加深了对绑架罪罪刑关系的理解，更为重要的是丰富了我国刑法理论中关于罪数理论的层次。

总结改革开放以来中国刑法理论界对绑架罪理论研究的历程，经过二十余年的理论积累，已相继形成理论成果专著3部，分别是：刘树德著：《绑架罪案解》（法律出版社，2003年版）、祝铭山主编：《非法拘禁罪、绑架罪》（中国法制出版社，2004年版）、裴广川主编：《刑事案例诉辩审评：绑架罪与非法拘禁罪》（中国检察出版社，2005年版），直接以绑架罪为选题的硕士毕业论文33篇（中国期刊网收录的数据），在国内期刊发表相关论文400余篇。

第二章　非法拘禁罪重点研究问题与理论争议

一、非法拘禁罪罪质要件研究

基于刑法典非法拘禁罪罪刑规范规定的明晰性，刑法理论对非法拘禁罪罪质要件的研究，主要是围绕该罪客观构成要件的内容展开的，同时，也兼及主观方面的内容。其研究重点包括四个方面：

(一) 成立非法拘禁罪的前提条件

非法拘禁罪的成立以拘禁行为具有非法性为前提。对行为非法性的评价属于规范评价的范畴，作为刑法理论研究中受到关注的问题，对此形成了较为一致的观点。

1. "非法性"的内容

有论者提出，所谓非法，是指违反法律规定，侵犯公民人身权利，任意剥夺他人人身自由。合法的逮捕与拘留，不存在成立犯罪的问题。但是，仅具有形式合法性要件的逮捕或者拘留，或者欠缺实质合法性要件的羁押行为，均属"非法"，均可成立非法拘禁罪。① 有学者则认为，非法拘禁他人时不具有法律上的依据。在正当防卫、紧急避险或者有法律上的依据，尤其是有《刑事诉讼法》、《治安管理处罚法》的依据而剥夺他人人身自由的场合，就谈不上是非法。此外，社会生活中能够容忍的轻度自由拘束也不属于非法。所以，"非法"一词属于开放的构成要件。没有这些法律依据而非法剥夺他人人身自由的，例如超期羁押、没有合理理由的长时间扣押，都是非

① 尹希贤：《浅谈非法拘禁罪》，载《法学杂志》1987 年第 2 期。

法，有成立非法拘禁罪的余地。[①]

2.“非法性”的判断标准

有学者提出，评判拘禁行为的非法性，其参照系主要是由宪法、民法、刑事诉讼法等法律所组成的，这些法律从不同方面为认定行为的非法性提供依据。阻却行为人剥夺他人自由行为的违法性事由主要包括：实施正当行为而拘禁他人的行为、合法扭送、拘留、逮捕行为，基于被害人承诺的行为。[②]

3.“非法性”的具体类型

有学者提出，非法性既可以表现为无权拘禁他人的人非法对他人实行拘禁；也包括本来有拘禁他人职权的人，不经过正常的法律程序或者没有法律依据，滥用职权，非法拘禁他人。[③] 有论者则认为，非法性主要有以下几种：一是主体非法性，即实施剥夺他人人身自由行为的行为人不符合法律的有关规定；二是程序非法性，即行为人非依法定程序实施剥夺他人人身自由的情形；三是动机、目的、手段等实体内容的非法性，例如行为人主体适格，但非出于正当、法定动机，而出于报复等动机剥夺他人人身自由的，亦可认定其行为的非法性。[④]

在“索债型”非法拘禁罪中，非法拘禁罪的成立存在一个对债权、债务关系关联性判断的问题，认定债权、债务关系的范围，应严格限制在行为人与被拘禁人之间，以及行为人与被拘禁者的利害关系人之间，若超出此债务关系的范围，而非法扣押、拘禁他人后，向第

---

① 周光权著：《刑法各论讲义》，清华大学出版社 2003 年版，第 30 ~ 31 页。

② 赵秉志、阴建峰：《非法拘禁罪构成中若干问题研讨》，载《河南省政法管理干部学院学报》2004 年第 2 期。

③ 孙国祥主编：《刑法学》，科学出版社 2002 年版，第 471 页。

④ 罗树志、陈小彪：《关于非法拘禁罪的几个问题》，载《中南大学学报》（社会科学版）2003 年第 5 期。

三人勒索财物的，不应再成立非法拘禁罪。①

（二）非法拘禁罪的行为要件

非法拘禁罪行为方式的类型研究，是准确适用刑法、认定犯罪的关键，是非法拘禁罪刑法理论研究的首要问题。对此，为刑法学研究所重点关注的问题如下：

1．非法拘禁行为的基本类型

有学者提出：一是只要足以使被害人失去行动自由，直接对被害人身体实施强制的行为均应成立非法拘禁。例如，司法工作人员不依法办事而乱捕乱拘；出于个人泄愤等不良动机借故非法捆绑、隔离、监禁他人，对应释放的人继续关押、不予释放；以麻醉药品或使用催眠术使他人失去行为能力而受其支配等行为。二是未直接对被害人身体实施强制，但足以使被害人失去人身自由的间接行为。例如，取走双腿残疾人的轮椅；乘妇女入浴时取走其衣服，使其因裸露而不敢离去；负有特定义务的人对需要外力扶助方能离开现场的残疾人不予扶助，使其丧失行动自由等。②

有学者认为，当司法机关发现被拘留、逮捕之人“不应当拘捕时，借故不予释放，继续羁押的，则应认为是非法剥夺人身自由”。③

有学者则提出，拘禁并不只限于有形的、物理的强制方法，采取无形的、心理的方法，诸如，胁迫被害人、利用其恐怖心理或者利用被害人的羞耻心理，使其不敢逃走，或者使用骗术、利用被害人的错误以妨碍其脱离，等等，同样属于拘禁行为。④

2．非法拘禁行为的核心本质

有论者强调，非法拘禁行为的违法性，在于非法限制他人的人身

---

①　黄嵩：《论非法拘禁罪与绑架罪认定中的若干难点》，载《法学评论》2004年第4期。

②　张旭：《关于非法拘禁罪的探讨》，载《当代法学》1987年第4期。

③　张明楷著：《刑法学》，法律出版社1997年版，第714页。

④　赵秉志、阴建峰：《非法拘禁罪行为构造研析》，载《河北法学》2005年第1期。

自由，使之不能依其意思决定自由离去。因而，构成非法拘禁的行为，既不受剥夺他人行动自由时间长短的影响，也不以行为人与被害人之间有空间分离为必要。只要行为人所使用的方法足以侵害或限制被害人的行动即可；而对以强制力阻止他人进入某一处所，或者强制他人离开某特定场所的，都不属于本罪之行为。[①]

有论者则认为，非法拘禁罪的行为本质是非法剥夺他人人身自由，由这一本质特征所决定，一是剥夺他人人身自由行为不必以强制方法实施；二是剥夺他人人身自由以"违背他人意志"为要件；三是剥夺他人人身自由行为应涵盖限制他人人身自由的行为。[②]

对非法拘禁行为核心本质的研究，必然涉及对司法实践中超期羁押行为性质的刑法判断问题。对此，有论者提出，超期羁押行为属司法工作人员利用司法权力对他人实施的非法拘禁行为，但是超期羁押行为存在善意超期羁押与恶意超期羁押的区分，对其是否成立犯罪应结合对非法拘禁罪行为本质的分析加以认定。对于前者，认定其成立非法拘禁罪，应满足系个人职务行为而非集体（单位）行为、主观上出于故意以及达到情节严重的基本条件；而对于后者，则行为人必须是出于个人职务行为，其主观方面是直接故意，且具有犯罪动机的不正当性。[③] 而有学者则提出，无论是出于利他动机还是利己动机，实施超期羁押的，均应成立犯罪。其原因在于，根据刑法第 2 条的规定，刑法的目的是保护法益而不是禁止人们获得利益；根据刑法第 13 条的规定，犯罪的本质是对法益的侵犯而不是犯罪人获得利益，从而不管行为人是出于打击犯罪的动机，还是出于报复等个人目的关押他人，其行为本身对被害人人身自由的侵害程度没有任何改变。在刑法没有规定动机是犯罪构成要件的情况下，动机的内容不影响对法

---

① 张旭:《关于非法拘禁罪的探讨》，载《当代法学》1987 年第 4 期。

② 罗树志、陈小彪:《关于非法拘禁罪的几个问题》，载《中南大学学报（社会科学版）》2003 年第 5 期。

③ 荆凤梅、赵艺林:《超期羁押构成非法拘禁罪的法理分析》，载《河南省政法管理干部学院学报》2004 年第 5 期。

益的侵犯性质与程度，因而不影响定罪；即使善良的动机、利他的动机也不例外。①

3. 非法拘禁罪的行为方式

第一种观点认为，非法拘禁罪中剥夺他人人身自由的行为必须是“强制方法”。② 所谓拘禁，是指以强制性方法使他人在一定时间内失去行动的自由。所谓强制性，是指违背他人意志，强行使他人处于被管束之中，这主要表现为使用足以剥夺人身自由的强制性手段，如实施关押、禁闭等。其他强制方法，是指使用拘禁以外的强制方法剥夺他人人身自由，如实施捆绑、绑架等手段。③

第二种观点认为，非法拘禁罪中剥夺他人人身自由的行为，是将他人限制在一定的空间以内，使其不能自主脱离该空间的行为。至于行为是否具有暴力性，是作为还是不作为，使用何种手段、方式，均在所不问。④

4. 非法拘禁罪的行为程度

非法拘禁罪是刑法理论上典型的继续犯，剥夺他人人身自由的行为要持续一段时间，而不具有间断性，因而，拘禁的时间便成为行为程度的重要考察内容。刑法理论界对拘禁时间对于犯罪成立的影响，存在一定的观点分歧。

第一种观点认为，非法拘禁剥夺他人人身自由时间的长短对犯罪的构成没有影响，只对量刑具有意义。⑤ 但是，时间过短、瞬间性剥夺人身自由的行为，应视为刑法第 13 条“但书”规定，不作为犯罪处理。⑥

---

① 张明楷：《超期羁押的刑事责任探究》，载《浙江社会科学》2002 年第 4 期。

② 何秉松主编：《刑法教科书》，中国法制出版社 1997 年版，第 788 页。

③ 马克昌主编：《刑法学》，高等教育出版社 2003 年版，第 490 页。

④ 齐文远主编：《刑法学》，北京大学出版社 2007 年版，第 512 页。

⑤ 赵秉志主编：《中国刑法案例与学理研究·分则篇（三）——侵犯公民人身权利、民主权利罪》，法律出版社 2001 年版，第 141 页。

⑥ 张明楷著：《刑法学》（下），法律出版社 1997 年版，第 714 页。

第二种观点则认为，时间的长短是否影响本罪的成立，应结合行为人的动机、手段、后果等情节综合分析。对于时间过短又无其他严重情节的，不宜作为犯罪处理。但是，对于时间虽短但有其他严重情节的，则可构成犯罪。对此，可参考国外有关立法，外国刑法中，对非法剥夺他人自由罪的规定，有的在犯罪构成上作了时间上的限制，或者将一定的期限作为设立此罪不同档次量刑幅度的依据。①

第三种观点认为，非法拘禁罪的客观行为是否有持续时间的要求，应从基本构成时间和从重或加重构成时间两个层次来把握：一方面，作为典型的持续犯，非法拘禁罪应当具备持续犯的基本特征。非法拘禁罪的客观行为及其所造成的被害人行动自由被剥夺的不法状态，必须持续一定的时间，否则，不能构成犯罪。另一方面，从重或加重构成时间是建立在基本构成时间的基础之上的，是危害行为及其不法状态在持续一定的时间因而构成犯罪之后所持续的时间。就非法拘禁罪而言，如果其客观行为在持续一定时间构成犯罪之后依然持续的，持续时间的长短是影响量刑的重要因素。②

（三）非法拘禁罪的犯罪对象

1. 非法拘禁罪犯罪对象的范围

一是被依法限制、剥夺人身自由的犯罪嫌疑人或被告人，人身自由权已被依法剥夺的服刑犯人，均可以成为本罪的犯罪对象。其理由在于，被依法限制人身自由的人，虽然其人身自由权受到了一定的限制，但并未丧失人身自由权，其仍享有自由移动的权利，对这种自由权利的剥夺，同样构成非法拘禁罪。③

二是非法拘禁的对象是否包括痴呆人、精神病人和婴幼儿，要视

---

① 高铭暄、赵秉志主编：《新中国刑法立法文献资料总览》（下），中国人民公安大学出版社 1998 年版，第 298 页。

② 赵秉志、阴建峰：《非法拘禁罪构成中若干问题研讨》，载《河南省政法管理干部学院学报》2004 年第 2 期。

③ 王作富主编：《刑法分则实务研究》，中国方正出版社 2001 年版，第 913 页。

该行为是否超出监护内容的合法性范围，如监护人为了这些人的安全或者防止其行为危害社会而将其暂时禁闭，则不构成犯罪；但如果这种危害已经过去还继续捆绑或关押，则构成犯罪。①

三是在"索债型"非法拘禁行为中，只要被告人的目的是想通过非法拘禁他人迫使债务人偿还所欠债务，客观上实施了非法扣押、拘禁不管是债务人本人还是债务人的亲属、朋友或业务上伙伴等的行为，也不管被扣押、拘禁的人（不包括债务人）是否知道有债务存在，被告人的行为就构成非法拘禁罪。②

四是对于睡梦中的人是否属于非法拘禁罪的对象。一种观点认为，睡梦中的人不具有离开房间的意识能力，也就不能作出离开房间的意思决定，此时，外部的束缚对他来说形同虚设，其身体行动自由便未遭到剥夺，只要在其醒来之前不被非法禁闭则不构成本罪。③ 而另一种观点则认为，如对睡梦之人采取非法禁闭等行为，即使待其醒来时打开门锁，亦属非法拘禁。④

2. 非法拘禁罪犯罪对象的性质

第一种观点认为，本罪的对象只能是有意识活动自由的人，包括潜在的有意识活动自由的人（如幼儿、酒醉者、熟睡中的人），但不包括完全无意识活动自由的人（如婴儿、精神病患者）。⑤ 其理由在于，非法拘禁罪的犯罪客体是人身自由权，表现为对一定人的行动自由的限制。婴儿及昏迷无意识者，虽然享有人身自由权，但并不具有

---

① 肖中华著：《侵犯公民人身权利罪》，中国人民公安大学出版社 1998 年版，第 207 页。

② 陈金鑫、薛林：《对非法拘禁罪几个问题的探讨》，载《犯罪研究》2003 年第 1 期。

③ 齐文远、刘代华：《非法剥夺人身自由罪研究》，载杨敦先主编：《新刑法施行疑难问题研究与适用》，中国检察出版社 1999 年版，第 646 页。

④ 赵秉志主编：《中国刑法案例与学理研究·分则篇（三）——侵犯公民人身权利、民主权利罪》，法律出版社 2001 年版，第 138 页。

⑤ 金子桐等著：《罪与罚——侵犯公民人身权利、民主权利的理论与实践》，上海社会科学院出版社 1980 年版，第 175～176 页。

依个人意志能力进行活动的表示。既然无自由行动的要求，也就无所谓对其行动自由的限制。为达到某一目的而关押、监禁婴儿或无意识者，构成犯罪的，可依其他罪名论处。①

第二种观点认为，人类从出生到死亡不论老幼残疾以及意识活动能力之有无，均应享有行动自由，不应受年龄或者其他偶然事件的限制，即使是非法束缚精神病人或婴儿的手足，使其不能动弹的，也同样构成非法拘禁罪。② 人身自由是意志自由与行为自由的统一，因而，人身自由直接受个人意志能力的制约，意志能力强弱影响着行动自由的程度和范围。而无行为能力人和限制行为能力人不具有意志能力或只具有较弱的意志能力，他们的行动自由受到严重制约，他们的人身自由必须借助其监护人的行为来实现。虽然这种实现本身就意味着在一定程度上对其人身自由的限制甚至是剥夺，但是这种限制或剥夺亦应在法律允许的范围之内，如无正当理由，则不能对无行为能力人和限制行为能力人的人身自由进行非法剥夺。因而，无行为能力人和限制行为能力人均可成为非法拘禁罪的犯罪对象。③

有学者则提出，非法拘禁犯罪对象性质的争议实际涉及对自由性质的判断问题，对此，存在“可能自由说”与“现实自由说”的争论。“可能自由说”认为，如果考虑到本罪是非法剥夺他人人身自由的犯罪，人身自由权与被害人处于熟睡还是清醒状态没有直接关联这一实际情况，将身体活动自由视作可能的自由就是合理的。④ 而“现实自由说”则认为：第一，非法拘禁罪保护的是人的身体活动自由，故只要在被害人意欲现实地进行身体活动时进行刑法上的保护就够了；在被害人还没有意欲现实地进行身体活动时，没有必要提前进行

① 张旭：《关于非法拘禁罪的探讨》，载《当代法学》1987 年第 4 期。

② 赵秉志主编：《妨害司法活动罪研究》，中国人民公安大学出版社 1994 年版，第 190～191 页。

③ 罗树志、陈小彪：《关于非法拘禁罪的几个问题》，载《中南大学学报》（社会科学版）2003 年第 5 期。

④ 周光权著：《刑法各论讲义》，清华大学出版社 2003 年版，第 30 页。

刑法上的保护。第二，非法拘禁罪不是对人身自由的危险犯，而是侵害犯，侵犯“可能自由”的行为只有侵害身体活动的危险，而没有现实地侵害其身体活动自由，故不能成立非法拘禁罪。三是由于非法拘禁罪是侵害个人法益的犯罪，而且该法益可以由个人处分，故应该以违反被害人的意志为前提。侵犯“可能自由”的行为虽然可以说违反了被害人的“推定的意志”，但这种“推定的意志”不是被害人的具体的意志，只是一般人视角中的抽象意志；如果将违反这种抽象意志的行为认定为非法拘禁罪，则过于扩大非法拘禁罪的处罚范围。①

（四）非法拘禁罪的主观要件

1. 主观要件的基本内容

有学者提出，“剥夺他人人身自由”是非法拘禁罪的客观表现。这种客观行为是在行为人主观上要剥夺他人人身自由的故意支配下引起的，故仅以暂时剥夺他人人身自由为犯罪的一个过程，以求达到犯罪目的的，就不能认为是刑法意义上的“剥夺人身自由”。许多犯罪在实施过程中都有可能剥夺被害人的人身自由，强奸、抢劫均如此，为了使犯罪行为实施得安全、保险，行为人常将被害人挟持到另一地或在较短时间内不让被害人有行动自由，但这种剥夺自由均是行为人为更好地实施犯罪所采用的手段或犯罪必备条件（在侵害被害人身体的犯罪中）。所以，要将“剥夺人身自由”完全看做主观动机和客观行为相统一、相结合的结果。②

2. 犯罪故意的基本类型

一种观点认为，非法拘禁罪只能由直接故意构成，行为人以非法剥夺他人人身自由为目的。③

---

① 张明楷著：《刑法分则的解释原理》，中国人民大学出版社 2004 年版，第 147～148 页。

② 桑红华：《认定非法拘禁罪应注意的问题》，载《法学杂志》1987 年第 4 期。

③ 高铭暄主编：《中国刑法学》，中国人民大学出版社 1989 年版，第 476 页。

另一种观点认为，非法拘禁罪可由间接故意构成。诚然，非法拘禁罪的犯罪构成要求行为人主观方面必须出于故意，但故意包括直接故意和间接故意，在刑法规定中，并不要求构成非法拘禁罪必须具有直接故意。① 如司法机关某直接责任人员明知已证实被关押的人无罪，而漠不关心，听之任之，致使他人被长期羁押；仓库保管员下班锁门后发现有人曾误入仓库，而放任不管，径直离去，等等。②

3. 违法性认识是否属于非法拘禁罪主观要件的内容

一种观点认为，本罪的故意必须是“明知非法而故意剥夺他人的人身自由。”其原因在于，根据现行立法对犯罪故意的规定，构成犯罪故意，行为人不仅要明知会发生某种结果，还要明知这种结果具有危害社会的性质。由于对结果性质的评价主体是行为人本人，而对同一结果是否有社会危害性往往不同的人有不同的评价。因此，应以违法性认识取代社会危害性认识。另一方面，非法拘禁罪有其特殊之处，拘禁行为有合法与非法之分，如一般群众出于义愤将偷窃财物的小偷拘禁和司法机关依法对犯罪嫌疑人拘禁，对犯罪嫌疑人来说，两种拘禁行为并无实质区别，单凭自由被剥夺这一行为结果很难评判行为人主观上是否有违法意识。因此，应将违法性认识作为非法拘禁罪犯罪故意的认识内容。毕竟非法拘禁不比杀人、抢劫，只要认识到危害性也就认识到违法性。③

另一种观点则认为，违法性认识不应成为非法拘禁罪的故意内容。其理由在于：一是随着社会文明的进步和长期普法教育，严格适用非法拘禁罪规定的社会条件已经具备。那种认为基层干部为维护地方秩序，随意将有违法嫌疑的人拘禁可不以犯罪论处的观点已经过

---

① 张旭：《关于非法拘禁罪的探讨》，载《当代法学》1987 年第 4 期。

② 赵秉志主编：《妨害司法活动罪研究》，中国人民公安大学出版社 1994 年版，第 214 页。

③ 王作富主编：《刑法分则实务研究》，中国方正出版社 2001 年版，第 927 页；余剑主编：《侵犯公民人身权利、民主权利罪、侵犯财产罪》，法律出版社 1999 年版，第 108 页。

时。二是把违法性认识作为本罪故意的内容不利于切实保护公民的人身自由权利，也容易放纵那些借口不懂法律的犯罪分子。三是非法拘禁罪在司法适用中应是统一的，具有严格的立法意义。如果把违法性作为本罪的故意内容，就会导致同一罪名在适用中分成不同的构成内容。四是非法拘禁罪是一种自然犯而非法定犯，尽管其拘禁行为的非法性需要法律来评判。对法定犯来说，在特定情况下，可因对法律确有不知而阻却责任，但自然犯的故意内容是不包括违法性在内的。①

二、"索债型"非法拘禁研究

（一）"索债型"非法拘禁罪的成立前提

"债"的认定是成立"索债型"非法拘禁罪的核心，对于"索债型"非法拘禁罪中"债"的判定，是研究中所重点关注的问题。

有论者提出：作为"索债型"非法拘禁罪的"债"应满足三个基本条件：一是债的发生时间应在扣押人质前；二是债的认定应以客观存在的事实为标准，而不能以行为人的主观意志为标准；三是债的合法性判断具有直接决定犯罪成立的作用。②

有论者则认为，对于索取债权债务关系不明确债务的行为人，应根据具体情况分别认定：一是行为人主观上认为其与被害人之间有合法债权债务关系存在，即使无明确证据证明，但因行为人主观上并无"索取他人财物的目的"，不能以绑架罪论处；二是行为人的利益确实受到损失，但其结果与被害人或被索要财物之人并无明确因果关系，双方不存在实际的债权债务关系，只是行为人认错对象而将二者联系的，只构成"索债型"非法拘禁罪；三是行为人与被害人之间实际上并无债权债务关系，行为人误以为存在债权债务关系，并出于

---

① 赵秉志主编：《妨害司法活动罪研究》，中国人民公安大学出版社 1994 年版，第 220 页。

② 罗朝辉：《索债型人质案件的司法认定》，载《甘肃政法成人教育学院学报》2003 年第 3 期。

索债目的非法扣押他人的，应认定为非法拘禁罪；四是有充分证据表明行为人与被害人之间毫无债权债务关系，行为人以索取“债务”为名，实施绑架、拘禁他人，索取实际上根本不存在的债务的，应以绑架罪论处。[①]

（二）“索债型”非法拘禁罪的主观内容

在“索债型”非法拘禁罪中，行为人有无违法性认识并不影响行为人犯罪故意的成立。由于行为人采用拘禁他人这一非常规的手段，以逼迫债务人或第三人偿还债务，多是在以常规方式催还债务无果或通过诉讼难以实现债权的情况下实施的，属事出有因，债务人在一定程度上存在可责难性，这会影响行为人的违法性认识，尤其是行为人采用非暴力手段且无伤害被害人的违法性认识的情况下，行为人对自己行为的违法性认识是模糊的或根本就没有产生违法性认识，这可由行为人常以公开或半公开的方式实行此类行为得到证明。[②]

（三）“索债型”非法拘禁行为的对象

有论者认为，“索债型”非法拘禁行为中的“他人”应当指债务人本人或者与债务有密切关系的人。其理由在于：一是对索债型非法拘禁行为只定非法拘禁罪而不定绑架罪的一个主要理由是行为人没有勒索他人财物的故意，其主观动机是为了索取债务。但这并不意味着行为人只要出于索债的动机就可置其他人的权利于不顾，即使是债务人的近亲属，只要与债务本身无利害关系，均不能成为其非法拘禁的对象。二是对索债型非法拘禁行为只定非法拘禁罪的另一个重要理由是债务人本身有重大过错，债权人拘禁债务人的目的是为了迫使他清偿债务，债务人也确有义务清偿债务，但除了债务人或与债务有密切关系的人以外，其他人没有任何过错，他们也没有承担清偿债务的任何义务。三是将债权人为索取债务拘禁与债务无关的其他人只定非法

① 裴钟彧、刘根娣：《索债型非法拘禁罪的司法认定》，载《法治论丛》2007 年第 3 期。

② 邓定远、邓定永：《索债型非法拘禁罪若干问题研究》，载《政法学刊》2003 年第 6 期。

拘禁罪难免有放纵犯罪之嫌。①

（四）“索债型”非法拘禁行为的性质认定

对“为索取债务而非法扣押、拘禁他人”的行为，一般应认定为侵犯公民人身权利的犯罪。对此，刑法理论并无分歧，但在具体犯罪性质的判定上，仍存在一定的观点分歧。

一种观点认为，要根据具体情况分别认定：一是应根据所索取的债务性质的不同分别定罪，为索取合法债务而非法扣押他人的，应认定为非法拘禁罪；为索取非法债务而非法扣押他人的，应认定为绑架罪。二是应衡量行为人所索取的财物数额与被害人所负债务数额之多寡，分别认定为非法拘禁罪或者绑架罪。三是对于非法拘禁“致人伤残、死亡的”，应根据使用暴力时间的不同，分别认定为非法拘禁罪或者绑架罪与故意伤害罪或者故意杀人罪的牵连犯、非法拘禁罪或者绑架罪与故意伤害罪或者故意杀人罪数罪并罚。② 有论者则在基本赞同前种观点的基础上，对三种特殊情况提出了自己的观点：一是对于索要非法债务的，只要该债务是现实存在的（至少依民间习惯认为是确实存在的），无论债务合法与否，应以非法拘禁罪定罪；二是对于索取根本不存在的债务的，应认定为绑架罪；三是对于索取难以查清的债务的，应认定为非法拘禁罪。③

另一种观点认为，索债型非法拘禁行为在本质上属于绑架行为。其理由在于，我国刑法所规定的绑架型犯罪，是以犯罪目的为分类标准的，据此将绑架型犯罪规定为三种不同的罪名，即刑法第238条的“为索取债务非法扣押、拘禁他人”、第239条的“以勒索财物为目的绑架他人的，或者绑架他人作为人质……以勒索财物为目的偷盗婴

① 夏自卫：《索债型非法拘禁行为的刑法问题》，湘潭大学2003年法律硕士毕业论文，第21~22页。

② 方益权：《论“为索取债务非法扣押、拘禁他人”的一罪与数罪》，载《温州师范学院学报》（哲学社会科学版）1999年第10期。

③ 刘宪权、钱晓峰：《关于绑架、拘禁索债型犯罪定性若干问题研究》，载《法学》2001年第9期。

幼儿”，以及第240条“以出卖为目的，使用暴力、胁迫或者麻醉方法绑架妇女、儿童”。上述三种绑架型犯罪，分别被刑法规定为非法拘禁罪、绑架罪和拐卖妇女儿童罪。然而，刑法以犯罪主观方面的内容为标准划分三类犯罪，人为制造了司法实践中定性上的混乱。从刑法第239条规定中可以看出，我国刑法所规定的绑架罪在主观方面除以勒索财物为目的外，还包括其他扣押人质的目的，即使行为人数次实施上述几种不同的绑架行为，完全可以均以绑架罪定罪处罚。①

（五）“索债型”非法拘禁行为定性司法解释正当性之分析

最高人民法院对于刑法第238条第3款的适用作出《关于对为索取法律不予保护的债务非法拘禁他人行为如何定罪问题的解释》，根据解释规定，“行为人为索取高利贷、赌债等法律不予保护的债务，非法扣押、拘禁他人的，依照刑法第238条的规定定罪处罚”。对于这一司法解释的正当性，学者们给予了关注，并形成了三种有分歧的观点：

第一种观点认为，最高人民法院的这一司法解释精神，是符合我国刑法第238条第3款的立法原意的。其理由在于：一是刑法中的非法拘禁罪和绑架罪，在法定刑的规定上具有相当大的不同。绑架罪的法定刑远高于非法拘禁罪的法定刑，这在相当程度上反映了立法者的原意，即对绑架、拘禁他人的行为要区别行为人是否“事出有因”，以正确定性。因之，非法拘禁他人虽侵犯了他人的人身权利，但往往行为人与被拘禁人之间具有经济纠纷和生活矛盾。而绑架他人的行为虽然也有“因”，但仅是行为人“勒索财物”的目的。对“事出无因”的绑架罪规定较重法定刑，而对“事出有因”的非法拘禁罪规定较轻的法定刑，无疑是立法者区分两罪的立法原意。二是法律虽不保护高利贷、赌债等非法债务，但它们确属现实中存在的债务，同样反映了行为人的行为与被害人的损害之间实际存在的关系。因此，只要行为人以索取债务为目的，且该债务是现实存在的，其绑架后非法

① 夏自卫：《索债型非法拘禁行为的刑法问题》，湘潭大学2003年法律硕士毕业论文，第32～33页。

扣押、拘禁他人的行为，仍以非法拘禁罪定罪。①

第二种观点认为，最高人民法院的这一司法解释的合理性是存在疑问的。其原因在于：一是民法上不予保护的债务，而在刑法上予以认可，是存在理论障碍的。在索取非法债务的情况下，不仅侵犯了被扣押、拘禁人的人身自由和造成其近亲属等的恐惧心理，还侵犯了他人的财产权，因而从社会危害性上看并不比绑架罪轻。法律是保护合法债权本身的，只是禁止用剥夺他人人身自由的方式予以实现；而法律对非法债权本身是禁止的，不允许以任何方式予以实现。若一种债权得不到法律上的承认和保护，那么我们还可以说为索取非法债务而拘禁他人的行为，只侵犯了他人的人身自由而不侵犯他人的财产权利。二是在民事案件中，按照谁主张谁举证的原理，如果债权人无法提供证据证明债务的存在，则要承担败诉的后果，这一原理也可适用于刑事案件。三是规定索取非法债务非法扣押他人也可构成非法拘禁罪而不是绑架罪，这就为被害人创设了一个利用国家刑罚权进行权力寻租的机会。②

第三种观点认为，刑法第238条规定，为了索债而扣押、拘禁他人的，以非法拘禁罪论处。对此，一般理解为行为人没有非法占有财物的目的，故不成立绑架罪，其深层原因在于，索取的财物数额有限度（往往以债务为限），行为人与被害人相识且行为人往往需要告知被害人亲属绑架是谁所为，由于绑架者的身份是公开暴露的，所以通常不敢过分加害人质，这种特性使其与典型的绑架犯罪对人身、财产的危害显然不相当。索债行为对象的“债务”，当初一般理解为合法债务，不包含非法债务或者“恶债”。但是，最高人民法院却在后来作出扩张解释，为了索取不受法律保护的赌债、高利贷的，也仅以非法拘禁罪论处。这种不合“常理”的司法解释，无非从处罚的合理

---

① 刘宪权、钱晓峰：《关于绑架、拘禁索债型犯罪定性若干问题研究》，载《法学》2001年第9期。

② 陈柱钊：《论索债型非法拘禁的司法认定》，载《江西公安专科学校学报》2006年第6期。

性考虑，通过扩大非法拘禁罪的范围，以缩小绑架罪的范围。[①]

三、非法拘禁罪刑事责任研究

（一）非法拘禁罪罪数形态研究

有学者提出，对于非法拘禁罪的罪数认定应区分情况加以处理：第一，非法拘禁只是其他犯罪的手段行为，且两者之间形成牵连关系的，不再认定成立非法拘禁罪。例如，拐卖妇女、儿童罪中，行为人对妇女、儿童人身自由的剥夺，本身就是非法拘禁的行为，但非法拘禁又只是拐卖的手段行为，两者之间形成牵连关系，行为人只构成拐卖妇女、儿童罪一罪。第二，在非法拘禁与其他相联系的行为均构成犯罪，两者之间又无牵连、想象竞合吸收关系时，则应数罪并罚。例如，行为人非法拘禁某妇女期间，又对该妇女实施奸淫的，则应以非法拘禁罪与强奸罪，实施数罪并罚。第三，在非法拘禁行为单独构成犯罪，而其他行为尚不构成犯罪时，则只成立非法拘禁罪一罪。例如，非法拘禁后对他人殴打，而殴打又未致他人到轻伤程度的，只成立非法拘禁罪一罪。[②]

（二）非法拘禁罪结果加重犯刑事责任研究

1979年刑法以及修正刑法明确规定了非法拘禁罪基本犯与结果加重犯的刑事责任问题，根据刑法规定，实施非法拘禁致人重伤、死亡的，应当加重处罚。对于非法拘禁罪结果加重犯刑事责任的具体适用涉及以下两个方面的问题：

1. 实施非法拘禁“致人重伤”、“致人死亡”的认定标准

关于非法拘禁“致人重伤、死亡”的基本类型。有论者提出，非法拘禁“致人重伤、死亡”的认定在实践中涉及三种具体情况：一是在非法拘禁的时间内，因受到暴力摧残或其他虐待而致死的，应

---

① 阮齐林：《绑架罪的法定刑对绑架罪认定的制约》，载《法学研究》2002年第2期。

② 王作富主编：《刑法分则实务研究》（第三版），中国方正出版社2007年版，第916页。

加重被告人的刑事责任。二是在非法拘禁期间，被害人自杀身死的，不论是由于受刑不过而自杀的，或由于无事受屈而自杀的，还是由于感到恐惧绝望而自杀的，加害人都应承担一定的责任。因为，自杀虽然是死者本人的意志和行动，是其意志薄弱的表现，但导致自杀的外因是非法拘禁，因而亦应适当加重被告人的责任。但在处刑上，应当轻于因暴力摧残而直接致死的行为。三是非法拘禁已被解除，又发生自杀身死的，应根据具体情况，具体分析是否与非法拘禁行为有直接的因果关系而定。①

关于非法拘禁罪结果加重犯因果关系的成立标准。有论者提出，成立结果加重犯的因果关系，只能是“重伤、死亡结果与非法拘禁行为之间必须具有直接的因果关系（直接性要件）”。行为人在实施基本行为之后或之时，被害人自杀、自残、自身过失等造成死亡、伤残结果的，因缺乏直接性要件，不宜认定为结果加重犯。但是，由于非法拘禁罪会引起警方的解救行为，故正常的解救行为造成被害人伤亡的，具备直接性要件，应将伤亡结果归责于非法拘禁者，成立结果加重犯。当然，如果警方判断失误，导致其解救行为造成被拘禁者伤亡的，则不能认定为结果加重犯。此外，行为人对重伤、死亡结果必须具有预见可能性。②

关于非法拘禁罪结果加重犯中“致人死亡”的成立条件。有论者提出，其成立条件涉及以下三个方面：一是非法拘禁行为与死亡结果的因果性。非法拘禁与死亡之间的因果关系应当仅限于必然、直接的因果关系，即由于非法拘禁行为本身直接导致了被害人的死亡，而不包括因非法拘禁行为引起的被害人死亡的情形。如在非法拘禁过程中，被拘禁人心脏病突发衰竭死亡、被拘禁人为脱逃跳楼时摔死、被拘禁人抽烟生火引发火灾烧死他人等，均不应认定为非法拘禁“致人死亡”，而只应认定为非法拘禁“引起他人死亡”，作为一个犯罪

① 刘佑生：《谈依法认定和处理非法拘禁罪》，载《河北法学》1988 年第 2 期。

② 张明楷著：《刑法学》（第三版），法律出版社 2007 年版，第 664 页。

情节来认定。二是非法拘禁行为与死亡结果之间时空上的连续性。若被拘禁人在拘禁行为结束一段时间后，因感到气愤难忍、羞于见人等原因而自杀死亡，或者被拘禁人脱离拘禁后在离开的路上遭遇车祸死亡，或者被拘禁人在拘禁中受伤后在医院救治时因医疗误诊而死亡，均属于“引起他人死亡”，而不属于非法拘禁致人死亡。三是非法拘禁行为人对被害人死亡结果的预见性。判定非法拘禁行为人对被害人死亡结果的预见性，要依赖于案件的事实、证据来判定行为人对造成被害人死亡的危害结果的发生是否存在基于过失的心理态度。①

2.“致人重伤”、“致人死亡”主观罪过形式的认定

对于刑法典非法拘禁罪罪刑规范所规定的、作为结果加重犯而存在的“致人重伤”、“致人死亡”主观罪过形式的认定，在理论上存在三种不同的观点：

第一种观点认为，“致人重伤”、“致人死亡”是指过失，不包括故意在内，如果是故意的情形，应归入第2款转化犯的情形里去，即以故意伤害、故意杀人论处，否则会轻纵犯罪。② 其原因在于，非法拘禁罪的加重构成，虽然有致人重伤或者死亡的情节，但是，根据刑法理论的完全责任主义的主张，结果加重犯是故意的基本犯和过失的重大结果的结合犯。从该项构成的罚则内容也可分析出其加重构成不可能包括故意杀人或故意重伤的情况。③ 有论者进一步提出，非法拘禁致人重伤、死亡，是指非法拘禁行为本身致被害人重伤、死亡或在非法拘禁期间被害人自杀身亡。行为人对重伤、死亡结果只能出于过失，不能出于故意。④

第二种观点认为，应将“致人重伤”与“致人死亡”犯罪主观

① 王敬安：《非法拘禁致人死亡的司法认定》，载《人民检察》2006年第6期（下）。

② 金子桐等著：《罪与罚——侵犯公民人身权利、民主权利的理论与实践》，上海社会科学院出版社1980年版，第175页。

③ 姜伟：《掳人勒赎行为定罪量刑问题的探讨》，载《西北政法学院学报》1985年第1期。

④ 张明楷著：《刑法学》（第二版），法律出版社2003年版，第703页。

方面作出区分，其中，“致人重伤”应为故意所致。其原因在于：一是殴打本身显然是故意的，凡正常人均能知道自己殴打他人可能导致伤害他人的结果，无论这种结果是轻是重，都属于故意。二是从法定刑来看，非法拘禁罪中的“致人重伤”的法定刑恰好是非法拘禁罪与故意伤害致人重伤的法定刑之和。显然，这并不是一种立法上的巧合，从刑法学角度看，非法拘禁过程中又殴打致人重伤，实属结合犯，刑法是将非法拘禁罪与伤害罪结合在一个法条中了。而对于“致人死亡”则必须是过失心理导致的。如果行为人主观上是故意致人死亡，那么没有理由将这种故意杀人行为的法定刑规定得比单纯的故意杀人罪的法定刑低。①

第三种观点则认为，非法拘禁罪中“致人重伤”、“致人死亡”，不仅包括行为人在实施拘禁行为中过失引起的重伤、死亡结果，也包括故意所造成的重伤、死亡结果。②

（三）非法拘禁罪转化犯刑事责任研究

1997年刑法第238条第2款规定，使用暴力致人伤残、死亡的，应转化定罪为故意伤害罪、故意杀人罪。对于非法拘禁罪转化犯刑事责任与罪刑规范的合理性，刑法理论重点关注了以下三个方面的问题：

1. 非法拘禁罪向故意伤害罪、故意杀人罪转化条件性质研究

一种观点认为，刑法分则第238条第2款关于“使用暴力致人伤残、死亡的，应分别以故意伤害罪、故意杀人罪论处”的规定，属刑法理论上的法律拟制，而非注意规定，即只要非法拘禁的行为人使用暴力致人死亡的，即使其没有杀人的故意，也应认定为故意杀人

① 桑红华：《认定非法拘禁罪应注意的问题》，载《法学杂志》1987年第4期。

② 郭立新、杨迎泽主编：《刑法分则适用疑难问题解》，中国检察出版社2000年版，第139页。

罪。[①] 因此，如果行为人在非法拘禁过程中，产生杀人故意并实施杀人行为的，应以非法拘禁罪和故意杀人罪实行并罚。其原因在于，非法拘禁罪是持续犯，当拘禁行为成立犯罪时，就已经既遂。在非法拘禁既遂并持续期间，行为人侵犯被害人的另一法益的，应认定为独立的新罪。据此，非法拘禁（使用暴力）致人死亡，应分为三种情形处理：一是非法拘禁致人死亡，但没有使用超出拘禁行为所必需的范围的暴力的，仍然适用刑法第 238 条第 2 款前段的规定，以非法拘禁罪的结果加重犯论处。二是在非法拘禁的过程中产生杀人故意而实施杀人行为的，不适用刑法第 238 条第 2 款的规定，而应直接认定为数罪，同时适用刑法第 238 条第 1 款与第 232 条的规定。三是非法拘禁使用超出拘禁行为所必需的范围的暴力致人死亡，而没有杀人故意的，适用刑法第 238 条第 2 款后段的规定。[②]

另一种观点认为，此项规定属注意规定，只是起到提醒的作用，并不改变基本规定的内容。这就是说，在非法拘禁过程中使用暴力致人伤残、死亡的情况时，因为行为人的主客观各要件都符合了故意伤害罪、故意杀人罪的构成要件，所以应以此二罪追究刑事责任。其原因在于：一是从主客观相一致原则看，人的意识与意志作为心理现象，是由客观现实决定的，是对客观现实的反映。而人的行为，包括犯罪行为，则是由人的意识和意志支配的，是意识和意志的客观化的外部表现。二是从期待可能性角度出发，法律拟制存在的范围是有限的，在确认权利时可以推广，但在规定义务时应严格控制。三是从罪刑法定原则的要求看，也是要求司法人员在理解法律时采取一种谦抑态度，在不能明确把握立法者意图的情况下，不能扩大化地推定理解。[③]

---

① 张明楷著：《刑法分则的解释原理》，中国人民大学出版社 2004 年版，第 247 页。

② 张明楷著：《刑法学》（第三版），法律出版社 2007 年版，第 665 页。

③ 程燕：《非法拘禁罪转化犯规定的两个问题》，载《检察日报》2008 年 8 月 11 日第 3 版。

2. 非法拘禁罪向故意伤害罪、故意杀人罪转化条件研究

（1）“客观转化要件说”。

一种观点认为，非法拘禁罪转化为故意杀人罪、故意伤害罪，通常表现为在非法拘禁过程中，行为人对被害人实施暴力加害。这里的“暴力”应指对被害人的人身使用暴力，如捆绑、殴打、禁闭、伤害，甚至杀害等方法。若行为人只是出于将被害人顺利押到目的地，而强行给被害人使用麻醉药物致其昏睡而不能反抗，这种方法虽然有一定程度的“暴力”性质，但不同于殴打、捆绑等典型的暴力形式，而是介于“胁迫”、“其他方法”与“暴力”之间。另外，从被告人的主观方面来分析，“使用暴力致人伤残、死亡”应属于故意犯罪范畴，即施暴人对暴力行为可能致人伤残、死亡应是出于希望或者放任的心理状态，这是“使用暴力致人伤残、死亡”应转化为故意杀人或者故意伤害的立法本意所在。①

另一种观点则认为，在非法拘禁中使用暴力致人伤残、死亡的情况下，行为人的主观故意通常为概括的故意，即对伤残或死亡的犯罪结果都是放任的，出现任何一种结果都不违背其意志。根据“概括故意以结果论”的认定原则，在非法拘禁过程中使用暴力造成伤残的，应以故意伤害罪认定，造成死亡的，则应以故意杀人罪认定。②

（2）“主观转化要件说”。

该说认为，转化犯中的转化是有条件的转化，而不是无条件的转化；无条件地将一种犯罪转化为另一种犯罪，是违反罪刑法定原则的。就非法拘禁罪向故意伤害罪、故意杀人罪的转化而言，如果行为人对被害人的伤害、死亡结果不具有故意，成立故意伤害罪、故意杀人罪所需要的主观要件就没有具备，犯罪性质的转化便无从谈起。因而，只有将这种转化的主观条件限定为行为人对被害人的伤害、死亡

---

① 刘念虎：《为索取债务劫持他人并放任其死亡的行为应如何定性》，载《山东审判》2007 年第 3 期。

② 程燕：《非法拘禁罪转化犯规定的两个问题》，载《检察日报》2008 年 8 月 11 日第 3 版。

结果必须具有故意心理，才是符合成立转化犯条件。否则，无论行为人主观对重伤、死亡结果的发生是故意还是过失，只要行为人故意使用暴力犯非法拘禁罪，致人重伤、死亡的，均以转化犯论处，则不仅混淆了结果加重犯与转化犯的条件，也存在客观归罪之嫌。①

3. 转化犯罪刑规范合理性研究

有论者提出，立法者规定将非法拘禁犯罪中使用暴力致人伤残、死亡作为转化犯，依故意伤害、故意杀人罪定罪处罚，其意图无非是加大对此类行为的打击力度，但由于立法的粗疏，使刑法第238条第2款的规定十分不合理。具体表现为，如行为人使用暴力致被害人一般性重伤，那么行为人构成故意伤害罪，应在3年以上10年以下有期徒刑这个法定刑幅度内处罚；如行为人不是使用暴力，而只是在非法拘禁过程中过失致人重伤的，同样也是在3年以上10年以下有期徒刑这个法定刑幅度内处罚。其结果，又何必区分“致人重伤”与“使用暴力致人伤残”，并且将过失致人重伤与故意致人重伤同罚，仅冠以不同的罪名，也是极其不合理的。即使抛开伤残的本来意义，将其理解为严重残疾，上述罪刑不相当的情况依然存在。因为故意伤害只有行为人在以特别残忍的手段致人重伤造成严重残疾时，才能适用10年以上有期徒刑、无期徒刑或者死刑这一量刑幅度，非法拘禁使用暴力致人严重残疾，但暴力并不一定就是特别残忍的手段，因此，一般也不能适用这一刑罚幅度，这就造成了处罚时的轻重失衡。②

① 闫永安、王志祥：《非法拘禁罪若干问题研究》，载《河北法学》2006年第11期。

② 王作富主编：《刑法分则实务研究》（第三版），中国方正出版社2007年版，第918页。

第三章　绑架罪重点研究问题与理论争议

一、绑架罪罪质要件研究

（一）绑架罪的性质与犯罪客体

刑法理论界对绑架罪犯罪性质与犯罪客体的研究，在总体上经历了单行刑法与修正刑法典颁行两个阶段，在前一个研究阶段，由于立法对绑架罪的性质界定不明确，导致对本罪性质与客体判断的认识分歧，这一分歧随着修正刑法典的正式施行而基本趋于统一。对绑架罪犯罪性质与犯罪客体的分析，主要形成过七种具有代表性的观点：

第一种观点认为，绑架罪属于侵犯财产权利的犯罪、侵犯复杂客体的犯罪。持此观点的学者们的论证理由如下：

一是绑架勒财是一种暴力侵犯财产的行为，其侵犯的客体不仅是公私财物的所有权，而且还侵犯了公民的人身权利，严重地威胁着被劫持人的生命和身体健康。① 在这类犯罪侵犯的客体中，侵犯财产权利是主要的，侵犯人身权利是从属的。勒索他人财物是行为人唯一的目的，绑架人质只是行为人为了达到侵犯财产的目的所采取的手段，故应将本罪归入侵犯财产类犯罪之中。②

二是在一般情况下，绑架他人的行为侵害了被害人的人身权利，而勒索财物的行为则侵犯了被害人家属的财产所有权。而本罪侵犯的客体主要是被害人家属的财物所有权。因而，本罪应归类在侵犯财产

---

① 苏文昭：《对暴力绑架勒财行为定罪的探讨》，载《法学》1983 年第 9 期。

② 王淑华：《浅论绑架勒索罪》，载《人民司法》1992 年第 10 期。

罪一章。[①]

三是绑架罪侵犯的客体主要是被害人的财产权利，属于侵犯财产方面的犯罪，理由是行为人实施绑架的目的在于勒索他人钱物，而绑架则是非法占有他人财物的一种手段。我国刑法和单行刑法中，对犯罪手段相同而犯罪目的不同的行为，往往以目的不同来区分犯罪的性质及其所侵犯的客体不同。按照犯罪客体理论，一罪侵犯两个客体的，应以其侵犯的主要客体来确定类罪的划分，因此，本罪应属于侵犯财产方面的犯罪。[②]

第二种观点认为，绑架罪属于侵犯人身权利的犯罪、侵犯复杂客体的犯罪。持此观点的学者们的论证理由如下：

一是绑架罪的社会危害性明显侧重于对人身权利的侵害，考察本罪的社会危害性，不仅要看到它对于被害人人身权利和财产权利的侵害，还要看到它所产生的其他恶劣影响，绑架人质的行为，不仅剥夺了人质的人身自由，使其产生极大的恐惧心理，精神受到严重创伤，还使人质的亲属等人受到严重恐吓，同时，也会使社会上的其他公民失去安全感，严重破坏社会治安和社会的稳定，因此，这种犯罪对公民人身权利的侵害明显重于对财产所有权的侵害。[③]

二是虽然绑架勒索罪的手段行为是绑架，目的行为主要是勒索财物，但是，并非任何犯罪的性质都由目的行为决定，即并非目的行为所侵犯的社会关系都是主要客体，当手段行为重于目的行为时，就应肯定手段行为对犯罪性质的决定作用。绑架行为的危害重于勒索财物的危害，表现为，行为人所使用的手段是暴力胁迫或者麻醉方法，本身就已经造成了他人伤害；绑架行为一般是持续状态，在较长时间内侵犯了他人人身自由权，而且其生命权处于直接威胁之中；被绑架人

---

① 夏其淦：《试论绑架勒索罪》，载《甘肃政法学院学报》1992 年第 3 期。

② 周道鸾著：《单行刑法与司法适用》，人民法院出版社 1996 年版，第 200 页。

③ 徐东晖、潘家永：《试论绑架勒索罪》，载《法学论坛》1995 年第 3 期；张明楷：《论绑架勒赎罪》，载《法商研究》1996 年第 1 期。

的近亲属或其他人也受到严重恐吓，其他公民也因此失去安全感。显然，此罪侵犯的主要社会关系是人身权。①

三是绑架罪在任何情况下，都侵犯公民的人身权利和其他社会法益，故其客体特征应是复杂客体，只不过人身权利是绑架罪必然侵犯的客体，作为后一客体，即财产权利或其他的社会法益是不确定的被侵犯的客体，是可选择性的必然被侵犯的客体，而绝不是“可能的”被侵犯的客体。②

第三种观点认为，绑架罪属于侵犯人身权利的犯罪、侵犯简单客体的犯罪。③ 持此观点的学者们的论证理由如下：

一是1997年刑法典对“1991年《决定》”（即《全国人民代表大会常务委员会关于严惩、拐卖、绑架妇女、儿童的犯罪分子的决定》——笔者注）所规定的绑架犯罪补充修订后，将其明确规定在“侵犯公民人身权利、民主权利罪”一章中，旨在强调其保护重点是公民的人身自由权。④

二是从刑法典的规定来看，绑架罪既是目的犯的一种，以勒索他人财物或者提出其他不法要求为该罪的目的，那么该罪所侵犯的客体就不应是单纯的人身自由权利，还应包括财产权利或者其他法益在内。但由于大陆刑法中的绑架罪的目的并不确定，有些情况下，行为人实施绑架行为是为了勒索他人财物，但在有些情形下，行为人实施绑架行为的目的可能与财物毫无关系，而只是绑架他人作为人质，以提出其他非财产性的不法要求，也就是说，公民的人身自由权利是绑

① 樊洪：《论绑架罪》，郑州大学2000年硕士学位论文，第8~9页。

② 汤成军：《绑架罪实务研究》，苏州大学2002年硕士学位论文，第12~13页。

③ 周道鸾主编：《刑法罪名精释》，人民法院出版社1998年版，第467页；王作富主编：《刑法分则实务研究》，中国方正出版社2001年版，第939页；赵秉志主编：《中国刑法案例与学理研究·分则篇（三）——侵犯公民人身权利、民主权利罪》，法律出版社2001年版，第151~152页。

④ 杨聚章、田立夫：《试论绑架罪》，载《新刑法研究与适用》，人民法院出版社2000年版，第572页。

架罪必然侵犯的客体，而财产权利或者其他合法利益，则仅是绑架罪可能侵犯的法益，由于犯罪客体必须是实施某种行为所必然而不是有可能侵犯的某一种社会关系，所以，绑架罪的犯罪客体应是简单客体，仅是公民的人身自由权利。①

三是分析一种犯罪侵害的客体，应首先从该罪的犯罪对象入手，绑架罪的犯罪对象为任何有生命的自然人，作为本罪犯罪对象的被害人有两方，即被非法限制人身自由的人质与关心人质安危、与人质有某种利害关系的被勒索方，绑架犯罪人以暴力、胁迫、麻醉或其他方法劫持他人以后会对被害人加以禁闭、监视等，剥夺了人质的人身自由，首先侵犯了人质的人身自由权；绑架所使用的暴力、威胁、麻醉或其他方法本身就危及被害人的身体健康；绑架犯罪人的犯罪目的不能得逞，很可能会杀人灭口，剥夺被害人的生命，所以绑架行为进而会涉及人质的生命权。由于犯罪行为人获取人质后，会进一步提出勒索要求，本罪侵犯的公民人身自由权利中还应包含着与被绑架的人质有利害关系的人的行为自决权，一般体现为被勒索方被迫转移财产所有权，但也可能表现为制约被勒索方除财产权以外的任何行为自决权，而行为自由权利恰恰是被勒索方人身权利的重要组成部分。②

四是在肯定绑架罪属于侵犯人身权利犯罪的前提下，有论者提出，绑架行为属侵犯人身权利的犯罪，只要能够实现对被害人安危的控制即可，不能要求其必须控制被害人的人身自由，直接控制被害人的健康、生死与控制被害人自由一样，都属于对被害人安危的控制，都足以对第三人造成心理威胁，因此，都可以成为绑架的内容。③ 其原因在于：其一，从“绑架”的规范意蕴来看，不限于控制“人身

① 赵秉志主编：《海峡两岸刑法各论比较研究》，中国人民大学出版社2001年版，第696页。

② 孙庆宏：《绑架罪疑难问题研究》，中国政法大学2003年硕士学位论文，第9页。

③ 张永红：《论绑架罪的保护法益》，载《河南公安高等专科学校学报》2007年第2期。

自由”。绑架罪的本质在于，行为人通过对被害人的控制而使第三人产生忧惧心理，从而利于其非法目的的实现，因此，只要能使第三人产生忧惧心理的控制方式，都应该属于绑架行为的内容。其二，从实践来看，认为“绑架”必须也只能侵犯“人身自由”的观点会导致极不合理的结论。其三，国外的立法规定和刑法理论不能成为认定我国绑架罪中的“绑架”必须侵犯“人身自由”的根据。①

第四种观点认为，绑架罪属于侵犯人身权利、侵害复杂客体的犯罪。根据客体内容的不同，这一观点又具体包括以下两类：

一是绑架罪侵犯的客体不仅包括被绑架人的人身自由权利，还包括对被绑架人以外的第三人的自决权。② 其理由在于，我国刑法对绑架罪规定了最为严厉的法定刑，在普通刑事犯罪中，只对本罪与劫持航空器罪规定了这样的法定刑，如果本罪不要求以侵犯第三人的自决权为要件，那么在社会危害性上其与抢劫罪比较相当。这样，我国刑法对绑架罪规定如此严厉的刑罚，就破坏了刑法分则各罪名之间的协调性和平衡性。对此，能够作出合理解释的，就是绑架罪的社会危害性，不仅在于侵犯了人质的人身权利，更在于侵犯了与人质有关的第三人的自决权，即从绑架的规范意蕴来看，其并不限于“控制人身自由”。绑架罪的本质在于行为人通过对被害人的控制而使第三人产生忧惧心理，从而利于其非法目的的实现，因此，只要是能使第三人产生忧惧心理的控制方式，都应该属于绑架的内容。从实践来看，认为绑架必须也只能侵犯人身自由的观点会导致极不合理的结论。③

二是绑架罪侵犯的客体不仅包括人身权利，还包括人身关系。论者的理由是，绑架罪是利用他人对人质安危的忧虑，以勒索财物或满足其他不法要求为目的而实施的行为，第三人之所以会遭到行为人的

① 张永红：《绑架罪客观要件新解》，载《青海社会科学》2008 年第 1 期。

② 阮齐林：《绑架罪的法定刑对绑架罪认定的制约》，载《法学研究》2002 年第 2 期。

③ 刘凌梅：《绑架罪客观要件争议问题的再探讨》，载《郑州大学学报》（哲学社会科学版）2003 年第 4 期。

勒索是由于后者利用了他对人质安危的忧虑之情，虽然该种忧虑之情不能成为犯罪的客体，但是，由于忧虑产生的根本原因乃出于第三人和被绑架人之间的人身关系，从而，这种人身关系便成为绑架罪所侵犯的除人身权利以外的又一犯罪客体。此处的人身关系不同于传统民法上之人身关系，是指不直接体现财产内容但有人身属性的社会关系，既包括由自然人之间由于身份所自然形成的为掳人勒索型绑架所侵犯的人身关系，也包括由法律创设某种义务所引起的拟制的而为人质型绑架所侵犯的人身关系。①

第五种观点认为，绑架罪属于危害公共安全犯罪、侵犯简单客体的犯罪。持此观点的学者认为，绑架罪的主要客体不应是“侵犯公民人身权利、民主权利罪”意义上的公民人身自由权利，绑架罪虽然侵犯了公民的人身自由权利，但更为主要的是，该罪对不特定公众的安全造成了现实的侵犯，从立法改革的角度，绑架罪应置于“危害公共安全罪”中，而不应继续规定在“侵犯公民人身权利、民主权利罪”中，绑架罪的客体应是公共安全。我国现行刑法将绑架罪规定在“侵犯公民人身权利、民主权利罪”一章中，说明立法者只注意到了绑架罪的社会危害性的表面，而没有真正把握该罪危害性的实质，具有一定的片面性。只有将绑架罪定位为危害公共安全犯罪，才能合理解释绑架罪法定刑的严厉性，才能正确把握绑架罪与其他近似犯罪的界限，才能顺应国际社会严厉打击和防范恐怖主义犯罪的立法和司法潮流。②

第六种观点认为，绑架罪的犯罪客体在行为人以不同行为类型实施犯罪时，其犯罪客体有所不同，其中“勒索型绑架罪”侵犯的是复杂客体，包括他人的人身权利和财产权利；而“人质型绑架罪”

---

① 叶慧娟、曹俊金：《论绑架罪的犯罪既遂标准》，载《法治论丛》2008年第1期。

② 刘远、周海洋：《绑架罪新论》，载《山东警察学院学报》2005年第5期。

侵犯的则是简单客体，即公民的人身权利。① 有论者则对这种“客体并存说”的观点提出了批判，论者坚持，我们在研究某一犯罪的客体时，只能把该罪作为一个整体进行研究，而不能考虑其具体有哪些形态。也就是说，在任何情况下都必然侵犯的随意客体作为犯罪的客体，因而是不足取的。就绑架罪整体而言，他人的财产权利仍然是随意客体。同时，“并存说”的观点实际上是认为绑架罪既是简单客体，又是复杂客体，这也不符合刑法理论。②

第七种观点认为，绑架罪的法益是被绑架人在本来的生活状态下的身体安全与行动自由。绑架婴儿的行为，虽未侵犯其行动自由，但使婴儿脱离了本来的生活状态，侵害了其身体安全，父母绑架未成年子女的行为，也侵害了子女在本来生活状态下的身体安全与行动自由。论者对其观点正当性的分析是通过对相关观点的批判加以论证的，论者提出，将被绑架者的自由界定为本罪的法益，无法说明绑架婴儿的行为也构成绑架罪；将被绑架者的监护权或者人与人之间的保护关系界定为本罪的法益，并未考虑绑架正常成年人的情况；而将被绑架者的自由，或者当被绑架者为未成年人或者精神病患者时，也包括被害人与监护人之间的人身保护关系，界定为本罪的法益，导致父母不可能绑架自己的未成年子女，因而均不妥当。③

（二）绑架罪的客观行为

1. 绑架罪的行为特征

第一种观点认为，掳人勒赎行为有其独有的特征，表现为：一是掳人勒赎行为的被害人有两个，一个是被暴力剥夺人身自由的人质，一个是受到要挟而被迫交出财物的人；二是犯罪人与这两个被害人的接触和联系，无论在空间上还是在时间上，既非同地也非同时；三是

① 梅胜：《新〈刑法〉第二百三十九条法律冲突辨析及修改意见》，载《贵州教育学院学报》（社会科学版）2000 年第 5 期。

② 绳万勋：《论绑架罪》，武汉大学 2004 年法律专业硕士学位论文，第 10～11 页。

③ 张明楷著：《刑法学》（第三版），法律出版社 2007 年版，第 666 页。

掳人勒赎行为自非法拘禁人质起，直到犯罪人取得“赎金”或案发时，一直处于持续状态之中；四是犯罪人绑架人质是为勒索“赎金”服务的，二者属于同一个犯罪过程，贯穿着同一个犯罪目的。从而掳人勒赎行为，既与抢劫罪有着明显的差别，也不能被敲诈勒索罪和非法拘禁罪二罪所肢解。①

第二种观点认为，犯罪分子绑架人质，以人质的人身安全对与人质有利害关系的他人实行精神上的强制，迫使他人不得不为人质的生命和健康担忧，使人被置于不能也无法反抗的状态中。“绑票”行为是罪犯排除被害人抵抗强索财物的手段，与以“其他方法”抢劫的基本属性是一致的。犯罪嫌疑人自限制他人人身自由到取得财物，其绑架活动和对被害人的精神强制就一直处于持续状态之中，这是犯罪在时间上的延长；犯罪现场由绑架现场发展到拘禁现场和强索财物的现场是犯罪在空间上的扩大。②

第三种观点认为，从社会危害性看，是否向第三人勒索，危害性差别较大。绑架他人之后是仅仅直接向被害人勒索财物，还是以被害人作为人质向第三人勒索财物，表面上看，仅仅是索取财物的对象不同，其实质涉及是否侵犯第三人的自决权。当犯罪嫌疑人以虐待人质的方式，甚至以杀害、伤害人质的方式向第三人勒索时，对第三人的影响是巨大的。行为人绑架他人之后，仅仅向被绑架人索取财产，没有侵犯到第三人的自决权，其危害影响的范围受到了限制。此外，从犯罪的实际情况看，行为人在绑架他人之后，仅仅想以不惊动第三人的方式索取财产，其索取财产的方式、数量将受到很多限制，只能以被绑架人能够控制、支配的财产为限，被绑架人的命运也基本掌握在自己的手中，其危害性更接近于抢劫罪。为了使这类不侵害第三人的

---

① 姜伟：《掳人勒赎行为定罪量刑问题的探讨》，载《西北政法学院学报》1985 年第 1 期。

② 刘玉安：《浅谈“绑票”行为的属性》，载《人民司法》1985 年第 11 期。

绑架行为与抢劫罪在处理上保持平衡，将其认定为抢劫罪较为合理。①

第四种观点强调，绑架不应仅仅被理解为一种使用暴力、胁迫或麻醉方法将他人劫持的行为，因为上述行为，如果排除了被行为人用来达到其他目的的可能，则是一种单纯的非法剥夺他人人身自由的行为，应构成非法拘禁罪。而行为人非法拘禁他人或以其他方法非法剥夺他人人身自由，强迫第三方满足其一定要求的，则构成绑架罪。二罪在行为手段上有很大的重合性，但绑架罪的行为手段须具有实力控制性。绑架罪要求行为人对人质是一种实力控制与支配，人质作为行为人换取利益的筹码，必须处在行为人的实际控制之中。基于此，用“劫持”替代“绑架”应能反映绑架罪的本质，更具科学性。②

第五种观点认为，设立绑架罪的目的是为了保护被绑架者的人身安全（有的情况下还包括他人的财产权）；在行为人与“被绑架人”通谋，得到其承诺而将其置于自己的实力控制之下的场合，不存在绑架罪的保护法益，自然不可能以绑架罪论处。当然，对于经不具有真实意思表示能力的人（如婴幼儿、精神病人）同意后而实施的绑架行为，则另当别论。这种情形下的绑架行为违背了监护人的意志，因而虽然被绑架者表示同意，但这种同意是无效的，因而应视为违背了真实意志，构成绑架罪。③

2. 绑架罪的行为阶段与行为环节

有论者提出，对绑架罪的客观方面进行行为阶段与行为环节的区分，再结合立法者着重保护公民人身权益而不强调行为人是否实现犯罪目的的立法宗旨，可以解决刑法学界对绑架罪实行行为是单一行为还是复合行为以及绑架罪的既遂标准等问题的争议。绑架罪在客观方

① 阮齐林：《绑架罪的法定刑对绑架罪认定的制约》，载《法学研究》2002 年第 2 期。

② 刘津慧：《绑架罪罪质特征之我见》，载《河北法学》2002 年增刊。

③ 王水明、王志祥：《绑架罪基本要件问题探讨》，载《河北法学》2006 年第 8 期。

面分为两个阶段：实现控制人质的阶段（绑架人质阶段）和维持控制人质的阶段（拘禁人质阶段）。在绑架犯罪过程中的前一阶段，即实现控制人质的阶段，行为人采用暴力、胁迫等各种手段接近人质并实现对人质人身的控制，这一阶段从行为人着手实行绑架行为到绑架行为既遂为止，体现出相对的“动”态性；而后一阶段，即维持控制人质阶段，行为人在绑架行为既遂之后，其拘禁人质的行为和人质人身自由被非法剥夺的状态在相当时间内持续，这一阶段从绑架行为既遂一直到人质被解救或被释放或被杀死为止，体现出相对的“静”态持续性（这里的“静”并非指行为人无所作为，也不意味着人质在被拘禁之后拘禁的方式、地点一成不变）。从另一个角度看，行为人实施绑架行为，其最终目的是为了勒索财物或获取其他非法利益，而行为人的犯罪目的仅仅凭绑架行为是无法得以实现的，因此，从行为人犯罪目的的实现的角度，可将绑架罪分为两个行为环节：一是针对人质所进行的绑架行为，二是对第三人的勒索或提出其他非法要求的行为。其中，第一环节即绑架他人的行为是绑架罪的构成要件中基本的犯罪行为（实行行为），行为人一旦实施绑架行为并控制人质，而不必一定向被害人家属或其他关系人提出非法要求即可构成犯罪既遂。作为持续犯，只要人质的生命未被剥夺，绑架行为就持续于整个绑架罪的过程中，第二环节是绑架罪客观构成要件的超过要素，发生于拘禁人质的阶段，该行为实施与否对认定绑架罪既遂没有影响，但可以影响到绑架罪犯罪情节的轻重，并对量刑产生作用，更影响和决定行为人犯罪目的的实现。[①]

3. 绑架罪的行为单复

（1）“复合行为说”。

此观点认为，绑架行为与勒索行为均为绑架罪的客观实行行为，两者相互依存，缺一不能构成本罪，如果仅绑架他人，而没有勒令交

---

① 邓定远：《我国刑法中的绑架罪的概念与特征研究》，中国政法大学2004年法学硕士毕业论文，第25~26页。

付财物赎人的行为，则一般属非法拘禁罪。[①] 绑架罪的犯罪行为由绑架行为（或偷盗婴幼儿的行为）与勒索财物或者提出不法要求行为（当行为人是绑架他人作为人质时）两个方面组成。[②] 勒索财物只有与绑架行为相联系，才能成为绑架勒索罪客观要件的组成部分，也正是基于此，本罪才定罪为绑架勒索罪。[③]

"复合行为说"对绑架罪客观行为内容的论证代表性观点如下：

其一，绑架勒索罪这一罪名本身是对犯罪行为的概括和提炼，如果说该罪的客观方面的行为仅仅是指绑架这一单一行为，那么，绑架勒索罪罪名的确定就缺乏本源上的根据，就是名实不符。其二，虽然刑法第 239 条未将勒索财物的行为加以描述，而是将其作为犯罪目的之内容，但根据主客观相统一的原理，勒索财物的目的决定了与之相适应的勒索财物行为的存在。其三，如果将绑架勒索罪的客观方面的行为理解为单一行为，那就意味着只要实施了绑架他人的行为就构成犯罪既遂，至于行为人是否实施了勒索财物的行为对犯罪既遂的成立没有影响。如此，对于本罪犯罪中止以及共同犯罪的认定问题就得不到正确、合理的解决。行为人一经实施绑架行为，即使幡然醒悟，自动放弃实施勒索财物的行为，将被绑架人释放，由于已经成立犯罪既遂，也不能认定为犯罪中止。这样做，对于犯罪人来讲，显然是不公平的，也与刑法鼓励犯罪人自动放弃本可以继续实施的犯罪的立法精神不符，同时还会使犯罪分子一不做二不休，索性将犯罪实施到底，对社会造成更大的危害。在司法实践中，有的行为人在其他犯罪分子实施了绑架行为后，中途参与实施勒索他人财物的行为，对于此种情况，如果按照一经实施勒索行为就成立犯罪既遂的主张，显然不能按

---

① 马克昌、杨春洗、吕继贵主编：《刑法学全书》，上海科学技术文献出版社 1993 年版，第 363 页。

② 赵秉志主编：《中国刑法案例与学理研究·分则篇（三）——侵犯公民人身权利、民主权利罪》，法律出版社 2004 年版，第 133 页。

③ 刘岩主编：《刑法适用新论》，中国政法大学出版社 1993 年版，第 146 页。

绑架勒索罪的共同犯罪处理，因为行为人的行为属事前无通谋的事后行为。对于事前无通谋的事后行为，构成其他犯罪的，按其他犯罪定罪处罚，不构成其他犯罪的，以非罪处理。但对于这类情况不按绑架勒索罪的共同犯罪处理，于理于法都是说不通的。上述两个问题，只有将绑架勒索罪的客观方面行为理解为包括绑架行为和勒索行为，才能得到正确、合理的解决。[①] 其四，刑法第239条将“以勒索财物为目的”明确规定为（绑架勒索或偷盗婴幼儿构成的）绑架罪的主观目的，并不排除有与之对应的勒索财物之实行行为存在。实践中，绑架罪的犯罪分子在绑架他人或偷盗婴幼儿后，往往都有勒索财物的实行行为。其五，将绑架他人行为（或偷盗婴幼儿行为）与勒索财物行为均视为绑架罪的实行行为，并不是说未勒索到财物的就不构成犯罪既遂，而只是反对将行为人一经实施绑架他人、偷盗婴幼儿行为而不问有无勒索财物或提出不法要求的行为就一律认定为绑架罪既遂的做法。事实上，视绑架罪的客观行为为复合行为，与可以将未达勒索财物（或满足不法要求）目的的绑架他人、偷盗婴幼儿行为同样作为既遂处理，并无矛盾之处，而是依此原则，对于行为人实行绑架他人或偷盗婴幼儿行为后，尚未实行勒索财物或提出不法要求行为的，应分别认定为绑架罪的未遂或中止形态，而不应认定为既遂。[②]

（2）“单一行为说”。

此观点认为，绑架罪在客观方面仅由绑架他人的行为构成，无须具备勒索财物的要件。“单一行为说”的理论论证经历了单行刑法和修订刑法典颁布以后两个阶段，其主要理由如下：

其一，绑架罪在客观方面包括三项内容：一是对人质的绑架。绑架是指将人质处于自己控制之下的暴力、威胁以及其他平和方法。二是对人质实施非法拘禁。对人质的拘禁过程是绑架勒索过程中的一个

---

① 孙光骏、李希慧：《论绑架勒索罪的几个问题》，载《法学评论》1998年第1期；严军兴、高胜喜主编：《新刑法释义》，中共中央党校出版社1997年版，第286页。

② 肖中华：《绑架罪略论》，载《山东法学》1999年第5期。

环节，不属于一个独立的行为，不能成立非法拘禁罪。三是以杀害或伤害人质相威胁，向人质的监护人、家属等强索财物。这是绑架勒索犯罪人实施犯罪的最终目标。本罪在客观方面的上述三个过程紧密联系，互为因果，但是并非每一起绑架勒索案件均必须具备，如果在犯罪分子绑架人质过程中或者在绑架人质之后，尚未实施勒索财物的行为之前即被抓获，仍属于绑架勒索罪。①

其二，法条表述的罪状是“以勒索财物为目的绑架他人”，所表明的实行行为仅是绑架行为，而对绑架勒索案件中通常会实施的勒索赎金行为，并未视为实行行为予以规定，因而，没有理由认为罪名中的“绑架”与“勒索”都是指实行行为。② 既然犯罪构成是刑法规定的认定犯罪的具体规格和标准，理解犯罪构成要件就必须以刑法规定本身为基础和前提，由于刑法将本罪的实行行为限于绑架、勒索财物或者提出其他要求进而最终得到满足，只能是存在于行为人主观方面的犯罪目的。虽然行为人是否具有主观目的和其目的的具体内容是什么都需要通过其客观行为来判断才能得出结论，但结论的得出并不需要行为人实施直接实现其目的的客观行为。③

其三，行为的性质不是仅由客观行为决定，而是同时由客观行为与主观罪过决定。既然行为人以勒索财物为目的绑架他人，就表明其行为的性质是绑架勒赎，而不是单纯的非法拘禁。《决定》对本罪罪状的表述是“以勒索财物为目的绑架他人”。据此，绑架勒赎罪是目的犯，即勒索财物是目的，属于主观要件。但是，目的犯中的目的与故意、过失等不同；故意、过失本身都要求有与之相对应的客观事实；而目的犯中的目的则是“超过的主观要素”，即是超过客观事实

① 杨旺年：《试论绑架勒索罪》，载《法律学习与研究》1992 年第 3 期。

② 林亚刚：《绑架勒索罪若干问题的探讨》，载《法学家》1996 年第 4 期；王作富主编：《中国刑法的修改与补充》，中国检察出版社 1997 年版，第 176 页。

③ 冯凡英：《论绑架罪的实行行为——兼谈绑架罪立法的完善》，载《烟台大学学报》（哲学社会科学版）2004 年第 3 期。

范围的内容，或者说客观上不要求存在与目的相对应的事实。由于勒索财物只是目的，故现实的勒索行为并不是成立本罪的必要条件；绑架他人才是成立本罪必不可少的行为。①

其四，如将勒索财物行为视为犯罪客观方面的行为，就具有构成要件的意义，如果未实施勒索行为，则意味着不完全具备绑架勒索罪的构成要件，如此，显然有悖立法：只要出于勒索财物目的，并支配实施完绑架行为，就已具备法定全部要件的精神。法条明确规定的是“以勒索为目的的绑架”，没有理由认为“绑架勒索”中的“绑架”与“勒索”都是指实行行为。②

其五，若将绑架罪客观方面的行为理解为“复合行为说”，意味着只有既实施了绑架行为，又使勒索财物或提出的其他非法要求得到满足才能构成犯罪既遂。那么，若犯罪分子实施了绑架行为，并致使被绑架人死亡或杀害被绑架人，但此后自动放弃实施勒索或提出其他非法要求的行为而逃窜的，就应依法认定犯罪分子具有犯罪中止这一法定的应当减轻的情节，必然与“处死刑，并处没收财产”的法定单一刑种相抵触；或者，只要其非法要求未得到满足，如果致使被绑架人死亡或杀害被绑架人，虽然是结果加重犯，应予严惩，但因为属犯罪未遂，是法定的可以从宽处罚情节，则“处死刑，并处没收财产”的法定单一刑种就显得过于严厉并过于牵强，且与法律对未遂犯予以从宽的法律精神相矛盾，上述矛盾显然是“复合行为说”难以解决的。③

其六，我国1997年刑法中有不少条款都规定以某种目的作为犯罪构成要件，这些目的要件在犯罪构成中应属于主观要件范畴，其主要作用在于限定犯罪客观方面即犯罪行为的构成，缩减刑罚的适用范

---

① 张明楷：《论绑架勒赎罪》，载《法商研究》1996年第1期。

② 林亚刚、贾宇：《关于绑架及相关犯罪的几点探讨》，载《国家检察官学院学报》1997年第4期。

③ 方益权：《论绑架罪罪名确定及其构成要件》，载《温州师范学院学报（哲学社会科学版）》1998年第4期。

围。从根本上而言，主观上的目的要件与客观上的行为要件两者截然不同。尽管彼此在犯罪构成中的地位和作用是相互依存、不可缺少，而且必须相互结合、一致即主观与客观相统一；但两者却不可相提并论，混为一谈。既不能将客观要件混为主观要件，也不能将主观要件混为客观要件。绑架罪中的“以勒索财物为目的”理应为目的要件，因而在犯罪构成中自然应属于主观要件，若将其视为客观要件实属不妥。①

其七，只有将绑架罪的实行行为确定为单一行为，才能符合立法精神。其原因在于：一是我国刑法将绑架罪规定在侵犯人身权利罪一类中，而不规定在侵犯财产罪或其他类罪中，显然是重在保护公民的人身自由。立法只是突出强调绑架罪的勒索的目的性，即落脚在“绑架他人”的行为，并未规定必须将勒索的目的转化为勒索的行为才构成绑架罪。二是否定勒索是客观要件行为，从而将导致行为人绑架他人后又放弃勒索财物的要求，就不能认定行为人是自动中止，从而不利于鼓励行为人自动中止犯罪的观点，并不符合绑架罪的立法本意。一方面，单一行为说并未断绝绑架人自动中止犯罪的希望之路，另一方面，犯罪的既遂形态标准只能出自于刑法的明确规定，而不能根据犯罪评价的具体需要加以任意确定。三是把刑法规定的犯罪目的理解为目的行为，混淆了主客观要件的关系，无根据地增加了客观要件的内容，缩小了绑架罪既遂的范围。②

其八，我国刑法中的绑架罪是一种严重侵犯公民人身权利的犯罪，立法设立本罪的宗旨在于对公民的人身权利予以重点保护。至于财产等其他权利或利益，在本罪中处于次要地位。从构成要件上看，绑架行为与以人质相要挟提出要求都是绑架罪的构成要件，但前者属于客观行为要件，后者属于主观要件，两者不具有客观要件的复合性，即只要行为人主观上以勒索财物或其他要挟为目的，客观上实施

---

①　孟庆华：《绑架罪若干问题探讨》，载《云南法学》2000 年第 4 期。

②　王作富主编：《刑法分则实务研究》（第三版），中国方正出版社 2007 年版，第 926 页。

了绑架的行为，即可构成犯罪的既遂，并不要求其勒索行为必须发出，更不要求其目的一定实现。①

4. 绑架罪行为方式的内容

（1）绑架罪行为方式“扩张说”。

一种观点认为，绑架罪在客观上表现为使用暴力、胁迫、麻醉或其他方法绑架他人作为人质来勒索财物的行为。绑架他人是本罪的手段行为，指向的对象是被绑架者。勒索财物是本罪的目的行为，指向的对象是被勒索者及财物，被勒索者一般是被绑架者的亲人或与其有特殊关系的人或法人。绑架的手段，主要是暴力、胁迫、麻醉等强制手段，也包括其他非强制手段。② 绑架的实质在于将他人掳走并置于自己的控制之下，使其失去人身自由，至于使用什么样的方法，则不应严格限制。绑架人质通常是使用暴力、胁迫或麻醉方法，但实际上可供使用的方法远不止这些，例如引诱、欺骗、以揭发隐私相要挟、乘被害人昏迷不知反抗而将其掳走等，使用这些方法将他人掳走的，也应认定为绑架，符合主观要件的，应定为绑架勒索罪。③ 将绑架的方法仅限于暴力、胁迫和麻醉三种是很不全面的，从理论上讲，凡是非法拘禁可以使用的方法，没有理由说不可以成为绑架罪的方法。④

另一种观点认为，绑架的方法不应当仅仅局限于暴力、胁迫或者麻醉，还应当包含其他足以使被绑架人处于行为人实力支配下的行为方式。论者的理由在于：一是不能因为拐卖妇女、儿童罪中限定了绑架的行为方式，就进而推演绑架罪只能以暴力、胁迫和麻醉方式实施。我国刑法确立了罪刑法定原则，对于拐卖妇女、儿童罪来讲，刑法明确规定了三种绑架方式，因此在认定以出卖为目的绑架妇女、儿童时，只能限定在条文规定范围内。但对于绑架罪而言，刑法没有明

① 齐文远主编：《刑法学》，北京大学出版社 2007 年版，第 515 页。

② 刘雅玲：《试论绑架勒赎罪》，载《河北法学》1993 年第 1 期。

③ 陈小清：《试论绑架勒索罪》，载《中南政法学院学报》1993 年第 3 期。肖俊德、樊洪：《略论绑架罪的几个问题》，载《中州学刊》2000 年第 11 期。

④ 肖中华：《绑架罪略论》，载《山东法学》1999 年第 5 期。

确规定其方法，若形式主义地贯彻罪刑法定原则，反而违背了罪刑法定原则的实质要求。对于绑架罪行为方法的理解，应根据刑法精神进行，不能过于狭窄，也不能过于宽泛地解释，而应坚持客观解释的基本立场。二是我国刑法对绑架罪规定了非常严厉的法定刑，作为我国刑法中刑量最高的法定刑之一，可反观出绑架罪的恶性程度，在认定绑架的手段行为时，应当充分考虑这一点。如果行为人①只有使用欺骗方法而没有使用暴力的意图；②不违背被害人自由行动的意愿；③没有实际使用暴力方法，行为人虽然处于被绑架者的地位上，但没有完全丧失自由，因而不能成立绑架罪。三是国外立法例中，绑架方法也不限于暴力、胁迫或者麻醉，当然也不是毫无限制地包含任何控制被绑架人的方法。这实质也是对“其他足以使被绑架人处于行为人实力支配下的行为方式”的理解。①

（2）绑架罪行为方式“限定说”。

此说主张，《全国人民代表大会常务委员会关于严惩拐卖、绑架妇女、儿童的犯罪分子的决定》对绑架勒赎罪的手段作了明确限定，而没有规定“其他方法”，如果在解释时随意添加“其他方法”，则属于类推解释，违反罪刑法定原则，对于以使用欺骗、利诱等方法使被害人离开原来的生活场所，并置于行为人的实力支配下，或者利用被害人自身不知、不能抗拒的状态将其掳走，并置于行为人的实力支配下的，行为本身即属于使用暴力绑架他人的方法。其理由在于：一是“暴力”一词具有多种含义，其核心是行使有形力量，绑架勒赎罪中的暴力应属于对人的身体行使有形力量并达到足以压制对方抗拒程度的暴力，将不知、不能抗拒的人掳走并置于行为人的实力支配下的行为，本身就是对人的身体行使有形力量，符合“暴力”的要求。二是绑架是一种持续行为，认定行为是否属于暴力、胁迫，应当从整个过程来分析，使用欺骗、利诱等方法使被害人离开原来的生活场所并置于行为人的实力支配下的行为，就使被害人离开原来的生活场所

① 张济坤：《试论绑架罪——以本体刑法学为视角》，中国政法大学2007年法学硕士学位论文，第17～18页。

而言，似乎没有暴力、胁迫，但行为人在此后却将被害人置于自己的实力支配下，拘禁本身又是一种暴力，它使被害人不能或者无法逃走，仍然属于暴力的方法。①

"限定说"在严格限制解释绑架罪行为方式的同时，还对"扩张说"中将"欺骗"纳入绑架罪行为方式的观点进行了批判，认为，行为人仅仅使用严格意义上的"欺骗"手段，即在欺骗被害人后并未使用暴力、并不违背被害人自由行动的意愿的情况下，因这种"欺骗"方式并不足以侵犯人身自由，从而并不符合绑架罪的基本特征，对此不应作出成立绑架罪的评价。②

而对"限定说"批判的观点则认为，所谓手段，是指为达到某种目的而使用的方法。在此应仅指行为的前期表现，即为使他人脱离家庭或所在处所，使之处于自己的实力控制之下而采取的方法，不能等同于整个行为过程。若依该种观点，那么使用胁迫和麻醉方法使被害人脱离原来生活场所而后拘禁的，也应属于暴力办法，那么就没有必要再将它们单列出来，这显然是站不住脚的。③

针对"限定说"与"扩张说"的观点分歧，有论者提出，应对绑架罪行为手段的认定作"行为的前期表现"与"行为的整个过程"的定位区分。其"行为的前期表现"，应指实现控制人质阶段的行为表现；而"行为的整个过程"包括"实现控制人质的阶段"与"持续拘禁人质的阶段"。从绑架罪侵犯他人人身自由的客观表现看，绑架罪是一种持续犯。在整个犯罪过程中，行为人为控制住人质而针对人质的人身所采用的各种方法，都可以视为绑架罪的行为手段。且在具体案件中，行为人在绑架行为的持续过程中，可能进行手段的转换，如在实现控制人质的阶段采用暴力方法，而在拘禁人质的阶段则采用胁迫方法或麻醉方法。可见，在绑架罪的整个行为过程中，行为

---

① 张明楷：《论绑架勒赎罪》，载《法商研究》1996 年第 1 期。

② 汤成军：《绑架罪实务研究》，苏州大学 2002 年法学硕士学位论文，第 17～18 页。

③ 杜国强：《绑架罪若干问题研究》，载《河北法学》2001 年第 6 期。

手段并不是“从一而终”、相互排斥的。但是，在绑架行为既遂后，为维持控制人质人身自由而进行的手段转换，并不引起绑架行为和人质的人身自由被剥夺的状态的中断，对绑架罪的成立与既遂不产生多大影响。所以，在考察绑架罪的行为手段时，有决定意义的是行为人在“实现控制人质阶段”所采用的方法。在这一阶段里，行为人单一采用暴力、胁迫、麻醉、偷盗或者拐骗婴幼儿、抢夺婴幼儿等方法通常即可以完全实现对人质人身自由的控制，所以将这些方法视为绑架的方法是毫无疑义的。唯独欺骗方法能否独立作为绑架罪的行为手段，尚值得推敲。因为，行为人单纯采用欺骗方法并不能完全控制人质的人身自由，要实现对人质的完全控制，行为人还必须进一步借助胁迫、麻醉、暴力等手段。基于此，若以在“实现控制人质的阶段”单独采用就可以完全控制人质作为认定绑架罪行为手段的标准，则欺骗方法并非独立的绑架手段。①

不仅如此，有学者提出，对于绑架罪行为方式的具体程度与内容还有进一步限制解释的必要，只有在具备使用手段的极端性和索取不法要求的重要性的条件时，才可能成立绑架罪。据此，能够与我国刑法规定的严峻刑罚相称的绑架罪具有两种类型：一是绑架勒赎，是指以勒索巨额赎金为目的，绑架他人作为人质，使第三人为人质的安危担忧而迫使其交付财物的行为；二是有关国际公约中规定的“劫持人质”及与其严重性相当的行为，即绑架他人作为人质，使第三人（包括任何个人、组织、政府）为人质的安危担忧而迫使其满足重大不法要求的行为。其理由在于，绑架罪的法定刑与罪状共同构成了关于绑架罪的现行立法模式，不能脱离法定刑孤立地解释罪状，因为法定刑明确表达了立法者对某种罪行的评价，既然我国刑法第239条对绑架罪规定了异常严厉的法定刑，那么在对绑架罪构成要件的解释上就应当予以考虑，作出与处罚相称的解释。解释法律的终极目的在于使案件得到公平合理的处理，而不在于使犯罪的要件符合我们的理

① 徐博强：《绑架罪认定若干问题研究——以构成要件为着眼点》，吉林大学2007年法学硕士学位论文，第16~17页。

解。鉴于我国刑法中对绑架罪规定了极为严厉的法定刑，这意味着必须严格解释绑架罪的犯罪构成要件，以体现罪刑相适应的原则。如果尊重和重视立法者的评价，就应当严格解释绑架罪的构成要件，力求把绑架罪限定在与立法者评价相称的范围内。①

5. 绑架罪行为方式的内涵揭示

刑法理论界与实务界在关注绑架罪行为方式具体类型的同时，由于具体行为方式内涵的确定直接关涉绑架罪的正确认定，因而，对绑架罪行为方式具体内涵的研究，便必然成为绑架罪研究的组成部分。最高人民法院、最高人民检察院《关于执行〈全国人民代表大会常务委员会关于严惩拐卖、绑架妇女、儿童的犯罪分子的决定〉的若干问题的解答》（1992 年 12 月 11 日）曾对绑架罪（原为绑架勒索罪）作出过明确界定："绑架勒索罪，是指以勒索财物为目的，使用暴力、胁迫或者麻醉方法，劫持他人的行为。"然而，在 1997 年刑法颁行后，将绑架罪的行为方式理解为暴力、胁迫、麻醉以及其他方法，逐渐成为为刑法理论与实务界所共同接受的观点。对于绑架罪行为方式研究的深化，表现为对具体行为方式内涵的界定。

（1）绑架罪"暴力"的程度、特征与对象。

关于绑架罪中"暴力"的程度与特征。第一种观点认为，绑架罪中的暴力主要是指行为人通过对被绑架人实施捆绑、殴打、推拉、伤害、强行架走等方式，抑制被绑架人的反抗，达到实际控制被害人的目的。在绑架罪中，暴力程度一般都是没有限制的，可以是出于直接故意的重伤行为，也可以是出于放任甚至希望死亡结果发生的杀害行为。② 第二种观点认为，绑架罪在暴力的程度上，可以是造成伤害，包括轻伤、重伤或者杀害被绑架人，也可以只是一般性的身体强制，而没有造成任何损害结果；在暴力的基本特征上，绑架罪中的暴

① 阮齐林：《绑架罪的法定刑对绑架罪认定的制约》，载《法学研究》2002 年第 2 期。

② 赵秉志主编：《刑法相邻罪名界定与适用》（上），吉林人民出版社 2000 年版，第 731～732 页。

力具有直接性和强制性。[①] 第三种观点认为，绑架罪的基本行为（绑架行为）是不可能包含故意杀人行为的。[②] 在绑架人质阶段，行为人使用暴力等手段压制被害人的反抗，以达到控制被害人人身自由的目的时，其暴力可以表现为故意致被害人轻伤、重伤，但不可能达到故意杀人的程度。其理由在于，绑架罪的实质是行为人通过暴力控制被害人的人身，利用其亲属或其他利害关系人对人质安危的忧虑以达到勒索财物的目的或满足其他不法要求。而绑架人质阶段的故意杀人行为则是一种使他人生命丧失的行为，这与绑架行为的本质显然不相吻合。如果行为人在绑架人质阶段就针对人质实施杀人行为，所谓的“以实力控制被害人的人身”以及利用人质的亲属或其他利害关系人对人质安危的忧虑以勒索财物或实现其他不法要求便无从谈起。[③] 绑架罪中扣押人质的行为并不都比非法拘禁罪中的实行行为强度大，使人丧失自由的一切方法都包含在绑架手段之中。扣押人质一般来说要将其带离原来的生活场所，但是特殊情况下被害人仍然在其原来的场所生活的，也可以成立绑架罪。[④]

关于绑架罪中“暴力”侵害对象的范围。绑架罪暴力手段的侵害对象，通常是被绑架人的人身，行为人为顺利劫持被绑架人，而对绑架现场的被绑架人的监护人、保护人以及其他人使用暴力以排除其阻碍的，是否属于绑架罪行为手段之一的“暴力”，对此，有论者提出，行为人为顺利劫持人质而对人质以外的人施加暴力的行为，一般不具有独立意义，其本质上仍属于绑架罪行为手段中的“暴力”方法，这如同抢劫罪中的“暴力”不限于直接针对财物所有人或管理人一样，绑架罪中的暴力也不应限于直接针对被绑架人本人。因此，

---

① 何俊：《关于绑架罪认定的几个问题》，载《广西警官高等专科学院学报》2007年第2期。

② 张明楷：《绑架罪中“杀害被绑架人”研究》，载《法学评论》2006年第3期。

③ 王志祥：《绑架罪中“杀害被绑架人”新论》，载《法商研究》2008年第2期。

④ 周光权著：《刑法分则讲义》，清华大学出版社2003年版，第35页。

在一般情况下，行为人为顺利劫持人质而对人质以外的人施加暴力的行为，只需以绑架罪一罪论处，而不实行数罪并罚。但在为排除阻碍而故意伤害人质以外的人、并致使其伤残或死亡，以及杀害人质以外的人的情况下，则此类行为具有独立意义，并已经超出作为绑架罪行为手段的“暴力”所能包容的范围。因为刑法第 239 条仅将“致被绑架人死亡”或“杀害被绑架人”作为适用死刑的条件，这样就实际上排除了绑架罪中可适用死刑的其他情形。因此，行为人为排除阻碍而故意致人质以外的第三人重伤或死亡以及故意杀害人质以外的第三人的情形，如果仍将上述情形作为绑架罪的“暴力”手段，并依刑法第 239 条论处，那么法定最高刑为无期徒刑；而普通伤害下，故意伤害罪和故意杀人罪的法定最高刑均为死刑。两相对照，这种处断明显有违罪刑相适应原则，在这种情况下，对行为人适用的法定最高刑仍然是死刑。①

（2）绑架罪“胁迫”的内容与特征。

胁迫是绑架的行为方法之一，作为绑架手段的胁迫，意味着通过对被绑架人实施精神强制的方法进行控制，对于绑架罪“胁迫”的内容：

一种观点认为，绑架罪的胁迫只限于以暴力作后盾的威胁，即以加害被绑架人或者其亲属的人身健康或者生命安全为内容，行为人以语言或者行动直接告诉被绑架人，如果其不服从，将立即受到暴力侵害，而不是以其他间接方式转达或者要求被害人在一段时间以后屈从。②“胁迫”是指对被绑架人以将要杀害、伤害进行威胁、恫吓，使其不敢反抗的精神强制行为。③ 绑架罪的“胁迫”具有以下特点：

---

① 邓定远：《我国刑法中的绑架罪的概念与特征研究》，中国政法大学 2004 年法学硕士毕业论文，第 32 页。

② 赵秉志主编：《疑难刑事问题司法对策》，吉林人民出版社 1999 年版，第 363 页。

③ 高铭暄、马克昌：《刑法学》，北京大学出版社、高等教育出版社 2007 年版，第 534 页。

一是行为人一般都以将要实施暴力为内容；二是以加害被害人或者其亲属人身健康或生命安全为内容；三是以语言或者行为的方式直接告知被害人，如果不顺从将立即受到暴力侵害，而不是以其他方式转达或者要求被害人在一段时间以后屈从。① 其理由在于：一是绑架行为是严重侵害人身权的犯罪行为，只有以暴力为内容进行的胁迫，才能达到使被绑架人产生精神恐惧不敢反抗的程度并因此而实现对被绑架人的控制。而揭发隐私、毁坏名誉等，固然可以起到一定程度的精神强制作用，但通常只是作为以实力控制被绑架人的一个步骤，其本身并不能直接实现对被绑架人的实际控制。二是由于“其他方法”的存在，导致非暴力的精神强制行为，可以一并被包含，故从分类的合理性而言，宜将绑架中的胁迫限定在暴力胁迫。②

另一种观点认为，绑架罪的最根本的特征在于违背被害人意志，使其身体被迫置于行为人的实力控制之下，因此，无论是采用揭发隐私、毁坏名誉或者其他方式实施精神强制，只要结果实现了对被绑架人身体的控制，并以此勒索财物，就构成绑架罪的胁迫。③

（3）绑架罪“其他手段”的内容与形式。

主张应将“其他手段”独立于暴力、胁迫以外手段的观点认为，绑架的实质在于将他人掳走并置于自己的控制之下，使其失去人身自由，至于使用什么样的方法，则不应严格限制，绑架人质通常是使用暴力、胁迫或麻醉方法，但实际上可供使用的方法远不止这些，例如，引诱、欺骗、以揭发隐私相要挟、乘被害人昏迷不知反抗而将其掳走等，使用这些方法将他人掳走的，也应认定为“绑架”，符合主观要件的，应定为绑架勒索罪。④ 绑架罪的核心要素是劫持他人，控

---

① 袁锐：《试论绑架罪》，武汉大学2004年法学硕士学位论文，第24页。

② 何俊：《关于绑架罪认定的几个问题》，载《广西警官高等专科学院学报》2007年第2期。

③ 王作富主编：《刑法分则实务研究》（第三版），中国方正出版社2007年版，第924页。

④ 陈小清：《试论绑架勒索罪》，载《中南政法学院学报》1993年第3期。

制他人人身自由的手段包括暴力性手段与非暴力性手段。其中，非暴力性手段包括欺骗和诱惑，欺骗是指虚构事实使被绑架者产生错误，诱惑是指以语言、物品引诱被绑架人使其失去正常判断能力。趁精神病人没有辨别能力或者不能反抗之机，将其控制在行为人或者第三者之下的，也属于绑架行为。[①] 从实践来看，有的犯罪分子使用欺骗方法将他人骗到一定场所后将其关押起来，然后向其近亲属等人员勒索财物，这种行为无疑应定为绑架罪。[②] 绑架手段不应仅限于有关司法解释所规定的暴力、胁迫、麻醉方法，还应该包括欺骗、引诱方法等其他方法。[③]

主张“其他手段”并非独立行为方式的观点认为，使用欺骗、利诱等方法使被害人离开原来的生活场所，并置于行为人实力支配下，或者利用被害人自身不知、不能抗拒的状态将其掳走，并置于行为人的实力支配下，本身就是使用“暴力”绑架他人，而不是暴力、胁迫、麻醉以外的“其他方法”。其理由在于，一是暴力的核心是行使有形力量，绑架勒索罪中的暴力应该是“对人的身体行使有形力量并达到足以压制对方抗拒的程度”，而将不知、不能抗拒的人掳走并置于行为人的实力支配下的行为，符合此种暴力的要求。二是绑架是一种持续行为，认定行为是否属于暴力、胁迫，应当从整个过程来分析，使用欺骗、利诱等方法使被害人离开原来的生活场所并置于行为人的实力支配下的行为，就使被害人离开原来的生活场所而言，似乎没有使用暴力、胁迫方法，但行为人在此后却将被害人置于自己的实力支配下，拘禁于一定的场所，而拘禁本身又是一种暴力，它使被害人不能或无法逃走，因而，仍属于暴力方法。对于确实没有使用暴

① 曲新久主编：《刑法学》，中国政法大学出版社 2008 年版，第 397 页。

② 赵秉志主编：《中国刑法案例与学理研究·分则篇（三）——侵犯公民人身权利、民主权利罪》，法律出版社 2001 年版，第 155 页。

③ 张兰馨、徐晓玲：《绑架罪若干问题探讨》，载《行政与法》2006 年第 2 期。

力、胁迫、麻醉方法的，则不能认定为绑架。[①]

有论者则认为，是否与暴力行为相结合并不是判定某种行为能否控制被绑架人人身自由的标准，单纯的欺骗手段有时能够成为绑架罪客观方面的行为，有时却不能，关键在于考量这种欺骗手段是否超出了被害人辨别、处理事物的能力。对于被害人系缺乏辨别、处理事物能力的人，即使行为人采用的是单纯的欺骗手段，未辅之以实际的暴力行为，亦未有实施暴力的主观意图，也足以对被害人实施实力控制，此时，被害人是否意识到自己被限制、剥夺人身自由丝毫不影响行为人对其人身自由的实际侵害；对于被害人系具备足够或者相应辨别、处理事物能力的人，行为人单纯的欺骗手段因并不足以侵犯其人身自由并有效地对其人身实施实力控制与支配，而不符合绑架罪客观方面行为的本质特征。[②]

6. 绑架行为与非法拘禁行为的关系辨析

一种观点认为，绑架与非法拘禁是手段与结果之间的关系。有学者提出，在绑架行为实施过程中，对他人人身自由的非法剥夺，是绑架的当然结果，而非法拘禁也可以绑架的手段实施。[③]

另一种观点认为，绑架行为与非法拘禁行为之间存在相似、竞合之处。绑架、扣押人质的行为是将他人劫持或者控制在行为人能够支配的范围内，在此过程中可能要使用暴力、胁迫、麻醉等方法，也可能使用其他平和的方法来实施，在这一点上，其和非法拘禁罪的实行行为有很多相似、竞合之处。绑架罪中扣押人质的行为并不都比非法拘禁罪中的实行行为强度大，使人丧失自由的一切方法都包含在绑架手段之中。[④] 从犯罪构成来说，绑架罪的客观要件包含非法控制人质

① 张明楷：《论绑架勒赎罪》，载《法商研究》1996年第1期。

② 周欣：《绑架罪若干疑难问题探析》，华东政法学院2004年硕士学位毕业论文，第10～11页。

③ 高铭暄、马克昌主编：《刑法学》，北京大学出版社、高等教育出版社2000年版，第485页。

④ 周光权著：《刑法各论讲义》，清华大学出版社2003年版，第35页。

自由的要素，因而在某种意义上可以说与非法拘禁罪存在特别法与普通法的竞合关系。[①] 非法拘禁罪是普通法的规定，而绑架罪是特别法的规定，在以勒索财物为目的绑架他人的情况下，客观行为完全符合非法拘禁罪的构成要件，但由于行为人主观上具有勒索财物的目的，因而应以绑架罪论处。[②]

（三）绑架罪主观构成要件

1. 绑架罪主观构成要件的内容及属性

有学者认为，绑架罪主观构成要件包括三项基本内容，即：(1) 具有故意，行为人对于侵害他人身体安全与行动自由的结果，具有希望或者放任态度。(2) 具有利用被绑架人的近亲属或者其他人（包括单位乃至国家）对被绑架人安危的忧虑的意思。(3) 具有勒索财物或满足其他不法要求的目的。就绑架罪主观构成要件内容的性质，论者提出，此三项内容均属主观的超过要素，只要行为人具有这种意思，即使客观上没有通告被绑架人的近亲属或者其他人，也不影响本罪的成立；或者即使行为人客观上向被绑架人的近亲属或其他人勒索财物或提出了其他不法要求，也不另成立其他犯罪。[③]

2. 绑架罪的犯罪目的

(1) 绑架罪犯罪目的的内容。

我国刑法第 239 条将绑架罪在立法上划分为两种基本类型：一为勒索型绑架，二为人质型绑架。对于前种类型绑架罪犯罪目的的内容，具有理论上的一致性，即通常为“勒索财物”；而对于后种类型绑架罪犯罪目的的具体内容，则存在意见分歧，这些意见分歧在总体上可归纳为以下两种基本类型：

“目的限定说”主张，人质型绑架罪的犯罪目的必须被限定为

---

① 刘树德著：《绑架罪案解》，法律出版社 2003 年版，第 202 页。

② 陈兴良：《共同正犯：承继性与重合性——高海明绑架、郭永杭非法拘禁案的法理分析》，载陈兴庚主编：《刑事法评论》（第 21 卷），北京大学出版社 2007 年版，第 35 页。

③ 张明楷著：《刑法学》（第三版），法律出版社 2007 年版，第 666 页。

"非法目的"，如有学者将其表述为，绑架罪是出于政治性目的、逃避追捕或者要求司法机关释放罪犯等其他目的，劫持他人作为人质。① 或者表述为，人质型绑架的犯罪目的是为了"满足其他不法要求"② 或"获取其他利益，可以是为了满足政治目的，也可以是为其他利益。"③ 其理论在于，在勒赎型绑架中，行为人具有勒索财物的目的，显然，这里的勒索财物是非法的，而且行为人与被害人之间不存在合法的债权债务关系。如果是索要合法债务，因其目的具有合法性，则不构成绑架罪。即使索要非法债务，因事出有因，根据司法解释的规定也不构成绑架罪。司法解释之所以这样规定，是因为绑架罪的起点刑过高，这样规定可以缩小打击面。同样的道理，非财产性绑架罪的目的也应限定为"非法要求"，否则就会与勒赎型绑架的构成不相适应，不适当地扩大打击面。④ 有论者则提出，鉴于绑架罪较重的法定刑，应将行为人的要求限定在"不法"的范围内，行为人挟持他人为人质而提出非"不法"要求的行为，从刑事政策的角度看，宜以非法拘禁罪论处。⑤

"目的扩张说"强调，行为人劫持人质所提出的要求无须非法，即行为人为了获得其应得到的合法权益以劫持人质的方法向有关部门、人员施加压力的，也构成绑架罪。其理由在于，绑架罪是一种严重侵犯公民人身权利的犯罪，不得被用作实现合法权益的手段，即合法权益的实现只能通过合法的途径解决，不能以侵犯人身权利的方法获取。因此，尽管行为人的要求是合法的，也不能阻却其绑架行为的

---

① 周道鸾、张军：《刑法罪名精释》（第二版），人民法院出版社 2003 年版，第 376 页。

② 张明楷著：《刑法学》（第三版），法律出版社 2007 年版，第 666 页。

③ 高铭暄、马克昌主编：《刑法学》，北京大学出版社、高等教育出版社 2000 年版，第 485 页。

④ 绳万勋：《论绑架罪》，武汉大学 2004 年法律硕士专业学位论文，第 19 页。

⑤ 邓定远：《我国刑法中的绑架罪的概念与特征研究》，中国政法大学 2004 年硕士学位毕业论文，第 20 页。

犯罪性质。①

（2）绑架罪犯罪目的的层次。

“双重目的”说认为，绑架罪具有双重目的，即“以绑架他人为目的”是本罪“主观构成要件的犯罪目的”（一般目的）；“勒索财物（或其他非法利益）”是超出故意内容所能包含的范围并独立于故意内容之外的主观构成要件之外的犯罪目的（特殊目的）。② 绑架罪应该说是具有双重的犯罪目的，一层是作为直接故意的内容存在的目的，即以强力控制他人的目的，另一层目的是作为超过主观要素的目的，即勒索财物或者满足其他不法要求的目的。③

“单一目的”说认为，“绑架他人”是刑法第 239 条规定的客观要件行为，只有通过“绑架他人”所要达到的目的，即勒索财物或其他不法利益，才是作为主观要件的犯罪目的。如果把某罪的基本行为说成是犯罪目的，这就不仅混淆了客观要件与主观要件的界限，而且几乎所有的故意犯罪都可以说包含有双重目的。④ 其理由在于，作为犯罪构成要件的犯罪目的，一般是与行为人实施犯罪行为所追求的结果内容相重合的犯罪目的。绑架罪法律上规定的作为犯罪构成要件的犯罪目的“勒索财物”与直接故意的内容并未完全重合，仅是直接故意内容的一部分。行为人通过自己的犯罪行为所希望达到的结果有两个：一是使用实力控制他人，二是勒索财物或其他不法利益。但是，作为该罪主观方面构成要件的是后一目的，即勒索财物或其他不法利益。这是本罪与其他侵犯人身自由犯罪相区别的最本质的特征，如果行为人不是出于这一目的，虽然使用实力控制他人，也不构成绑架罪。在本罪中“勒索财物”和“绑架行为”是目的与手段的关系，

---

① 王作富主编：《刑法学》，中国人民大学出版社 1999 年版，第 368 页。

② 王宗光：《论绑架罪的认定》，载《法律适用》2000 年第 5 期；单长宗等主编：《新刑法研究与适用》，人民法院出版社 2000 年版，第 581 页。

③ 张济坤：《试论绑架罪——以本体刑法学为视角》，中国政法大学 2007 年法学硕士学位论文，第 25 页。

④ 王作富主编：《刑法分则实务研究》（第三版），中国方正出版社 2007 年版，第 927 页。

而不是“多重目的说”认为的主观上要具备两个目的，这种说法违背了“在一个犯罪构成中，犯罪目的只能有一个”的理论。①

“折中说”则以刑法理论将犯罪目的作断绝的结果犯（直接目的犯）与短缩的二行为犯（间接目的犯）的区分为依据，提出绑架罪属间接目的犯，行为人在实施完绑架行为（构成要件行为）后，还需行为人向第三人实施勒索行为才能实现犯罪目的。从这一角度看，刑法分则明文规定以特定的目的作为犯罪成立要件的“目的犯”与一般的直接故意犯罪在犯罪目的内容、结构层次及实现等方面存在一定差异。②

（3）绑架罪犯罪目的的程度标准。

其一，“重大利益标准肯定说”认为，为了与绑架罪的处罚相适，在意图勒索的内容和程度上应当有所限制，即将勒索的不法要求适当限制在“重大”的范围内。例如，以勒索“巨额”赎金或者提出其他“重大”不法要求为目的。所谓数额巨大的赎金，按照我国对侵犯财产罪如盗窃罪、抢劫罪、诈骗罪等的数额巨大的习惯掌握，至少应当在1万元以上。所谓强要其他重大的不法要求，一般理解为强要第三人作出某种重大作为或不作为，如交换人犯、在政策上作出重大让步等等。论者的理由是：一是立法沿革依据。从立法过程看，我国刑法规定“劫持人质”的绑架类型主要是考虑有关国际公约的规定，因此其不法要求的掌握应当与公约的规定相当。如果意图索取的赎金不够巨大、强要的其他不法要求不够重大，显然与立法者的评价不相称的，不构成绑架罪。二是目的解释依据。立法对绑架罪的严厉处罚，显然是针对社会生活中发生的特定的绑架犯罪类型的。这种特定绑架犯罪往往是以勒索巨额赎金或者重大不法要求为目的。因为勒索的赎金或者其他不法要求很高，难以满足，使被勒索人处在两难的选择之中：要么蒙受巨大损失，作出重大的让步；要么使人质遭受

---

①　袁锐：《试论绑架罪》，武汉大学2004年法学硕士学位论文，第19页。

②　邓定远：《我国刑法中的绑架罪的概念与特征研究》，中国政法大学2004年硕士学位毕业论文，第20页。

巨大的痛苦甚至牺牲。如果犯罪嫌疑人绑架人质仅仅是索要少量财物或者提出其他微不足道的不法要求……很难想象立法者对于绑架人质索要几千元钱或者其他微不足道条件的犯罪行为有必要规定最低处10年以上有期徒刑的刑罚。脱离我国刑法对绑架罪处罚的特定模式，仅仅从法律形式上分析绑架罪的构成要件是不够的，从法律形式上看，绑架罪不过是非法拘禁罪和敲诈勒索罪的合成，可是刑法对非法拘禁罪仅仅规定3年以下有期徒刑，对敲诈勒索罪规定的法定刑与盗窃、诈骗基本相同，也很普通，而对非法拘禁和敲诈勒索结合到一起使其不法程度猛然上升至值得立法者对其规定严峻的刑罚，显然，在立法者心目中考虑的并不是两种犯罪两种行为的简单相加，而是存在于社会生活中的某种犯罪类型。①“绑架罪”须具备“重大的不法要求”和“获取不法利益”的要件，绑架罪的犯罪目的包括三种基本类型：一是出于特定的政治目的、军事目的的针对政府部门提出具有反政府、反社会、反人类性质的要求；二是绑架人质（如绑架政府官员）要求在某个政策上作出重大让步，而获取较大利益；三是强行要求他人作出某种重大的作为或者不作为。②

其二，“重大利益标准否定说”认为，绑架罪的犯罪目的不以重大利益为其认定标准。论者的理由是：一是根据刑法第239条的规定，以勒索财物及满足其他不法要求为目的是构成绑架罪的主观目的要件，而非行为要件。绑架罪只要求行为人具有勒索他人财物或者满足其他不法要求的目的即可，至于行为人是否实际提出了勒索要求甚而取得了财物都在所不论。因而如果以实际勒索财物的数额与不法要求的程度作为判断绑架罪罪与非罪的标准之一，显然有悖于罪刑法定原则。二是从现实的角度而言，一方面客观上也存在很多行为人勒索的数额与所提要求在一般人看来并不巨大或者重大，但行为人本人认

① 阮齐林：《绑架罪的法定刑对绑架罪认定的制约》，载《法学研究》2002年第2期。

② 陈林义、吴仁义：《人质型绑架罪主观目的之认定》，载《中国检察官》2007年第3期。

为至关重要，并因被绑架人的近亲属或者其他利害关系人未能及时满足而对被绑架人施以毒手的情况，如果对这种情况刻意地仍然以数额巨大与否、不法要求重大与否作为衡量罪与非罪的标准，肯定将导致罪刑失衡的现象，不利于对公民人身权利的着重保护。另一方面，对于行为人尚未实际提出勒索要求的案件而言，许多案件的证据只能证明行为人有勒索财物及满足其他不法要求的概括故意，无从把握行为人勒索的具体数额及要求的严重与否。①

（4）绑架罪犯罪目的的产生时间。

绑架罪属故意犯罪，且以勒索财物或获取其他非法利益为目的，对于绑架罪勒索财物目的产生的时间是刑法理论研究中受到关注的问题，特别是对于司法实践中所出现的，出于其他动机或目的绑架他人后，才产生勒索财物目的，或者收买被拐卖、绑架的妇女、儿童后，对其施行非法拘禁或绑架，进行勒索财物的行为，是否应以绑架追究刑事责任，理论上存在以下观点分歧：

一种观点认为，必须先有以绑架方法勒索财物或获取其他不法利益的目的，而后实施绑架行为的，才能构成绑架罪。如果行为人本无绑架勒索之意，而是由于其他原因对他人的身体实行控制，经他人出面调解，行为人向被害人提出交付财物的要求，作为了结争端的条件，不能以绑架罪论处。②

另一种观点则认为，上述两种行为原则上应以绑架罪论处。③ 其理由在于：一是犯罪是主客观相统一的行为，但并不意味着勒索财物的目的必须产生于绑架行为之前，只是要求其实行过程中存在勒索财物的目的，行为人出于其他目的绑架或拘禁他人后，被害人便处于其实力支配下，绑架行为是一种持续性行为，在绑架行为未结束时，产

① 周欣：《绑架罪若干疑难问题探析》，华东政法学院2004年硕士学位毕业论文，第8页。

② 高铭暄、马克昌主编：《刑法学》（下篇），中国法制出版社1998年版，第839页。周光权著：《刑法分则讲义》，清华大学出版社2007年版，第37页。

③ 张明楷著：《刑法学》（下），法律出版社1997年版，第716页。

生勒索财物的目的，并继续绑架或拘禁被害人，而此时目的的外在表现勒索行为亦是该罪实行行为的一部分，符合绑架主客观相统一原则。二是共同犯罪的有关理论。共同犯罪分为事前通谋的共同犯罪与事前无通谋的共同犯罪。后者“是指共同犯罪人刚着手实行犯罪或实行犯罪过程中形成共同犯罪故意的共同犯罪”。这表明，共同犯罪并不要求存在于实行行为的整个过程，共同故意存在于实行行为过程的某一阶段时，也成立共同犯罪。基于同样理由，勒索财物的目的也不要求存在于整个实行过程中，该目的存在于实行行为过程的某一阶段时，即勒索行为阶段，也不失为绑架罪。三是转化犯罪的理论。行为人开始实施的是非法拘禁行为，但在非法拘禁过程中，行为人产生勒索财物目的，并要求被害人的近亲属或其他人交付财物，从而单纯的非法拘禁转化为绑架罪。事实上，非法拘禁与绑架在行为内容上是一致的，也可理解为在该目的支配下，行为人实施绑架行为的第二个环节，即勒索行为，因此，绑架行为后产生的勒索财物之目的被包含在绑架罪的实行过程中。[①]

（四）绑架罪主体要件及其完善

刑法将绑架罪的犯罪主体规定为一般主体，对这一立法规定的正当性，学理界进行了研讨与批判。对现行刑法犯罪主体规定的批判，其主要观点如下：

其一，“社会危害性程度说”认为，绑架与刑法第 17 条第 2 款规定的其他八种行为的社会危害性相当，甚至在某种程度上还超过了后者，既然后者都能划入应当追究的刑事责任的范围，那么绑架行为理所当然应当作为应当追究刑事责任的情形之一。如果将绑架罪增加进来，仅需要修改绑架罪关于法定最高刑的规定，因为未成年人不能处死刑。[②]

---

① 肖俊德、樊洪：《略论绑架罪的几个问题》，载《中州学刊》2000 年第 6 期。

② 史杜军：《试论绑架罪的犯罪主体》，载《河南公安高等专科学校校报》2001 年第 6 期。

其二,“法定刑标准说”认为,绑架罪在法定刑上远远重于其他犯罪(甚至重于故意杀人罪),立法将绑架罪排除在八种相对负刑事责任犯罪之外,不能不说是一个立法缺陷。[①] 从绑架罪与刑法第17条第2款所列八罪的危害性和法定刑的比较来看,绑架罪的法定最低刑为10年有期徒刑,是一种严重危害人身权利的犯罪,其社会危害性与行为人的主观恶性同刑法第17条第2款所列举的犯罪相比有过之而无不及。在这八种犯罪之中,故意杀人罪位列首位,但其与绑架罪相比较:两罪的最高刑均为死刑,但故意杀人罪的最低法定刑为3年有期徒刑,单就这一点来看,绑架罪重于故意杀人罪。只是故意杀人罪的法定刑采用了由死刑、无期徒刑、10年以上有期徒刑到3年以上有期徒刑的由重到轻的排列方式,表明立法者的意图在于强调故意杀人罪是重于其他个罪的一种犯罪,并且对其适用刑罚时首先应考虑给予较重刑种,从这一角度衡量,故意杀人罪似乎又重于绑架罪。但是,刑法第239条将绑架犯罪过程中杀害被绑架人的行为只是作为对犯绑架罪者绝对适用死刑的量刑情节,这表明绑架罪能够吸收故意杀人罪而将其包容于本罪之中,而吸收犯的一般原则是“重罪吸收轻罪”(高度行为吸收低度行为)。[②]

其三,“行为人刑事责任能力说”认为,绑架罪的法定刑高于刑法第17条第2款其他八种犯罪行为,既然行为人对这八种行为都有辨认和控制能力,那么对绑架罪也会有这种能力。[③] 从现实来看,已满14周岁未满16周岁的未成年人的犯罪能力和受刑能力虽然不及成年人,但已具备了一定的辨别大是大非和控制自己重大行为的能力,即对严重危害社会的某些犯罪行为具备一定的认识和控制能力。既然立法者推定上述年龄段的人对故意杀人等行为有所认识和控制,那又

---

① 刘宪权主编:《中国刑法理论前沿问题研究》,人民出版社2005年版,第529页。

② 孟庆华:《关于绑架罪的几个问题》,载《法学论坛》2000年第1期。

③ 吕秀辉:《对绑架型犯罪问题的看法》,载《辽宁行政学院学报》2005年第1期。

有何理由排除上述未成年人对绑架行为的认识与控制呢？在犯罪年龄低龄化的形势下，上述少年既然敢于杀人、抢劫，那么参与绑架活动是完全可能的，其对绑架一概不负刑事责任，从刑事政策和预防犯罪的角度考虑，是否应当对上述规定加以完善，这是值得研究的。①

二、绑架罪犯罪形态研究

（一）绑架罪停止形态研究

1．绑架罪犯罪既遂的认定标准。

刑法理论界对于绑架罪既遂形态的认定标准存在“绑架行为完成说”、“勒索行为完成说”与“勒索结果发生说”的争论。

（1）“绑架行为完成说”。

此说将绑架罪犯罪既遂的认定标准奠基于客观行为内容“单一行为说”的基础之上，主张绑架勒索罪是由绑架与勒索两个行为结合而成的，本罪的既遂应以行为人以勒索财物为目的，实施了绑架他人的行为，将被害人掳走，限制其自由，或将他人的婴幼儿偷到手，而置于行为人的控制之下为标准。至于行为人以杀害、重伤被害人而威胁被害人家属，迫使其交付赎金，是否取得了财物，都不影响本罪既遂的成立。如果行为人着手实施绑架他人的行为，由于遭到被害人的反抗，未将其掳走或一动手偷盗婴幼儿被当场抓获的，可视为未遂。② 其理由如下：

其一，绑架罪的主要客体是他人的人身自由权利，因此行为人一旦完成了绑架行为，则严重侵犯了被害人的人身权利，构成犯罪既遂，无须在客观方面再加上勒索等行为作为实行行为，勒索行为属犯罪客观方面中实行行为之外的超过要素，其实施与否不影响绑架罪的

---

① 王作富主编：《刑法分则实务研究》（上），中国方正出版社 2001 年版，第 943 页。

② 夏其淦：《试论绑架勒索罪》，载《甘肃政法学院学报》1992 年第 3 期。

成立与既遂，只能作为量刑情节。[①]

其二，某罪的保护法益是行为成立该罪“必须”侵犯的法益，绑架犯罪虽然较多地表现为同时侵犯人身权利与财产权利的情形，但不侵犯财产权利而仅仅侵犯人身权利的情形是客观存在的，因此，财产权利只是绑架罪的随意客体，并不是其保护法益（必要客体）。既然财产权利并不是绑架罪的保护法益，那么绑架罪在客观方面就不需要具有勒索财物的行为，更不需要实际获取财物，“勒索财物”只要作为一种主观要素存在于行为人的内心即可。[②]

（2）“勒索行为完成说”。

此说以绑架罪客观行为内容“复合行为说”为立论依据，强调除绑架他人外，还要实施勒索财物，或者提出不法要求的行为才成立犯罪既遂。[③] 其理由在于：

其一，绑架罪是一种目的犯，在德、日刑法理论中目的犯包括两种类型：一是断绝的结果犯；二是缩短的二行为犯。中国刑法中的绑架罪应属于缩短的二行为犯，即行为人勒索财物的目的在绑架罪中是无法得以实现的，其目的最终达到尚须第三者或行为人本人的其他行为即勒索行为才能实现。从目前我国刑法的规定看，单纯勒索财物的行为没有独立的罪名适用，这实际造成对勒索财物行为刑法不予以规制的漏洞。从总体上看，行为人绑架他人并有勒索财物的要求或提出其他不法要求时，应认定为犯罪既遂，如果行为人仅仅实施了绑架行为，而未实施勒索财物或提出不法要求行为的，应分别认定为犯罪中止或者犯罪未遂，而不应认定为犯罪既遂。[④]

其二，从刑法解释论角度看，对于法条含义的解读通常不能停留

---

① 赵秉志、肖中华：《绑架罪适用中的疑难问题（上）：既遂与未遂的区分》，载《检察日报》2002年1月15日。

② 张永红：《绑架罪客观要件新解》，载《青海社会科学》2008年第1期。

③ 肖中华著：《侵犯公民人身权利罪》，中国人民公安大学出版社1998年版，第226页。

④ 赵秉志主编：《刑法相邻相近罪名定罪与适用》，吉林人民出版社2000年版，第722～723页。

于字面含义，大多还需要进行论理解释，以使解释的结论具有系统合理性，符合刑法之实质合理主义的基础立场。我国刑法规定的各种犯罪均是罪质与罪量的有机统一体，罪质揭示某种危害行为侵害的我国刑法所保护的社会关系，罪量标示该种危害行为对于一定法益的侵害程度。具体犯罪不仅受到特定罪质的限定，还受到一定罪量的制约，罪量对于具体犯罪的罪质范围往往具有界定意义。绑架罪被归入刑法“侵犯公民人身权利、民主权利罪”一章，通过比较其与故意杀人罪、抢劫罪的法定刑配置，显然，从合理解释罪状的角度说，只有将绑架罪的客观方面解释为复合行为，才既可与抢劫罪衡平，也可在犯罪系列中找到绑架罪之罪质、罪量的实在位置，即绑架罪一经实施（包含劫持人质与勒索他人两个行为），不仅严重侵害公民多人的人身权利，而且严重威胁公民的合法财产权利，这是单纯的故意杀人罪与抢劫罪在社会危害程度上都有所不及的，因而才是绑架罪之罪质、罪量的适当归宿。

其三，从设定既遂标准的依据考察，各种犯罪既遂形态的设定，主要取决于具体犯罪案发时的常见状态，从立法者设立犯罪停止形态的初衷看，各种犯罪的法定刑应当以犯罪既遂形态为标本而配置，犯罪的完成与未完成形态在立法设计上已存在明确的主次关系，不可错位或颠倒，若将既遂时间节点设置易于案发的常见形态，则势必导致实际追诉的具体犯罪大多呈现未完成形态，既遂形态沦为少数或例外情形。绑架罪案发的常见状态大多是在绑架者实施了劫持人质、勒索或提出其他不法要求的复合行为以后，达到犯罪目的之前，依据上述界定犯罪既遂形态的常规标准，把绑架罪的既遂形态设定为过程行为犯（含劫持、勒索或提出其他不法要求等两个行为），应当具有设定依据上的事实可靠性与法理合理性。

其四，从司法认定与刑罚裁量层面分析，若将绑架罪的客观方面界定为单一行为，以劫持到人质为标准认定本罪的既遂形态，则明显存在过度压缩本罪之未完成形态的存在空间，容易造成罪刑失衡的问题。①

（3）“勒索结果发生说”。

此说以绑架罪为刑法理论中的结果犯为基本理论依据，其理由如下：

其一，从绑架罪的结构看，绑架行为与勒索行为是不可分离的，缺一不能成立本罪。如果只考虑到绑架而不考虑是否勒索财物，并将其作为既遂的界限，实质上是将一个统一绑架勒索行为肢解开来对待，从主观方面来看，犯罪人的最终目的是勒索财物，绑架人质只是手段，没有达到其目的便不能认为达到了既遂状态，因而在绑架人质之后，没有实施勒索行为或者实施了勒索行为而没有实际勒索成功都不能认为是既遂。②

其二，行为人以勒索财物为目的，实施了绑架他人的行为，迫使被绑架人的亲属或其他组织满足了其非法获得他人财物的要求，则构成了绑架犯罪的既遂；如果由于行为人意志以外的原因，仅仅对他人实施了绑架行为而并未实际取得财物的，则应为绑架罪未遂。③

2. 绑架罪犯罪中止的认定标准

一种观点认为，对绑架罪犯罪中止的认定，应充分考虑处罚的合理性，适当从宽掌握。为了勒索财物而绑架他人后，尚未开始向与人质有关的人员勒索财物或提出其他不法要求之前主动释放人质的，应认定成立犯罪中止。其理由如下：（1）如果从（自然观察的）行为人预定的犯罪过程看，对在绑架人质之后实施勒索以前自动释放人质的认定为犯罪中止符合法律规定。从自然的角度观察绑架罪的犯罪过程，应指犯罪人意图实施绑架犯罪预定的犯罪进程，犯罪人仅仅绑架

---

① 黄祥青：《绑架罪的既遂标准及认定思路》，载《人民法院报》2008年2月20日第6版。

② 杨旺年：《试论绑架勒索罪》，载《法律学习与研究》1992年第3期。

③ 马克昌等主编：《刑法学全书》，上海科学技术文献出版社1996年版，第363页；刘培哲：《绑架勒索罪若干问题》，载《人民检察》1996年第9期。

了人质尚未进一步实施勒索行为，可认定为在（犯罪人）预定的犯罪过程中，此时，主动释放被绑架人的，符合法律规定的成立中止的时间条件。（2）即使按照构成要件齐备说，也不能排除主动释放人质成立犯罪中止的可能性。采取构成要件齐备说可能出现犯罪既遂与犯罪过程的结束不一致的情况，根据构成要件齐备说，犯罪既遂以后并不当然意味着犯罪（自然）过程的结束，因而仍应存在犯罪中止的可能。（3）绑架人质以后有无成立中止的余地要看对绑架罪结果的理解，若将“侵犯第三人自决权”作为绑架罪“行为人所追求的、行为性质所决定的危害结果”，那么也可以得出有成立中止余地的结论。（4）从实质的角度考虑，在勒索之前主动释放人质的，无论是从犯罪人的主观恶性、人身危险性还是在客观危害上，与其他情形的犯罪中止并无明显差别。①（5）行为人一经实施绑架行为即构成犯罪既遂，行为人即使放弃勒索或其他要求的行为，也没有犯罪中止之余地，这不仅不合情理，也与刑法鼓励犯罪分子自动放弃本可以继续实施的犯罪的精神相悖。② 同时，还会使犯罪分子一不做二不休，将犯罪实施到底，对社会造成更大的危害。③

另一种观点则认为，绑架罪的既遂以绑架行为实际控制人质，将人质置于行为人实际支配之下为标准，因此，根据我国中止犯罪的一般理论，行为人绑架犯罪既遂以后又释放人质的不能构成中止犯，属于犯罪既遂后的悔罪表现。为了保障人质的生命、身体安全，鼓励犯罪人及时放弃犯罪，防止社会危害性扩大，对于绑架犯罪既遂释放人质情形，国外刑法和我国台湾地区已经将其作为特殊中止犯加以规定。从刑事政策及中止犯的立法宗旨考虑，我国刑法也有必要将绑架

---

① 阮齐林：《绑架罪的法定刑对绑架罪认定的制约》，载《法学研究》2002年第2期。

② 王作富主编：《刑法学》，中国人民大学出版社1999年版，第368页。

③ 孙光骏、李希慧：《论绑架勒索罪的几个问题》，载《法学评论》1998年第1期。

犯罪既遂后释放人质的情形增设为特殊中止犯。①

（二）绑架罪罪数形态研究

1. 绑架杀人行为的罪数判断

一种观点认为，行为人实施了绑架人质后，因被人质认出而将人质杀害后再向人质家属或利害关系人发出威胁，要挟勒取财物的意思表示；或者行为人已勒索到财物，但又惧怕事后人质向公安机关提供破案线索而将人质杀害的，均应认定为故意杀人罪和绑架勒索罪，实行数罪并罚。②

另一种观点认为，行为人在实施绑架行为的过程中杀害被绑架人的，不应实行数罪并罚。其理由在于：一是我国刑法理论承认“数行为在处理时作为一罪的情况”，这便意味着即使是数个行为符合数个犯罪的构成要件，也有可能只认定为一罪。此时，往往是因为数行为之间具有密切联系，容易同时发生。绑架勒赎与“撕票”行为之间属于具有密切联系、容易同时发生的行为。二是对密切联系、同时发生的数行为并不必然以一罪论处，要决定以一罪论处还是以数罪论处，必须考虑罪刑的均衡性。法律对绑架勒赎罪规定了高于故意杀人罪的最低法定刑，这表明绑架勒赎并“撕票”行为以一罪论处完全能做到罪刑均衡。三是对密切联系、同时发生的数行为是以一罪论处还是以数罪论处，还应考虑刑事司法的难易性。若以数罪论处过于复杂，不利于司法机关定罪量刑，则应主张以一罪论处。绑架勒赎并“撕票”在许多情况下被认定为数罪较为困难。绑架行为的实质是将被绑架人置于行为人或第三者的实力支配下，为了控制被绑架人，行为人通常实施拘禁、殴打等行为。在致人死亡的情况下，往往难以认定行为人对死亡结果是出于间接故意还是过失。而对上述行为以一罪论处，则避免了这一难题。最后，刑法理论的通说认为，对死亡持故意态度的抢劫只构成抢劫罪。绑架勒赎罪的法定刑高于抢劫罪的法定

---

① 刘雪梅、谢雄伟：《论绑架罪特殊中止犯的设立——由“善良绑匪”案引发的刑法思考》，载《时代法学》2008 年第 3 期。

② 王淑华：《浅论绑架勒索罪》，载《人民司法》1992 年第 10 期。

刑，与故意杀人后当场劫走财物的只定抢劫罪相比，对绑架勒赎并“撕票”的行为，更可以只定绑架勒赎罪，没有必要实行并罚。①

2. 绑架过程中劫取被绑架人财物的罪数判断

（1）“数罪说”。

此说主张，对于绑架过程中劫取被绑架人财物的，应以绑架罪与抢劫罪并罚。其理由如下：

其一，行为人若采取暴力或以暴力为胁迫实施绑架，这种暴力或胁迫是一直持续到勒索阶段的，行为人在绑架过程中实施的劫财行为，由于是以暴力或胁迫或是在暴力、胁迫持续过程中当场劫取被绑架人财物，完全符合抢劫罪犯罪构成，应构成抢劫罪和绑架罪，实行并罚。②

其二，以绑架罪一罪处罚或者以绑架罪一罪从重处罚，即使行为人在绑架过程中实施了符合刑法第263条规定的抢劫罪的加重构成情形之一（抢劫致人重伤、死亡的除外）的，如抢劫数额巨大或者持枪抢劫的，由于没有杀害被绑架人或致使被绑架人死亡的后果发生，根据刑法第239条的规定其最高刑只能是无期徒刑，从而单纯实施抢劫行为且符合其加重构成的刑罚却重于绑架过程中实施的符合加重构成的抢劫行为，这显然是对罪刑相适应原则的严重背离。

其三，不可否认，绑架罪与抢劫罪在暴力、胁迫或其他方法等构成要件事实上存在着重叠交叉现象，但对于此类兼容犯现象，在现行刑法中也并非择一重罪处断，从刑法的规定看，对于兼容犯，除法律有规定择一重罪处罚外，应予数罪并罚，因法律并未对绑架过程中劫取财物的行为规定为“择一重罪处罚”，理当实行并罚。

其四，行为人在绑架过程中临时起意劫取被绑架人财物的行为，完全是基于两个完全不同的犯意，实施了两个完全不同性质的犯罪构成事实，理应以绑架罪和抢劫罪两罪并罚，而不存在对同一犯罪构成

① 张明楷：《论绑架勒赎罪》，载《法商研究》1996年第1期。

② 刘全：《绑架中劫财行为之定刑——与林鸿同志商榷》，载《人民法院报》2002年7月29日。

事实的重复评价问题。①

其五，对行为人在采取暴力行为绑架被害人后，又实施暴力劫取被害人财物的行为，可通过考察行为人实施暴力对被害人予以绑架后，又借助原有暴力对被绑架人劫取财物的性质判断加以分析。对于利用先前的暴力行为又实施其他危害行为的定性，应考虑三个方面的因素：一是在刑法理论与司法实践中，“利用行为”并不少见，且往往是与行为人的其他行为结合在一起构成某种犯罪行为，根据刑法及相关规定，利用自己的先前行为再次实施危害行为的，也应构成犯罪。二是根据行为表现形式与本质特征，行为可分为自然意义上的行为与规范意义上的行为，如果行为人绑架被害人后又对被害人实施抢劫，则无论行为人是否又实施了暴力，都应认定为两个暴力。三是如果对利用绑架中的暴力实施其他抢劫行为不以数罪论处，则应对其认定为情节加重犯、结果加重犯、牵连犯等，但是，根据相应分析可知，利用暴力实施抢劫并不符合上述诸种理论，如果对利用暴力实施抢劫行为不进行处罚，则不但会放纵犯罪，还会导致罪刑不适应的情形。既然对利用暴力的行为尚需以数罪并罚论处，则行为人在绑架后又实施新的暴力行为进行抢劫的更应以数罪并罚论处。②

（2）“一罪说”。

此说根据具体观点的不同又包括三种基本类型，其基本观点与理由如下：

第一种观点认为，绑架过程中劫取被害人财物的应以绑架罪一罪定罪处刑，即行为人在犯罪之前仅具有绑架勒赎的故意，在绑架被害人即非法控制被害人的人身自由之后，发现被害人身上带有财物而将

① 钱叶六：《绑架罪司法认定中的几个疑难问题探究》，载《云南大学学报》（法学版）2007 年第 3 期。

② 赵运锋：《绑架罪司法疑难问题的梳理与检讨》，载《中国矿业大学学报》（社会科学版）2008 年第 1 期。

其劫走，不宜另定抢劫罪。① 其理由在于：一是绑架勒索本身就是以勒索财物为目的，因此在控制被绑架人后掳走其随身携带的财物，无论数额大小，对绑架人（包括共犯）而言是再自然不过的事情。反之，指望绑架人不掳走被绑架人随身携带的财物则类似于刑法理论上的“期待不可能”；二是对这种情形如以抢劫罪和绑架罪并罚，实质上是将一个暴力劫持或拘禁行为既用作绑架罪的构成要件，又用作抢劫罪的构成要件，有违“禁止重复评价”的刑法原理；三是此种情况下，仅定绑架一罪，把掳财的行为作为量刑情节考虑，与定二罪相比，也不至于轻纵犯罪人。②

第二种观点认为，绑架过程中实施劫财行为的，应以绑架罪一罪从重处罚。理由是因现行刑法规定在绑架过程中实施的伤害行为以绑架罪定罪处罚，故在绑架过程中对被害人实施的其他侵害行为应由绑架罪吸收。③

第三种观点认为，对绑架过程中劫走财物的应择一重罪处罚。其理由在于，这种在绑架过程中劫财的行为，属于一犯罪构成要件中的部分要件又成为其他罪的要件而导致部分犯罪构成要件的事实重合的犯罪形态，此一犯罪形态不同于结合犯、包容犯、法条竞合犯、牵连犯以及独立的数罪，因之可称为“兼容犯”。由于兼容犯毕竟存在着部分犯罪构成事实的重复评价，因此，对兼容犯应按照择一重罪处罚的原则处理，而不实行数罪并罚。④

（3）“折中说”。

此说主张，对绑架过程中行为人劫取被绑架人的财物的定性问题，应区别不同情况作不同的处理：就勒索型绑架而言，行为人为勒

---

① 林鸿：《绑架中劫走被绑架人财物行为之定性》，载《人民法院报》2002年4月22日。

② 最高人民法院刑事审判第一庭、第二庭主编：《刑事审判参考》（第4卷，上），法律出版社2004年版，第505页。

③ 刘全：《绑架中劫财行为之定刑——与林鸿同志商榷》，载《人民法院报》2002年7月29日。

④ 刘树德：《绑架罪案解》，法律出版社2003年版，第132~169页。

索财物而利用暴力、胁迫等方法限制被害人人身自由后，又临时起意而乘机劫取被害人随身财物，尽管其取得财物的当时实际利用了先行绑架实行行为暴力、胁迫所造成的被害人不能反抗或不敢反抗的状态，但该状态的形成是前一行为绑架勒索的自然结果，而且被害人一般随身带的财物价值较小，且行为人取走被害人财物如手机等可能仅仅是为了防止被害人报警，而不具有非法占有的故意，既然行为人通过先行实施的暴力、胁迫来控制被害人的人身自由已成为绑架勒索的实行行为，若再将手段行为与后续取财行为相结合另定抢劫罪，则显然有违刑罚“禁止重复评价”原则。但若行为人对被害人随身财物非法占有的犯意明显或被害人随身财物价值较大，则在勒索型绑架中，因临时起意而劫取被害人随身财物或趁机非法占有被害人价值较大的随身财物的行为可作为量刑情节，不另构成他罪，但应予以从重处罚；在人质型绑架中，行为人的绑架与后续取财的目的不同，因而临时起意而劫取被害人随身财物或乘机非法占有被害人价值较大的随身财物的行为不能再为绑架罪所吸收，应另定抢劫罪，实行数罪并罚。[①]

三、绑架罪刑事责任研究

（一）绑架罪法定刑配置合理性研究

刑法理论界对刑法第239条法定刑配置的合理性的关注，始于修正刑法典颁行之后，此项研究重点关注的内容包括以下两个方面：

1. 法定刑配置科学性与合理性分析

有论者提出，绑架罪法定刑配置存在科学性不足和可操作性不强的问题：（1）其在合理性上的缺陷表现为：一是法定最低刑10年有期徒刑的规定，未考虑绑架罪也存在情节较轻的状况，若行为人在绑架被绑架人时未使用暴力，或者只施行了一般暴力行为并未致伤被绑架人，且实施绑架行为后，未再有进一步行为即将被绑架人释放，其

① 朱明锁：《绑架中取走被害人随身财物如何定性》，载《检察日报》2002年10月12日。

行为固然已构成绑架罪，但情节较轻，对之处 10 年以上有期徒刑显属畸重。二是规定在致使被绑架人死亡或者杀害绑架人情形下一律无条件适用死刑过于绝对，未充分考虑“致使被绑架人死亡”和“故意杀害被绑架人”的具体内容，对于前者判处死刑失之于严，罪不当其罚。三是 1997 年刑法既然将绑架罪规定为性质与抢劫罪、故意杀人罪同样严重的刑事犯罪，就应在第 17 条第 2 款中将绑架罪规定为相对负刑事责任年龄人应负刑事责任的犯罪之一。四是绑架罪还存在致使被绑架人死亡和杀害被绑架人以外的诸多情节，应将绑架犯罪中出现的这些情节作为量刑情节，并规定相适应的量刑幅度。五是刑法分则对个罪的法定刑一般均规定了一定量刑幅度，以供司法机关根据各种犯罪的不同情况，在量刑幅度内作出合理适度的判决，真正做到罚当其罪，实现罪刑相适应。（2）其在可操作性上存在的缺陷主要包括：1997 年刑法对绑架罪规定严厉的法定刑，但最低起点刑为 10 年和无选择判处死刑的规定失之于严。由于 1997 年刑法废止了 1979 年刑法第 59 条关于犯罪分子虽无法定减轻处罚情节，但各级法院审判委员会根据案件具体情节，可自行决定在法定刑以下判处刑罚的规定，而将酌定减轻处罚权赋予最高人民法院，这一修正有利于确保司法公正，但其操作程序的烦琐也就不可避免，许多法院为规避烦琐，常对虽无法定减轻处罚情节，但根据案件具体情况，确应在 10 年有期徒刑以下量刑的绑架犯罪的处罚不予减轻，从而导致罚不当其罪、罪刑不相适应的情况，对司法公正的实现产生了负面影响。①

2. 法定刑立法完善建言

（1）调整现行刑法绑架罪罪刑规范的刑罚标准。

有论者提出，我国刑法对绑架罪规定了极为严厉的法定刑，这种法定刑设置既与绑架行为的危害不相称，也缺乏合理的层次搭配，亟须进行三个方面的立法完善：一是降低基本法定刑。为绑架罪配置同于劫持航空器罪、背叛国家罪起点刑的刑罚幅度，无法反映犯罪客体

---

① 戴长林、尧宇华：《论我国刑法中的绑架罪》，载《江西社会科学》1999 年第 5 期。

的性质；为绑架罪配置与非法拘禁罪相差悬殊的法定刑幅度，违背了罪刑均衡原则的要求，因绑架罪基本法定刑畸高，在实践中为达到量刑上的合理，法院常以敲诈勒索罪或非法拘禁罪定罪处刑，从而又导致了违反罪刑法定原则的结果，对绑架罪基本法定刑的设定应以非法拘禁罪为参照，但应适当重于非法拘禁罪，应配置为5年以下有期徒刑、拘役或者管制，并处罚金。二是增设5年以上10年以下有期徒刑的加重法定刑，将其适用于出于不法目的控制他人之后又实施了向第三人索财或者提出不法要求，甚至已经实际获得了财物或者实现了不法要求的行为。其理由在于，非法控制被害人并向第三人索财或者提出不法要求的危害远大于单纯非法控制被绑架人，对之配置较重刑罚，才能满足罪刑的均衡要求；刑法总则对抢劫罪、强奸罪、放火罪、爆炸罪、投放危险物质罪以及以危险方法危害公共安全罪，给予了与绑架罪大致相同的评价，原因即在于这些行为与绑架的性质和危害大致相当，考虑到行为人在控制被害人之后要挟第三人会造成他人心理恐慌，产生较大的“第二层次之恶”，故绑架罪的加重法定刑应在参照抢劫、强奸等罪基本法定刑的基础上有所加重。三是调整绝对确定的法定刑。将绝对确定的死刑调整为相对确定的法定刑，对“绑架并致人死亡”设置“10年以上有期徒刑、无期徒刑或者死刑，并处罚金或者没收财产”，同时，应将实践中出现的如绑架集团的首要分子、获取财物数额特别巨大、多次绑架或者一次绑架多人，与“致使被绑架人死亡”作为特别加重情节，配置“10年以上有期徒刑、无期徒刑或者死刑，并处罚金或者没收财产”。①

有论者则提出，对绑架罪法定刑的完善应着重考虑三个方面：一是构建合理的刑罚阶梯，完善对本罪法定刑的立法设置；二是设置刑罚阶梯的必要的量刑情节；三是以相对确定的法定刑取代绝对确定的

① 张永红、孙涛：《绑架罪法定刑的立法完善》，载《广州市公安管理干部学院学报》2007年第4期。

死刑规定。①

(2) 绑架罪刑罚适用情节法定化。

有论者提出，基于实现罪刑法定原则、立法平衡以及罪刑相适应原则的需要，借鉴国外绑架罪罪刑规范立法模式，有必要将绑架罪中的一些特殊情节予以法定化，这类特殊情节包括两种类型：一是从轻或者减轻情节。具体包括：绑架以后释放被绑架人的；未对被绑架人造成轻伤以上后果的。二是从重处罚情节。具体包括：绑架多人或者多次绑架的；绑架集团的首要分子；以勒索财物为目的偷盗婴幼儿的或者偷盗婴幼儿作为人质的；在公共场所实施绑架行为的；绑架过程中对被绑架人造成身体严重残疾的；持枪进行绑架的；军警人员或者冒充军警人员进行绑架的；与境外机构、组织、个人相勾结进行绑架的；绑架外交人员的。②

(二) 已满14周岁不满16周岁的人实施绑架犯罪刑事责任研究

我国刑法根据犯罪主体年龄的不同，将犯罪人划分为完全刑事责任能力人、相对刑事责任能力人以及无刑事责任能力人三种类型，并根据罪刑法定原则的要求，在刑法第17条第2款以封闭式刑法规范的模式，明确规定了相对刑事责任能力人负刑事责任的特定犯罪的范围。这一立法规定主要是基于犯罪的严重性以及已满14周岁不满16周岁人辨认、控制能力具体状况的考虑（这一年龄阶段的人虽然对较轻的犯罪行为缺乏辨认、控制能力，但对严重犯罪行为已具有辨认、控制能力③)，由于刑法第17条第2款并未将绑架罪纳入相对刑事责任能力人负刑事责任的范围，因而，对于已满14周岁不满16周岁人单纯实施绑架行为的，不应承担刑事责任，但是，对于这一年龄

---

① 刘志高、魏颖华：《对绑架罪法定刑立法规定之思考》，载《河南省政法管理干部学院学报》2004年第6期。

② 盛冲：《绑架罪若干问题研究》，中国政法大学2007年法学硕士学位论文，第40~45页。

③ 高铭暄、马克昌主编：《刑法学》，中国法制出版社1999年版，第175页。

阶段的行为人在绑架中故意杀害被绑架人、致使被绑架人死亡的刑事责任承担问题，在理论上存在重大分歧。

1. 已满14周岁不满16周岁的人实施绑架并杀害被绑架人的刑事责任

（1）“刑事责任否定说”。

此说认为，已满14周岁不满16周岁的人绑架人质并杀害被绑架人的，行为人不负刑事责任。其理由如下：一是已满14周岁不满16周岁的人绑架并杀害被绑架人的行为属于刑法第239条规定的绑架罪，但是，刑法第17条第2款关于已满14周岁不满16周岁的人负刑事责任的范围的规定不包括绑架罪，因而根据罪刑法定原则，行为人不负刑事责任。[①] 二是既然作为主行为的绑架行为不能构成绑架罪，又有何种理由认为能够将作为绑架罪一个情节的在绑架过程中杀害被绑架人的从属行为确定为故意杀人罪？三是定罪与量刑两者的关系是：定罪在前，是一种原因，而量刑在后，是一种结果，只有定罪之后，才应考虑如何量刑。如果对已满14周岁不满16周岁的人在绑架过程中杀害被绑架人的情形因为定绑架罪太重，而改定处刑较轻的故意杀人罪，这显然颠倒了因与果两者之间的先后顺序关系。[②]

（2）“刑事责任肯定说”。

此说主张，已满14周岁不满16周岁的人绑架并杀害被绑架人的，应适用刑法第232条以故意杀人罪定罪处罚。其理由如下：一是按照刑法第239条的规定，绑架过程中杀害被绑架人的只是绑架罪的一个情节，因此，杀害被绑架人的行为不另行定罪，其前提是存在构成犯罪的绑架行为，而已满14周岁不满16周岁的人实施一般绑架行为尚不构成犯罪。二是如果对行为人定绑架罪，则依刑法第239条的规定处刑太重，不利于贯彻对未成年人犯罪从宽处罚的原则。因为绑架罪中具有杀害被绑架人情节的，为绝对死刑法定刑，尽管未成年人犯罪依刑法总则应在法定刑以内从轻或法定刑以下减轻处罚，但还是

① 牟伦祥：《绑架罪条款有疏漏之处》，载《法律与监督》1999年第3期。
② 孟庆华：《关于绑架罪的几个问题》，载《法学论坛》2000年第1期。

受到很大限制。[①] 三是应将犯罪行为与罪名区分开来，“刑法第 17 条第 2 款中的故意杀人泛指一种犯罪行为，而不是特指刑法第 232 条故意杀人罪这一具体罪名”，“如果将其理解为仅限于刑法第 232 条规定的故意杀人罪，而不包括杀害被绑架人的犯罪行为，对已满 14 周岁不满 16 周岁的人故意杀人的，要负刑事责任，而绑架杀人、劫持航空器杀人等不负刑事责任，显然有悖立法本意。”[②]

2. 已满 14 周岁不满 16 周岁的人绑架致使被绑架人死亡的刑事责任

有论者提出，对已满 14 周岁不满 16 周岁的人，在绑架过程中致使被被绑架人死亡的刑事责任承担问题，应区分情况加以处理：(1) 若被绑架人的死亡是绑架过程之中故意重伤的进一步结果，此时，可以仿照绑架杀人的场合，以故意重伤致人死亡追究行为人的刑事责任；(2) 被绑架人的死亡，并不限于绑架过程之中故意重伤的进一步结果，而可能是出于其他原因，例如，完全基于行为人过失而引起死亡；被绑架人自身的过失而死亡；或者被害人因不堪忍受折磨自杀身亡的，此时，由于行为人对于被绑架人并没有伤害和杀人的故意，故不但无法在刑法第 17 条第 2 款中找到相应的罪名，也无法在其中找到相应的犯罪行为，从而不能追究行为人的刑事责任。基于刑法解释正当性考虑，论者进一步提出：第一，将“致使被绑架人死亡”限制解释为上述第 (1) 场合的立场，不仅适用于已满 14 周岁不满 16 周岁的行为人，同样也适用于已满 16 周岁的行为人，这样既可以保证对绑架行为人真正做到罪刑均衡，也可以实现刑法的统一适用。第二，已满 14 周岁不满 16 周岁的人在绑架过程中造成了上述第 (2) 场合意义上的“被绑架人死亡”时，由于其对绑架行为本身以及对纯粹出于过失的后果都无从负责，最终只能是不承担相应的刑事

---

① 肖中华：《关于绑架罪的几点思考》，载《法学家》2000 年第 2 期。

② 《最高人民法院刑事审判第一庭审判长会议关于已满十四周岁不满十六周岁的人绑架并杀害被绑架人的行为如何适用法律问题的研究意见》，载姜伟主编：《刑事审判参考》，法律出版社 2001 年版。

责任；而已满16周岁的人绑架并且造成了上述第2场合意义上的"被绑架人死亡"，尽管从限制解释的角度这种场合被排除在刑法第239条加重规定中的"致使被绑架人死亡"的范围之外，但是，由于毕竟也造成了被绑架人死亡的严重后果，所以在具体的量刑过程中，应在基本法定刑的框架之内作为一个从重处罚的情节。由于立法者业已为绑架罪规定了相当严厉的基本法定刑，所以，在基本法定刑的框架之内从重处罚，也不会轻纵绑架行为人。①

（三）绑架罪加重犯研究

1. 对"致使被绑架人死亡"的理解与适用

一种观点认为，"致使被绑架人死亡"应被归属于结果加重犯的类型，其罪过形式仅限于故意伤害致死和完全由于过失而致被绑架人死亡的情况，由于暴力、殴打、虐待等行为本身具有的特点所决定而出现的间接故意放任死亡结果的情况，从立法精神上看，应属于"杀害被绑架人"的范围，而不属于"致使被绑架人死亡"的范畴。②

对于"致使被绑架人死亡"的具体表现方式，学者们进行了进一步细化，提出，"致使被绑架人死亡"是指在绑架过程中对被绑架人使用暴力，捆绑过紧，或者进行折磨、虐待等原因致使被绑架人死亡，以及被绑架人因受惊吓、不堪羞辱、虐待等原因而自杀身亡。③"致使被绑架人死亡"主要包括以下几种情形：（1）在实施暴力劫持过程中，因用力过猛伤及其要害部位，或堵嘴捂鼻引起窒息等原因，过失致被害人死亡；（2）在关押过程中，因被害人哭闹、挣扎，对其堵嘴捂鼻或者为其注射麻醉剂原因过失引起死亡；（3）对被绑架

① 付立庆：《已满十四周岁不满十六周岁的人绑架致使被绑架人死亡之法律适用》，载《人民检察》2007年第9期。

② 林亚刚、贾宇：《关于绑架及相关犯罪的几点探讨》，载《国家检察官学院学报》1997年4期。

③ 胡康生、李福成主编：《中华人民共和国刑法释义》，法律出版社1997年版，第337页。高铭暄主编：《新编中国刑法学》，中国人民大学出版社1998年版，第711页。

人残酷殴打、折磨致使在关押期间因重伤死亡；（4）被绑架人因不堪忍受折磨自杀死亡，等等。但是，不包括被绑架人亲属因精神受到打击而自杀死亡。如果在被绑架期间，被绑架人死亡，经查明与绑架行为没有直接的因果关系，行为人对死亡不能承担刑事责任。①

显然，在上述具体情形中，被绑架人因被绑架而自杀被一般地归入到“致使被绑架人死亡”的范围之中，然而，持“具体分析说”的观点则认为，对于因绑架引起被绑架人死亡的情况不能一概而论，而应将其限于绑架之后对被害人虐待、侮辱、猥亵等，致使其不堪忍受而自杀，行为人对此至少有过失，如果行为人对此主观上没有罪过，仅因被害人性情刚烈等原因而自杀，则不应包括在内。因为在多数情况下，行为人还要利用被绑架人的声音、图像、文字等向其家人传递信息，以要挟其家人，被绑架人出于自己内心原因自杀，有时出乎行为人的意料，如果单纯以死亡结果追究行为人的刑事责任，难免有结果责任之嫌。②

另一种观点则主张，对刑法第239条中的“致使被绑架人死亡”应采取限制解释或严格解释的方法，将之解释为“故意伤害被绑架人致其死亡”，而不能包括对于被绑架人不具有伤害故意的、纯粹出于过失的致被绑架人死亡。只有这样，这里的“致使被绑架人死亡”与“杀害被绑架人”之间，在后果和危害性意义上才具有大致的相当性，也才符合体系解释和同类解释的原则，有利于法益的妥当保护。对“致使被绑架人死亡”作出如此限制解释，不仅妥善解决了已满14周岁不满16周岁的行为人实施的绑架并致使被绑架人死亡的情形，也同样妥善处理了已满16周岁行为人的刑事责任问题，保证了对绑架行为人真正做到罪刑均衡，也可以实现刑法的统一适用。③

---

① 王作富主编：《刑法分则实务研究》（第三版），中国方正出版社2007年版，第929页。

② 杜国强：《绑架罪若干问题研究》，载《河北法学》2001年第6期。

③ 付立庆：《已满十四周岁不满十六周岁的人绑架致使被绑架人死亡之法律适用》，载《人民检察》2007年第9期。

2. 对“杀害被绑架人”的理解与适用

对于绑架罪加重犯构成中的“杀害被绑架人”，刑法研究中主要关注了三个方面的问题：

(1)“杀害被绑架人”的罪数性质判定。

第一种观点认为，“杀害被绑架人”应属于牵连犯或吸收犯，主要是由于行为人的目的得不到实现或因其他原因，故意实施杀人行为，剥夺被绑架人的生命。①

第二种观点认为，“杀害被绑架人”的应属于包容犯。所谓包容犯，是指行为人在实施某一犯罪的过程中又实施了另一犯罪，但刑法明文规定将后一犯罪作为前一犯罪的加重处罚情节而不实行数罪并罚的情况。行为人在实施绑架罪过程中又实施了故意杀人罪，但是刑法明文规定不以绑架罪与故意杀人罪实行数罪并罚，而是将故意杀人罪作为绑架罪的加重处罚情节，直接以绑架罪论处，即绑架罪包含了故意杀人罪。②

第三种观点认为，“杀害被绑架人”应属结合犯。结合犯应包括两种基本的形式：其一，甲罪+乙罪=甲罪（或乙罪）；其二，甲罪+乙罪=丙罪（或甲乙罪）。据此，“杀害被绑架人”属于结合犯。③ 不仅如此，论者还对“杀害被绑架人”的性质判定进行了全面的厘定：首先，绑架杀人不属于结果加重犯。其原因在于，结果加重犯的加重结果必须由基本行为造成。一种情形是单一的基本行为导致加重结果；另一种情形是在复合行为中，由手段行为或者目的行为导致加重结果。如果加重结果不是由基本行为造成，则不能认定为结果加重犯。由于绑架行为表现为将被绑架人置于行为人或第三者的实际

---

① 林亚刚、贾宇：《关于绑架及相关犯罪的几点探讨》，载《国家检察官学院学报》1997 年第 4 期。

② 初炳东等：《论新刑法中的包容犯与转化犯》，载《法学》1998 年第 6 期。

③ 刘宪权、桂亚胜：《论我国刑法中的结合犯》，载《法学》2000 年第 8 期。

支配下，又由于绑架行为违反被绑架人的意志，行为人为了控制被绑架人，通常对被绑架人实施拘禁或其他暴力、胁迫等行为。如果能够认定绑架行为的暴力、胁迫行为致人死亡，则可以称为结果加重犯，但对于绑架行为之外的独立的杀害被害人的行为，无论如何也不能评价为绑架的基本行为。其次，绑架杀人也不属于情节加重犯。其理由在于，只有基本犯本身的情节加重，才可能成立情节加重犯。由于故意杀人并不是绑架行为本身的情节，也不是绑架行为本身造成的结果，所以，不能认为绑架杀人属于情节加重犯。①

第四种观点认为，"杀害被绑架人"应属兼容犯。绑架罪与故意杀人罪在构成要件上存在交叉重叠关系。这种由部分犯罪构成要件的事实发生交叉重叠而形成的犯罪形态，可称之为"兼容犯"。②

第五种观点认为，"杀害被绑架人"应属合并犯。合并犯是指行为人在实施一个独立犯罪的过程中或者犯罪以后，又实施了另一独立犯罪，法律明文规定按照其中一罪定罪处罚的犯罪形态。依据刑法第239条的规定，行为人实施绑架行为，应构成绑架罪，而杀害被绑架人的行为，又构成故意杀人罪，刑法将其合并为一罪，即以绑架罪一罪定罪量刑。③

第六种观点认为，"杀害被绑架人"与"致使被绑架人死亡"显然都是作为结果加重犯来规定的，"杀害被绑架人"应属于结果加重犯。④

第七种观点认为，"杀害被绑架人"应属行为加重犯。所谓行为加重犯，是指以行为作为加重因素的犯罪形态。刑法第239条规定的绑架罪中的"杀害被绑架人"行为属于以行为为加重因素、以加重

---

① 张明楷：《绑架罪中"杀害被绑架人"研究》，载《法学评论》2006年第3期。

② 刘树德：《绑架罪罪数认定研究》，载《中国刑事法杂志》2003年第3期。

③ 孙国祥：《合并犯综论》，载《江海学刊》2004年第2期。

④ 王作富主编：《刑法分则实务研究》，中国方正出版社2007年版，第930页。

形式处罚的行为加重犯类型。①

第八种观点认为，“杀害被绑架人”应属包容加重犯。包容加重犯是指行为人在实施某一犯罪过程中又实施另一犯罪，而刑法明文规定以其中一罪论处，并规定加重法定刑的特殊犯罪形态。就绑架罪中的“杀害被绑架人”而言，行为人实质上实施了绑架行为和杀人行为，其行为原本同时触犯了绑架罪和故意杀人罪两个罪名，而且这两个行为之间也不存在主客观上的必然联系，然而刑法第239条却将其中的杀人行为作为绑架行为的加重构成的事由予以规定，只以其中的绑架行为触犯的绑架罪定罪处罚，从而故意杀人罪被立法者作为加重构成的要素包容在绑架罪中予以评价，绑架罪包容了故意杀人罪，尽管“包容犯”很好地体现了两罪之间的包容评价关系，但无法反映出被包容之罪作为包容之罪的加重构成事由这一特点，以包容加重犯加以指称，不仅能够从罪的方面说明两种独立犯罪之间的包容关系，而且还能从刑的方面进一步体现出被包容之罪属于包容之罪的法定刑升格事由，从而全面揭示这一特殊犯罪形态的特点。②

（2）“杀害被绑架人”的成立条件。

“广义说”认为，“杀害被绑架人”可以涵括在实施整个绑架犯罪过程中所实施的所有杀人行为。有学者以列举法提出，“杀害被绑架人”包括以下几种情况：一是先故意杀害人质，然后隐瞒被绑架人已死亡的事实向有关人员勒索财物或者要挟；二是在勒索不成或非法要求得不到实现的情况下杀害人质，即所谓“撕票”；三是被绑架人逃跑、反抗而招致被杀害或者行为人在逃避追捕过程中故意杀害人质，等等。只要属于故意杀害被绑架人的，即符合该规定。③ 相类似的观点认为，“杀害被绑架人”，是指在绑架过程中故意杀死被害人，

① 楼伯坤著：《行为加重犯研究》，知识产权出版社2006年版，第198页。

② 王志祥：《绑架罪中“杀害被绑架人”新论》，载《法商研究》2008年第2期。

③ 林亚刚、贾宇：《关于绑架及相关犯罪的几点探讨》，载《国家检察官学院学报》1997年第4期。

杀害的时间可以是在着手实施绑架之时，因被害人坚决反抗而将其杀死，也可以是在拘禁期间发出勒索之前或之后杀死被害人。如果是在绑架行为已经结束，将被害人释放以后，因为其他原因将被害人杀死，应独立构成故意杀人罪，实行数罪并罚。① 行为人在绑架过程中包括绑架人质阶段采用暴力将被害人杀害的，符合“杀害被绑架人”的规定，应当适用绑架罪一罪名。②“杀害被绑架人”是指行为人在遇被害人激烈反抗、发现勒索财物的目的绝对不可能达到时，为杀人灭口而将被绑架人故意杀害的行为。③

“限定说”认为，应将“杀害被绑架人”限定于一定的主客观条件之下。根据学者所提出的认定中所强调或重视的限定条件内容的不同，“限定说”具体包括“主观限定说”和“客观限定说”两种基本类型：

其一，“主观限定说”。其基本观点是，应对“杀害被绑架人”的认定作主观条件的限定，只有行为人未勒索到财物或其他不法要求得不到满足时杀害被绑架人的，才属于刑法第239条所规定的“杀害被绑架人”。这一观点的代表性表述是：“杀害被绑架人”是指行为人实施绑架后因勒索未得逞或不法要求得不到满足而杀害被绑架人的行为。④ 行为人在勒索财物成功以后，本拟释放人质，但又担心人质为破案提供重大线索，进而采用重伤或杀害办法来处理人质的，应按绑架罪与故意伤害罪或者故意杀人罪实行数罪并罚。⑤ 司法实务部

---

① 王作富主编：《刑法分则实务研究》（第三版），中国方正出版社2007年版，第930页。

② 于国旦著：《侵犯公民人身权利、民主权利罪重点疑点难点问题判解研究》，人民法院出版社2005年版，第200~201页。

③ 陈兴良、周光权著：《刑法学的现代展开》，中国人民大学出版社2006年版，第575页。

④ 陈立、李兰英著：《刑法分则的理论与实务》，科学出版社2006年版，第191页。

⑤ 郭立新、黄明儒主编：《刑法分则适用典型疑难问题新释新解》，中国检察出版社2006年版，第312页。

门也有人认为，根据刑法第239条的规定，在绑架过程中，致被绑架人轻伤、重伤或者死亡的，定绑架罪无异议，但对绑架勒索行为实施完毕后，即勒索到钱财后，杀害被绑架人灭口的，应同时定绑架罪和故意杀人罪。这是因为刑法第239条中所指的“杀害被绑架人”，仅包括以勒索财物为目的的杀害，不包括其他目的的杀害。行为人在勒索到钱财后，为灭口而将被害人杀害，应定绑架罪和故意杀人罪。[①]

其二，“客观限定说”。其基本观点是，行为人是否勒索到财物或其他不法要求是否得到满足，不应当影响“杀害被绑架人”的认定，行为人无论是在不法要求提出以前、不法要求未得逞的情况下将被害人杀死，还是在不法要求已经实现的情况下将被绑架人杀死，都只是“杀害被绑架人”的不同具体表现形式而已。对于“杀害被绑架人”的认定，关键是要符合时空条件的要求，只要发生于绑架行为完成之后的行为，均存在成立的可能。其代表性的表述是，“杀害被绑架人”显然是指绑架后故意杀人。其中的杀人，是指在绑架的犯罪中又独立于绑架之外的杀人。[②] 其理由在于：①绑架罪的实质是行为人通过暴力控制被害人的人身，利用其亲属或其他利害关系人对人质安危的忧虑以达到勒索财物的目的或满足其他不法要求。不论以何种方法实施绑架行为，它都必须是一种将他人置于暴力支配之下、使他人丧失人身自由的行为，这可以说是绑架行为的本质。而绑架人质阶段的故意杀人行为则是一种使他人生命丧失的行为，这与绑架行为的本质显然不相吻合。如果行为人在绑架人质阶段就针对人质实施杀人行为，所谓的“以实力控制被害人的人身”以及利用人质的亲属或其他利害关系人对人质安危的忧虑以勒索财物或实现其他不法要求便皆无从谈起。②立法者将“杀害被绑架人”规定为绑架罪的法定刑升格事由，其主要意图在于，针对“杀害被绑架人”的情况不实行数罪并罚而是规定明确的法定刑，以避免出现因适用数罪并罚所

① 最高人民法院中国应用法学研究所编：《人民法院案例选》（2004年刑事专辑），人民法院出版社2005年版，第251页。

② 张明楷著：《刑法学》（第三版），法律出版社2007年版，第667页。

可能导致的实际判处刑罚与该种情形的严重社会危害性不相适应的现象，因而，刑法中的“杀害被绑架人”行为只能存在于非法控制人质的阶段，可具体表现为以下四种情形：一是在非法控制他人以后因勒索财物未成或者其他不法要求没有实现而杀害人质的；二是在非法控制他人以后先故意杀害人质，然后再隐瞒人质已经死亡的事实而提出不法要求的；三是人质在被控制以后，因反抗、逃跑而被绑架人杀害的；四是行为人在绑架他人勒索到财物后，发现被勒索的财物已在自己的控制范围之内，出于灭口或防止人质向侦查机关提供破案线索而杀害人质的。①

(3)“杀害被绑架人未遂”的刑罚适用。

刑法第239条规定“致使被绑架人死亡或者杀害被绑架人的，处死刑，并处没收财产”，在“致使被绑架人死亡”或者现实地剥夺被绑架人生命的情况下，对行为人适用死刑并无任何法律适用障碍与疑问，但是，在“杀害被绑架人”而未遂的情况下，应如何对犯罪人适用刑罚，则是司法实践中不得不准确而认真面对的问题，刑法理论对此进行了深入研究，并形成了以下两种不同的观点：

①“死刑适用否定说”认为，这里的“杀害被绑架人”是绑架罪的加重结果，即只有是故意将被害人杀死的，方得适用死刑。据此观点，在绑架人故意杀害被绑架人而未致被害人死亡的场合，就不能适用死刑（包括死缓）。“死刑适用否定说”的代表性表述是：“虽然条文上未写明‘杀死被绑架人’，但是，与其前面的‘致使被绑架人死亡’并列规定，显然都是作为结果加重犯来规定，即都是以实际死亡结果为必要条件，因此，不能适用于杀人未遂和预备行为。”②行为人故意杀害被绑架人的（俗称“撕票”），处死刑，不按数罪处

① 王志祥：《绑架罪中“杀害被绑架人”新论》，载《法商研究》2008年第2期。

② 王作富主编：《刑法分则实务研究》，中国方正出版社2003年版，第1069页。

理，其中的“杀害”应限于故意杀人既遂。① 其理由如下：

其一，在法律未对条文用语含义作出特别规定时，解释“杀害”一词的含义不能随意脱离人们日常所能理解的范畴而滥作扩大或限制解释。“危害”一词在日常用语中的含义不仅仅包括“杀”的行为，更强调出现“害”即“死”的结果。②

其二，只有将“杀害被绑架人”理解为杀死被绑架人，才有利于实现罪刑相当原则；否则，由于刑法第239条对“杀害被绑架人”规定了绝对确定的法定刑——死刑，如果将那些在绑架过程中杀害被绑架人未遂或只具有预备、中止等情形的都以“杀害被绑架人”来处理，那么必然导致出现轻罪重判的结果。③ 在绑架过程中杀害被绑架人，由于行为人意志以外的原因没有导致被绑架人死亡的，不能适用绑架罪的第二档法定刑。④

其三，我国刑法第48条规定“死刑只适用于罪刑极其严重的犯罪分子”，此规定明确体现了我国限制死刑的基本精神。对于在绑架过程中故意杀害被绑架人但未能既遂的，很难将之认定为罪行极其严重，特别是在故意实施杀害被绑架人的行为过程中，行为人基于自己的意志而中止杀人行为且未造成任何损害后果的情形，无论如何也不能论之为罪行极其严重，从而“加重情节”的主张是有悖于我国限制死刑的政策，且有重刑主义之倾向的。

其四，若将“杀害被绑架人”理解为加重情节，这就意味着只要行为人有杀害被绑架人的行为，即使未造成损害后果的杀人中止行为，也要格杀勿论，这势必导致被绑架人的生命安全危险系数大大增大。基于对被绑架人的人身安全的考虑，有必要将“杀害被绑架人”

---

① 张明楷著：《刑法学》（第二版），法律出版社2003年版，第705页。

② 祝铭山主编：《非法拘禁罪、绑架罪》，中国法制出版社2004年版，第96页。

③ 宋翔、张太范：《“杀害被绑架人”不等于故意杀人行为》，载《人民法院报》2005年3月23日。

④ 刘树德著：《绑架罪案解》，法律出版社2003年版，第170页。

作为加重结果来加以理解，只要行为人没有杀死被绑架人就不会被判处死刑，这就可能会为犯罪人架起一座后退的“黄金桥”，从而被绑架人的生命安全的危险系数会大大减少，刑法保护法益的功能就得以充分彰显。[①]

②“死刑适用肯定说”主张，根据罪责均衡原则，“杀害被绑架人”是加重情节而不是加重结果，只要行为人实施了故意杀害被绑架人的行为，即可对之适用死刑。在“死刑适用肯定说”中又具体存在以下两种观点：

一是对于故意杀害被绑架人未遂的，依然适用刑法第239条“杀害被绑架人”的规定，而不适用刑法关于未遂犯从轻、减轻处罚的规定。[②] 其理由如下：

其一，过失致人死亡罪的法定刑一般为“处三年以上七年以下有期徒刑”，情节较轻的“处三年以下有期徒刑”；而故意杀人罪的法定刑一般为“处死刑、无期徒刑或者十年以上有期徒刑”，情节较轻的，“处三年以上十年以下有期徒刑”。从法定刑的配置轻重来看，故意杀害被绑架人的刑事责任，即使只是造成被绑架人轻微伤或者轻伤（在视为“情节较轻”的前提下），仍然不会比过失致人死亡的轻。因此，在刑法第239条将“致使被绑架人死亡”与“杀害被绑架人的”并列规定的情况下，刑事责任较轻的“致使被绑架人死亡”的应适用死刑，那么，刑事责任重的杀害被绑架人（未致使被绑架人死亡）的也应适用死刑。因而，“杀害”，是指在掳走被绑架人后，出于勒索财物或者其他目的得不到实现或者其他原因，故意实施杀害行为，非法剥夺被绑架人生命的行为。[③]

---

① 钱叶六：《绑架罪司法认定中的几个疑难问题探究——从陈某绑架、抢劫案开始谈起》，载《云南大学学报》（法学版）2007年第3期。

② 曾亚杰：《如何理解“杀害被绑架人”》，载《人民法院报》2004年9月20日。

③ 郎胜主编：《〈中华人民共和国刑法〉释解》，群众出版社1997年版，第336页。

其二，“杀害被绑架人”就其实质而言就是故意杀人的行为，只不过是在绑架犯罪过程中实施的故意杀人行为而已。而故意杀人存在杀死与未杀死两种结果，因此，“杀害被绑架人”也就存在杀死与未杀死的问题。这样，“杀害被绑架人”就应当是指“杀害”的行为而非“杀死”的结果。

其三，故意杀人未遂的社会危害性重于过失致人死亡罪；同样，绑架故意杀人未遂的社会危害性也必然重于绑架过失致人死亡；既然后者的法定刑为绝对的死刑，那么，前者更应适用绝对的死刑。

其四，“杀害被绑架人”属于情节加重而非结果加重，立法者评价“杀害被绑架人”的社会危害性并配置绝对死刑的基点是杀害被绑架人的行为危险性，而非杀害被绑架人结果的实害性。

其五，以“杀害被绑架人”为加重结果不利于对在绑架中杀害人质后毁尸灭迹的犯罪分子的打击。这是因为，在将“杀害被绑架人”视为结果加重时必须要求有死亡事实的发生，而在没有找到被绑架人的尸体因而没有直接证明死亡事实证据的情况下，便不能对行为人适用死刑，这有违最大限度地保护被绑架人人身安全的立法本意。①

二是对于杀害被绑架人未遂的，应在适用刑法第239条“杀害被绑架人，处死刑”规定的同时，适用刑法关于未遂犯从轻、减轻处罚的规定。其理由在于：

其一，有利于实现罪刑相适应原则。应当判处死刑的，依然可能判处死刑；不应当判处死刑的，可以适用对未遂犯减轻处罚的规定，判处无期徒刑。这样既不会导致刑罚过于严厉，有利于减少死刑，也不至于轻纵犯罪。

其二，有利于处理绑架杀人中止。对于绑架杀人中止的，应当适用刑法第239条“杀害被绑架人，处死刑”的规定，同时适用刑法关于中止犯减免处罚的规定。由于免除处罚以没有造成损害为前提，

---

① 曾亚杰:《如何理解“杀害被绑架人”》，载《人民法院报》2004年9月20日。

而绑架杀人中止表现为在绑架过程中杀人中止，绑架行为已经侵害了被绑架人的人身自由，属于造成了损害，所以，对绑架杀人中止的，在适用“处死刑”的法定刑的同时，还必须适用总则关于中止犯“造成损害的，应当减轻处罚”的规定。这既有利于鼓励行为人中止犯罪，保护被绑架人的生命，也能做到罪刑相适应。

其三，有利于限制法官权力。根据这一方案，法官对绑架杀人未遂、中止乃至预备的各种情形，都具有适用法律的统一标准，即在适用分则的“处死刑”的法定刑时，必须同时适用总则关于相应犯罪形态的规定，从而确定相应的刑罚。①

其四，我国刑法分则是以犯罪既遂形态为标本规定各个具体犯罪的，刑法总则只对犯罪的未完成形态规定了一般处罚原则，具体犯罪的未完成形态只能比照既遂犯的法定刑进行处理。如果不适用刑法第239条中“杀害被绑架人”的规定，而刑法又没有为“杀害被绑架人”的未完成形态规定单独的法定刑，那么这就意味着在司法实践中只能对这种情况适用绑架罪基本罪的法定刑，而这样处理无疑是将故意杀人行为纳入绑架罪的基本犯中进行评价，显然是不合适的。

其五，反对对杀害被绑架人未遂适用“杀害被绑架人”这一规定的学者的主要理由是加重犯不存在未遂，而实际上，加重犯的犯罪构成与未遂犯的犯罪构成之间存在交叉关系，两者并不相互排斥，普通的犯罪构成既可以是基本的犯罪构成，也可以是修正的犯罪构成。同样，作为派生犯罪构成类型的加重犯罪构成和减轻犯罪构成既可以是基本的犯罪构成，也可以是修正的犯罪构成。因此，在非法控制人质阶段，行为人对被绑架人实施杀害行为而由于意志以外的原因被绑架人未死亡的，同样可以成立“包容加重犯”的未遂。

其六，反对在未发生被绑架人死亡结果的情况下适用“杀害被绑架人”的规定的学者最大的担心是唯恐对行为人处以绝对的死刑，因而有失罪刑的均衡。而这种担心是没有必要的，因为能否适用

---

① 张明楷：《绑架罪中“杀害被绑架人”研究》，载《法学评论》2006年第3期。

"杀害被绑架人"的规定是一回事，而最终是否判处绝对的死刑是另一回事。在犯罪行为处于未完成形态时，以刑法分则既遂犯的规定为基础进行处理，并不意味着一定要原封不动地照搬既遂犯的法定刑，而是要将刑法分则具体犯罪的法定刑与刑法总则关于未完成形态的一般处罚原则结合起来，根据行为的具体社会危害性决定宣告刑。刑法总则规定未完成形态的一般处罚原则，就是为了将其与刑法分则中的既遂区别开来，以在具体犯罪处理中实现罪刑均衡的目标。①

四、绑架罪刑法立法比较研究

（一）绑架罪立法之比较

有论者在全面考察当代国外刑法立法绑架罪罪刑规范的基础上对绑架罪的立法规定进行了比较研究。论者提出，由于各国的历史发展、立法理念、司法实践等方面的不同，使得各国绑架罪的规定存在许多不同之处，但同时，基于绑架罪的基本属性也使得各国在绑架罪的规定在内容上具有了共同的特点。（1）绑架罪在立法上的相同点表现为：一是刑罚较为严厉；二是法定减轻处罚情节较为相似。（2）在立法上的不同点则表现为：一是对绑架罪侵犯的客体认识不同；二是对绑架行为的理解不同；三是对加重情节的规定不同；四是对犯罪目的的规定不同；五是对绑架罪主体的规定不同；六是是否区分绑架他人作为人质的目的不同。②

（二）绑架罪法定刑之比较

有论者在比较日本、德国、俄罗斯以及我国台湾地区、澳门地区刑法典关于绑架罪法定刑配置状况的基础上，分析了各国各地区绑架罪法定刑规定的特点：（1）绑架罪在各国各地区都被认为是最为严重的暴力犯罪之一，但各国各地区并未因此而对绑架罪一律规定较高

---

① 王志祥：《绑架罪中"杀害被绑架人"新论》，载《法商研究》2008 年第 2 期。

② 盛冲：《绑架罪若干问题研究》，中国政法大学 2007 年法学硕士学位论文，第 2～8 页。

的起刑点，而一般规定三年或者两年的自由刑为起刑点，以便与各国的非法拘禁罪和敲诈勒索罪相衔接。（2）刑罚阶梯合理。虽然由于立法技术的不同，有的国家将未遂、既遂、自首等规定于刑法之中，但均对不同情节的绑架罪规定了相应的法定刑。（3）对各阶梯的刑罚规定了法定与酌定情节。（4）对死刑的适用比较慎重。（5）规定了特别的加重和减轻规定，对于适用复杂多变的犯罪行为具有非常重要的意义。①

① 张济坤：《试论绑架罪——以本体刑法学为视角》，中国政法大学2007年法学硕士学位论文，第28~29页。

第四章　非法拘禁罪、绑架罪研究状况评析

一、非法拘禁罪、绑架罪理论研究的特点

回顾三十年来中国刑法理论界对非法拘禁罪、绑架罪研究的基本发展历程，我们认为，作为中国刑事司法实践中的高发与多发罪名，刑法理论研究的深入关注与广泛拓展，对于确保司法实践中准确定罪量刑起到了至关重要的作用，同时，理论研究也是促进与推动中国刑法立法完善与更新的重要智识，其积极意义值得充分肯定。

综观刑法典施行以来中国刑法学理论界对非法拘禁罪、绑架罪理论研究在研究基点确立、研究重点定位以及研究方法选择上的基本状况，其突出的特点在于三个方面：

（一）在研究基点确立上，始终注重与中国社会发展阶段的联系，形成了科学的研究成果

犯罪是特定社会物质生活条件的产物，以刑法（刑罚）应对犯罪对社会所造成的侵害，是人类在面对犯罪危害时的能动反应，国家基于对特定犯罪刑法治理的需要，确定犯罪构成要件、配置刑罚体系，其目的在于，通过发挥刑法的积极调节作用，实现对犯罪的有效治理。在总体上，国家通过刑法对具体犯罪的反应，涉及选择反应对象的范围与选择反应的合理强度两个基本方面，这在一定程度上决定着刑法对具体犯罪否定性评价的程度，而其中均涉及一定的科学性判断标准问题，而建构科学性判断标准的关键在于理论研究的深化与拓展。

中国刑法学界对非法拘禁罪与绑架罪的研究，始终是与两种犯罪衍生的特定社会发展条件、发展阶段状况相适应的，以刑法对两种具

体犯罪加以调整，也反映了通过刑法有效保障社会安全的客观需要。非法拘禁罪与绑架罪，尽管在犯罪分类上同属于我国刑法所规定的侵犯公民人身自由权利的犯罪，但其所衍生的社会环境与基础却有所不同，这就在一定程度上决定了刑法学研究的时间差异性。改革开放以前的中国社会，由于法制观念的薄弱与法制环境的缺失，导致社会中一定规模的非法拘禁犯罪行为存在的客观现实，这就为新中国第一部刑法明确将非法拘禁行为确定为刑法调整与规制的对象奠定了必要的社会基础，而绑架犯罪在新中国成立以后至改革开放前尚基本处于“绝迹”的状态，由这一社会状况所决定，刑法理论对此也缺乏必要的关注。进入改革开放以后，基于社会经济活动的频繁，以及由此而产生的经济纠纷的高发，产生了特殊的非法拘禁行为形式——“索债型”非法拘禁行为的出现，加剧了非法拘禁犯罪对社会秩序危害的规模与程度，在这种客观形势下，中国刑法学界对非法拘禁罪的研究，始终注重将研究的基点置于社会对犯罪控制及其与人权保障关系的科学协调之上，理论研究所形成的积极成果，为刑法的性质确定与司法的准确适用，提供了重要的前提条件。特别值得提出的是，20世纪90年代，中国经济发展开始进入到全面的转型时期，经济发展的不均衡以及财富占有与分配的现实状况，使得绑架犯罪作为特定社会发展阶段与犯罪类型内在关系深刻反映的一种犯罪，成为一定时期中国最突出的犯罪类型之一，中国社会控制绑架犯罪的客观现实需要，为刑法学者开展广泛而深入的理论研究，据以承担社会责任提供了动力源泉，展开对绑架罪的研究、提出完善的立法规制标准、建立科学的刑罚体系，被相继确定为刑法学理论研究的基本目标，中国刑法学界对绑架罪的研究，深刻反映了这一社会控制需要的要求，为形成科学的研究成果奠定了客观基础。

从中国刑法学界对两种具体犯罪理论研究的基本发展轨迹来看，研究基点的确立体现了科学性的要求，以中国社会发展的具体实际以及犯罪的具体发展状况为基础，通过重点关注两类犯罪的构成要件设计、法定刑配置以及罪质标准问题，继而，展开更为深入、全面的罪刑基本对应关系的合理性研究，始终是刑法学理论研究的基本方向，为实现刑法对两类犯罪规制的科学性目标奠定了重要而坚实的理论基础。

（二）在研究重点定位上，始终坚持与刑事司法实践需求的结合，解决了突出的现实问题

中国刑法学界对非法拘禁罪、绑架罪的研究，在研究重点定位上，始终坚持以解决实践中的突出问题作为基本导向，以全面适应刑事司法实践的需要。在近三十年的发展中，理论论争与观点研讨始终是两类犯罪刑法学研究的主要内容，通过广泛而深入的理论论争，刑法学界在关涉两类犯罪的五个重点问题的研究上取得了突破性的进展。

1．非法拘禁罪罪质要件与标准的建构

准确建构与揭示非法拘禁罪罪质要件的基本内容，是司法实践中准确适用刑法、认定犯罪的前提与关键，也是刑法学研究中始终受到高度关注的重点问题。对此，刑法理论界相继在违法性前提、行为方式、行为对象以及阻却性事由等方面达成了基本的共识，非法拘禁罪罪质标准的类型化研究，也为绑架罪的研究奠定了基本的研究基础。

2．“索债型”非法拘禁行为刑法性质的确认

“索债型”非法拘禁行为的衍生，突破了传统非法拘禁罪单纯以剥夺他人人身自由权为行为目的的界限，使得非法拘禁犯罪与一般财产犯罪之间存在界限上的模糊性，对于此种行为刑法性质的界定，关键是要明晰其与其他财产性犯罪的罪质界限，以确定此类行为的刑法性质，在科学兼顾刑法谦抑性与刑法必要性关系的基础上，刑法学研究合理确定了此类行为的性质，通过最高司法机关的扩张性司法解释，进一步扩大了非法拘禁罪的刑法适用范围，并根据罪刑相适应原则的要求，合理配置了相应刑罚，为实现刑法的有效治理提供了基础。

3．非法拘禁罪加重与转化构成研究

非法拘禁罪加重构成的具体适用，关涉非法拘禁罪罪质界限以及罪刑均衡目标的实现，刑法理论界对此给予了重点关注，所形成的研究成果，足以应对司法实践的需要。不仅如此，非法拘禁罪法定转化

犯立法规定的合理性与适用条件研究，准确厘定了结果加重犯与转化犯适用条件的差异性，有利于明确两类行为的刑法性质。

4. 绑架罪罪质标准研究

刑法学界对于绑架罪独立实施刑法规制必要性研究，是刑法将绑架罪纳入到其规制范围的直接原因，经过立法的不断修正，以修正刑法典对理论研究成果的充分吸收与立法确认为最终结果。以绑架罪的立法规定为基础，刑法学界相继形成的一大批的研究成果，全面解析了绑架罪成立要件诸项要素的内涵，合理界定绑架罪主客要件要素体系的内容，并借助于危害行为单复的基本理论，对绑架罪停止形态的认定标准进行了合理界定，是司法实践准确适用绑架罪罪刑规范的重要理论支撑。

5. 绑架罪加重构成的适用条件与刑罚适用原则研究

为了准确适用刑法为绑架罪所规定的绝对死刑刑罚，刑法理论界通过不同主观类型的划分，以及不同停止形态下的适用条件研究，深化了对“杀害被绑架人”适用条件的研究层次，为刑罚适用的正当性提供了必要的基础。

（三）在研究方法选择上，始终秉承与犯罪具体问题的科学统一，促进了研究层次的深化

中国刑法学理论界在对非法拘禁罪、绑架罪研究的方法选择上，注重了研究方法多元化的思考与探索，在采用注疏性研究的同时，对实证性研究与比较性研究方法的关注，拓展了两罪研究的层次与深度。

1. 注疏性研究

刑法规范的注疏性研究，即罪刑规范研究，始终是非法拘禁罪、绑架罪研究的一种最为重要的研究方法，注疏性研究不仅是解释刑法罪刑规范内容的手段，也是完善罪刑规范的重要方法，这项将重点聚焦于两类犯罪刑法规范的完善与适用之上，坚持以挖掘既定刑法规范的内涵为基本研究内容，并在准确框定现行刑法规范内涵的基础上，根据刑法规范对犯罪罪质要件诸要素所展开的注疏性分析，科学协调了刑法规范的稳定性与更新完善的关系。注疏性研究还促进了研究层次的深化，突出表现为：一是在对刑法第238条第3款“债务”内涵的揭示中，对“债务”所采用的扩大解释的方法，合理区分了“索债型”非法拘禁罪与暴力取财行为的刑法界限，彰显了刑法的谦抑性本性；二是通过刑法第239条所规定法定刑对绑架罪行为手段内涵的研究，合理限定了刑法适用对象的范围，有利于实现罪刑均衡；三是对刑法第239条所规定的“杀害被绑架人”的适用条件，以及绑架罪犯罪既遂认定标准等方面的研究，也合理协调了注疏性研究与目的性研究的关系，确保了在此问题研究上取得较大的理论突破。

2. 实证性研究

实证性研究是非法拘禁罪、绑架罪研究中另一种被广泛应用的研究方法。实证性研究通过典型案例的选取与具体分析，重点解决了作为刑法理论中持续犯典型罪名的非法拘禁罪、绑架罪在共同犯罪成立条件上的标准问题，并在绑架罪犯罪停止形态判断标准问题上，取得了较大的理论进展。

3. 比较性研究

比较性研究，也是对两种犯罪研究的重要方法，在比较研究方法的运用中，不仅注重了中外刑法规范的比较，更注重了两类犯罪与相关犯罪在罪质标准、刑罚配置关系、罪数类型等具体问题的认识，不仅如此，全面比较不同国家与地区绑架罪罪刑规范的具体内容，还是对中国刑法绑架罪罪刑规范进行立法正当性标准等抽象问题研究的有效方法，为科学配置两罪的构成要件与罪刑关系起到了十分重要的作用。

二、非法拘禁罪、绑架罪理论研究的不足

在充分肯定中国刑法学理论界三十年来对非法拘禁罪、绑架罪理论的研究成果对完善刑法学理论、推动刑法立法发展与完善积极意义的同时，深入分析当前理论研究中所存在的突出问题，据以为未来的刑法学理论研究提供必要的目标性指导，无疑是我们开展非法拘禁罪、绑架罪综述性研究的重要任务之一。在广泛占有、深入分析既有研究成果，全面分析其理论合理性的基础上，我们认为，当前中国刑

法学理论对非法拘禁罪、绑架罪的研究存在两个方面的突出问题，有必要在未来的拓展性研究中予以完善。

（一）过分注重理论推演

建构完善的理论体系是确保刑法立法科学的前提，然而，合理设定理论体系，建立与研究层次深化的正确关系，在刑法学的研究中无疑具有十分重要的现实意义。综观刑法学理论界对非法拘禁罪、绑架罪的研究，其中所存在的过分注重理论推演的缺陷，在某种程度上影响了理论研究的深入，反而成为阻碍研究程度进一步深化的障碍。这一缺陷突出表现为：

第一，在非法拘禁罪的研究中，过分关注对本罪犯罪对象范围与性质的判定，具体表现为对婴幼儿、智力障碍者以及无意识者应否成为本罪犯罪对象的研究与争论，在解决问题的路径选择上未能准确把握行为的违法性评价与犯罪的社会危害性关系问题的分析，从而使现有的研究结论陷入简单的逻辑推理的怪圈，既无法有针对性地解决司法实践中迫切需要解决的现实问题，也未能切实推进对本罪研究的层次，迫切需要在今后的研究中提升研究层次和水平。

第二，在绑架罪罪质要件研究中也同样存在过分注重理论推演的问题。例如，对绑架罪犯罪客体的研究就投入了过多的精力。毫无疑问，绑架罪犯罪客体的立法调整，是绑架罪研究中值得充分关注与重视的问题，但是，目前的研究对此似有过分关注的缺陷，存在着文必论绑架罪客体、言必提出新论的研究窘境，过分夸大了犯罪客体在绑架罪罪质要件配置中的地位与作用，不仅不利于合理界定本罪成立的条件，也无法产生有助于研究深化的成果。再如，在绑架罪行为要件研究中，对绑架罪的成立是否需要具备将被绑架人带离被绑架处所的问题，尽管具有一定的理论研究价值，但是，过分纠缠于这一微观化问题，难免存在过分强调理论推演之嫌。

第三，对刑法绑架罪刑罚配置的科学性欠缺正确的认识，盲目批评其刑罚的严厉性，忽视本罪与相关人身权利犯罪以及其他财产犯罪的界限，存在研究层次过于理论化的问题。

（二）亟待深化理论研究的层次

非法拘禁罪与绑架罪均属司法实践中的常见犯罪，刑法理论研究唯以刑法规范为依据，在不断深化对两类犯罪成立条件诸要素研究层次的同时，明确对于合理建构犯罪要件体系的重要指导作用，才能真正实现理论发展对立法发展的支撑作用。在我们看来，亟待深化非法拘禁罪、绑架罪的理论研究层次，主要表现在以下三个方面：

1. 对于两种犯罪罪刑规范的立法正当性研究应予进一步加强

例如，在非法拘禁罪的特殊行为类型（主要指“索债型”非法拘禁）的研究中，目前的研究主要是通过注释性研究展开的，并局限于对“债务”性质范围的分析之上，而未能对扩张“债务”范围解释的正当性进行更为深入的分析。再以刑法学理论界绑架罪犯罪客体研究为例，也同样存在理论研究深化方面的问题。绑架罪侵犯的客体是什么？这个问题在目前关于绑架罪的探讨中是一个分歧非常大的问题。学者们从不同的角度对这个问题给予了充分的论述，甚至有的学者在不同的时期有着不同的主张。例如，张明楷教授在其较早的一篇题为《论绑架勒赎罪》①的论文中否认绑架罪侵犯财产权的观点，而主张绑架勒赎罪侵犯的客体是公民的人身权利。但是，在其1997年出版的《刑法学》一书中，他的观点发生了转变，认为绑架罪必须要侵犯公民的人身权利，同时侵犯他人的财产权利及其他权利。②而到了修订的第二版《刑法学》，③其观点再次发生变化，不再认为犯罪客体是犯罪的构成要件之一，在论述分则罪名时不再涉及犯罪客体的内容。由此可见，绑架罪的客体在一定程度上是绑架罪中分歧最大的问题，甚至可以说是绑架罪诸多争议的根源所在。之所以形成这种状况，一方面是由于我国刑法将国外刑法一般分立为两个罪名的犯罪行为规定到一个罪当中，另一方面是受制于我国目前犯罪构成理

---

① 张明楷：《论绑架勒赎罪》，载《法商研究》1996年第1期。

② 张明楷著：《刑法学》（下），法律出版社1997年版，第715页。

③ 张明楷著：《刑法学》（第二版），法律出版社2003年版，第704～705页。

论，无法进一步突破，关键是无法突破关于犯罪客体的理论现状。

2. 通过更新研究方法实现对具体问题的研究层次

刑法理论更应时刻关注司法实践中出现的新情况、新问题，以及时为司法实践提供有效的理论支持。而从目前的研究看，尽管两类犯罪的实证研究已经开始受到学者们的广泛重视，但是，实证研究的核心地位并未在现有的研究中得到确立，从而对于司法实践中所出现的一些难以解决的问题缺乏高度的关注。例如，对已满 14 周岁不满 16 周岁的人绑架致使被绑架人死亡的法律适用问题，以及绑架罪、非法拘禁罪加重犯的因果关系属性问题，尽管在具体案件中已突出反映了对此类问题研究的必要性，但刑法理论界对此尚缺乏更加全面的关注。笔者认为，只有加强对现实疑难问题的关注，才能从根本上深化理论研究的层次。

3. 研究层次的深化还表现为减少对某些研究内容的重复性研究

刑法理论界较早展开了对非法拘禁罪的研究，也形成了较为一致的通说观点，这些观点在立法与司法中均得到确认；绑架罪尽管在刑法学研究中较晚受到关注，但基于新型犯罪类型以及犯罪危害性质的特殊性，刑法理论研究对之投入充分的研究热情，在一系列核心问题上也形成了相对统一的观点与认识。然而，现有的某些研究忽视这一状况的存在，简单重复前人的观点，尽管成果充栋，而理论深度难有进展，不免有研究资源枯竭之感。再以现有的绑架罪硕士学位毕业论文为例，在既有的 30 余篇学位论文中，所关注的问题与基本研究进路基本被限定于绑架罪立法沿革、罪名之争、构成要件分析、停止形态标准、罪质界限标准、法定刑适用等方面，特别是对绑架罪基本犯罪构成要件的研究，所关注的内容、研究视角基本无差异，严重的重复性研究，不利于刑法学研究的深入，也难以形成科学的研究理念与研究方法。

下编　代表性论文精选

一、非法拘禁罪精选论文

关于非法拘禁罪的几个问题

罗树志　陈小彪

非法拘禁行为是日常生活中一种常见的剥夺他人人身自由的行为，本文拟对非法拘禁罪的概念、构成特征以及司法认定中的几个问题略作探析。

一、非法拘禁罪的概念

（一）关于本罪罪名之争

关于本罪罪名，学界有两种主张，第一种主张将本罪概括成“非法拘禁罪”，① 主要理由是司法实践中本罪罪名已约定俗成，这种主张亦得到司法实务界的支持。② 第二种意见则将本罪罪名概括为“非法剥夺他人人身自由罪”。③

笔者认为，理论上将本罪罪名概括成“非法剥夺他人人身自由罪”更为科学，理由如下：

首先，这符合罪名概括的原则。罪名，顾名思义，即指犯罪的名称，

---

①　陈兴良著：《刑法疏议》，中国人民公安大学出版社1997年版，第404页；曹子丹、侯国云著：《中华人民共和国刑法精解》，中国政法大学出版社1997年版，第223页；何秉松著：《刑法教科书》，中国法制出版社1997年版。

②　《最高人民法院关于执行〈中华人民共和国刑法〉确定罪名的规定》和《最高人民检察院〈关于适用刑法分则规定的犯罪的罪名的意见〉》皆将其罪名确定为“非法拘禁罪”。

③　赵长青著：《新编刑法学》，西南师范大学出版社1997年版，第626页；张明楷著：《刑法学（下）》，法律出版社1997年版，第713页；齐文远、刘代华：《非法剥夺人身自由罪研究》，载杨敦先主编：《新刑法施行疑难问题研究与适用》，中国检察出版社1999年版，第644页。

包括类罪名和个罪名。个罪名是指某种具体犯罪的名称，是对某种犯罪本质特征的简明概括。[①] 对罪名的概括和表述，应当符合以下几个原则和要求：[②]（1）简明、概括性。罪名应当高度概括，要能反映出该种犯罪的最本质的属性，不能把犯罪的方法、手段、动机、目的等具体情况都写入罪名。（2）科学性，即罪名要能鲜明地反映出每一种犯罪行为的具体性质和最本质的特征，并且显示出此罪与彼罪的不同。（3）合法性，即制定罪名要以法律为依据，符合法律的原意。“非法剥夺他人人身自由罪”的概括同时符合以上三个原则，而“非法拘禁罪”则不符合科学性与合法性原则。

其次，“非法拘禁罪”的罪名概括有以偏赅全之嫌。刑法第238条对本罪规定的罪状为“非法拘禁他人或者以其他方法非法剥夺他人人身自由的”行为，从本罪罪状可以看出，非法拘禁只是非法剥夺他人人身自由的一种行为方式，也就是说，前者是属概念，而后者是种概念，二者是被包含与包含的关系，立法上突出非法拘禁行为只是因为司法实践中这种行为在非法剥夺他人人身自由行为中较为突出和典型而已，这里主要涉及立法技术上的问题，因此，以“非法拘禁罪”的罪名概括本罪从字面上理解会有以偏赅全的弊病，而以“非法剥夺他人人身自由罪”则可以克服概括不全之嫌。

再次，在其他国家和地区的刑法学界对本罪罪名一般概括为“剥夺他人自由罪”，这值得我们借鉴。例如，《德国刑法典》第239条即规定此罪罪名为“剥夺他人自由罪”；[③] 又如，《俄罗斯联邦刑法典》第127条对本罪概括为“非法剥夺他人的自由”；[④] 我国台湾学者林纪东等主编

---

① 何秉松著：《刑法教科书》，中国法制出版社1997年版，第566～567页。

② 王作富主编：《中国刑法研究》，中国人民大学出版社1988年版，第365～366页。

③ 徐久生、庄敬华著：《德国刑法典》，中国法制出版社2000年版，第171页。

④ 黄道秀著：《俄罗斯联邦刑法典释义（上册）》，中国政法大学出版社2000年版，第345页。

的《新编六法参照法令判解全书》中亦认为本罪罪名为“剥夺他人行动自由罪”。①

综上所述，笔者认为以“非法剥夺他人人身自由罪”作为本罪罪名更为妥当（但为了与司法实务相一致，本文仍然沿用“非法拘禁罪”的罪名）。

（二）关于本罪的定义

对于本罪的定义，理论界争议不多，表述不同之处主要在于对非法剥夺他人人身自由行为方式的表达上。略引一二：

（1）非法剥夺人身自由罪，是指行为人以拘留、禁闭或者其他强制方法非法剥夺他人人身自由的行为。②

（2）非法拘禁罪，是指故意非法剥夺他人人身自由的行为。③

（3）非法剥夺人身自由罪，是指故意非法拘禁他人或者以其他方法非法剥夺他人人身自由的行为。④

第一种定义列举了几种非法剥夺他人人身自由的方式，这是可取的，但并未指明主观方面，且将非法剥夺他人人身自由的行为方式限定在“强制方法”，这种限定并不可取（下文将有论述）。第二种定义十分简明，但无异于重复本罪罪名，有过于简单和循环定义之嫌。第三种定义紧扣刑法条文罪状表述，符合刑法理论上对罪之定义的一般表述形式。笔者采纳第三种定义。

二、非法拘禁罪的构成特征

犯罪构成是区分一个行为罪与非罪、此罪与彼罪的首要标准，也是某个个罪之所以成为它本身所独有的特征，因而，要了解非法拘禁罪，必须深入理解其犯罪构成特征。

---

① 齐文远、刘代华：《非法剥夺人身自由罪研究》，载杨敦先主编：《新刑法施行疑难问题研究与适用》，中国检察出版社 1999 年版，第 644 页。

② 赵长青著：《新编刑法学》，西南师范大学出版社 1997 年版，第 626 页。

③ 王作富主编：《中国刑法研究》，中国人民大学出版社 1988 年版，第 563 页。

④ 张明楷著：《刑法学》（下），法律出版社 1997 年版，第 713 页。

（一）客体特征

本罪的客体是他人的人身自由。人身自由既是公民人身权利的重要内容，又是他人行使民主权利的基本条件，因而也是法律大力加以保护的对象。我国宪法第37条第3款明文规定："禁止非法拘禁和以其他方法剥夺或者限制公民的人身自由……"这也是刑法设立本罪的宪法依据。

1. 人身自由的理解

人身自由成为本罪客体，学界一般无异议。但是，如何理解人身自由却多有争议。第一种主张认为，人身自由指除已受刑法保护的政治、民主、宗教等自由外一切与人身体行动有关的其他自由。[①] 此为广义定义。第二种主张认为，人身自由是指个人意志下的行动自由，而不是单纯的意志自由。[②] 此为狭义定义。第三种主张认为，人身自由是指人的身体行动的自由，即在法律范围内按照自己的意识决定自己身体行动的自由。[③]

笔者认为，第一种主张实际上并未定义人身自由，而只是采取排除法泛泛而谈，其最终的落脚点还是在"身体行动自由"上，与后两种观点并无二致。后两种观点唯一区别就在于第三种观点加上了"在法律范围内"的限制。笔者以为，这种限制是十分必要的，因为，在现代社会中，自由本身不是绝对的，而是在法律范围内的自由。《现代汉语词典》中对"自由"的解释为"在法律规定的范围内，随自己意志活动的权利"，[④] 也强调了法律之限制。"对人身自由的某些限制是必要的，而且

① 齐文远、刘代华：《非法剥夺人身自由罪研究》，载杨敦先主编：《新刑法施行疑难问题研究与适用》，中国检察出版社1999年版，第645～646页。

② 赵秉志主编：《中国刑法案例与学理研究·分则篇（三）——侵犯公民人身权利、民主权利罪》，法律出版社2001年版，第137页。

③ 马克昌主编：《刑法学全书》，上海科学技术文献出版社1993年版，第303页。

④ 中国社会科学院语言研究所词典编辑室编：《现代汉语词典（修订本）》，商务印书馆1996年版，第1669页。

随着社会的更加发达以及对保护他人的更多的关心，这些限制也会增加。”① 这些限制即为法律规范的限制。

《牛津法律大辞典》将人身自由概括为两个方面：实质方面为隐私权利，即不受干扰的权利；另一个十分重要的方面是，除了基于明确而有限的理由，不受逮捕或监禁的权利，这项自由构成许多刑法和刑事诉讼法规则的基础。② 笔者认为，本罪中的人身自由的含义主要在于任何公民除了基于合法、正当的理由，不受逮捕或者监禁的权利，这种理解应该说是符合宪法规定之精神的。

2. 本罪侵犯的对象即非法拘禁罪的对象，法律上并无任何限制，但是否能够由此推论出：任何人不问其行为能力、意志能力均可成为本罪对象呢？问题的焦点在于无行为能力人和限制行为能力人是否可以成为本罪对象。

行为能力，是指法律关系的权利主体能够通过自己的行为享有权利和承担义务的能力③。据此，自然人可分为完全行为能力人、限制行为能力人和无行为能力人三种。对于完全行为能力人成为本罪对象并无异议，而对后两者能否成为本罪对象则尚有分歧。

人身自由是意志自由与行为自由的统一，因而，人身自由直接受个人意志能力的制约，意志能力强弱影响着行动自由的程度和范围。而无行为能力人和限制行为能力人或不具有意志能力，或只具有较弱的意志能力，他们的行动自由受到严重制约，他们的人身自由必须借助其监护人的行为来实现。虽然这种实现本身就意味着在一定程度上对其人身自由的限制甚至是剥夺，但是这种限制或剥夺亦应在法律允许的范围之内。如无正当理由，则不能对无行为能力人和限制行为能力人的人身自由进行非法剥夺。也就是说，无行为能力人和限制行为能力人亦可成为非法拘禁罪的犯罪对象。

在实践中，对于睡梦中的人非法禁闭是否属于非法拘禁的问题，讨论较多。有一种意见认为，睡梦中的人不具有离开房间的意识能力，也

① 《牛津法律大辞典》，光明日报出版社 1988 年版，第 352 页。
② 《牛津法律大辞典》，光明日报出版社 1988 年版，第 352 页。
③ 沈宗灵著：《法理学》，高等教育出版社 1994 年版，第 383 页。

就不能作出离开房间的意识决定，此时，外部的束缚对他来说形同虚设，其身体行动自由并未遭到剥夺，只要在其醒来之前不被非法禁闭则不构成本罪。① 而另一种意见则针锋相对，认为如对睡梦中之人采取非法禁闭等行为，即使待其醒来时打开门锁，亦属非法拘禁。② 笔者同意后一种观点，因为一个人能否作为非法拘禁的对象，并不以其当时具有感知能力为要件，对非法拘禁行为人的惩治也在于其非法性上。因此，睡梦中的人亦可以成为本罪对象。

（二）客观特征

非法拘禁罪在客观方面表现为行为人实施了非法剥夺他人人身自由的行为。具体而言，客观方面应具备以下两个要素。

1. 必须有剥夺他人人身自由行为。剥夺他人人身自由行为，是指剥夺他人来去自由，使他人的活动自由完全被控制在一定的空间范围内，并持续一定时间的行为。以下简要论述行为方式和拘禁时间问题。

（1）剥夺他人人身自由的行为方式问题。

从刑法条文本身来看，行为方式包括拘禁和其他方法。拘禁，从字面上看即指拘而禁之，详言之，是指关押、监禁、禁闭、软禁等使他人丧失人身自由的方法。所谓其他方法，是指拘禁以外的使他人丧失人身自由的一切方法，如捆绑、“隔离审查”“隔离反省”③、办学习班等。这些方式既可以是作为，也可以是不作为。

这里面有几个问题值得探讨。一是剥夺他人人身自由行为是否必须为强制方法？二是剥夺他人人身自由行为是否要以“违背他人意志”为要件？三是剥夺他人人身自由行为是否已涵盖限制他人人身自由行为？

对于第一个问题，有学者主张剥夺他人人身自由的行为必须是“强

① 齐文远、刘代华：《非法剥夺人身自由罪研究》，载杨敦先主编：《新刑法施行疑难问题研究与适用》，中国检察出版社 1999 年版，第 646 页。

② 赵秉志主编：《中国刑法案例与学理研究·分则篇（三）——侵犯公民人身权利、民主权利罪》，法律出版社 2001 年版，第 138 页。

③ 赵秉志主编：《中国刑法案例与学理研究·分则篇（三）——侵犯公民人身权利、民主权利罪》，法律出版社 2001 年版，第 2978 页。

制方法”。[①] 笔者以为，这种对行为方式的限制没有法律依据。强制方法是一种借助外力（包括体力）对他人造成压制的方法，一般而言，剥夺他人人身自由的行为多为强制方法，拘禁行为当然是强制方法，但就“其他方法”来说，从逻辑上讲应该包括非强制方法，如实践中行为人乘他人洗澡时拿走其衣裤，使其不能外出，此行为为非强制方法，也构成剥夺他人人身自由行为。因此，剥夺他人人身自由行为中，无论行为人采取何种方法，只要使他人丧失了人身自由，均为剥夺他人人身自由。

对于第二个问题，笔者以为，从本罪罪状中便不难发现，要构成本罪，当然是违背了被害人的意志，如被害人同意交出其人身自由，则不应构成非法剥夺他人人身自由行为，当然其意思表示应为明确的、真实的。

对于第三个问题，有学者认为：“从理论上讲，剥夺人身自由涵括限制人身自由。”其理由是，剥夺人身自由包括使被害人丧失全部人身自由和丧失部分人身自由两种情形，而后者即为限制人身自由，且宪法中规定的人身自由不受侵犯当然包括人身自由不受限制。另外，现行刑法取消了非法管制罪，为保护公民人身自由，应将剥夺人身自由的行为扩大解释为包括限制人身自由在内。[②] 对此，笔者不敢苟同。“剥夺”并不涵盖“限制”。首先，从字面上讲，剥夺人身自由应指使他人完全丧失人身自由。论者所提理由中亦指出对此须作扩大解释，这正好说明了二词是有区别的。其次，将剥夺他人人身自由扩大解释似有违反罪刑法定原则之嫌。再次，在刑法修改时曾有学者提出过在取消非法管制罪的同时，应将非法拘禁罪的法定条件适当放宽，包括“非法限制他人人身自由情节严重的行为”。[③] 或者专设一条“非法限制自由罪”，[④] 但立法

---

① 何秉松著：《刑法教科书》，中国法制出版社 1997 年版，第 788 页。

② 齐文远、刘代华：《非法剥夺人身自由罪研究》，载杨敦先主编：《新刑法施行疑难问题研究与适用》，中国检察出版社 1999 年版，第 646 页。

③ 高铭暄、赵秉志著：《新中国刑法立法文献资料总览》（下），中国人民公安大学出版社 1998 年版，第 2488 页。

④ 高铭暄、赵秉志著：《新中国刑法立法文献资料总览》（下），中国人民公安大学出版社 1998 年版，第 2978 页。

者未采纳上述建议，这应不是立法者的疏忽，而是立法者认为非法限制他人人身自由的行为要么不必用刑法来规制，要么可用其他刑法条文来规制。所以，从立法原意来看，“剥夺”与“限制”是两种性质不同的行为，后者显然并不在前者外延之中。综上所述，限制他人人身自由行为不是非法拘禁罪中的剥夺他人人身自由行为。

(2) 剥夺他人人身自由的时间问题。

非法拘禁罪是一种典型的继续犯，剥夺他人人身自由的行为要持续一段时间，而不具有间断性。那么，如何理解其时间问题呢？刑法学界通说的观点认为，剥夺他人人身自由的时间的长短，对非法拘禁的构成没有影响，只对量刑有意义。① 同时，通说又都指出，时间过短、瞬间性剥夺人身自由的行为，应视为刑法第 13 条但书规定，不作为犯罪处理。②

笔者以为，时间的长短是否影响本罪的成立，应结合行为人的动机、手段、后果等情节综合分析。对于时间过短、又无其他严重情节的，不宜作为犯罪处理。如时间虽短，但有其他严重情节，如国家机关工作人员滥用职权，非法剥夺他人人身自由等，则可构成犯罪。至于什么情况下该考虑时间的长短，应由权力机关加以完善或者作出解释，以便于司法工作人员实际操作。对此，可参考国外有关立法。外国刑法中，对非法剥夺他人自由罪的规定，有的在构成上作了时间上的限制，或者将一定的期限作为设立此罪不同档次量刑幅度的依据，如德国、法国、巴西、马来西亚等国刑法均有这种规定。③

2. 剥夺他人人身自由行为必须是非法的

非法性属于法律评价的范畴。评判拘禁行为的非法性，其参照系主要由宪法、民法、刑事诉讼法等法律所组成，这些法律从不同方面为认

---

① 赵秉志著：《中国刑法案例与学理研究·分则篇（三）——侵犯公民人身权利、民主权利罪》，法律出版社 2001 年版，第 141 页。

② 张明楷著：《刑法学》（下），法律出版社 1997 年版，第 714 页。

③ 高铭暄、赵秉志著：《新中国刑法立法文献资料总览》（下），中国人民公安大学出版社 1998 年版，第 2978 页。

定行为的非法性提供了依据。①

概括地说，非法性主要有以下几种：

第一，主体非法性，即实施剥夺他人人身自由行为的行为人不符合法律有关规定；

第二，程序非法性，即行为人非依法定程序实施剥夺他人人身自由的情形；

第三，动机、目的、手段等实体内容的非法性，如行为人主体适格，但非出于正当、法定动机，而出于报复等动机剥夺他人人身自由的，亦可认定其行为的非法性。

根据有关法律规定，以下几种情形是合法剥夺他人人身自由的行为：第一，司法机关依法剥夺犯罪嫌疑人、被告人和服刑罪犯人身自由的行为；第二，实施正当行为而剥夺他人人身自由的行为，如正当防卫、紧急避险等行为和监护人对被监护人在合法监护权限内剥夺人身自由的行为；第三，合法扭送行为，我国刑事诉讼法第63条规定，对于正在实行犯罪或者在犯罪后即时被发现的、通缉在案的、越狱逃跑的以及正在被追捕的人，任何公民均有权立即扭送至公检法等机关。

以上三种行为一般不会发生非法剥夺他人人身自由问题，但如实施这些行为时又实施了不当行为或超过了必要时间，则有可能转化为非法剥夺他人人身自由行为。例如，有学者正确地指出：当司法机关发现被拘留、逮捕人“不应当拘捕时，借故不予释放，继续羁押的，则应认为是非法剥夺人身自由”。②

（三）主体特征

本罪主体为一般主体，即凡年满16周岁，具备刑事责任能力的人，均可构成本罪。对已满14周岁不满16周岁的人使用暴力致人伤残、死亡的，构成由非法拘禁罪转化而成的故意伤害罪、故意杀人罪，根据刑法第17条第2款的规定，应当负刑事责任。

---

① 赵秉志著：《妨害司法活动罪研究》，中国人民公安大学出版社1994年版，第202~204页。

② 张明楷著：《刑法学》（下），法律出版社1997年版，第714页。

（四）主观特征

本罪在主观方面表现为直接故意，即行为人明知自己的行为会使他人丧失人身自由而希望这种结果发生。在此，笔者想就两个问题加以探析。

其一，在本罪中，故意的认识内容是什么？是否包括违法性认识？笔者认为，在本罪中，认识内容是行为人认识到自己的行为必然造成他人丧失人身自由。根据我国的刑法理论，犯罪故意的认识因素是指行为人明知自己的行为会发生危害社会的结果；在本罪中，结果即指被害人的人身自由的丧失（被剥夺），因而，本罪的认识内容即行为人明知自己的行为会造成他人丧失人身自由即可。对于行为人是否需要认识到自己剥夺他人人身自由行为的非法性，学界有两种对立观点：肯定论与否定论。根据我国刑法理论通说，故意犯罪中，认识内容并不需要违法性认识。

其二，关于本罪的动机问题。刑法通说认为，故意犯罪中动机不影响对行为的定性，而只影响量刑，[①] 非法拘禁罪的动机多种多样：有的是为泄愤报复，有的是为破案立功，有的是为了显示权势，有的是为了干涉婚姻自由等。但不管行为人出于何种动机，只要剥夺他人人身自由的行为是非法的，均可成立本罪。例如，某甲因精神病人某乙具有伤害他人之危险，而剥夺某乙的人身自由，后由于另有他事而忘记解除对某乙人身自由的剥夺。这种行为是否构成本罪？如不构成，原因又是什么？笔者认为，这种行为是正当行为，并不构成犯罪，原因不在于行为人的善意动机，而在于行为人主观上并非故意，而是一种疏忽大意的过失，故而不构成本罪。

三、非法拘禁罪司法认定中的几个疑难问题探析

在非法拘禁罪的司法认定中，经常会有一些疑难问题，主要原因在于对刑法第 238 条条文理解上的误差，笔者对此略加探析。

---

① 马克昌主编：《犯罪通论》，武汉大学出版社 1999 年版，第 383 ~ 385 页。

（一）关于对刑法第238条第2款的理解

刑法第238条第2款规定："犯前款罪，致人重伤的，处三年以上十年以下有期徒刑；致人死亡的，处十年以上有期徒刑。使用暴力致人伤残、死亡的，依照本法第二百三十四条、第二百三十二条的规定定罪处罚。"对于本款，实际上规定了两种情形：第一种情形为非法拘禁罪的加重情节；第二种情形为非法拘禁罪的转化情形，即由非法拘禁罪转化为故意伤害罪和故意杀人罪。

对于第一种情形，非法剥夺他人人身自由，致人重伤、死亡的，是指被害人精神受到了刺激而致其精神错乱，或者自伤自杀的，或者因饥饿、冷冻引起重伤死亡的，其中的致人重伤或致人死亡，不包括暴力致伤、致死，而且行为人对重伤或死亡的危害结果是持过失心理。

对于第二种情形，适用条件必须同时达到"使用暴力"、"致人伤残、死亡"以及主观方面对伤残、死亡危害结果为故意心态（包括直接故意和间接故意）这三个条件。对于这种情形，不以数罪认定，而直接转化为故意伤害罪或故意杀人罪。如果行为人在非法剥夺他人人身自由行为中使用暴力，过失致人伤残或者死亡，则不能适用这种情形，不转化为故意伤害罪和故意杀人罪，而应按非法拘禁罪和相关的犯罪（如过失致人重伤罪或过失致人死亡罪）数罪并罚。

（二）关于对刑法第238条第3款的理解

刑法第238条第3款规定："为索取债务非法扣押、拘禁他人的，依照前两款的规定处罚。"根据本款规定，为索取债务而非法扣押、拘禁他人的，除了使用暴力致人伤残、死亡的转化为故意伤害罪、故意杀人罪外，均构成非法拘禁罪。这里主要涉及一个对债务的理解问题，而对此问题的分歧焦点又在于债务是否仅指合法债务，而不包括非法债务。

有学者主张，此处的债务仅指合法债务。例如，为索取非法债务和赌博而非法扣押、拘禁他人的，应以绑架罪定罪处罚。[①] 这种主张也得

① 赵秉志主编：《中国刑法案例与学理研究·分则篇（三）——侵犯公民人身权利、民主权利罪》，法律出版社2001年版，第162页。

到其他学者和司法实务工作者的支持。[①] 笔者认为，这种观点值得商榷。首先，刑法条文并未对债务进行限制。其次，不论为了索取何种债务而非法扣押、拘禁他人，索取债务仅是行为人的动机，这种动机并不影响其非法剥夺他人人身自由的行为性质。而且，如为索取非法债务而非法扣押、拘禁他人的行为，并不符合绑架罪的构成特征，绑架罪的主观方面要求行为人以勒索财物为目的，而为索取非法债务而非法扣押、拘禁他人的行为，毕竟事出有因。再次，此款规定的立法本意不在于以此来体现对债权的特别保护，而是要强调即使为了索取正当合法债务，也不得采取扣押、拘禁他人的非法方法，其立法意图显然在于保护公民的人身权利。

综上所述，此处债务应理解为包括赌博在内的非法债务。2000 年 6 月 30 日最高人民法院下发的《关于对为索取法律不予保护的债务非法拘禁他人行为如何定罪问题的解释》规定："行为人为索取高利贷、赌债等法律不予保护的债务，非法扣押、拘禁他人的，依照刑法第二百三十八条的规定定罪处罚。"这个司法解释为司法机关处理此类行为提供了依据。

对于为索取被借用的物品，而非法扣押、拘禁他人的，可否适用此款规定？笔者认为，对于被借用的物品，借入方有偿还义务，如原物被损坏或者灭失的话，则应照价赔偿出借方，因而形成债权债务关系，所以，对于为索取被借用的物品而非法扣押、拘禁他人的，与本款规定的行为性质一样，因而完全可以适用本款规定。

另外，在实践中经常发生这样一种行为，即行为人实施本款行为索取的财物价值超过债务本身，对此应如何定性？笔者以为，对此不能一概而论，关键要区分超值部分数额大小，如超值部分数额较小，则只按非法拘禁罪定罪量刑，如超值部分较大，则应按非法拘禁罪和敲诈勒索罪数罪并罚。

（三）关于对刑法第 238 条第 4 款的理解

实践中，经常发生国家机关工作人员，特别是司法工作人员滥用职

---

① 刘家琛主编：《刑法新罪与疑难案例评析》，中国民主法制出版社 1999 年版，第 344 页。

权非法拘禁他人的情况，这种非法拘禁有的是依仗职权，有的则是利用国家各种羁押场所，使用执行职务的强制器械而为。这种行为是典型的非法拘禁行为，而且比一般人的非法拘禁行为更容易发生，危害也更大。因此，刑法第238条第4款明文规定："国家机关工作人员利用职权犯前三款罪的，依照前三款的规定从重处罚。"这一规定体现了依法从严惩处国家机关工作人员犯罪的精神。此款规定的主体为特殊主体，仅限于国家机关工作人员，且客观上必须是利用职权而为的非法拘禁行为，如虽为国家机关工作人员但非利用其职权所为的非法拘禁行为，则不能适用此款规定。

（本文发表于《中南大学学报》（社会科学版）2003年10月第5期）

非法拘禁罪构成中若干问题研讨

赵秉志 阴建峰

在 1997 年刑法颁行之初，许多学者都将刑法第 238 条的罪名概括为非法剥夺人身自由罪①。应该说，这一概括相对而言更为科学可取。因为从刑法第 238 条的罪状表述来看，其客观行为除了非法拘禁之外，还包括以其他方法非法剥夺他人人身自由的行为。以“非法拘禁罪”之罪名冠于此一法条，显有概括不全之弊，有违罪名确定之周延性原则②。当然，为便于论述，此处仍遵循《最高人民法院关于执行〈中华人民共和国刑法〉确定罪名的规定》，采用“非法拘禁罪”之称谓。从司法实践来看，构成本罪的主体中有相当一部分是国家工作人员尤其是司法工作人员。由于他们利用职权所实施的非法拘禁行为既侵犯了公民的人身自由，也侵犯了国家机关的正常活动，应予更严厉的惩治，因此，我国刑法第 238 条第 4 款明确规定应“从重处罚”。这也是将非法拘禁罪视为酷刑罪之原因所在。

根据我国刑法第 238 条的规定，所谓非法拘禁罪，是指以非法扣押、关押、绑架或者其他方法剥夺他人人身自由的行为。一般说来，非法拘禁罪侵犯的客体是他人的人身自由，在客观方面表现为以非法拘禁或者以其他方法非法剥夺他人人身自由的行为；其主体为一般主体；在主观方面表现为故意。但深入而言，非法拘禁罪在其构成特征方面尚有诸多疑难问题亟待解决。而本文仅拟就其中所涉三题略作探讨，以为引玉之砖。

一、非法拘禁罪可否由间接故意构成

非法拘禁罪是故意犯罪，对此刑法学界并无分歧。但对于非法拘禁

① 赵秉志著：《新刑法典的创制》，法律出版社 1997 年版，第 305 页。

② 侯国云等著：《新刑法疑难问题解析与适用》，中国检察出版社 1998 年版，第 228 页。

罪可否由间接故意构成，刑法理论中则有不同的看法：一种观点认为，本罪的主观方面是故意，包括直接故意和间接故意。例如，仓库保管员下班锁门后发现有人误入仓库，而放任不管，径直离去，致使他人被关押多时。从意志因素考虑，行为人与被拘禁者素不相识，很难说是“希望”这种结果发生，即应属于间接故意的非法拘禁罪。另一种观点则认为，本罪在主观上是出于故意，并且具有非法剥夺他人人身自由的目的。这也就意味着非法拘禁罪只能由直接故意构成，而不能出于间接故意。

笔者同意第二种观点，非法拘禁罪在主观上只能表现为直接故意，具有非法剥夺他人人身自由的目的。在第一种观点所举的例子中，既然行为人明知自己的行为必然使他人人身自由受到剥夺，而径直离去，其实质就是积极追求他人人身自由被剥夺的结果，完全是出于希望的心态。事实上，刑法学界之通说亦认为，如果明知行为必然发生危害结果而决意为之，就超出了间接故意认识因素的范畴，应属于直接故意。这种情况下根本不可能存在放任不管的意志因素。因此，上例并不足以证明非法拘禁罪可以由间接故意构成。

二、非法拘禁罪之行为解析

1．关于行为的本体分析

1997年刑法第238条沿袭了1979年刑法第143条的规定，将非法拘禁罪的罪状表述为“非法拘禁他人或者以其他方法非法剥夺他人人身自由”。在此，立法者采取了例示的表述方法，表明非法剥夺他人人身自由的方法多种多样，除了非法拘禁之外，还包括其他一些方法。

（1）关于“拘禁”。所谓“拘禁”，原指把逮捕的人关押起来，此处侧重于对被害人的关押、扣押。具体来讲，是指将被害人关押于一定的场所，从而剥夺其行动自由。此处一定的场所，通常是指如房屋般被区划、包围了的处所。此处的拘禁并不只限于有形的、物理的强制方法，采取无形的、心理的方法，诸如胁迫被害人、利用其恐怖心理或者利用被害人的羞耻心理，使其不敢逃亡的，同样属于拘禁行为。从行为样态来看，拘禁行为大多表现为积极作为的方式，如捆绑、扣押等，但也可以不作为的方式实施。

（2）关于“其他方法”。“其他方法”，是指非法拘禁之外的方法，诸如逮捕、绑架、办所谓封闭式的“学习班”以及所谓“隔离审查”、“监护审查”等。笔者认为，从纯客观行为意义上来讲，绑架仍可作为非法拘禁罪的行为方式。例如，为索取债务而捆绑关押债务人的，也应构成非法拘禁罪。

2. 关于行为的时间限定

非法拘禁罪是一种典型的持续犯，其行为应在一定的时间内处于继续状态，从而使他人在一定时间内失去行动自由。那么，非法拘禁罪的客观行为是否有持续时间的要求呢？笔者认为，其客观行为是否有持续时间的要求，应该从基本构成时间和从重或加重构成时间两个层次来把握：

一方面，须从有无持续时间的要求的基本构成时间角度出发予以剖析。就此而论，我们认为，作为典型的持续犯，非法拘禁罪应当具备持续犯的基本特征。这就是理论中通常所谓的基本构成时间，即行为人所实施的犯罪行为自着手之时直至其构成既遂的一定时间，是该行为构成犯罪所必需的时间条件。具体而言，非法拘禁罪的客观行为及其所造成的被害人行动自由被剥夺的不法状态，必须持续一定的时间，否则，便不能构成犯罪。因此，客观行为持续时间的长短当然会影响到犯罪的成立。至于基本构成时间持续的长短，尽管刑法分则条文并未作明确的规定，但这并不意味着在任何情况下一经实施非法剥夺他人人身自由的行为就构成非法拘禁罪，而应根据具体犯罪的动机、手段、后果和危害程度等因素综合分析确定。

另一方面，须从从重或加重构成时间的角度来分析。持续犯之所谓从重或加重构成时间，是指犯罪构成既遂之后直至犯罪行为终了的一定时间，是作为量刑情节予以考虑的时间因素。可见，从重或加重构成时间是建立在基本构成时间的基础之上的，是危害行为及其不法状态在持续一定的时间因而构成犯罪之后所持续的时间。具体到非法拘禁罪而言，如果其客观行为在持续一定时间构成犯罪之后依然持续的，持续时间的长短是影响量刑的重要因素。只有从这一角度来理解，上述认为持续时间长短只影响量刑的观点才具有其合理性。

3. 关于行为的前提条件

非法拘禁罪的客观行为必须以非法性为前提。如果行为人所实施的拘禁或者其他行为有合法依据的，则阻却其行为的违法性，从而不能构成本罪。至于行为的非法性，则属于法律评价的范畴。它涉及非法性的评价标准、阻却情形等诸多问题。通常认为，拘禁行为是否非法，应主要参照宪法、民法、刑事诉讼法等法律来判定。这些法律从不同方面为认定行为的非法性提供依据。根据司法实践经验，阻却行为人剥夺他人自由行为的违法性的事由主要包括：（1）实施正当行为而拘禁他人的行为；（2）合法扭送、拘留、逮捕行为；（3）基于被害人的承诺的行为。

4. 非法限制他人人身自由行为能否构成本罪

我国1979年刑法在以第143条规定非法拘禁罪的情况下，还以第144条专门规定了非法管制罪。但我国1997年刑法取消了此一罪名。那么，在1997年刑法施行后，对于非法管制他人的行为应如何处理呢？笔者认为，在必要时完全可以非法拘禁罪定罪处罚。理由如下：

首先，"限制"与"剥夺"并没有截然不同的界限，难以作出恰当的区分。"限制"实际上也是一种剥夺，至少是部分剥夺。

其次，从目前理论中的通说来看，已不再将非法拘禁罪仅局限于使被害人"完全"失去自由行动的可能，而将限制他人自由的行为也纳入其中了。

再次，通过刑法解释将"限制"纳入"剥夺"的范畴，并不违背罪刑法定原则。一则，这一解释符合立法原意与立法初衷。刑法中设立非法拘禁罪的目的，在于保障公民的人身自由不受侵犯。而非法限制他人人身自由的行为也是对他人人身自由的侵犯，当其具有相当社会危害程度时，也有给予刑法规制的必要。二则，通过解释将"限制"纳入"剥夺"之范畴只是一种不违背罪刑法定原则的扩大解释，而并非类推解释。

又次，对非法限制人身自由的行为论以非法拘禁罪是有立法与司法依据的。我国1997年刑法第241条第3款明确规定，收买被拐卖的妇女、儿童，非法限制其人身自由的，依照本法的有关规定定罪处罚。而《最高人民法院关于执行〈中华人民共和国刑法〉确定罪名的规定》则进一步将该行为解释为非法拘禁罪。

最后，从外国刑法理论来看，通常也将非法限制他人人身自由的行为论以非法拘禁罪。

三、非法拘禁罪对象问题探讨

非法拘禁罪的对象，即被非法拘禁的被害人。对此，法律上未作任何限制，可以是依法享有人身自由的任何公民。值得研究的是，精神病患者或者婴儿能否成为非法拘禁罪的犯罪对象呢？基于公民人身自由所具有的绝对性与相对性之特征，笔者认为，此一问题不能一概而论。

一方面，人身自由指在不违反法律规定的情况下，任何人都享有依照自己的意志行动的自由，而不为其他任何人所剥夺。这是宪法赋予一切公民的权利，即便是精神病患者或者婴儿，亦莫能外。在这个意义上，人身自由是一种无条件的自由。当然，对于精神病患者和婴儿来讲，他们由于自身的生理或者病理原因，没有或者丧失了自由支配自己行动的能力，但是，他们仍有权获得其监护人或者亲友的帮助，从而具有在一定的空间活动的自由。而对精神病患者、婴儿实施非法拘禁，无疑剥夺了他们享有上述自由的可能，实质上也就是剥夺了他们的人身自由。因此，也应该予以刑法处置。

另一方面，人身自由又直接受个人意志能力所制约，意志能力的强弱影响着行动自由的程度和范围。意志能力越强，则获得的自由相对而言就越宽泛；相反，对于精神病患者和婴儿而言，由于不具备这种意志能力，因此他们的人身自由只能借助其监护人或者亲友的行为来实现。而这种实现本身就意味着在一定程度上对其人身自由的限制甚至在某一场合下的剥夺。从这个意义上讲，人身自由又是相对的。因此，在肯定精神病患者、痴呆者和婴儿能够成为非法拘禁罪对象，以保障他们应有的人身自由的同时，也要注意保障他们的监护人的监护权。若监护人为保护精神病患者的安全或者为防止其行为危害社会而将其暂时禁闭，则不构成非法拘禁；但如果在危害已经排除的情况下，仍对之继续加以捆绑或关押，则当然属于非法拘禁行为。当然，是否构成犯罪，还须结合其他情节综合考虑。

此外，笔者认为，本罪中行为的成立并不需要作为本罪对象的被害人意识到自由被束缚，亦即并不需要被害人具有感知能力。只要被害人可能的自由被剥夺，就是对其人身自由的侵犯，而无须再探究其当时意识如何。就此而论，熟睡或酣醉者也能成为本罪的对象。如果行为人将酣醉者、昏迷者或熟睡之人反锁屋中，尽管在其醒来之前就打开了锁，仍属拘禁行为，即使在其觉醒之前启开锁的，也不影响该行为的性质。

（本文发表于《河南省政法管理干部学院学报》2004 年第 2 期）

试析非法拘禁罪的疑难问题

陈洪兵 安文录

一、客观方面探讨

（一）对象

1. 婴儿和高度的精神病患者能不能成为本罪的对象？由于身体活动自由以意思活动的自由为前提，因此，事实上完全没有意思活动能力的婴儿和高度的精神病患者，不能成为本罪的对象。但意思活动能力只要是事实上能够进行意思活动的能力就够了，不需要是意思能力，更不需要是责任能力和法律行为能力。因此，幼儿和精神病人也能够成为本罪的对象。①

2. 身体活动的自由是指可能的自由还是现实的自由？构成本罪是否需要被害人意识到自由被束缚呢？有观点认为，行动自由未必要求现实的存在，只要有其可能性就行。所以临时失去行动自由的人（例如，酩酊大醉的人，正在熟睡者）也可解释为足以成为本罪的客体（即我们所称的对象——引者注）。因此而把大醉者、熟睡者监禁起来，在未恢复意识之前，或者在唤醒之前虽然解除了监禁（日本把非法拘禁罪称逮捕、监禁罪——引者注），也构成本罪。此外，只要自由客观上受到侵害即可，与被害人能否意识到没有关系，所以本罪应认为是成立的。②但也有批判意见认为，将在室内熟睡的人锁起来的行为也看做监禁，是不妥当的。此外，成为对象的被害人，是不是要意识到其身体活动自由受到侵害，学说上的必要说认为，没有意志自由的人，其身体活动自由

---

① ［日］大塚仁著：《刑法概说（各论）》，冯军译，中国人民大学出版社2003年版，第86页。

② ［日］木村龟二著：《刑法学词典》，顾肖荣、郑树周等译校，上海翻译出版公司1991年版，第641～642页。

不可能受到侵害。① 另有学者认为，监禁罪是对可能的自由的犯罪的观点，容易造成处罚具有侵害自由的可能性的行为，即处罚对自由具有危险的行为。然而，监禁罪等并不是危险犯。② 刑法规定本罪是仅保护现实的自由（限定说），还是既保护现实的自由也保护可能的自由（无限定说）? 国内有学者主张限定说，认为只有当行为侵犯了他人的现实自由时，才宜认定为非法拘禁罪。如果某人没有认识到自己被剥夺自由，就表明行为没有妨害其意思活动，因而没有侵犯其人身自由；换言之，本罪的对象必须认识到自己被剥夺自由的事实。③ 但也有学者主张无限定说，即认为对于醉酒、昏迷者或熟睡的人，采取非法关闭等行为的，同样构成非法拘禁罪。如果将熟睡的人反锁在房间，即使待其醒来时打开门锁，也属非法拘禁。④ 笔者主张限定说。根据限定说，如意图强奸妇女，却欺骗该女性说："送你回家"，使该女性坐进汽车后行驶的行为，由于该女性没有意识到其身体活动自由受到侵害，所以不构成非法拘禁罪。

（二）行为

1. 不作为。非法拘禁罪可以由不作为构成。例如，明知有人被错误地关在屋里，具有解救义务的该屋的管理者却置之不顾等。

2. 无形的方法。非法拘禁的方法既可以是有形的，也可以是无形的。将人禁闭于一室，上锁、封门或利用狗看门等等有形的方法是非法拘禁。但是，采用无形的方法，如利用他人的恐惧心、羞耻心。例如，迫使被害人进入货车车厢后高速行驶，他人上高楼后将其下来的梯子拿走，将他人用船送到海中心的孤岛上然后独自返回等使他人基于恐惧而不敢自由活动的方法，以及将妇女洗澡时的换洗衣服拿走，使被害妇女

① ［日］大谷实著：《刑法各论》，黎宏译，法律出版社 2003 年版，第 59 页。

② ［日］前田雅英著：《刑法各论讲义》，东京大学出版社 1995 年版，第 82 页。

③ 张明楷著：《刑法学》，法律出版社 2003 年版，第 701 ~ 702 页。

④ 肖中华著：《侵犯公民人身权利罪》，中国人民公安大学出版社 2003 年版，第 249 页。

基于羞耻心无法走出浴室等无形的方法，都能构成非法拘禁罪。另外，为了成立非法拘禁罪，不需要被害人身体活动的自由受到完全的束缚。例如，虽然有脱离的出口，但被监禁者不知道时，也构成非法拘禁罪。

二、非法拘禁罪的认定

（一）排除犯罪性的事由

1. 情节显著轻微危害不大的非法拘禁行为，不构成犯罪。尽管刑法第238条关于非法拘禁罪客观方面与治安管理处罚条例所规定的只受治安管理处罚的非法拘禁行为的表述完全一样，形式上都没有非法拘禁时间长短等情节的限制，但是刑法第13条“但书”的规定表明，只有达到了应受刑罚处罚程度的行为才可能作为犯罪处理，只有对犯罪构成要件进行实质的解释才符合刑法的目的，① 否则，就可能混淆犯罪与一般违法的界限，就可能处罚了不当罚的行为。尽管从理论上讲，非法拘禁他人，不论时间长短，都是本罪既遂，② 但时间过短、瞬间性的剥夺人身自由的行为，难以认定为本罪。③

2. 基于法令行为，如合法的拘留、逮捕，公民依法实施的扭送行为，父母基于管教未成年小孩而采用的符合一般社会观念的惩戒行为等，都不构成非法拘禁罪。

3. 作为正当防卫、紧急避险的手段而被允许的情形。把处于烂醉凶暴状态的人置之不管就有危害人身之虞时，为了防患于未然，不得已而捆缚其身体的，为了保护精神病患者身体的安全和平稳，不得已将其收容于仓库并在出入口插上门闩，以使其不得逃出的等，不构成非法拘

---

① 由于刑法的目的是保护法益，犯罪的本质是侵犯法益，对构成要件进行实质解释意味着使符合犯罪构成的行为具有应当追究刑事责任程度的社会危害性。而要做到这一点，就必须以犯罪的本质为指导解释构成要件，不仅使各构成要件说明和反映犯罪的本质，而且使犯罪构成的整体所反映的社会危害性达到应当追究刑事责任的程度。参见高铭暄、马克昌主编：《刑法学》，北京大学出版社、高等教育出版社2000年版，第128页。

② 张明楷著：《刑法的基本立场》，中国法制出版社2002年版，第482页。

③ 张明楷著：《刑法学》，法律出版社2003年版，第702页。

禁罪。

4．被害人承诺的，不构成犯罪。人身自由属于个人可以承诺放弃的法益。问题是，根据劳动合同，为企业主提供一定劳务的职工可以在劳动时间内被强迫提供劳务，然而，只要不妨碍劳务的履行，职工就不应该被剥夺一切自由，因此，不允许在出入口的门上加锁以禁止职工外出。

（二）罪数及未完成形态问题

人身自由是一身专属法益，可以通过被非法拘禁的人数来确定本罪的个数，但一次实施非法拘禁行为同时关押数人的，由于只有一个行为，只能认为属于想象竞合犯，以非法拘禁罪一罪定罪处罚，非法拘禁数人的事实作为情节予以考虑。

非法拘禁是公认的继续犯，持续拘禁的也只构成一罪。在非法拘禁期间加入进来的，可以构成承继的共同正犯。①

如前所述，通常认为非法拘禁他人，不论时间长短，都是本罪既遂。既然有既遂形态，似乎还应有未遂和中止。笔者认为，非法拘禁是情节犯，② 因而只有成不成立犯罪的问题，没有犯罪既遂未遂或者犯罪中止的问题。换言之，没有达到一定严重程度的，是不成立犯罪的问题，而不是犯罪未完成的问题。

（三）法规竞合

非法拘禁罪和绑架罪之间是什么关系？两罪在客观方面都有剥夺被害人人身自由的行为。所不同的是，构成绑架罪要求行为人主观上必须以勒索财物或满足其他不法要求为目的。当行为人实施了非法剥夺他人人身自由的行为，但还未来得及提出勒索财物或者其他的不法要求，即案发致使行为人的主观目的难以证明时，完全可以同时也应该以非法拘禁罪定罪处罚。因此，笔者初步认为，绑架罪与非法拘禁罪之间存在类似于日本刑法理论所承认的故意伤害罪与暴行罪之间具有的基本法与补

① 承继的共同正犯，是指某人（先行者）已经实施了一部分实行行为，但是，在其实行行为还没有终了之前，其他人（后行者）以共同实行的意思参加实行的情形。

② 即只有情节达到一定的严重程度，才成立犯罪。因此可以认为，情节犯只有成不成立犯罪的问题，没有既遂未遂的问题。

充法的法规竞合关系，[①] 适用基本法优于补充法的法规竞合的适用原则，在不构成绑架罪时，适用非法拘禁罪定罪处罚。

（四）该罪与强迫职工劳动罪的界定

根据刑法第 244 条规定，用人单位违反劳动管理法规，以限制人身自由方法强迫职工劳动，情节严重的，构成强迫职工劳动罪。剥夺人身自由与限制人身自由有没有区别？若有区别的话，则采取将职工的人身自由控制在一定范围、一定限度内的方法，如不准职工外出，不准职工参加社交活动等，构成强迫职工劳动罪。但如果采取剥夺人身自由的方法（如将职工长时间关闭在车间里），则成立非法拘禁罪。[②] 但日本刑法理论认为，只要对被害人在其自然状态中具有的身体活动自由加以限制，就是监禁。例如，用长链锁缚着和幽闭在宽大的府邸内，即使尚存有某种程度身体活动自由的余地，也能够成立监禁；在关闭被害人的室内安装有相当的设备，采取了保护健康及安慰娱乐的方法，或者监禁者本人与被害人共同居住在一起，都不妨碍监禁罪的成立。[③] 可见，剥夺自由和限制自由有时未必容易区分。笔者认为，若发生在劳动用工的场合，无须区分是限制自由还是剥夺自由，如果没有非法拘禁罪的加重情节，由于两罪的基本刑一样，按强迫职工劳动罪定罪不至于导致罪刑不相适应。在用工以外的场合，或者要适用非法拘禁罪的加重法定刑，则应严格区分限制自由与剥夺自由。只是限制自由的，就不能以犯罪论处。

---

① 日本刑法理论认为，一个刑罚法规只不过具有补充其他刑罚法规的意义时，限定不适用后者时，就适用前者。例如，成立伤害罪（刑法第 204 条）时，就没有暴行罪规定（刑法第 208 条）的适用余地。参见［日］木村亀二主编：《刑法学词典》，顾肖荣、郑树周等译校，上海翻译出版公司 1991 年版，第 397 页。

② 张明楷著：《刑法学》，法律出版社 2003 年版，第 711 页。

③［日］大塚仁著：《刑法概说（各论）》，冯军译，中国人民大学出版社 2003 年版，第 81 页。

三、该罪的条文剖析

（一）对刑法第238条第2款的剖析

刑法第238条第2款规定，致人重伤的，处3年以上10年以下有期徒刑；致人死亡的，处10以上有期徒刑。使用暴力致人伤残、死亡的，依照本法第234条、第232条的规定定罪处罚。对于前段，是指实施非法剥夺他人人身自由，非故意地造成他人重伤或者死亡（包括自杀）。① 这在理论上争议不大。但对于后段，有学者认为，该规定属于法律拟制，不是注意规定。这里的“暴力”应限于超出了非法拘禁范围的暴力；非法拘禁行为本身也可能表现为暴力，但作为非法拘禁行为内容的暴力导致他人伤残、死亡的，不属于“使用暴力致人伤残、死亡”；只有当非法拘禁行为以外的暴力致人伤残、死亡时，才能认定为故意伤害或者故意杀人罪。② 换言之，故意杀人、故意伤害（这里指重伤）的，即使没有该款的规定，也可以故意杀人罪、故意伤害罪定罪处罚，因此该款只是旨在规定：非法拘禁行为本身过失导致被害人重伤、死亡的依该款前段判处刑罚；超出了非法拘禁范围的暴力无论故意还是过失导致了被害人伤残、死亡的，均依故意伤害罪、故意杀人罪定罪处罚。笔者同意该学者的看法。

（二）对刑法第238第3款的解读及相关司法解释的评析

该款规定，为索取债务非法扣押拘禁他人的，依照前两款的规定定罪处罚。2000年7月19日最高人民法院《关于对为索取法律不予保护的债务非法拘禁他人行为如何定罪问题的解释》（以下简称《解释》）规定：“行为人为索取高利贷、赌债等法律不予保护的债务，非法扣押、拘禁他人的，依照刑法第238条的规定定罪处罚。”在《解释》之前，针对刑法第238条非法拘禁罪第3款“为索取债务非法扣押、拘禁他人的，依照前两款的规定处罚”的规定中的债务是否包括非法债务，在理论上曾有争议。该司法解释的出台，确实在一定程度上起到了统一认识

---

① 高铭暄主编：《新编中国刑法学》，中国人民大学出版社1998年版，第708页。

② 张明楷著：《刑法学》，法律出版社2003年版，第262~263页。

和执法的作用，但是，该司法解释是否合理，却有疑问。民法上不予保护的债务，在刑法上予以认可，恐怕是有问题的。在索取非法债务的情况下，同样不仅侵犯了被扣押、拘禁人的人身自由和造成其近亲属等的恐惧心理，还侵犯了他人的财产权，因而从社会危害性上看，并不比绑架罪轻。尤其是在以杀害相威胁或采取其他严重侵害或威胁被扣押、拘禁人的身体健康的手段情况下，只是以法定刑轻得多的非法拘禁罪定罪处罚，不能说没有严重违背普通人的法感情。再说，在刑事判决宣告之前，要法官先就是否存在赌债等所谓的债务事实进行查证，也是很荒谬的。事实上有学者已经意识到了这一问题，主张严格适用该解释，指出：如果行为人为了索取法律不予保护的债务或者单方面主张的债务，以实力支配、控制被害人后，以杀害、伤害被害人相威胁的，宜认定为绑架罪。行为人为了索取债务，而将与债务人没有共同财产关系、扶养、抚养关系的第三者作为人质的，也应认定为绑架罪。① 其实，不能期待扣押、拘禁人不对被扣押、拘禁人以杀害、伤害相威胁。因此，最彻底的做法是废除该司法解释，将为索取债务而扣押、拘禁他人适用非法拘禁罪条款的，限于合法债务，且其扣押、拘禁的手段限于符合社会相当性的要求。

（三）超期羁押的刑事责任

刑法第238条第4款规定，国家机关工作人员利用职权犯前三款罪的，依照前三款的规定从重处罚。问题是：超期羁押的行为能否以该款规定处罚？所谓超期羁押，一般是指在刑事诉讼中，有关办案机关与办案人员依法对犯罪嫌疑人、被告人采取刑事拘留、逮捕强制措施后，羁押时间超过刑事诉讼法规定期限的行为。② 有学者专门撰文讨论了超期羁押的严重危害与认识偏差、追究超期羁押行为刑事责任的观念障碍及

① 张明楷著：《刑法分则的解释原理》，中国人民大学出版社2004年版，第705页。

② 其实在行政拘留、劳动教养、司法拘留等涉及人身自由的剥夺的强制或处罚措施中，也都存在超期的问题。为讨论的方便，本文中只讨论作为刑事诉讼强制措施的拘留逮捕的超期羁押问题。但该文讨论的结论也同样适用于其他超期剥夺人身自由的措施。

其克服、超期羁押的行为性质与处罚范围等问题，得出的结论是，对于超期羁押行为，必须严格适用刑法第238条的规定，以非法拘禁罪定罪并从重处罚。① 笔者完全同意该学者的看法。由于该学者已经进行了深入的、令人信服的论证，故此处不赘。

（本文发表于《云南大学学报》（法学版）2005年第1期）

① 张明楷：《超期羁押的刑事责任探究》，载《浙江社会科学》2002年第4期。

非法拘禁罪若干问题研究

闫永安　王志祥

根据我国1997年刑法第238条的规定，非法拘禁罪是指故意以扣押、关押、绑架或者其他方法非法剥夺他人人身自由的行为。我国刑法学界对于该罪已进行了较为深入的研讨，但在对其若干问题的认识上还存在不少分歧。本文拟就与该罪有关的一些问题谈些个人看法，以求教于学界同仁。

一、非法拘禁罪的犯罪对象问题

对于本罪的犯罪对象，我国刑法未作任何限制。任何依法享有人身自由的公民，包括普通守法公民和犯错误的人，以及具有一般违法行为的人员和犯罪嫌疑人、被告人，均可能成为本罪侵犯的对象。值得讨论的是，本罪的犯罪对象是否包括精神病患者和幼儿？对此，有人主张，人类从出生到死亡，不论老幼残废以及意识活动能力之有无，均应享有行动自由，不受年龄或其他偶然事件的限制，故尽管是非法束缚精神病人或婴孩的手足，使他们不能动弹的，也应构成非法拘禁罪。但也有人认为，本罪中的“他人”，是指具有意识活动自由的人，包括潜在的有意识活动能力的人在内，如幼儿、醉酒者、熟睡中的人等，但不包括完全没有按照自己的意志支配自己活动的能力的人，如婴孩、严重的精神病患者。① 还有的学者指出，本罪的行为对象必须是有场所移动自由的自然人。婴儿、高度精神病人、麻醉药被施用者等欠缺变更其所停留处所的意思决定能力，完全没有行动自由，不能成为本罪的行为对象。②但一般认为，由于生理或精神的原因而具备或丧失了自由支配自己行动

① 金子桐等著：《罪与罚——侵犯公民人身权利、民主权利罪的理论与实践》，上海社会科学院出版社1986年版，第175~176、177页。

② 周光权著：《刑法各论讲义》，清华大学出版社2003年版，第29页。

能力的人有权通过获得其监护人或其他亲友的帮助，享受在一定的空间之内移动的自由。对此类人实施非法拘禁，无疑剥夺了他们享有上述自由的可能，从而剥夺了他们的人身自由。如果否认此类人员可以成为本罪的犯罪对象，则意味着该类人员的人身自由权利处在刑法的保护范围之外，这显然是不可取的。在实践中，也经常发生为索取债务而非法扣押、拘禁与债务人具有特定亲属关系的婴幼儿或精神病患者的案件，对此当然可以按照本罪论处。需要强调的是，监护人对于不具有行动能力的人依法行使监护权的行为，属于维护其合法权益的正当行为，不得以本罪论处。成立本罪，是否要求被害人认识到自己被剥夺自由的状态？比如，行为人将熟睡的人反锁在房间中，但是在其醒来之前就打开了锁，而该人并未觉察的，是否成立本罪？这涉及本罪所侵犯的人身自由是否包括可能自由的问题。对此，有的学者指出，如果某人没有认识到自己被剥夺自由，就表明该行为没有妨害其意思活动，因而没有侵犯其人身自由；换言之，本罪的对象必须认识到自己被剥夺自由的事实。① 笔者认为，被害人是否认识到自己被剥夺自由的状态并不影响剥夺自由行为的客观属性，对人身自由的侵犯并不以权利人本人希望实现这一权利为前提。因此，即使侵犯的是可能的自由，也同样可以成立本罪。

二、非法拘禁罪的客观方面问题

本罪的客观方面表现为以扣押、关押、绑架或者其他方法非法剥夺他人人身自由的行为。所谓非法，是指拘禁行为没有合法实体根据或者不依照法定程序，其具体表现为没有拘禁等权力的人非法对他人实行剥夺自由的行为以及有剥夺他人自由权力的人滥用职权、违反法定条件和程序，非法实行剥夺自由的行为。评价拘禁行为的非法性，其参照系主要由宪法、民法、刑事诉讼法等法律所组成。这些法律从不同方面为认定行为的非法性提供了依据。② 据此，司法机关根据法律规定对于有犯

---

① 张明楷著：《刑法学》（第二版），法律出版社 2003 年版，第 702 页，第 705 页。

② 赵秉志著：《妨害司法活动罪研究》，中国人民公安大学出版社 1994 年版，第 202 ~ 204 页。

罪事实或者有重大嫌疑的人采取拘留、逮捕等限制人身自由的强制措施的行为，不成立本罪。但是，在发现拘捕错误时，借故不予释放，继续羁押的，或者在依法采取拘留、逮捕等强制措施后，羁押时间超过刑事诉讼法规定的期限仍然予以羁押的，可能构成本罪。① 公民将正在实行犯罪或犯罪后被及时发觉、通缉在案、越狱逃跑、正在被追捕的人依法扭送司法机关的，父母依据社会习惯对子女实施正常性的禁闭性管教的，依法收容精神病患者的，卫生防疫部门对传染病人进行强制隔离的，以及将酒醉者约束至酒醒的等，亦不成立本罪。根据司法实践经验，阻却行为人剥夺他人自由行为的违法性的事由主要包括：实施正当行为而拘禁他人的行为；合法扭送、拘留、逮捕行为；基于被害人的承诺的行为。②

非法剥夺他人人身自由的方法包括非法拘禁和其他方法。拘禁与其他方法没有本质区别。可以认为，凡是能够使他人的身体被强制性地约束在一定的空间范围之内，从而使其不可能支配自己的身体脱离该空间范围的方法均属于本罪的方法，如非法逮捕、拘留、监禁、扣押、绑架、办所谓封闭式的“学习班”以及所谓“隔离审查”、“监护审查”等。本罪的行为可以直接针对人的身体而剥夺其身体活动自由，如捆绑；也

---

① 不过，根据2003年11月12日最高人民法院、最高人民检察院、公安部《关于严格执行刑事诉讼法，切实纠防超期羁押的通知》，本通知发布后，凡违反刑事诉讼法和本通知的规定，造成犯罪嫌疑人、被告人超期羁押，情节严重的，对于直接负责的主管人员和其他直接责任人员，以玩忽职守罪或者滥用职权罪追究刑事责任。但是，对于超期羁押且情节严重的行为如何定性，似乎不可一概而论。如何定罪，关键在于行为人的主观内容。如果行为人明知被羁押人无罪或不应羁押，而出于剥夺他人人身自由的故意超期羁押的，只能构成非法拘禁罪；如果是基于为追求结案而超期羁押的，行为人主观上出于追求收集证据、办结刑事案件的目的，超期羁押只是手段行为，构成滥用职权罪；由于行为人不认真履行职责而造成超期羁押的，则应当认定为玩忽职守罪（参见丁强、丁猛著：《侵犯公民人身权利、民主权利犯罪司法适用》，法律出版社2005年版，第192～193页）。

② 赵秉志、阴建峰：《非法拘禁罪行为构造研析》，载《河北法学》2005年第1期。

可以是间接地针对人的身体而剥夺其身体活动自由，如将他人监禁于某一场所，使其不能或难以离开、逃出。无论直接针对还是间接针对人的身体的行为，均应考察该行为是否具有使被害人客观上无法自由行动的可能。因此，在行为人直接针对他人的身体实施一定行为的场合，如果被害人并未因此丧失行动自由的，该行为便不构成本罪。例如，在将被害人双手捆绑后即离开，被害人仍然可以步行的，便不能认定为本罪。非法剥夺自由的成立，并不以被害人脱离原居住地为条件，如将被害人关押在其自己家中的，可以构成本罪。行为人是否与被害人身居一处，拘禁场所是否豪华、广阔，或者被害人是否有娱乐活动，均不影响本罪的成立。

非法剥夺他人人身自由的行为大多表现为作为，但也可以不作为的方式实施。如明知基于过失有人被误锁在某一房屋内，但房屋的主人却不愿开门而置之不理，司法工作人员对于被错误拘留或逮捕的人，在发现不应当拘留或逮捕时，仍然借故不予释放等。非法剥夺他人人身自由的行为还可以间接实行的方式实施，如利用不知情的第三者的行为实施监禁，或者诬陷他人有违反《治安管理处罚法》的行为，致使该人被公安机关予以行政拘留。在这种场合，实际上成立的是非法拘禁罪的间接正犯。但是，诬陷他人有犯罪行为而致使该人被予以刑事拘留或逮捕的，应以诬告陷害罪论处，而不应以本罪论处。

三、非法拘禁罪的时间限定问题

非法拘禁罪是一种典型的继续犯，其行为应在一定时间内处于持续状态，从而使被害人在一定时间内失去行动自由。我国1979年刑法第143条和1997年刑法第238条均未对非法拘禁罪的客观行为的持续时间作出明确限定。对此，有学者指出，时间持续的长短原则上不影响本罪的成立，只影响量刑。但时间过短、瞬间性的剥夺人身自由的行为，则难以认定为本罪。① 还有的学者认为，对于构成非法拘禁罪来说，剥夺了他人的人身自由就是既遂。至于剥夺自由时间的长短，原则上对构成

---

① 张明楷著：《刑法学》（第二版），法律出版社2003年版，第702页。

本罪并无很大意义，而是量刑考虑的重要情节。非法剥夺他人人身自由的行为一旦实施，不论是瞬间性的还是持续性的，都可以构成非法拘禁罪。但在审判实践中，非法拘禁时间的长短是不能不认真考虑的，如情节轻微、危害不大，可以免予刑事处分。①

笔者认为，剥夺自由行为的危害性是否达到构成非法拘禁罪的程度，需要结合该行为的时间、手段、危害后果、动机等多方面的因素加以综合考虑，不可片面夸大该行为持续的时间在本罪成立中的作用，毕竟应受刑罚处罚程度的社会危害性的影响因素是多种多样的。但由此不能认为，时间的长短对本罪的成立没有影响，而只对量刑有意义。应当看到，对于作为典型继续犯的非法拘禁罪而言，剥夺自由的行为持续一定的时间是当然的要求；没有一定的时间作基础，犯罪行为和不法状态的持续就无从谈起。在成立本罪所需要的时间已经得到保障的前提下，剥夺自由行为的持续时间长短才属于影响量刑的重要因素。至于成立本罪所需要的时间究竟界定为多长，不可一概而论。对此，1999 年 8 月 6 日最高人民检察院公布的《人民检察院直接受理立案侦查案件立案标准的规定（试行）》指出："国家机关工作人员涉嫌利用职权非法拘禁，具有下列情形之一的，应予立案：（1）非法拘禁持续时间超过 24 小时的；（2）3 次以上非法拘禁他人，或者一次非法拘禁 3 人以上的；（3）非法拘禁他人，并实施捆绑、殴打、侮辱等行为的；（4）非法拘禁，致人伤残、死亡、精神失常的；（5）为索取债务非法扣押、拘禁他人，具有上述情形之一的；（6）司法工作人员对明知是无辜的人而非法拘禁的。"上述六种情形虽然是针对国家机关工作人员利用职权所犯的非法拘禁罪而言的，但在区分一般非法拘禁行为与非法拘禁罪时可以作为参考。第一种情形确认了非法拘禁行为的持续时间对非法拘禁罪成立的影响。其他五种情形则对非法拘禁行为的持续时间没有作出明确要求，但这并不意味着持续时间对非法拘禁罪的成立毫无影响。事实上，这五种情形也是以"非法拘禁"为前提的，只不过非法拘禁行为的持续时间相对较短而已。

① 周光权著：《刑法各论讲义》，清华大学出版社 2003 年版，第 29 页。

四、非法限制他人人身自由行为的定性

对于非法限制他人人身自由的行为，我国1979年刑法在第144条规定了独立的犯罪，即非法管制罪，但1997年刑法则取消了这一罪名。其原因在于，非法管制他人的犯罪在司法实践中很少发生，导致该法条基本被虚置。① 由此引发的问题是，在1997年刑法施行后，对于非法限制人身自由的行为，能否以非法拘禁罪论处？或许有人认为，按照罪刑法定原则的要求，今后对于此类行为是不能依照非法拘禁罪论处的。

笔者认为，在罪刑法定原则已被实行法典化以后，恪守对刑法进行严格解释的规则固然重要，但这并不意味着在任何情况下都要排斥允许适度裁量的实质主义解释立场，尤其在采取后一种立场所得出的结论更为合理的情况下就更是如此。就非法限制人身自由的行为而言，其与典型的非法剥夺人身自由的行为并无本质上的区别；可以认为，前者属于部分剥夺人身自由的行为，“限制”实质上便属于某种程度的剥夺。从扩张解释所应遵循的规则来看，将前者解释为1997年刑法第238条所规定的“以其他方法非法剥夺他人人身自由的”行为，并未超出刑法条文文字所可能具有的含义，因而属于一种合理的扩张解释。据此，对于非法限制他人人身自由的行为，如果其社会危害性达到应受刑罚处罚的程度，是可以按照非法拘禁罪论处的。

五、非法拘禁罪与故意伤害罪、故意杀人罪之间的界限

依照我国1997年刑法第238条的规定，非法拘禁他人，致人重伤、死亡的，仍然认定为非法拘禁罪，这实际上属于结果加重犯的情形；使用暴力犯非法拘禁罪，致人伤残、死亡的，应以故意伤害罪、故意杀人罪论处，这实际上属于转化犯的情形。对于在后一种情形中是否要求行为人对被害人的伤害、死亡结果具有故意，理论上有不同认识。一种观点认为，无论行为人主观上对重伤、死亡结果的发生是故意还是过失，只要行为人故意使用暴力犯非法拘禁罪，致人重伤、死亡的，就应当以

① 周道鸾等著：《刑法的修改与适用》，人民法院出版社1997年版，第513页。

故意伤害罪、故意杀人罪论处。① 另一种观点则认为，行为人对被害人的伤害、死亡结果必须具有故意心理。②

笔者认为，转化犯中的转化是有条件的转化，而不是无条件的转化；无条件地将一种犯罪转化为另一种犯罪，是违反罪刑法定原则的。正是由于一定条件的具备，此罪的构成要件发生根本性变化，原有的罪质发生实质性突破，彼罪的构成要件得以充足，犯罪的性质才由此出现转化。正是基于此，2003 年 11 月 13 日最高人民法院《全国法院审理经济犯罪案件工作座谈会纪要》第 4 条第 8 项明确指出："挪用公款是否转化为贪污，应当按照主客观相一致的原则，具体判断和认定行为人主观上是否具有非法占有公款的目的。"就非法拘禁罪向故意伤害罪、故意杀人罪的转化而言，如果行为人对被害人的伤害、死亡结果不具有故意，成立故意伤害罪、故意杀人罪所需要的主观要件就没有具备，犯罪性质的转化便无从谈起。而且，按照前一种观点的理解，就会形成如下结论：行为人故意实施某种犯罪，过失地造成一种严重的危害结果，则转化为一种更重的故意犯罪。这样的结论确有客观归罪之嫌。另外，按照第一种观点，非法拘禁罪的结果加重犯形态与转化犯形态之间的界限就被混淆了。在非法拘禁罪的结果加重犯形态的场合，行为人对于被害人的重伤、死亡结果在主观上出于过失，否则其行为就应以故意伤害罪、故意杀人罪论处；在非法拘禁罪的转化犯形态的场合，行为人对于被害人的伤残、死亡结果在主观上只有出于故意，才能认为非法拘禁罪向故意伤害罪、故意杀人罪发生转化所需要的主观条件得以具备。

基于此，在行为人使用暴力犯非法拘禁罪并致人死亡的场合，应注意查明行为人对于被害人死亡结果的发生主观上是否具有故意。在由暴力行为造成伤残结果并由该结果进而引起死亡结果出现的场合，如果能够查明行为人对被害人的伤害结果是出于故意，而对于被害人的死亡结果并无故意，则可以故意伤害（致死）罪论处。

---

① 全国法律硕士专业学位教育指导委员会：《全国法律硕士专业学位研究生入学联考考试指南》（第六版），中国人民大学出版社 2005 年版，第 176 页。

② 屈学武主编：《刑法各论》，社会科学文献出版社 2005 年版，第 267 页。

六、非法拘禁罪与绑架罪的界限

非法拘禁罪与绑架罪之间实际上存在着一般与特殊的关系。二者在犯罪方法方面没有质的区别，都侵犯了他人的人身自由。可以认为，绑架行为实际上是特殊的非法拘禁行为；凡是在非法拘禁罪中可以使用的方法，没有理由不能成为绑架罪的方法。二者的区别主要在于：绑架罪的构成不仅要求有侵犯人身自由的行为，而且要求有勒索财物或满足行为人的其他不法要求的目的，而非法拘禁罪在主观上仅要求行为人具有剥夺他人人身自由的目的。

在司法实践中，在为索债而扣押、拘禁人质的案件和为勒索财物而绑架人质的案件中往往涉及非法拘禁罪与绑架罪的区分问题。在这两类案件中，行为人在主观上均具有索取财物的故意。1997 年刑法第 238 条规定，为索取债务而非法扣押、拘禁他人的，以非法拘禁罪论处。立法之所以这样规定，主要是考虑到：为索取债务而非法扣押、拘禁人质，行为人往往是出于无奈，没有非法占有他人财物的意图，主观恶性明显较轻，且客观上通常不会加害人质，仅仅侵害人质的人身自由，其行为性质与非法拘禁罪相当，而与绑架罪这种严重犯罪根本不同。索债型非法拘禁罪与勒索财物型绑架罪的区别主要在于：

第一，在是否存在债权债务关系方面有所不同。

索债型非法拘禁罪的成立以债务关系的存在为前提。对于这里的“债务”的性质，有人认为，“行为人与被害人之间的债权债务关系应当是合法有效的，正是基于这种债务关系的合法性，使得为索取债务而非法拘禁他人的行为的危害性大大降低，其所应受到的刑事处罚也大大低于行为特征相似的绑架罪。不受法律保护的‘恶债’，如赌债、高利贷形成的债务等，不能构成非法拘禁罪中‘债务’的前提。”① 但 2000 年 7 月 13 日最高人民法院《关于对为索取法律不予保护的债务非法拘禁他人行为如何定罪问题的解释》指出：“行为人为索取高利贷、赌债等法律不予保护的债务，非法扣押、拘禁他人的，依照刑法第 238 条的规定

---

① 刘家琛主编：《刑法新罪与疑难案例评析》，中国民主法制出版社 1999 年版，第 344 页。

定罪处罚。”司法解释之所以这样规定，主要是考虑到：勒索型绑架罪的起刑点就是10年以上有期徒刑，其主要是为了对付那种绑架人质勒索巨额赎金的“绑票”行为而设立的，而为索取赌债、高利贷等非法债务而非法扣押、拘禁他人的行为毕竟事出有因，侵害的对象较为特定，被害人方面也有一定的过错，且行为人与被害人通常相识，不会轻易加害被害人，其危害性与处罚相对较轻的非法拘禁罪相当。如果对此以绑架罪论处，就意味着对强行索取非法债务的行为与强行勒索他人财物的行为没有实行区别对待。而且，从立法本意上看，既然为了索取正当、合法的债务也不得采取扣押、拘禁他人的非法方法，否则就构成非法拘禁罪，那么对为索取法律不予保护的债务而非法剥夺他人人身自由的行为以非法拘禁罪定罪处罚就更不成问题了。

对于索债型非法拘禁罪中的非法扣押、拘禁的对象问题，实践中有的观点认为，勒索型绑架罪与索债型非法拘禁罪的区别之一是：勒索型绑架罪的对象是不特定的，犯罪人在实施绑架前可以任意选择欲绑架的对象，被绑架人没有任何过错；而索债型非法拘禁罪的对象应当是特定的，即犯罪人只能扣押、拘禁与之有债权债务关系的当事人本人，并向其本人或亲属索取债务，而不能扣押、拘禁其他与之无关的人包括当事人的亲属等，并借此向与之有债权债务关系的当事人本人索取债务，否则就侵犯了无过错的他人的人身自由，应以勒索型绑架罪论处。笔者认为，这种观点不能成立。一般而言，勒索型绑架罪中被绑架人与绑架人之间往往没有利害冲突，被绑架人是可以任意选择和不特定的，而在索债型非法拘禁罪中，犯罪人所选择的被拘禁人常常就是与之有债权债务关系的存在一定过错的当事人本人。但是，一方面，法律没有明确限制索债型非法拘禁罪中非法扣押、拘禁的对象就是与行为人有债权债务关系的当事人本人；另一方面，在现实生活中，行为人欲扣押、拘禁当事人本人以索债，有时较为困难，故常常选择拘禁当事人的亲属特别是其幼年子女等，并以其为要挟来向当事人本人索债。因此，将索债型非法拘禁罪的对象仅限定于与行为人有债权债务关系的当事人本人，并以此作为与勒索型绑架罪的区别之一，既无法律根据，也不合乎现实情况。当然，这并不意味着索债型非法拘禁罪的对象不受任何限制；在行为人以债务人以外的“他人”为拘禁对象的场合，该人与债务人之间必须存在密切关系。

索债型非法拘禁罪的主体不限于债权人，还应当包括债权人的代理人和为帮助债权人索债而实施非法拘禁的行为人。代理人未经债权人同意而擅自采取非法拘禁的方式索债的，只能由代理人承担刑事责任。

第二，犯罪目的不同。

索债型非法拘禁罪的犯罪目的在于通过剥夺他人的人身自由索取债务，而勒索型绑架罪的犯罪目的则是勒索他人的财物。对于行为人与他人具有债权债务关系而非法扣押、拘禁他人的案件，应认真考察行为人的真实意图。行为人以要求偿还债务为由非法扣押、拘禁他人后，向他人亲属或有关人提出明显超出债务数额的财物要求，或者提出要求满足其无法用财产数额来衡量的某种利益，或者提出其他与债务无关的不法要求，或者以伤害、杀害被害人为要挟等，在客观上足以造成他人亲属或者有关人对他人的安危感到担忧的，对行为人的行为应认定为绑架罪。[①] 行为人在债务偿还以后又以继续扣押人质相威胁而提出其他不法要求的，应按照想象竞合犯的处理原则，以绑架罪论处。

在司法实践中应当注意的是，对于分别出于索取债务、勒索财物的目的而对同一被害人实施的扣押、拘禁行为，构成犯罪的，不得以共同犯罪论处，而应当分别认定为非法拘禁罪和绑架罪。

第三，侵犯自由的程度有所不同。

区分索债型非法拘禁罪与勒索型绑架罪，不能仅以行为人与他人之间是否存在债务为唯一标准，更应考虑行为本身对人身自由的剥夺程度、对人身安全的威胁程度。刑法第238条第3款使用的是“非法扣押、拘禁”概念，因此，超出非法扣押、拘禁程度的行为，依然可能成立绑架罪。[②] 例如，行为人为了索取债务，在以实力控制债务人后，以杀害、伤害相威胁，客观上足以造成与债务人有关的人对债务人的安危感到担忧的，应以绑架罪论处。

（本文发表于《河北法学》2006年第11期）

---

① 肖中华、薛林：《论非法拘禁罪适用中的几个问题》，载赵秉志编：《刑法评论》（第一卷），法律出版社2002年版，第158页。

② 张明楷著：《刑法学》（第二版），法律出版社2003年版，第705页。

非法拘禁致人死亡的司法认定

王敬安

刑法第 238 条第 1 款规定“非法拘禁他人或者以其他方法非法剥夺他人人身自由的，处三年以下有期徒刑、拘役、管制或者剥夺政治权利。具有殴打、侮辱情节的，从重处罚。”该条第 2 款规定：“犯前款罪，致人重伤的，处三年以上十年以下有期徒刑；致人死亡的，处十年以上有期徒刑。……”目前，司法界对刑法非法拘禁中“致人死亡”的认定感到困惑。有的学者认为，只要非法拘禁过程中出现了被拘禁人死亡的后果，即构成非法拘禁致人死亡。也有的学者认为，这里的“致人死亡”，仅指非法拘禁行为本身引起的死亡，不包括因非法拘禁行为引起的被害人死亡。

事实上，非法拘禁过程中被害人死亡的情形十分复杂。分析刑法第 238 条第 2 款的立法原意，结合司法实践，笔者认为，对非法拘禁过程中出现被害人死亡的情形不能简单而论，认定非法拘禁致人死亡必须符合以下条件。

一、非法拘禁行为与死亡结果的因果性

因果关系是承担刑事责任的客观基础。一般来说，只要查清了案件事实，就能准确地判断行为人的危害行为与危害结果之间是否存在因果关系。但事物复杂多变，案件错综复杂，有的案件因果关系并不明显，尤其是行为人的某一危害行为在引起危害结果的过程中，又掺入了其他行为或事件时，确定行为人危害行为与危害结果之间是否具有因果关系，则往往不是那么简单容易。

非法拘禁行为一般不会直接造成人员死亡，但在非法拘禁过程中，被拘禁人心脏病突发死亡，或者出现自杀死亡等的情况时有发生。刑法第 238 条第 2 款规定非法拘禁致人死亡的量刑幅度在 10 年以上有期徒刑，是基于非法拘禁行为造成了被害人死亡的严重后果，是一种结果加

重犯。这里，非法拘禁与死亡之间的因果关系应当仅仅限于必然、直接的因果关系。因为非法拘禁中被拘禁人死亡的情况多种多样，如果只要出现死亡的后果，就认定非法拘禁致人死亡，势必扩大承担刑事责任的范围，既不符合犯罪的客观实际情况，也不利于惩治和预防犯罪。

由此，刑法第238条第2款规定的“致人死亡”，应当是指由于非法拘禁行为本身直接导致被害人的死亡。例如，因长时间捆绑而使被害人身体生命体征消失而死亡，或者由于过失致使被拘禁人冻、饿、病而死亡，或者被拘禁人不堪忍受自缢或跳楼自杀死亡等。也就是说，非法拘禁行为与被害人死亡之间应当具有直接因果关系，而不包括因非法拘禁行为引起的被害人死亡的情形。如在非法拘禁过程中，被拘禁人心脏病突发衰竭死亡、被拘禁人为脱逃跳楼时摔死、被拘禁人抽烟生火引发火灾烧死他人等。因为这里死亡后果的出现与非法拘禁行为并无一般意义上的必然、直接的因果关系，不应当认定为非法拘禁“致人死亡”，而只应当认定为非法拘禁“引起他人死亡”，作为一个犯罪情节来认定。

二、非法拘禁行为与死亡结果之间时空上的连续性

认定非法拘禁致人死亡，非法拘禁行为的实施与被拘禁人的死亡之间在时空上应具有连续性。如果被拘禁人在拘禁行为结束一段时间以后，因感到气愤难忍、羞于见人等原因而自杀死亡，或者被拘禁人脱离拘禁后在离开的路上遭遇车祸死亡，或者被拘禁人在拘禁中受伤后在医院救治时因医疗误诊而死亡，这里死亡结果的发生是“事发之后”，就只能认定是“引起他人死亡”，而不属于非法拘禁致人死亡，在定罪量刑时不能适用刑法第238条第2款的规定。

从非法拘禁行为与死亡结果在时空上的连续性看，非法拘禁致人死亡，应当理解为在非法拘禁过程中，由于行为人暴力摧残或其他虐待，致使被害人当场死亡，或经抢救无效死亡，以及被害人在非法拘禁期间不堪侮辱、打骂而自杀死亡。

三、非法拘禁行为人对被害人死亡结果的预见性

按照主客观相一致原则，认定行为人的行为构成犯罪，行为人必须有主观上的罪过，即故意或过失。刑法上的过失犯罪，也有犯意方面的

要求，即“应当预见可能发生的结果，因为疏忽大意而没有预见，或者已经预见而轻信能够避免”。在认定行为人是否具有主观上过失的时候，一个重要的问题就是考察行为人对结果是不是应当或可能预见的。

通常来说，“预见”包括对结果出现的必然性和可能性的认识。判定非法拘禁行为人对被害人死亡结果的预见性，要依赖于案件的事实、证据来判定行为人对造成被害人死亡的危害结果的发生是否存在基于过失的心理态度。如果有证据显示，行为人在实施非法拘禁过程中，应当预见被害人具有死亡的现实危险性，如被害人先前自杀被制止、被害人声称要自杀，或者行为人感知从被害人的情绪上流露出可能自杀的念头等，或者有证据显示，行为人明知被害人患有严重疾病，如有严重心脏病、脑血栓等随时可能导致死亡的情况，或者被告知被害人患有某种随时可能死亡的疾病，则行为人主观上的过失成立。反之，如果证据材料显示行为人不具有应当预见被害人具有死亡的现实危险性，则对行为人不应当认定具有主观上的罪过，亦即不能认定非法拘禁致人死亡。

（本文发表于《人民检察》2006 年第 6 期）

非法拘禁致人重伤、死亡的司法认定

——兼论刑法第二百三十八条第二款

李　磊

首先来看两则案例：

案例一：2006年8月10日，为向被害人水某追索债款，朱某、吴某、郑某等人将被害人水某带至某酒店限制其人身自由，直至8月16日上午10时许，被害人水某因无法归还所欠债务，害怕被追究相关责任，乘看管人员不备从所住房间窗口跳楼自杀身亡。后朱某、吴某、郑某先后被公安机关抓捕归案。

案例二：2006年10月1日，为向被害人王某索取赌债，钟某、江某等人乘坐一辆面包车，到王某经营的商店门口，强行将王某推上面包车，并将其押载至某水库边，迫使王某打电话回家筹钱还赌债，后王某在筹钱无望的情况下跳入水库溺水身亡。案发后，钟某、王某被公安机关抓获归案。

这两个案例的焦点都集中在非法拘禁期间被害人自杀身亡时该如何量刑的问题。刑法第238条第1款规定："非法拘禁他人或者以其他方法非法剥夺他人人身自由的，处三年以下有期徒刑、拘役、管制或者剥夺政治权利。具有殴打、侮辱情节的，从重处罚。"该条第2款接着规定："犯前款罪，致人重伤的，处三年以上十年以下有期徒刑；致人死亡的，处十年以上有期徒刑。使用暴力致人伤残、死亡的，依照本法第二百三十四条、第二百三十二条的规定定罪处罚。"也就是说，按照故意伤害罪、故意杀人罪定罪处罚。有人据此认为，只要在非法拘禁期间，被害人自杀身亡的，就应该在10年以上量刑。

此外，随着经济纠纷的不断增加，目前社会上出现了很多为索取债务而扣押、拘禁他人的情况，根据刑法及有关司法解释的规定，[①] 不管该债务是合法的债务，还是高利贷、赌债等法律不予保护的债务，这种情况一般都是按照非法拘禁罪定罪处罚的。无论出于什么原因，在非法拘禁他人的过程中，经常发生被害人死亡的情况，对于如何具体理解刑法第 238 条第 2 款的规定，在理论上和司法实务中均存在诸多争议。张明楷教授认为所谓非法拘禁他人致人重伤、死亡，是指非法拘禁行为本身致被害人重伤、死亡或在非法拘禁期间被害人自杀身亡，行为人对该重伤、死亡结果只能出于过失，而不能出于故意，此为非法拘禁罪的结果加重犯；非法拘禁他人，使用暴力致人伤残、死亡的，是指使用超出非法拘禁行为本身（因为非法拘禁行为本身也可能会表现为一定暴力）以外的暴力致人伤残、死亡的，行为人主观上只能出于故意，而不能出于过失，应按照故意伤害罪、故意杀人罪定罪处罚，此为非法拘禁罪的转化犯。[②] 应该说张明楷教授的理解基本是正确的，以下按照这两种情况分别进行论述。

一、非法拘禁他人，故意使用暴力致人伤残、死亡

如前所述，该种情况是指行为人出于故意，在非法拘禁他人的过程中，使用超出非法拘禁行为本身以外的暴力致人伤残、死亡的。

（一）如何理解使用超出非法拘禁行为本身以外的暴力

《现代汉语词典》认为暴力是指“强制的力量、武力”，《辞海》认为暴力是指“侵犯他人人身、财产等权利的强暴行为”，应认为此处所指的暴力应该是与非法拘禁没有内在联系的强暴行为，比如殴打等。

有人可能会问如果行为人使用非法拘禁行为本身的暴力致人伤残、

---

① 参见最高人民法院：《关于对为索取法律不予保护的债务非法拘禁他人行为如何定罪的解释》。

② 参见张明楷著：《刑法学》（第二版），法律出版社 2003 年版，第 703 页。高铭暄、马克昌主编的《刑法学》亦认为，所谓“致人重伤”、“致人死亡”，是指在非法剥夺他人人身自由的过程中因过失造成被害人重伤、死亡或者引起自杀致死亡、重伤的结果，如精神分裂等。所谓“使用暴力致人伤残、死亡的”，是指行为人犯本罪过程中故意导致被害人伤残、死亡的结果发生。

死亡，该如何处理？非法拘禁指的是行为人以拘禁或者其他强制方法，非法剥夺他人人身自由的行为。剥夺他人人身自由的具体方法是多种多样的，大致可分为两类：一类是直接拘束他人的身体，剥夺他人身体活动的自由，比如，捆绑他人四肢，使其无法动弹；使用手铐将他人铐在固定物上，使其无法脱离，等等，这时非法拘禁的行为一般需要暴力，并且需要是积极的作为；另一类是间接拘束他人的身体，将他人监禁在一定的场所，使其不能离开，这时非法拘禁的行为可以是暴力的，也可以是非暴力的，可以是作为，也可以是不作为。这说明非法拘禁行为本身不一定非要使用暴力，即使使用暴力，一般也不应该造成被害人伤残、死亡，所以对使用非法拘禁行为本身的暴力致人伤残、死亡可能需要分两种情况处理。

如果行为人故意使用非法拘禁行为本身的暴力致人伤残、死亡，则说明行为人主观意图已经转变，并不是为了非法拘禁他人，而是为了故意伤害、故意杀害被害人，所以这时直接按照刑法第 234 条、第 232 条规定的故意伤害、故意杀人定罪处罚即可，不需要再依照本款有关转化犯的规定来处理。如果行为人使用非法拘禁行为本身的暴力致人伤残、死亡，在主观上出于过失，则依照本款有关结果加重犯的规定处理即可，因为非法拘禁他人，过失致人重伤、死亡，可能使用了暴力，也可能没有使用暴力。

（二）如何理解“伤残”

伤残并非规范的刑法学术语，根据公安部 1992 年 4 月 4 日公布的《道路交通事故受伤人员伤残评定》（现已失效）和国家质量监督检验检疫总局 2002 年 12 月 1 日公布的《国家标准道路交通事故受伤人员伤残评定》，伤残是指因道路交通事故损伤所致的人体残废，包括精神的、生理功能的和解剖结构的异常及其导致的生活、工作和社会活动能力不同程度丧失。所以，伤残侧重于因外伤造成的人体残废，根据损伤所致的组织器官功能障碍程度，伤残分十个等级。而根据最高人民法院、最高人民检察院、司法部、公安部《人体重伤鉴定标准》、《人体轻伤鉴定标准》（试行），重伤是指使人肢体残疾、毁人容貌、丧失听觉、丧失视觉、丧失其他器官功能或者其他对于人身健康有重大伤害的损伤；轻伤是指物理、化学及生物等各种外界因素作用于人体，造成组织、器官结构的一定程度的损害或者部分功能障碍，尚未构成重伤又不属轻微伤害的损伤。可见，伤残与重伤、轻伤并不是对等的概念，两者划分的标准也不相同，伤残既包括重伤，也包括轻伤，伤残不仅反映了人体受伤害的程度，而且反映了人体受伤害后各种能力的下降，重伤和轻伤则仅仅反映了人体受伤害的程度。

有人认为，既然伤残包括重伤和轻伤，那么此处的“伤残”也应包括在非法拘禁他人过程中，使用暴力致人重伤和轻伤两种情况。如致人轻伤，则按照故意伤害罪的规定，处3年以下有期徒刑、拘役或者管制；致人重伤，则处3年以上10年以下有期徒刑，但这种理解是不妥当的。从刑法第238条第1款的规定来看，非法拘禁罪一般情节的量刑是处3年以下有期徒刑、拘役或者管制，这同故意伤害他人致人身体轻伤情况下，量刑是一致的。既然如此，在非法拘禁罪中就该情节进行评价，从重处罚，也可以做到罪刑相适应，为什么非要转化为故意伤害罪，因此这里的伤残应仅仅指的是重伤。同时对刑讯逼供罪、暴力取证罪、虐待被监管人员罪等中类似的规定“致人伤残”，也应作同样理解，才符合立法原意。

如此一来，又产生了一个新的问题，非法拘禁他人，使用暴力致人重伤，转化为故意伤害罪，在一般情节中，处3年以上10年以下量刑；致人死亡，转化为故意杀人罪，在一般情节中，处死刑、无期徒刑或者10年以上有期徒刑。非法拘禁他人，过失致人重伤，处3年以上10年以下有期徒刑；过失致人死亡，处10年以上有期徒刑。故意伤害只有在以特别残忍手段致人重伤造成严重残疾的情况下，才处10年以上有期徒刑、无期徒刑或者死刑，而在非法拘禁中使用暴力致人重伤时，一般很少会出现这种情况。两相对比，就可以看出，在非法拘禁过程中，使用暴力致人重伤和过失致人重伤处罚的量刑幅度是一致的，这就造成了刑法处罚上的轻重失衡。① 针对这种情况，就需要法官在量刑中予以考虑。

二、非法拘禁他人，过失致人重伤、死亡

笔者认为，这种情况是指非法拘禁行为本身是致被害人重伤、死亡

① 王作富主编：《刑法分则实务研究》（中），中国方正出版社2007年版，第918页。

（包括被害人自伤、自杀）的主要原因，行为人对该重伤、死亡结果出于过失。构成这种情况须同时满足以下两个要件：

（一）行为人对被害人重伤、死亡的加重结果在主观上出于过失

因该种情况为非法拘禁罪的结果加重犯，结果加重犯是指法律规定了一个犯罪行为（基本犯罪），由于发生了严重结果而加重其法定刑的情况。① 对于结果加重犯，中外刑法学者存在诸多争议，广义说认为，结果加重犯包括以下类型：基本犯是故意，加重结果也是故意（故意+故意）；基本犯是故意，加重结果是过失（故意+过失）；基本犯是过失，加重结果是故意（过失+故意）；基本犯是过失，加重结果也是过失（过失+过失）。狭义说认为，结果加重犯只有基本犯是故意，加重结果是过失这一种类型。② 从我国刑法的具体规定来看，结果加重犯主要包括广义说的第一种类型和第二种类型，即行为人对加重结果主观必须出于故意或过失。③ 在非法拘禁罪中，行为人如出于故意致人重伤、死亡，则转化为故意伤害罪、故意杀人罪，因此行为人对加重结果在主观上必须出于过失。

过失分为疏忽大意的过失和过于自信的过失，疏忽大意的过失，亦称无认识的过失，行为人应当预见自己的行为可能发生危害社会的结果，而没有预见到，就说明行为人疏忽大意了，所以说行为人负有预见危害结果的义务，这种预见义务要么来源于法律明文规定、职务或业务上的特定要求，要么来源于法律行为或先行行为。非法拘禁行为具有一定的特殊性，在非法拘禁期间，行为人非法剥夺了被害人的人身自由，致使行为人实际上负有保护被害人人身安全的特定义务，该义务是由行为人先前的非法拘禁行为引起的。所以，在实施非法拘禁的过程中，行

---

① 张明楷著：《刑法学》（第二版），法律出版社2003年版，第166页。

② 林亚刚：《结果加重犯的若干争议问题》，载《法学评论》2004年第6期，第73、74页。马克昌教授认为，广义说的第三种类型（过失+故意）只是逻辑推演的结果，在现实中是不存在的。

③ 例如，抢劫罪中规定的结果加重犯，抢劫致人重伤、死亡，行为人对加重结果重伤或死亡，即出于故意；如故意伤害致人死亡，行为人对加重结果被害人的死亡只能是过失，否则就是故意杀人了。

为人应当考虑到被害人具有发生人身危险性（包括轻微伤、轻伤、重伤或死亡）的可能性。判断能否预见的标准不宜单纯采用主观说或客观说，而应根据主客观相统一的原则，根据案件具体事实和行为人主观能力综合来判断（即应同时考虑主观说和客观说），比如在非法拘禁期间，被害人因患有严重的心脏病或脑血栓而死亡，在判断行为人有无过失时，就要考虑行为人是普通人，还是具有一定医学知识的人，现有证据能否证实行为人明知被害人患有此类疾病，如果行为人明知被害人患有此类疾病，即使作为普通人，也应该知道被害人随时有生命危险，因此行为人主观上就存在过失。再比如在非法拘禁期间，被害人自杀身亡，在判断行为人有无过失时，就要具体分析案情，如果被害人曾有自杀行为而被制止，或者被害人声称要自杀，或者被害人有可能导致自杀的异常举动（比如购买自缢用的绳索）等，则可以认定行为人主观上存在过失。

（二）被害人重伤、死亡的加重结果与行为人的非法拘禁行为存在刑法上的因果关系

刑法上的因果关系是刑法理论上重大而又敏感的话题，也是长期争论不休的话题，无数中外学者对此倾注了大量的热情与精力，取得了相当大的进展，但由于因果关系的复杂性，至今在许多问题上仍存在意见分歧。一般认为，刑法上的因果关系是指危害行为与危害结果之间客观的联系，并不涉及行为人的主观内容。① 它只是研究犯罪客观要件中的一个重要问题，而不是犯罪客观要件的要素。危害结果有广义和狭义之分，广义的危害结果是指行为人的危害行为对社会所造成的一切损害事实，它包括属于犯罪构成要件要素的结果和不属于犯罪构成要素的结果，属于犯罪构成要件要素的结果就是狭义的危害结果，刑法上的因果关系仅指危害行为与狭义的危害结果之间的引起与被引起的关系，所以刑法上的因果关系是一个标尺，这个标尺告诉我们哪些损害事实属于构成要件要素的危害结果，哪些损害事实不属于构成要件要素的危害结果。

---

① 高铭暄、马克昌主编：《刑法学》（第二版），北京大学出版社 2005 年版，第 84 页。

因该情况属于非法拘禁罪的结果加重犯，结果加重犯的犯罪构成为修正的犯罪构成,① 即加重结果同样也为犯罪构成要件的要素，基本犯罪行为和加重结果之间具有刑法上的因果关系，如果加重结果不是基本犯罪行为造成的，则不能成立结果加重犯。那么行为人的非法拘禁行为同被害人重伤、死亡之间有无刑法上的因果关系又该如何进行判断呢？

判断刑法上的因果关系，国外学说主要有条件说（包括中断论）、原因说、相当因果关系说（又分为客观说、主观说、折中说）、客观归责说等；在我国刑法理论中，主要存在必然因果关系说与偶然因果关系说。② 理论的作用不外乎指导实践，采用哪个学说并不重要，关键是如何解决具体的实践问题，在非法拘禁过程中，被害人重伤、死亡的原因（条件）是多种多样的，一般都是复合原因（条件）。有人认为，只要发生这种结果，都有因果关系，这实际上是结果责任的残余，不能因为后果严重，就认为有因果关系，就千方百计追究行为人的刑事责任，实际上将因果关系扩大化。笔者认为，只有非法拘禁行为本身是致被害人重伤、死亡的主要原因，才能认定非法拘禁行为与该加重结果之间具有刑法上的因果关系。注意，在这里并没有采用条件说和相当因果关系说，也没有采用必然因果关系说和偶然因果关系说,③ 在某种程度上，可以说采用的是原因说，由于被害人重伤、死亡条件的复杂性，我们从其中选择一个最有力的条件来作为原因，只有这个条件与结果之间才有因果关系，这个最有力的条件就是非法拘禁行为是造成被害人重伤、死亡的主要原因，如案例二，导致被害人王某跳入水库自杀的条件至少存在三

---

① 基本犯既遂的犯罪构成为基本的犯罪构成，亦有学者认为，这样的划分引起了不必要的混乱。

② 张明楷著：《刑法学》（第二版），法律出版社 2003 年版，第 174 ~ 184 页。

③ 不采用这些学说的原因是非法拘禁的特殊性，一般情况下，非法拘禁行为本身是不会导致被害人重伤、死亡的，所以很难说非法拘禁行为与被害人重伤、死亡之间有合乎必然的、相当的因果关系。并不意味这些学说不正确，学说本身很难说对错，只有适合和不适合某一案件事实，过分拘泥于学说之争，实无必要。

个：一是钟某、江某的非法拘禁行为；二是钟某、江某向其追讨赌债；三是其筹钱无望。那么，被害人自杀的主要原因就是其筹钱无望，而钟某、江某的非法拘禁行为只是其自杀的次要原因。

非法拘禁行为是造成被害人重伤、死亡的主要原因，可能存在以下几种情况（挂一漏万）：因过失长时间地捆绑被害人，致使被害人血液不流畅而重伤、死亡；因过失使被监禁的被害人因饿、热、冻、病等死亡；被害人不堪忍受拘禁而自伤或自杀（如自缢、跳楼、跳水等）；被害人不堪忍受拘禁在逃离监禁过程中不慎死亡（如从楼上掉下）等。而不包括在非法监禁过程中，被害人因心脏病突发病逝；被害人因还债无望而自杀；被害人因抽烟不慎引起火灾导致自己被烧死等。所以，对于被害人在非法拘禁期间自杀的，不能一概而论，而应具体情况具体分析。如果行为人的非法拘禁行为本身是导致被害人自杀的主要原因，就应当认定有刑法上的因果关系；如果不是，就不能认定有刑法上的因果关系。有人可能认为，如此是否会量刑过轻，其实量刑轻重应根据法律的具体规定，而不能根据自己的主观感受，况且，可以把被害人自杀作为一个量刑情节，在基本犯3年以下有期徒刑的处罚幅度内进行量刑。

再回到前面曾提出的两个案例，答案应该是很明显的，案例一中，被害人水某跳楼自杀的主要原因是无法还上所欠债务，害怕被追究相关责任，案例二中，被害人王某跳水自杀的主要原因是筹钱无望，均非行为人的非法拘禁行为，那种认为只要在非法拘禁期间被害人自杀的，都应该在10年以上量刑的观点是有失偏颇的。

（本文发表于《法治论坛》2007年第4期）

关于绑架、拘禁索债型犯罪定性若干问题研究

刘宪权　钱晓峰

一、绑架、拘禁索债型案件中的“债务”性质对定罪的影响

绑架索债型犯罪的定罪往往涉及非法拘禁罪与绑架罪的择一适用问题。根据我国刑法规定，非法拘禁罪（第238条）与绑架罪（第239条）都是侵犯他人人身自由权利的犯罪。在主观上两罪均为直接故意，尽管行为人的目的不完全相同，但在索债型案件中，无论是绑架罪还是非法拘禁罪，行为人均具有索取财物的目的。在客观上，两罪均表现为行为人实施了非法剥夺他人人身自由的行为，且剥夺方法基本相同，即以绑架、拘禁形式进行，行为中也可以采用暴力、胁迫或者其他方法。但两罪也存在以下区别：

（1）犯罪目的不同。

非法拘禁罪的目的是为了索要自己的财物，以实现自己的合法债权，而不是想将他人财物占为己有。而绑架罪则是将他人财物非法占为己有。特别是绑架罪行为人主观上包含着可能伤害，甚至杀害被绑架人的故意，从而迫使被勒索者为被绑架人的人身安危忧虑而交付财物；而非法拘禁罪中行为人主观上一般不包括伤害或者杀害被害人的故意。

（2）侵犯客体不同。

非法拘禁罪侵犯的只是他人的人身自由权，属单一客体；绑架罪则不仅侵犯他人的人身权利而且还侵犯他人的财产权利，属于复杂客体。

（3）被害人与犯罪人的关系不同。

非法拘禁罪中犯罪人与被害人之间存在着债权债务关系；而绑架罪

中则犯罪人与被害人之间不存在债权债务关系。①

从以上特征来看，债权债务关系是否存在是区分这两个罪的关键，是以索债为目的的非法拘禁罪与以勒索财物为目的的绑架罪的界限。

应该看到，对于绑架、拘禁索债型犯罪的定性，我国刑事立法与司法解释在不同的时期存在不同的评价标准。由于我国1979年刑法中没有规定绑架罪，因而司法实践中对此类案件一般以非法拘禁罪或抢劫罪定性。1990年4月27日最高人民检察院《关于以人质勒索他人财物犯罪案件如何定罪问题的批复》规定："以人质勒索他人财物的犯罪案件，依照刑法第150条规定的抢劫罪批捕起诉。"为解决实践中绑架勒索行为与抢劫行为存在有诸多的不同，很难统一定性的问题，1991年全国人大常委会在《关于严惩拐卖、绑架妇女、儿童的犯罪分子的决定》第2条第3款中规定了以勒索财物为目的绑架勒索罪。此后，司法实践中对于绑架、拘禁索债型犯罪的处理有的以绑架罪定性，有的以非法拘禁罪定性，有的则以非法管制罪定性，定罪量刑极不统一。有鉴于此，1992年12月11日最高人民法院和最高人民检察院在《关于执行〈关于严惩拐卖、绑架妇女儿童的犯罪分子的决定〉的若干问题的解释》中明确规定："以索债为目的，非法剥夺他人人身自由的，定非法拘禁罪，不能定绑架勒索罪。"这一司法解释的精神被修订后的1997年刑法第238条第3款所吸收和沿用。由此，对于绑架、拘禁索债型犯罪的定性有了统一的刑法规定。但是，问题并未因此而完全解决，由于此类犯罪涉及"债"的问题，且实践中债务的形成原因多种多样，人们对于债务的理解也有分歧，并进而导致了刑法理论和司法实践中对于刑法规定的不同理解。有人认为，刑法第238条第3款规定中的"债务"只包括合法债务，而不包括非法债务。例如，为索取非法债务而绑架、拘禁他人的，应以绑架罪定性。有人则认为，此"债务"不仅包括合法债务，也包括赌债、高利贷等不受法律保护的债务。为此，最高人民法院2000年6月30日作出了《关于对为索取法律不予保护的债务非法拘禁他人行为如何定罪问题的解释》。该解释规定："行为人为索取高利贷、赌债等法律不

① 郭立新、杨迎泽著：《刑法分则适用疑难问题解》，中国检察出版社2000年版，第144~145页。

予保护的债务，非法扣押、拘禁他人的，依照刑法第238条的规定定罪处罚。”从而为正确理解执行刑法的规定进一步提供了依据。根据刑法和司法解释的规定，笔者认为有必要就司法实践中出现的各种“债务”的性质，对绑架、拘禁索债型犯罪的定性作出分析。

在各种各样的索债案件中，我们不难发现，索债案件中当事人所索要的债务可分为五种：合法债务、超过合法债务数额的“债务”、非法债务、根本不存在的债务、难以查清的债务。

（一）索要合法债务

如果行为人是为索取合法债务而实施绑架、拘禁行为，对他人进行扣押、拘留，且其债务是实际存在的，应定非法拘禁罪。例如，王某因做水果生意向李某借款5万元人民币，因生意亏本而到期未能归还。李某多次向王某催讨后，王某为逃债长期在外打工。李某千方百计打听到王某的下落后，邀集自己两个朋友，赶到王某在外地的住所，将其捆绑后押到一朋友家中关押。然后李某打电话给王某的妻子，要其在3天内归还5万元欠款，否则王某性命难保。王妻当即报警，李某及其朋友被捕。此案是一起典型的以索债为目的而实施绑架、非法拘禁他人的案件。从客观行为上来看，李某及其同伙实施了绑架他人、索要财物的行为，颇似绑架罪的构成要件。但从李某的目的来看，其是为索要债务，且该债务是合法的，所以并非勒索他人财物。该行为完全符合刑法第238条第3款的有关规定：“为索取债务非法扣押、拘禁他人的，依照前两款的规定处罚。”也就是说，应以非法拘禁罪定罪量刑。

（二）为索取超过合法债权数额的“债务”

如果行为人为索取超过合法债权数额的“债务”而实施绑架、拘禁他人的行为，应具体分析行为人索取的数额与合法债权的数额之间的差价，分别不同情况以绑架罪或非法拘禁罪定罪量刑。例如，河北李某与山西王某（化名）有经济纠纷，对方欠李施工款8万元左右，1998年8月18日，李某一伙在王某妻子下班途中，将其绑架到河北省曲阳县要现金30万元。最后，王某交出30万元现金后，才将人质赎回。本案的定性颇有争议。有人认为，对所索要的30万元“债务”应分成两部分，其中行为人为索取其合法债务8万元而绑架他人的行为应定为非法拘禁罪，而其索要的超过合法债务的22万元实为勒索他人财物，又是以绑架方式实行，构成绑架罪，故应定两罪而数罪并罚。有学者认为，行为人并非仅仅索要债务，主观上还有勒索他人财物的目的，所以行为人由索债为目的转化为勒索目的，这种犯罪目的的转化已经为一般的非法拘禁罪所无法涵盖，而且行为人一个绑架行为触犯了非法拘禁罪和绑架罪两个罪名。对此不能以非法拘禁罪定罪，而是属于想象竞合犯，应以绑架罪论处。① 笔者认为，李某既有索取合法债务的目的，又有勒索他人财物的目的，不存在目的的转化，而其实施了一个绑架行为，又同时触犯非法拘禁罪和绑架罪。由于我国刑法中一罪与数罪是以犯罪构成的个数作为划分的标准，且主要是以行为为定罪的依据，对同一行为不能重复评价，即一个行为不可能构成数罪。所以，对此不能数罪并罚，还是应以想象竞合犯从一重处，以绑架罪定罪量刑。其中合法债务 8 万元应从犯罪数额中予以扣除。

笔者认为，对于犯罪人与被害人之间存在合法的债权债务关系，犯罪人使用绑架、拘禁手段索取财物数额大大超过其实际享有的债权数额，应以绑架罪定罪量刑。这是因为，由于行为人索取财物的数额大大超过其实际债权，这就足以证明行为人的主观目的主要是非法占有他人财物，而索取合法债务显然已成次要目的。但若超过合法债权索取的数额不大，其绑架罪不能成立，仍应以非法拘禁罪定罪量刑。因为，在绑架拘禁索债型犯罪中，行为人超过合法债权索取的数额不大，本身就足以证明其主观目的主要是为了索取合法债权，而不是为了非法占有他人财物。但是，这同时产生了另一问题，即如何判断和确定超过合法债权数额的“大”与“不大”？首先，应当确定合法债权的数额，在此基础上才能超出合法债权的数额。其次，要确定超出合法债权数额较大的“度”。笔者认为，虽然在绑架、拘禁索债型犯罪中索取大大超过合法债权的债务其行为构成绑架罪。但这与一般的绑架罪毕竟不同，因为其索要的财物中存在合法债务，而且在一些案件中往往难以确定其数额。为此必须规定超过合法债务的是一个较大的数额，这样可以明显表现出行为人的主观恶性，也可以最大限度防止出入人罪。此类案件所涉及的数

---

① 宣炳昭、林亚刚著：《特别刑法罪刑论》，中国政法大学出版社 1993 年版，第 256 页。

额笔者认为可参照最高人民法院、最高人民检察院有关财产犯罪的司法解释中对于数额的规定。[①] 笔者认为，考虑到经济的不断发展和国民收入的不断提高，绑架、索债型犯罪中索取超过合法债务的数额以2000元作为数额较大为宜。

（三）索要非法债务

如果行为人为索取不受法律保护的债务而实施绑架、拘禁他人的行为，只要债务是客观存在的，也应以非法拘禁罪定罪处刑。例如，被告人陈某与被害人陆某赌博，陆输给陈10万元人民币。陆某因身上没有带足够的钱，遂向陈写下5万元欠条。陈某多次向陆某索要，陆某均以无钱偿还为由拒不归还。后陈某纠集吴某等人将陆某绑架到某宾馆客房予以非法拘禁，并威逼陆某叫其家人送来5万元人民币。在此类案件中，行为人主观上是以索取债务为目的，客观上实行了绑架他人、非法拘禁的行为，但其债务显系非法债务。有学者认为，应定绑架罪，因为赌博本来就是一般违法行为或者犯罪行为，与赌博有关的财物均应由国家机关没收上缴国库，因此赌博中的债务关系是非法债务。对于非法债务，法律不予保护，行为人也应清楚知道或应当知道非法债务的性质。因此，借口存在非法债务而以索债为目的扣押、拘禁他人的，应认定行为人主观上以勒索财物为目的，定绑架罪。[②] 而有关司法解释也已对此类犯罪作出明确规定。最高人民法院《关于对为索取法律不予保护的债务非法拘禁他人行为如何定罪问题的解释》（法释［2000］19号）中规定"行为人为索取高利贷、赌债等法律不予保护的债务，非法扣押、拘禁他人的，依照刑法第二百三十八条的规定定罪处罚"。

笔者认为，最高人民法院的这一司法解释精神是符合我国刑法第238条第3款的立法原意的。理由是：

---

① 例如，2000年4月28日最高人民法院《关于敲诈勒索罪数额认定标准问题的规定》中规定敲诈勒索1000～3000元为数额较大。1998年3月最高人民法院、最高人民检察院、公安部《关于盗窃罪数额认定标准问题的规定》中，个人盗窃公私财物"数额较大"，以500元至2000元为起点。

② 王宗光：《勒索型绑架罪认定中的疑难问题》，载《刑事法判解》（第2卷），法律出版社2002年版，第212页。

首先，刑法中的非法拘禁罪和绑架罪，在法定刑的规定上具有相当大的不同：非法拘禁罪是“处三年以下有期徒刑、拘役、管制或者剥夺政治权利。具有殴打、侮辱情节的，从重处罚”。“致人重伤的，处三年以上十年以下有期徒刑；致人死亡的，处十年以上有期徒刑”。而绑架罪则“处十年以上有期徒刑或者无期徒刑，并处罚金或者没收财产；致使被绑架人死亡或者杀害被绑架人的，处死刑，并处没收财产”。两者比较而言，绑架罪的法定刑远远高于非法拘禁罪的法定刑。这在相当程度上反映了立法者的原意是对绑架、拘禁他人的行为要区别行为人是否“事出有因”，以正确定性。正因如此，非法拘禁他人虽侵犯了他人的人身权利，但往往行为人与被拘禁人之间具有各种各样的经济纠纷和生活矛盾，许多拘禁案件确实是“事出有因”。而绑架他人的行为虽然也有“因”，但这种“因”仅仅是行为人“勒索财物”的目的。显然这种绑架行为不属于“事出有因”的范围。而行为人与被绑架人之间往往不具有所谓的“矛盾和纠纷”。对于“事出无因”的绑架罪规定较重的法定刑，而对于“事出有因”的非法拘禁罪规定较轻的法定刑。这无疑是立法者区分两罪的立法原意。

其次，虽然对于高利贷、赌债等非法债务，法律不予保护，但是它们确实是现实中存在的债务。这种债务同样也反映行为人的行为与被害人的损害之间实际存在一定的关系（有学者将其称之为条件关系，以区别于法律上的因果关系，而且法官对这种关系的过错只需站在一般人的角度来理解），这种关系也就是上述所谓“事出有因”中的“因”。就此而言，司法解释将高利贷、赌博等法律不予保护的债务放入刑法第238条第3款中的债务范围之中，无疑是符合立法原意的。因此，只要行为人以索取债务为目的，且该债务是现实存在的（至少依民间习惯认为是确实存在的），无论债务合法与否，其绑架后非法扣押、拘禁他人的行为仍以非法拘禁罪定罪。

（四）索取根本不存在的债务

如果行为人以索取“债务”为名，实施绑架、拘禁他人的行为，而实际上根本就不存在债务，对行为人的行为则应以绑架罪定性。例如，朱某骑车路过张某家门口时不慎撞死了张家的一只鸡，朱某当即作了赔偿。但事后，张某仍不肯罢休，屡次向朱某索要所谓的“赔款”，均遭朱某的拒绝。张某怀恨在心，纠集亲友三人在路上将朱某劫持至某地，并打电话向朱某家人索要4万元。在本案中，朱某虽然由于不慎撞死了张家的鸡，但当时已作了赔偿，也即民事责任已作了结。在此情况下，张某就无权再次索要所谓的赔偿费。本案中张某明知是索要根本不存在的债务而绑架、非法拘禁他人的行为，可以认定其主观上有勒索他人财物的目的，其行为构成绑架罪。

（五）索取难以查清的债务

民间的债权债务关系有时由于证据的缺乏，而难以查清。如果行为人认为确实有债务存在而实施绑架、拘禁他人的行为，因行为人主观上没有“索取他人财物的目的”，所以应以非法拘禁罪定罪处罚。例如，孙某与丁某生意往来多年，双方经常互有赊欠。后双方因纠纷而闹翻，孙某认为丁某欠其3万元，而丁某坚决认为没有，但均无证据证明。孙某经多次向丁某索要不成后，遂邀人将丁某绑架，向其家人索债。由于民事法律中是以“谁主张谁举证”为原则，孙某主张债权却无法举证，则从民法角度来看，孙某与丁某的债权债务关系是不存在的。但用刑法犯罪构成理论来分析，无论该债权债务是否确实存在，孙某是在认为索要合法债务的主观认识之下实施绑架行为，故不存在绑架勒索罪犯罪构成所需的“勒索他人财物的目的”，不能构成绑架罪。况且从有利于被告人的刑法原则来看，也应以相对较轻的非法拘禁罪定罪。

综上所述，由于绑架罪的法定最低刑为10年，其处罚之重是非法拘禁罪不能与之相提并论的。因此，在对绑架、拘禁索债型犯罪定性时，必须慎之又慎，并依据谦抑原则，尽可能对那些确定“事出有因”的行为以非法拘禁罪定罪。

二、绑架、拘禁索债型案件中举证责任的分配

由上述分析可知，绑架、拘禁索债型案件中所索要的债务存在与否对案件的处理具有极为重要的影响。正因为如此，此类案件中对债务的举证责任就成为一个焦点问题。

绑架、拘禁索债型案件从采用非法绑架手段来看是属于刑事案件，根据抗辩式诉讼原则，在庭审中，指控证明犯罪的职能由公诉人承担；辩护方提供对犯罪嫌疑人、被告人有利的意见的证据；控辩双方谁提出

诉讼主张，谁就应当举出证据并在法庭上出示或者宣读。因此，有学者认为，抗辩式刑事诉讼模式在一定意义上也是谁主张谁举证，只是控辩双方举证的范围有所不同。公诉方对犯罪嫌疑人、被告人有罪和无罪的事实皆负举证责任，而辩护人仅对其所主张的有利于被告人的事实，依据法律和事实，有权提出证明犯罪嫌疑人、被告人无罪、罪轻或者具有减轻、免除其刑事责任的材料，针对控告进行辩解和反驳，以维护犯罪嫌疑人、被告人的合法权益。

绑架、拘禁索债型案件从索债这一目的来看起因一般是民间债权债务纠纷。而民事纠纷的诉讼原则是谁主张谁举证，当事人对自己的主张应当提出证据加以证明，当事人提不出证据或提出的证据不能证明其主张的，负有举证责任的一方要承担败诉的不利后果。在一方当事人证明所主张的事实后，举证责任便转移到了另一方当事人，另一方当事人对其反驳请求所提出的事实也需负举证责任，如不能证明所主张的事实的，照样要承担败诉的后果。

可见，绑架索债型案件一般是由民事债权债务纠纷引起，而在解决过程中由于采用了非法绑架的手段而转化为刑事案件。作为刑事案件，证明指控犯罪成立的责任当然在于公诉方。因此作为刑事案件中民事问题的债务，其存在与否的举证责任也属于控方。但在债务存在与否的不同情况下，辩护方与公诉方对行为是否构成犯罪，以及是构成绑架勒索罪还是非法拘禁罪的问题上存在分歧的时候，为证明行为人无罪或罪轻，辩护方有权并有责任就债权债务问题提出相应的证据材料。

笔者认为，对于绑架、拘禁索债型刑事案件的举证责任的分配应根据不同情况具体分析对待。

（一）当事人之间债务性质清楚明确时双方举证责任的分配

这种情况中又可以分为以下两种情况：

其一，当绑架、拘禁索取的债务是合法债务或非法债务时，依照刑法第 238 条第 3 款及相关司法解释的规定，应以非法拘禁罪定罪量刑。此时公诉机关应负债务的举证责任。公诉机关在审查此类案件时，首先应查清案件中所涉债务是否存在，若已查明确实存在债务，则应继续查明存在的债务是合法之债还是非法之债。两者虽都应以非法拘禁罪定罪，但在量刑时，应考虑追索合法之债其社会危害性显然要比追索高利贷、赌债等法律不予保护的债务大，量刑也应相应重一些。当公诉机关或法院误将合法之债认作为非法之债时，则辩护人为维护当事人的合法利益，有权利也有责任收集有关证明债务合法性的证据。

其二，当绑架、拘禁索取的债务被公诉机关认为是根本不存在时，公诉机关应以绑架罪起诉，并负相应的举证责任。若此时辩护方认为应以非法拘禁罪定罪，则有权并有责任提出证明债务确实存在这一事实的证据与材料。

（二）债务性质不明确时双方举证责任的分配

债务性质不明确时双方举证责任的分配也可分成两种情况。

其一，当绑架、拘禁索取的债务确实无法查清时举证责任的分配。在许多债权债务纠纷案件中，由于债权人碍于情面或证据意识的缺乏，常常出现以口头协议签订合同或者借款的现象，而事后若债务人拒不认债，债权人往往难以通过法律途径实现自己的合法权益。若一部分人铤而走险，绑架他人索债，对此类案件中的债务是否存在及其性质的确定就成了棘手的问题，更是与案件的定性有极大关系。在这种情况下，公诉机关应依照“罪疑从轻”原则，以量刑较轻的非法拘禁罪起诉。辩护方在对被告人有利的情况下，自然无须提出不同意见。而如果公诉机关以较重的绑架罪起诉，则必须承担证明当事人之间不存在债务的举证责任，辩方无须亦无法找到证据材料来证明债务确实存在，此时只需反驳公诉方定罪所依据的事实不清、证据不足即可。

其二，当绑架、拘禁所索取的债务与非债务相混合时双方举证责任的分配。在某些绑架、拘禁索债型案件中，行为人出于报复或贪利等目的，索要了大于自己合法或非法债务数额的财物，造成债务与非债务相混合。在此类案件中，若超过实际债务数额较大的，公诉机关和法院应当以绑架罪对行为人定罪，而且应当扣除实际债务的数额。公诉机关对实际债务数额及超过数额负举证责任。辩方若认为公诉机关及法院认定的实际债务数额偏少的，有权并有责任提出相应证据材料证明，如当事人之间约定的债务及利息、银行同期存贷款利息等。

综上所述，虽然债权债务关系属于民事法律关系，一般应遵循民事举证原则——谁主张谁举证。但由于绑架、拘禁索债型案件往往触犯刑律，涉及刑事责任的承担，根据刑事责任优先的原则，在证明此类案件中行为的性质时，理应遵循刑事抗辩诉讼中的举证责任原则，即一般由公诉方来承担举证责任。辩护方一般不承担举证责任，但为维护当事人的合法权益，有权并有责任就债权债务问题提出证明犯罪嫌疑人、被告人无罪或罪轻的证据材料。

三、绑架、拘禁索债型案件中的几个疑难问题

（一）关于绑架、拘禁索债型案件中致使被绑架人伤害、死亡行为的罪数问题

这又要分两种情况。第一，在为索要合法或非法债务及难以查清的债务而绑架、拘禁索债时，依照有关法律和司法解释，是以非法拘禁罪定罪量刑。在此类案件中，依照刑法第283条第2款规定，若行为人致被害人重伤的，处3年以上10年以下有期徒刑；致人死亡的，处10年以上有期徒刑。若使用暴力致人伤残、死亡的，依照刑法第234条故意伤害罪、第232条故意杀人罪的规定定罪处罚。其中“致人重伤”的情形是指因为虐待、侮辱、猥亵、强奸被害人，致使被害人重伤，是一种结果加重犯，行为人对此危害后果主观上是过失。若是行为人明知自己的暴力行为会或可能会造成被害人伤残、死亡而实施的，则转化为故意伤害罪或故意杀人罪。第二，在为索取根本不存在的债务或超过实际债务的“债务”时，依照前文分析，应以绑架罪定罪量刑。在此类案件中，致使被害人伤害的，以绑架罪论，在10年以上有期徒刑或者无期徒刑中从重处罚，并处罚金或者没收财产；致使被害人死亡或者杀害被害人的，亦以绑架罪定罪，且处死刑，并处没收财产。理论上有人认为，这是刑法上的结合犯，即故意杀人罪与绑架罪以及过失致人死亡罪与绑架罪的结合，不能实行数罪并罚。① 从法定刑来看，只要是产生了被害人死亡的结果，无论行为人对被害人的死亡主观上是故意还是过失，都处以死刑。

由此可见，绑架、拘禁索债型案件中致使被绑架、拘禁人伤害、死亡的行为一般均不存在数罪并罚问题。其中，有些作为结果加重情节；

---

① 刘宪权、桂亚胜：《论我国新刑法中的结合犯》，载《法学》2000年第8期。

有些作为转化犯；有些则是结合犯。

（二）绑架、拘禁索债型案件中“雇人索债”中的共犯问题

在司法实践中，有些案件是债权人亲自实施绑架、拘禁人质的行为，但有大量案件是债权人雇人讨债。在社会上存在许多所谓的“讨债公司”专门负责为人索要债务，然后以所收债务数额按一定比例收取高额费用，更有黑社会势力卷入其中牟取暴利。由于替人索债具有巨额利润，索债人往往不择手段，如采用骚扰、恐吓、殴打，乃至绑架、非法拘禁等手段。而债权人为索取债务，对于受雇人采取何种手段并不过问。所以，若受雇人采用绑架、非法拘禁索债的，债权人与受雇人应构成绑架罪或非法拘禁罪的共犯，此时债权人主观上是故意，且一般是概括故意，无论受雇人采用何种手段均在债权人故意范围之内，双方构成绑架罪或非法拘禁罪的共犯。若用民法中的代理制度来解释，索债人的行为是受债权人的委托而为之，索债人是代理人，而债权人是被代理人，且债权人一般明知索债人的索债手段违法而为，故债权人、索债人应共同对违法代理承担责任。若债权人明确提出让受雇人使用绑架、拘禁等非法手段进行索债，但不得伤害债务人，而受雇人在绑架、拘禁他人索债过程中，致使被害人伤害或死亡的，受雇人的行为在刑法理论中，被称之为共同犯罪中的实行过限行为。实行过限，又称之为共同犯罪中的过剩行为，是指实行犯实施了超出共同犯罪故意的行为。在实行过限的情况下，实行过限行为人当然应对其犯罪行为承担刑事责任。①而债权人仅就其教唆受雇人绑架、拘禁债务人的行为负共同犯罪的刑事责任，但对受雇人实行过限行为不负刑事责任。在债权人雇用他人为其索债时明确提出必须用合法手段索债时，若受雇人违背其意志使用了非法手段，则债权人不应构成共犯。

3．绑架、拘禁索债型案件中的未遂与既遂问题

绑架、拘禁索债型案件中其实存在两个行为阶段：绑架、拘禁债务人或者其亲友为人质；再实施向被绑架、拘禁人的亲友或债务人索债。有人认为在此类型案件中，行为人既然是以索债为目的，唯有行为人实施绑架、拘禁行为后索债成功方为既遂，缺少任何一个行为都无法构成

---

① 陈兴良著：《共同犯罪论》，中国社会科学出版社1992年版，第381页。

既遂。若行为人尚未来得及向被绑架、拘禁人亲友索债即被抓获，则构成犯罪未遂。有人认为，此类案件须有绑架、拘禁和索债两个行为才可构成既遂。笔者对此不敢苟同。刑法中并无绑架索债罪，此类案件在司法实践中是依照其索取的债务存在与否，分别定为非法拘禁罪和绑架罪。若以非法拘禁罪定，则依该罪的犯罪构成，只要行为人为索债，实行绑架、拘禁他人的行为，扣押一定时间即可认定既遂，并不需要索债成功，甚至行为人尚未来得及索债亦为既遂。若以绑架罪定，刑法第239条第1款明确规定："以勒索财物为目的绑架他人的……"由此显见，绑架勒索犯罪是目的犯，而目的犯在客观上不要求存在与目的相对应的事实，故此现实的勒索财物行为并不是成立本罪的必要条件。绑架罪亦属于行为犯。只要行为人出于勒索财物的目的，实施了绑架他人的行为，控制了人质，即构成犯罪既遂，并不要求行为人有勒索财物的行为甚至于勒索到了财物才构成犯罪既遂。也就是说，只需行为人出于为勒索他人财物之目的而实施绑架、拘禁他人即可，无须行为人实施索债行为，更遑论实际取得财物了。

（本文发表于《法学》2001年第9期）

索债型非法拘禁罪若干问题研究

邓定远 邓定永

一、索债型非法拘禁罪的概念与特征

（一）索债型非法拘禁罪的概念与立法

所谓索债型非法拘禁罪，是指行为人以索取债务（含合法债务与非法债务）为目的而采用拘留、禁闭、扣押等各种手段非法剥夺债务人或与债务人相关的人的人身自由的行为。这里所言的索债型非法拘禁罪在我国刑法中并非独立的罪名，而只是非法拘禁罪的一种特殊情形。刑法第238条第3款规定："为索取债务非法扣押、拘禁他人的，依照前两款的规定处罚。"该规定来源于1992年12月11日最高人民法院、最高人民检察院《关于执行〈关于严惩拐卖、绑架妇女儿童的犯罪分子的决定〉的若干问题的解释》中所规定的："以索债为目的，非法剥夺他人人身自由的，定非法拘禁罪，不能定绑架勒索罪。"在1997年刑法颁行之后，为了消除理论界和司法实践中因为对该款规定中"债务"性质认识的不同而产生的严重分歧，最高人民法院于2000年6月30日作出的《关于对为索取法律不予保护的债务非法拘禁他人行为如何定罪问题的解释》规定："行为人为索取高利贷、赌债等法律不予保护的债务，非法扣押、拘禁他人的，依照刑法第二百三十八条的规定定罪处罚。"之所以作出如此解释，一方面是因为绑架罪的法定刑过于严厉，考虑到处罚的合理性，通过扩大非法拘禁罪的范围以缩小绑架罪的范围。① 另一方面，行为人扣押、拘禁他人毕竟事出有因，与那些典型的、无缘无故扣押、绑架他人勒索财物的行为不可同日而语。此外，这一解释也符合

① 阮齐林：《绑架罪的法定刑对绑架罪认定的制约》，载《法学研究》年2002第2期。

司法实践中突出打击典型的绑架犯罪的需要。① 因此，这一解释的出台，为正确理解与适用刑法的规定进一步提供了依据。

（二）索债型非法拘禁罪的主体特征

对于非法拘禁罪而言，其犯罪主体为一般主体，即凡年满16周岁以上，具有刑事责任能力的自然人均可构成本罪。国家工作人员利用职权非法拘禁他人的，从重处罚。我们认为，具体到索债型的非法拘禁罪，则应为特殊主体，即行为人除须符合一般主体的条件外，还须具备是被拘禁者或与被拘禁者密切相关的人的债权人这一身份性要件。在共同犯罪的情况下，受债权人指使或雇用参与非法拘禁行为的人可不要求具备债权人的身份。在实践中也存在单位为索取债务而实施拘禁对方单位主管人员或其他人的行为，我们认为，既然本罪没有被刑法明文规定为单位犯罪，基于罪刑法定原则的要求，对此类行为仍应以自然人犯罪论处，将参与决策、实施拘禁、实施索债等行为的自然人以共同犯罪论处，而不应以单位犯罪处理。

（三）索债型非法拘禁罪的客体特征

索债型非法拘禁罪与普通的非法拘禁罪一样，侵害的法益主要为人身法益，即他人的人身自由。公民的人身自由是受宪法所保护的重要权利与自由之一，非法拘禁也是宪法所明文禁止的侵害公民人身自由的危害行为，对于危害性达到应受刑罚惩罚的程度的非法拘禁行为应以非法拘禁罪论处。这里需要指出的是，索债型非法拘禁罪往往还伴随有向被拘禁者本人或密切相关的人索还债务的行为，但由于行为人在主观上不具有非法占有他人财产的故意，而只是为了实现自己的债权，所以尽管索债行为会对被索债者基于意思自治的自决权产生一定的干预，人们通常仍然认为此种类型的非法拘禁罪并不侵害财产法益。正如有学者所言，我国在侵害财产犯罪的客体认定上采用的是本权说而非占有说。②

① 赵秉志、肖中华：《绑架罪适用中的疑难问题（下）：绑架罪与非拘禁罪的界限》，载《检察日报》2002年2月5日。

② 张明楷：《论绑架勒赎罪》，载《法商研究》第1996年第1期。

可见，与绑架罪所侵害的客体为非典型的复杂客体不同，① 索债型非法拘禁罪侵害的客体为单一客体。

（四）索债型非法拘禁罪的主观特征

普通的非法拘禁罪的主观方面是故意，法律也并没有要求有明确的犯罪目的，但该罪此种情形下能否由间接故意构成，学者之间有不同看法。通说认为，该罪只能由直接故意构成，② 也有学者认为该罪可以在间接故意支配下实施。③ 我们认为，对于索债型非法拘禁罪而言，只能由直接故意构成，而且行为人主观上具有实现自己的债权的目的。行为人非法扣押、拘禁他人只能限于索回自己的财物的目的，而不能出于勒索他人财物或其他非法利益、出卖等非法目的，否则将构成绑架罪或拐卖妇女、儿童罪。这就要求行为人在实施非法拘禁行为时主观上认识到自己的行为目的仅仅是为了索还债务而不能有其他目的，而且具有“一旦债务人或第三人按照自己的要求偿还了债务之后，双方的债权债务关系即告消灭并立即释放被拘禁人”的心理准备。正是由于构成此类罪行要求行为人在主观上具有明确的索债目的，而此目的的实现又有赖于剥夺他人人身自由行为的完成，这就说明行为人对被害人人身自由被剥夺这一危害后果持积极追求的态度，也就决定了此种类型的非法拘禁罪只能由直接故意构成。

至于非法拘禁罪的行为人的主观故意中是否应该包含违法性认识的问题，刑法学界存在不同看法，有学者认为非法拘禁罪的故意必须是明知是非法而故意剥夺他人人身自由，④ 反对者则认为违法性认识不应该

---

① 王作富主编：《刑法分则实务研究（上）》，中国方正出版社2001年版，第938页。

② 高铭暄主编：《中国刑法学》，中国人民大学出版社1989年版，第476页。

③ 赵秉志著：《妨害司法活动罪研究》，中国人民公安大学出版社1994年版，第214页。

④ 林准主编：《中国刑法教程》，人民法院出版社1989年版，第488页。

成为非法拘禁罪故意的内容。[①] 笔者认为，具体到索债型非法拘禁罪中，由于行为人采用拘禁他人这一非常规的手段以逼迫债务人或第三人偿还债务多是在以常规方式催还债务无果或通过诉讼难以实现债权的情况下实施，属事出有因，债务人在一定程度上存在着可责难性，这就或多或少地影响着行为人的违法性认识，尤其是行为人采用非暴力性手段且无伤害被害人的意图的情况下，行为人对自己行为的违法性认识是模糊的或根本就没有产生违法性认识，这可由行为人常以公开或半公开的方式实行此类行为得以证明。因此，在索债型非法拘禁罪中，行为人有无违法性认识并不影响行为人犯罪故意的成立。

(五) 索债型非法拘禁罪的客观特征

索债型非法拘禁罪与抢劫罪、绑架罪有很多相似之处，但由于这几种罪内在的质的规定性的不同，索债型非法拘禁罪在犯罪的客观方面有很多独特之处。现择其要者论述如下：

1. 行为方式方面

行为人只能以积极作为的方式完成非法拘禁他人的行为。对于普通的非法拘禁行为，行为人可以在间接故意的支配下以不作为的方式来非法拘禁他人。[②] 但对于索债型非法拘禁罪，我们认为则要结合实际加以分析。因为既然构成索债型非法拘禁罪，则表明行为人的主观心理为直接故意且具有明确的索债目的，这也决定了行为人只能是在直接故意和索债的犯罪目的的支配下以积极作为的方式来完成非法拘禁行为。实践中所发生的大量实例也证明了这一结论。

2. 行为环节方面

行为人除了实施非法拘禁他人的行为之外，还在索债的目的之下实施了向债务人或第三人索还债务、接受财产的行为。其中非法拘禁他人的行为属刑法分则条文所明确规定的实行行为；而后续的索债、取财的行为当属构成要件行为之外的客观情状，这些行为是否实行完毕以及行

① 肖中华著：《侵犯公民人身权利罪》，中国人民公安大学出版社 1998 年版，第 216 页。

② 赵秉志著：《妨害司法活动罪研究》，中国人民公安大学出版社 1994 年版，第 214 页。

为人的债权是否得到清偿虽然会决定行为人的目的能否实现，但并不影响本罪的成立与既遂，只会对量刑产生一定的影响。因为索债型非法拘禁罪属于目的犯，而目的犯中的目的与故意、过失等因素不同，故意、过失本身都要求有与之相对应的客观事实，而目的犯中的目的则是“超过的主观要素”，即是超过客观事实范围的内容，或者说客观上不要求存在与目的相对应的事实。[①] 也就是说，只有行为人在实施实行行为（手段行为）时主观上具有索取债务的目的即足以成立此罪，成立此罪并不要求和犯罪目的相对应的目的行为的顺利实施和目的的最终实现。另外，此类型犯罪侵害的法益为人身法益，对于被害人人身法益的侵害主要集中在非法拘禁行为之上，刑法第238条第3款的罪状描述中也只将拘禁行为这一手段行为规定实行行为，作为罪状描述之外的索债、取财等目的行为，一方面并不被立法者评价为侵害了他人的财产法益（财产所有权），另一方面这些行为是否顺利实施也只是影响到非法拘禁行为的持续时间从而间接对被害人的人身法益产生影响。所以，索债、取财等目的行为虽不是本罪的实行行为，对本罪的成立和既遂的认定并不产生实质影响，但在量刑的过程中也不应被忽视。

3. 行为手段与表现

行为人一般采用暴力、胁迫、麻醉、欺骗等使人不能反抗或不知反抗的手段，挟持被害人并将被害人禁闭于一定场所，使其不能在该场所以外自由行动。随后行为人向债务人或第三人索还债务并取得相关财产。如同一般的非法拘禁罪，索债型非法拘禁罪也是典型的持续犯，即非法拘禁行为与被害人人身自由被剥夺的不法状态自行为开始实施并控制住被害人直至被害人恢复人身自由的期间始终处于持续状态。由于行为人只是单纯出于索还债务的目的非法拘禁他人且具有一旦债务人或第三人满足自己的要求后双方的债权债务关系即告消灭并立即释放被害人的心理准备，这种独特的心理态度就决定了行为人在实施该罪时和一般的绑架罪、抢劫罪在行为表现上存在明显的差异：行为人一般会顾及被害人的人身安危因而一般不会采用与上述心理活动相悖的杀害或严重伤害被害人的严重暴力手段；在向债务人或第三人索还债务时一般也不会

---

① 张明楷：《论绑架勒赎罪》，载《法商研究》1996年第1期。

以杀害或严重伤害被害人身体相威胁（多是以被害人人身自由相威胁）；行为一般以公开或半公开的方式进行，行为人往往会直接告知或有意暴露自己的身份，让债务人或第三人明白自己是为索债而非其他目的而为非法拘禁行为。而在绑架罪、抢劫罪的实施过程中一般不会存在上述行为表现。

4. 行为对象方面

行为对象限于行为人或主谋者的债务人或和债务人密切相关的第三人。在普通的非法拘禁罪中，行为对象并无范围限制。但在索债型非法拘禁罪中行为人非法拘禁他人的行为是在索取债务的目的的支配下实施的，这就决定了行为人只有拘禁债务人本人或者和债务人关系密切以致债务人关心其人身自由和安危的第三人。在实践中经常表现为行为人非法拘禁债务人而向本人或关心债务人人身自由和安危的第三人索还债务，有时也表现为拘禁债务人所关心的第三人（如配偶、子女、兄弟姐妹等近亲属）而向债务人索还债务。在债务人为单位的情况下，单位的法定代表人或其他成员也可能成为非法拘禁的对象。在司法实践中，鉴于此罪与绑架罪在法定刑上的悬殊，对本罪的行为对象的范围应结合行为人的主观目的、被害人与债务人的关系密切程度、索债行为的实际发生经过等方面来把握，既不能太宽，也不能太严。

二、索债型非法拘禁罪的司法认定

（一）索债型非法拘禁罪的犯罪形态认定

1. 既遂与未遂的认定问题

如同绑架罪一样，同属于目的犯的索债型非法拘禁罪的既遂与未遂的认定标准问题属刑法学界长期争论的一个问题。持“结果犯说”或“目的实现说”观点的学者认为，只有行为人非法拘禁他人并通过索债、取财行为使债权得以实现之后，本罪才能成立既遂；若行为人在实行非法拘禁行为之后尚来不及向债务人或第三人索债即被抓获的，构成本罪的未遂。“复合行为说”或“短缩的二行为犯说”[①] 则主张单纯的非法

① 张明楷著：《刑法学》（上），法律出版社1997年版，第213页。

拘禁行为并不能导致犯罪目的的顺利实现，只有在行为人实行非法拘禁行为（手段行为）和索债行为（目的行为）之后，才能构成本罪的既遂；行为人若没来得及实行索债行为即被抓获的，成立本罪的未遂；同时本罪既遂并不要求行为人犯罪目的的实现。“单一行为犯说”则主张只要行为人在索债的目的支配下完成非法拘禁他人的行为并控制被害人即成立本罪的既遂，至于行为人是否实施索债行为以及是否顺利实现自己的债权并不影响本罪的成立与既遂。①

我们在这里支持第三种观点，原因主要为：第一，刑法第238条第3款在索债型非法拘禁罪的罪状描述中仅将非法拘禁行为规定为本罪的构成要件的实行行为，而将索债仅规定为目的，只要行为人在索债的目的支配下完成非法拘禁他人的行为并控制被害人即成立本罪的既遂；第二，本罪侵害的法益为人身法益，而对人身法益的侵害又集中体现在非法拘禁他人的行为之上，索债行为对人身法益并不形成直接的侵害；第三，如前所述，本罪也是目的犯，而目的犯之目的又属于“超过的主观要素”，其并不要求在客观上存在与之相对应的目的行为，故现实中的索债行为并非构成本罪既遂的必要条件。

2. 共犯问题

实践中行为人实施非法拘禁他人的行为可以通过各种途径实现：既可以是债权人亲自独立实施（单独犯），也可以是债权人在他人的参与之下共同实施或雇用、授意他人实施或单位的成员合谋实施（共同犯罪）。这里就共同犯罪的几种情况作简要说明：

（1）债权人唆使他人和自己一起实施非法拘禁债务人或第三人的行为。在此种情形下，债权人既是教唆犯，也是实行犯。

（2）债权人自己并不亲自实施而是雇用、授意他人实施非法拘禁债务人或第三人的行为：在此种情形之下，债务人是教唆犯，实际参与实行非法拘禁行为者为实行犯。对于实践中发生的债权人将债权交予非法成立的“讨债公司”代自己追讨债务，而对“讨债公司”的讨债手段持放任态度，结果“讨债公司”采用非法拘禁他人手段索还债务的，也应

---

① 刘宪权、钱晓峰：《关于绑架、拘禁索债型犯罪定性若干问题研究》，载《法学》2001年第9期。

将债权人与“讨债公司”的决策指挥者、参与实行者按照此罪的共同犯罪处理。[①]

(3) 单位为索取债务而由单位成员合谋并实施拘禁对方单位主管人员或其他人的行为。如前所述，由于本罪没有被刑法明文规定为单位犯罪，基于罪刑法定原则的要求，对此类行为仍应以自然人犯罪论处，将参与决策、实施拘禁、实施索债等行为的自然人以共同犯罪论处，而不应以单位犯罪处理。

在此罪的共同犯罪之中，还有两个值得关注的问题：一是“承继的共犯”或“事中共犯”问题，[②] 即行为人并未参与先前的策划和非法拘禁行为，而是在被害人被拘禁期间中途因各种原因参与了后续的如看守、送饭送水、索债、取财等行为的，是否构成本罪的共犯的问题。笔者认为，非法拘禁罪属持续犯，中途加入并帮助行为人看守被害人、给被害人送饭送水的行为可以被视作非法拘禁行为的延续或提供帮助的行为，直接侵害人身法益，成立非法拘禁罪的共犯并无多大疑义。而后续的索债、取财行为并不被立法者视为侵犯财产法益的行为，也不直接侵害被害人的人身法益，但加入者在明知行为人存在先前的非法拘禁行为且非法拘禁行为仍处于继续状态的情况下，还帮助行为人索债、取财，这在客观上会对非法拘禁行为的继续形成便利，因此，此类行为也应视作帮助行为而成立非法拘禁罪的共犯。二是共同犯罪过程中的“实行过限”问题，[③] 即债权人明确要求参与实施非法拘禁行为者不得对被害人造成伤害或受托人明确提出只在不伤害被害人的前提下才帮助债权人进行非法拘禁行为，但在实际实行非法拘禁行为的过程中，一方出乎“合作者”意料之外而使用暴力、麻醉等手段造成被害人重伤或死亡的情形。对于出现实行过限情形的，应由合作者对共同犯罪故意范围之内的行为负共同犯罪的刑事责任，而对于超出共同犯罪故意之外的过剩行为，则应由实行过限行为人独立承担刑事责任。

---

① 刘宪权、钱晓峰：《关于绑架、拘禁索债型犯罪定性若干问题研究》，载《法学》2001年第9期。

② 张明楷著：《刑法学》（上），法律出版社1997年版，第291~292页。

③ 陈兴良著：《共同犯罪论》，中国社会科学出版社1992年版，第381页。

（二）索债型非法拘禁罪与其他犯罪的区分问题

1. 索债型非法拘禁罪与勒赎型绑架罪的区分

索债型非法拘禁罪与勒赎型绑架罪的行为人主观上都具有索取财物的目的；在客观上均实施非法剥夺他人人身自由的行为，且剥夺方法基本相同，即以绑架、拘禁形式进行，行为中也可以采用暴力、胁迫或其他方法。但两罪在细微之处仍存在重大差别：

第一，犯罪目的不同。前者的目的是为了索要本应归属自己的财物，以实现自己的既有债权，而不是非法占有他人财物；而后者则是将他人财物非法据为己有。受各自犯罪目的的制约，非法拘禁罪的行为人一般不会产生伤害或杀害被拘禁者的故意，而绑架罪的行为人一般会以加害人质相威胁从而迫使第三人为人质的安危担忧而交付赎金。

第二，侵犯的客体不同。前者为单一客体，后者为复杂客体，这里不复多言。

第三，被害人与犯罪人的关系不同。前罪中行为人与被拘禁者（或被拘禁者关系密切者）之间存在着债权债务关系（这种债权债务可以是合法的，也可以是非法的，甚至可以是由主观认识错误所致的）；而后罪中的行为人与人质或第三人之间一般不存在债权债务关系（即使存在这种关系，但行为人索取的数额也大大超过应偿还的数额）。

第四，犯罪客观方面不同。绑架罪的行为人在实行犯罪的过程中一般不关注人质的身体状况，暴力程度是随机而定的，在控制住人质之后往往以加害人质对第三人加以威胁，其绑架及勒索行为一般是秘密进行的。而索债型非法拘禁罪中行为人因受自己的犯罪目的以及与债务人之间关系的制约，一般不会过分加害拘禁者，其所采用的暴力通常是有所节制的，其拘禁行为与索债行为一般是公开或半公开进行的，而且往往会告诉被索要财物者拘禁行为是谁所为。此外，行为人在威胁被索要财物者时一般不会以杀害或重伤被扣人员相要挟，只是以继续拘禁被扣人员相威胁。在被索要对象的范围上，绑架罪中限于针对第三人勒索，而非法拘禁罪中既可以是对债务人本人索债，也可以是对关心债务人的第三人索还债务。

第五，被索取的财物的性质与意义不同。尽管两罪中被索取的财物都可视为一种“赎金”，但在绑架罪中，这种赎金通常不仅意味着赎回人质的人身自由，也意味着替人质“赎命”、“赎健康”等内容；而在索债型非法拘禁罪中，这种“赎金”实质是在偿债，附加着赎回被扣人员的人身自由。

2. 索债型非法拘禁罪与抢劫罪的区分

索债型非法拘禁罪和抢劫罪的行为人主观上都具有索取财物的目的；在客观上均可以采用暴力、胁迫或其他方法拘禁被害人并当场索要财物。但两罪的区别也是较为明显的：

第一，被害人与犯罪人的关系不同。抢劫罪中被害人一般与行为人无债权债务关系或犯罪的发生跟债务无关。而非法拘禁罪中被害人是行为人的债务人或跟债务人关系密切的人。

第二，侵害的法益范围不同。抢劫罪同时侵害人身法益和财产法益，而索债型非法拘禁罪尽管以获取财产为目的，但只侵害人身法益。

第三，犯罪目的不同。抢劫罪以非法占有为目的；而非法拘禁罪只以索要债务为目的。

第四，客观方面不同。抢劫罪中行为人一般并不在意被害人的人身安危，不会有意控制采用暴力的程度，行为一般秘密进行；而在非法拘禁罪中行为人在索债目的的制约下一般不会伤害被害人，行为也采取公开或半公开的形式进行。另外在取财方式上，抢劫罪应是当场强取被害人财物；而非法拘禁罪中行为人既可以是拘禁债务人当场索要并取得财产，也可以是拘禁被害人后向拘禁场所之外的债务人或第三人索债。

3. 债务性质对案件定性的影响

通过上述的分析比较，可以看出，各种“债务”的成因与性质和行为目的对行为的定性起到决定性的作用。这里我们再就实践中的各类索要“债务”而拘禁他人的案件的定性略作分析与总结：

（1）行为人索要合法债务（笔者认为，根据司法解释的精神，此处的合法债务包括未届清偿期的债务以及已过诉讼时效的自然债务）且数额相当的，对此应依刑法第238条第3款的规定，认定为非法拘禁罪。

（2）行为人索要不受法律保护的非法债务且数额相当的，对此依前述的《解释》及刑法第238条的规定，认定为非法拘禁罪。

（3）行为人索取其债务后又额外地索取超过债务范围的财物（数额较大），或直接向被索取人索取超过债务范围的财物而行为人对债务范围又是明知的。此类行为，应根据转化犯或想象竞合犯的处断原则，即以绑架罪或抢劫罪一罪定罪处刑。

（4）行为人索要其有意捏造的根本不存在的“债务”。这种情况下，行为人是以“索债”为名，行“勒索”之实，因此应认定为绑架罪（或抢劫罪）。

（5）行为人主观上为了索取债务而扣押、拘禁他人，但债务关系难以查清或根本不存在，只是行为人认识错误的，应认定为非法拘禁罪。①因为在此情况下，无论债务是否真实存在，行为人确实是在“索债”的目的与认识下实施的拘禁或绑架行为，只要行为人始终没产生“勒索他人财物”的意图，依主客观相结合的原则，不能认定行为人的行为构成绑架罪。

（6）行为人索要债务数额处于待定状态的债务而拘禁他人的，无论其索要的数额是少于还是多于最终确定的数额，对行为人之行为宜认定为非法拘禁罪。②

（本文发表于《政法学刊》2003 年第 6 期）

① 王宗光：《勒索型绑架罪认定中的疑难问题》，载陈兴良主编：《刑事法判解》（第 2 卷），法律出版社 2000 年版，第 213 页。

② 胡祥福：《绑架罪若干问题探讨》，载《南昌大学学报》（人文社会科学版）2001 年第 4 期。

论索债型非法拘禁的司法认定

陈柱钊

我国刑法第238条规定，为索取债务非法扣押、拘禁他人的，以非法拘禁罪论处（以下称索债型非法拘禁）。对此，在司法实践中存在着一些重大的分歧和模糊的认识，不得不引起重视。在我国刑法中，有两条关于“人质型”的犯罪，其中第238条第3款的索债型非法拘禁罪和第239条的勒赎型绑架罪，因客观行为上的相似性，在司法实践中尤其容易混淆，但两罪的处刑幅度差别极为悬殊。一般情节的索债型非法拘禁处3年以下有期徒刑，情节轻微者甚至可只处剥夺政治权利，但对于绑架罪，无论情节轻重，起刑点即为有期徒刑10年。因此，对于相似的行为，若理解和处理不当，极易导致定罪上的巨大偏差和量刑上的畸轻畸重，造成适用刑法上的不平衡。在刑法理论上，关于两罪间原则性区别的文章比比皆是，比如在客体、目的等方面区别，但极具原则性的区别无法指引个别性明显的司法实践，而且我们也无法通过价值层面上的客体透视在事实层面上两组行为的区别，因为价值评价是因人而异的，无法也没有统一的标准，而且目的是要通过行为本身才能表露出来。因此，理论上的归纳在实践中起不到应有的指引之效用，造成司法人员在处理个案时，无法套用现有的理论，往往面临艰难的选择，行为人则因此可能遭受差别极为悬殊的处理结果，这就更加要求我们从实务的角度出发，对为索取债务非法扣押、拘禁他人行为作出合理统一的理解，归纳出对此类行为定性和理解上的可操作性的标准，从而准确定罪量刑。

一、索债型非法拘禁罪的构成要件和特征

如上所述，由于区分的模糊性和原则性，导致在司法实践中极易混淆“为索取债务而扣押、拘禁他人”的行为和“为勒索财物而绑架他人”的行为。在此，笔者认为，要对两组行为作出区分，最好的办法就是把握各组行为自身的特征。

（一）索债型非法拘禁罪的主体特征

对于非法拘禁罪而言，其犯罪主体为一般主体，即年满16周岁以上、具有刑事责任能力的自然人。国家机关工作人员犯此罪的，从重处罚。而对于索债型非法拘禁罪，顾名思义，除具备非法拘禁罪的一般主体要件之外，在行为人与被拘禁人或被拘禁人之亲属之间应存在债权债务关系，故笔者认为索债型非法拘禁罪的犯罪主体为特殊主体。但也有例外情况。在共同犯罪中，受指使或雇用的行为人与被害人之间并不要求存在债权债务关系，甚至指使者与被害人之间也可不存在债权债务关系，只要指使者以索取债务的故意指使他人并且他人相信指使者而以索取债务的共同故意实施扣押、拘禁行为的，他人即构成非法拘禁罪，而对指使者可考虑适用绑架罪。在现实案件中，往往涉及单位之间或单位与自然人之间的债权债务关系，由单位决策机构决定，指使单位工作人员对债务人实施扣押、拘禁行为。从表面上看，为了单位的利益并由单位工作人员实施拘禁行为，完全符合单位犯罪的要件，但由于现行刑法没有明确规定单位可以成为非法拘禁罪的犯罪主体，因此我们认为对于此种情况可以按照共同犯罪来处理，对于参与决策的人员与实际执行的人员按照非法拘禁罪的共同犯罪来处理。

（二）索债型非法拘禁罪的对象特征

非法拘禁罪在客观上表现为对他人人身自由进行非法剥夺。在此，对于“他人”该如何理解，是否也包括没有意志能力的婴幼儿和精神病人？刑法规定此罪是为了保护现实的人身自由还是保护潜在的人身自由抑或两者兼而有之？对于第一个问题，即对“他人”的理解，笔者认为首先要对人身自由作出界定。人身自由是指在不违反法律规定的情况下，任何人都享有依照自己的意志做出行动的自由，而不为其他任何人所剥夺。这是宪法赋予一切公民的权利，即便是精神病患者或婴幼儿，亦莫能外。[①] 因此，对于“他人”的理解不应作出限制，身体活动自由虽以意识活动自由为前提，但只要具有基于意识活动从事身体活动的能

① 赵秉志、阴建峰：《非法拘禁罪构成特征探究》，载赵秉志编：《刑法时评（首卷2003年卷）》，中国人民公安大学出版社2004年版，第303页。

力即可，不要求具有刑法上的辨认控制能力与民法上的法律行为能力。[①]故我们认为，只要具有权利能力的自然人均享有人身自由的权利，而不管其是否具有行为能力。但是，对于婴幼儿与精神病人，若其监护人为了保证他们或第三人的利益而加以适当的拘禁，应认为是监护权的正当履行而不应入罪。第二，对于刑法规定非法拘禁罪是为保护哪类自由的问题，在刑法理论上有“限定说”与“非限定说”之分。限定说认为，非法拘禁罪侵犯的是现实的自由，即需要被拘禁人意识到自身的自由受到侵犯；而非限定说则认为非法拘禁罪侵犯的是可能的自由，亦即无须被拘禁人认识到自身的人身自由受到侵犯，只要行为人实施了扣押、拘禁行为即可，因此熟睡或酣睡的人也能成为本罪的犯罪对象。实际上这涉及我国刑法是采用行为无价值论还是结果无价值论。笔者认为应采取非限定说，应从侵害法益的结果无价值的角度来看待该问题。我国刑法在定罪上，采取的是主客观相统一的指导思想，以剥夺他人自由为目的，现实中实施了剥夺他人自由的行为即可构成非法拘禁罪，而人身自由的存在不以行为人是否意识到为前提。因此，非法拘禁罪的成立并不需要作为本罪对象的被害人意识到自由被束缚，亦即并不需要被害人具有感知能力。[②] 索债型非法拘禁罪的对象除满足一般非法拘禁罪的对象要件外，其本身还有特定要求。索债型非法拘禁是在特定的目的，即在索取债务的目的的指导下实行的非法扣押、拘禁他人的行为，因此，其犯罪对象也是明确的，即债务人或与债务人有特定关系的第三人，只要能引起债务人及其家属恐慌的并能帮助行为人达到索取债务之目的的人即可。在现实的案例中，经常表现为非法拘禁债务人而向债务人本人或关心债务人人身安危的第三人索取债务，也有的非法拘禁债务人关心的第三人（如子女、配偶等）而向债务人索取债务。但行为人为了索取债务，而将与债务人没有共同财产关系、扶养、抚养关系的第三者作为人质拘禁的，应认定为绑架罪。[③]

---

① 张明楷著：《刑法学》（第二版），法律出版社 2003 年版，第 702 页。

② 于国旦著：《侵犯公民人身权利、民主权利罪重点疑点难点问题判解研究》，人民法院出版社 2005 年版，第 172 页。

③ 张明楷著：《刑法学》（第二版），法律出版社 2003 年版，第 705 页。

（三）索债型非法拘禁罪的主观特征

非法拘禁罪的主观要件为故意，对此刑法学界分歧不大。但对于间接故意能否构成非法拘禁罪，学界有不同的观点。笔者认为，非法拘禁罪为目的犯，即以剥夺他人人身自由为目的，因此只有直接故意才能构成。因为在间接故意中，是无所谓目的的，间接故意只是放任某一行为或结果的发生，所以其本身不存在目的问题。持间接故意也可构成非法拘禁罪之观点的学者往往会举如下例子：仓库管理员下班锁门后发现有人误入仓库而放任不管，径直离去，造成他人被困于仓库之中。他们认为，此时仓库管理人员放任不管的心理是明显的间接故意，若间接故意不能构成非法拘禁罪，那对于此行为就无法惩治。在笔者看来，毫无疑问，仓库管理员的行为应被认定为非法拘禁，但笔者认为此时行为人的主观心理是直接故意，因为明知拘禁的后果必然发生时，不存在所谓的放任心理。间接故意犯罪的认识因素只能表现为对自己行为可能造成危害结果的明知，如果是明知必然，则无放任可言。[①] 对于索债型非法拘禁，其目的犯的性质更加明显，而且只能以实现自己的债权为限。行为人非法拘禁、扣押他人应只限于实现自身债权，而不能以索取债务为幌子，超额实现自身债权或勒赎他人财物，否则将有可能构成绑架罪或敲诈勒索罪。这就要求行为人在实施拘禁行为前，认识到自己是为实现债权而为此行为，并且有在实现债权后就立即释放被拘禁人的心理准备。因此，索债型非法拘禁罪的主观心理也只能为直接故意。

（四）索债型非法拘禁罪的客观特征

客观要件是整个犯罪构成中的核心要件，而危害行为是犯罪客观要件中最基本的内容，犯罪构成的其他各个要件都是用来说明危害行为的性质及其程度的。[②] 要区分各种相似的、边界模糊的犯罪，把握住客观的行为是关键。对于索债型非法拘禁罪，如果我们能正确把握其客观特征，那么在司法实践中，区分其与勒赎型绑架罪也并非难事。除了要把

---

① 陈兴良著：《刑法适用总论（上卷）》，法律出版社 2001 年版，第 156 页。

② 李剑文：《论索债型非法拘禁行为的认定》，载《学术探索》2004 年第 11 期。

握索债型非法拘禁罪中“索债”的重点以区分勒赎型绑架罪外，我们同时也得把握住罪与非罪的界限，而在这方面，关于拘禁时间的理解最容易引发纠纷。理论界的通说认为，拘禁时间的长短原则上不影响本罪的成立，只影响量刑。但时间过短、瞬间性的剥夺人身自由，则难以认定为本罪，笔者认为此说值得商榷。非法拘禁是一种持续行为，而非法拘禁罪也被认为是一种典型的持续犯。而所谓的“持续”必然要求行为保持一定的时间，使他人能在一定时间内不间断地失去自由。所以，笔者认为非法拘禁罪应有一个基本构成时间的问题，即行为人所实施的犯罪行为自着手之时直至其构成既遂的一定时间，使该行为构成犯罪所必需的时间条件。[①] 换言之，非法拘禁的客观行为以及所造成的被害人人身自由丧失的不法状态，必须持续一定时间。否则，非法拘禁罪无法体现其作为典型的持续犯所应有的特征。当然，目前，对于非法拘禁行为持续多长时间才能入罪的问题，缺乏应有的立法规定和司法解释，对此问题我们认为可借鉴最高人民检察院 1999 年 8 月 6 日所作的《关于人民检察院直接受理立案侦查案件立案标准的规定》，此规定的第三条（一）第 2 款指出：“国家机关工作人员涉嫌利用职权非法拘禁，具有下列情形之一的，应予立案：1. 非法拘禁持续时间超过 24 小时的……”既然能对危害性也许更大的国家机关工作人员非法拘禁罪的基本构成时间明文规定为 24 小时，而如果对于一般自然人只要其实施非法拘禁行为即可入罪，那么刑法的罪刑均衡、法律面前人人平等的原则该如何体现呢？反对对非法拘禁罪的基本构成时间作明文规定的学者无非认为，如果作出了明确的规定，那么就会放纵未达到基本构成时间但危害性却很大的行为。笔者认为，姑且不论刑法的明确性是要付出一定的代价的观点，刑法对于某些罪的入罪点数额也作出了明确的规定，如贪污罪的入罪点数额为 5000 元，但似乎并未出现如他们所担心的放纵犯罪的现象。笔者认为，有一个明确的标准，可以使司法相对统一，总比各地司法机关“各自为政”强。所以，索债型非法拘禁罪应有一个基本构成时间的问题，而且笔者认为可针对客观行为的危害程度，规定不同的基本构成

---

① 赵秉志、阴建峰：《非法拘禁罪构成特征探究》，载赵秉志编：《刑法时评》（首卷 2003 年卷），中国人民公安大学出版社 2004 年版，第 301 页。

时间。

二、索债型非法拘禁罪中关于“债”的理解

刑法第238条第3款规定：“为索取债务非法扣押、拘禁他人的，依照前两款规定定罪处罚。”这也就是说，以非法拘禁罪认定。该款规定的增设是因为在现实生活中，随着商贸活动的日益频繁，三角债等债务纠纷增多，许多地方相继出现了靠扣押、拘禁债务人及其有关人员来收取债务的情况。这类犯罪的情况都比较复杂，被非法扣押、拘禁的人往往先有一定的过错，而以索取债务为目的的人主观恶性也不是很大，如以绑架罪定罪处罚，则可能造成量刑上的畸重，而且过重的刑罚量也收不到改造犯罪人的社会效果，反而会因此而给公众留下处罚不公的印象。该款只规定为索取债务而非法扣押、拘禁他人的行为的定性，对于关键的“债务”却未加任何说明。毫无疑问，对于为索取合法债务而拘禁他人的行为，应适用第3款的规定，但对于社会上新出现的为索取赌债、高利贷债务等法律不予保护的债务而拘禁他人的行为应如何认定，在司法实践中还无法达成共识。因此，最高人民法院2000年7月13日发布的《关于对为索取法律不予保护的债务非法拘禁他人行为如何定罪问题的解释》规定：“行为人为索取高利贷、赌债等法律不予保护的债务，非法扣押、拘禁他人的，依照刑法第二百三十八条的规定定罪处罚。”也即该解释将原刑法条文中的“债务”扩大到一切合法及非法债务。应该说，该司法解释的出台对于统一司法确实起到了一定作用，但也由此引发了一系列理论上的问题（详见第四部分）。要正确地理解和把握刑法第238条第3款和该司法解释以及正确地区分索债型非法拘禁罪和勒赎型绑架罪，首先要对“债务”有明确和彻底的定位，因为债的认定对于索债型非法拘禁案的定性起到举足轻重的作用。

（一）债的发生时间。

对于索债型非法拘禁罪中“债”的发生时间，法律未作明确规定。顾名思义，既然为“索债型”非法拘禁，则在非法拘禁前，应有“债”供行为人去“索”。因此，“债”应发生在非法拘禁行为前。若“债”发生在扣押、拘禁行为之后，例如甲与乙本没有债权债务关系，但甲拘禁了乙，并迫使乙签订向甲的欠款证明，并通知乙的家人，叫他们拿钱

来赎人。对此债务的性质，毫无疑问，应为非法债务。对于为索取事后的非法债务而扣押、拘禁他人的行为应如何定性呢？笔者认为，对于此种行为不应生搬硬套地适用该司法解释，而应对案件作出实质性的分析。索债型非法拘禁罪的目的是为了索取债务，无论是合法的还是非法的债务，但必须事前存在，亦即债务必须在拘禁行为发生之前存在，否则谈不上“为索取债务的目的”。因此，对于上述行为，笔者认为应按照绑架罪来定罪处罚，但有一点要注意，债务发生在扣押、拘禁行为之前，并不要求债务在扣押、拘禁行为时已届履行期。对于为索取未到期的债务而非法扣押他人的，也应认定为索债型非法拘禁罪。

（二）索债型非法拘禁罪中“债”的种类。

根据刑法和司法解释的规定，有必要对司法实践中出现的各种“债务”进行研究，对绑架罪、拘禁索债型犯罪的定性作出分析。在各种各样的案件中，我们不难发现，索债案件中当事人所索要的债务可分为五种：合法债务、超过真实债权数额的债务、非法债务、根本不存在的债务和难以查清的债务。①

1. 索要合法债务

对于此类行为，按照刑法条文的规定，就可明确其定性，即是最传统、最典型的索债型非法拘禁行为，因此在这种情况下，对“索债拘禁”行为的定性也基本上没有争议，即按照刑法第238条第3款的规定，以非法拘禁罪论处。

2. 索要超过真实债权数额的债务

对于这种情况，我们要牢记一点：索债型非法拘禁罪的唯一目的就是实现存在的债务，而非额外勒索他人的财物。刑法将为索取债务而非法扣押、拘禁他人定性为非法拘禁罪而不是绑架罪，是因为债务纠纷属民事法律问题，行为人为索取债务而非法拘禁或劫持他人作为人质的，主观上不具有勒索财物或其他非法目的，从犯罪的主客观要件来分析，不符合绑架罪的构成要件。因此，当行为人索要真实的债务数额时，应构成非法拘禁罪。但是，对于索要超过真实债权数额的财物时，按照通说，若索取的数额略高于债权数额的，则以非法拘禁一罪论处，若索取

① 苏惠渔著：《刑法学》，法律出版社2001年版，第180页。

的数额远高于债权数额的，则应认为行为人的主观目的发生转变，犯意由索要债务转化为勒索财物，因此应认定为绑架罪。对此，笔者认为通说存在如下疑问：所谓的“略高”应如何认定？是按照绝对数额来定还是按照相对的比例来定？例如案例1：乙欠甲500元，但由于乙到期未归还，于是甲一怒之下，扣押了乙，并向乙的家人索要1500元；案例2：B欠A 5万元，到期未还，于是A扣押了B，并向B的家人索要6万元。于是就产生一个问题：在例1中，甲索要的额外数额是债权的两倍，但绝对数额只有1000元，而在例2中A索要的额外数额只是债权的20%，但绝对数额有1万元。对于这两种行为，哪一种危害性更大，哪一种勒索财物的意图更明显呢？显然，仅仅“略高”的理论无法解决该问题。笔者认为，对于此种行为可借鉴偷税罪的立法方式，用绝对数额加相对比例的方式来对索债型非法拘禁行为加以限制。例如，可以在刑法条文中规定，对于索取的数额超过真实债务的30%并且绝对数额在5000元以上的，应按照绑架罪来认定。

3. 索要非法的但能够得到证明的债务

对此，从表面上看，可以完全套用司法解释的规定，即“行为人为索取高利贷、赌债等法律不予保护的债务，非法扣押、拘禁他人的，依照刑法第238条的规定定罪处罚。”但我们认为存在有如下几个问题：一是如何确定非法债务中的数额问题？因为在司法实践中，赌债、高利贷债以及嫖债等非法债务往往只有被告人和被害人双方知情，因此，债务本身往往没有证据加以证明，更不用说确定具体的数额了，而且我们也不可以通过物价评估部门来对此类交易或行为加以估价，否则就是对此类不法行为的变相承认。二是在高利贷债务的情况下，若双方约定日息为1000元，那么等过了若干天后，索要数额的基数是按照原来的借款数额还是按照借款数额加利息来计算？对这些问题的不同回答，影响到对同一行为的定性。笔者认为，觉得回答此类问题，应该在指导立法或司法解释的价值层面上进行剖析。我国刑法规定了索债型非法拘禁罪，并通过司法解释扩大了“债务”的内涵，无非是想限制起刑点极高的绑架罪的适用范围，因此在对此类行为进行解释、适用法律时，应本着谦抑的思想，尽量限制绑架罪的适用。

4. 索取根本不存在的债务

如果行为人以索取债务为名，实施绑架、拘禁他人的行为，而实际上根本就不存在债务，对行为人应以绑架罪定性。行为人明知他人对自己没有债务关系，而借讨债为名绑架拘禁他人的，应当认定其主观上存在“勒索钱财”的主观意图，因而其行为应属于绑架罪。①

5. 索取无法证明的债务

这种情况表明债务在法律上是不真实的，但债务的审查不能仅停留在对真实性的审查上，而应当更进一步审查引起该债务的纠纷的真实性。因为，一旦证明尽管债务不真实，但索债人与被害人对债务的纠纷是真实的，那么起码可以证明：索债人在主观方面没有凭空勒索财物的故意，其只有索取“债务”的故意。根据主客观一致的原则来判断的话，可考虑认定为非法拘禁。②

三、索债型非法拘禁罪与勒赎型绑架罪的异同点

非法拘禁罪和绑架罪在司法实务中有一定相似之处，因为非法拘禁者往往会采取绑架的手段来控制被拘禁者，可以说，两者之间存在一定的竞合关系。要在司法实务中正确地区分两罪，有一定的难度。通说认为，两罪之间存在如下共同点：首先，犯罪主体上有相似之处，即一般主体都能构成。但对于索债型非法拘禁罪，要求拘禁人与被害人或其亲属之间存在债权债务关系，因为被害人不履行债务才导致拘禁人采取极端的方式来解决纠纷，因此，被害人存在一定的过错，也正因为如此，刑法才把此类非法扣押行为归入处罚较轻的非法拘禁罪，而对于绑架罪，绑架者与被绑架者之间无须存在债权关系或债权纠纷，而且被绑架者一般也无过错；其次，主观方面相同，都为直接故意，且都为目的犯。但两者的目的内容不同，这点可通过客观行为上的差异加以反映；再次，犯罪客观方面有相似之处，都表现为实施了非法剥夺他人人身自由的行为，而且采取的方式也相差无几，都采用暴力、胁迫或其他方法非

① 苏惠渔主编：《刑法学》，法律出版社 2001 年版，第 181 页。

② 裴广川著：《刑事案例诉辩审评——绑架罪、非法拘禁罪》，中国检察出版社 2005 年版。

法扣押、拘禁他人；最后，针对的对象相同，都是针对他人的人身自由。

尽管两罪之间存在上述的相似点，但两罪在细微之处仍有重大差异：[①] 首先，犯罪目的不同。索债型非法拘禁罪的目的在于实现自身的债务，是为了索取本应属于自身的财物，而没有侵犯他人财物的主观意图。尽管目前理论界对于索取非法债务是否侵犯了他人的财产权、是否属于勒索他人财物有不同看法，但通说认为，索取非法债务也属于实现自身债权的范畴，与纯粹的勒索他人财物的行为在主观上有较大差异。而勒赎型绑架罪的目的很明确，即为了勒索他人的财物。因此，对于索债型非法拘禁罪，行为人一般不会杀害或重伤被拘禁之人，因为其目的只是在于实现自身的债权，而对于绑架罪，其暴力的范围就包括了杀害或重伤被绑架人的程度。其次，犯罪客观方面不同。绑架罪虽有绑架的行为和限制人身自由的过程，但非法拘禁只是实现绑架的行为和限制人身自由的手段，非法拘禁罪则表现为以绑架、禁闭或其他手段剥夺他人人身自由的行为。[②] 另外，如上所述，犯罪目的的不同决定了其采取暴力的程度也不相同。一般而言，索债型非法拘禁罪的行为人只是为了实现债权，不会采取严重的暴力。但是，若行为人为了索取法律不予保护的债务或单方面不主张的债务，以实力控制被害人后，以重伤、杀害被害人相威胁的，宜认定为绑架罪。[③] 最后，行为人与被害人之间的关系不同。索债型非法拘禁罪，顾名思义，是为索取债务而非法拘禁他人，因此，在行为人与被害人或被害人之亲属间应事先存在债权债务关系，此种债权债务关系或债权纠纷关系能以证据加以证明即可，而不论是合法的还是非法的。但绑架者与被绑架者之间却不存在此类债权债务关系。因此，在索债型非法拘禁中，其拘禁行为或索债行为有可能是公开的，而且往往会告诉被害人之家属是何人为拘禁行为的。但是，在绑架罪中，被绑架者之家属往往不知绑架行为是何人所为。

虽然“以勒索财物为目的”的绑架罪与“以索债为目的”的非法拘

① 李剑文：《论索债型非法拘禁行为的认定》，载《学术探索》2004年第11期。

② 苏惠渔主编：《刑法学》，法律出版社2001年版，第94页。

③ 张明楷著：《刑法学》（第二版），法律出版社2003年版，第705页。

禁罪之间既有相同之处，在刑法理论上又能明白区分，但是由于刑法规定的原则性以及具体个案本身的复杂性，在司法实践中如何具体认定这两种犯罪仍存在较大困难。① 撇开表象上的相似性，从深层次的角度来看，笔者认为，应主要从如下两个角度把握行为上的区别，对于明确区分两罪有重要意义。

一是是否存在债权债务关系，或者说当债权债务关系无法得以证明时，是否存在债务纠纷关系。认定某种犯罪行为是构成索债型非法拘禁罪还是勒赎型绑架罪，首先要看行为人与被扣押之人是否存在债权债务关系，如果存在，则看是否符合非法拘禁罪的其他要件，以非法拘禁罪认定，反之，则考虑适用绑架罪及其他相应罪名，但这并非意味着若债权债务关系得不到证明，就可以排除非法拘禁罪的适用。虽债权债务关系得不到证明，但如果能证明确实存在引发被告人诉称的债权关系的债权纠纷时，应该考虑适用索债型非法拘禁罪。当确实存在债权纠纷，而行为人误认为被扣押之人对其负有履行债务的义务或对于债务的数额发生错误认识时，当行为人以错误认识的债权关系或债权数额向被害人索取债务时，可以认定行为人在主观上不存在勒索他人财物、侵犯他人财产权的故意，行为人的目的仅在于实现自己的债权，虽然发生了错误认识，但错误认识不足以改变行为人主观上意图。因此，可以排除绑架罪的适用。笔者认为，强调对债权纠纷的考察，进一步扩张“债务”的内涵，不仅符合刑法谦抑的原则，而且也能满足目前我国的社会现状，进一步缩小起刑点过高的绑架罪的适用范围，营造刑法宽和的社会局面。因为，目前我国处于市场经济的初级阶段，公民的法律意识还不够强，靠人情靠义气做生意的情况比比皆是，如果发生争议，当事人可能无法举出充分的证据直接证明债务存在，但证明债权纠纷的存在，对于当事人而言，不会那么难。既然可以通过司法解释，将“债务”的内涵扩张至包含非法债务，那么为什么要将更具有合理性的债权纠纷排除出“债务”的范围呢？

二是行为人的主观目的是否仅在于实现自身的债权？对于相似的行

---

① 裴广川著：《刑事案例诉辩审评——绑架罪、非法拘禁罪》，中国检察出版社2005年版。

为，即非法扣押、拘禁他人并进而向他人索取财物的行为，为什么会有刑罚量相差如此大的两种处理方式呢？答案就是因为行为人主观恶性不同。索债型非法拘禁罪的目的仅在于为实现自身的债权，换言之，是为了取回本应属于自己的财物；而绑架罪的主观目的是为了勒索他人的财物，侵犯了他人的财产权。若行为人以索取债务为借口，向他人勒索财物的，或存在有债权债务关系，但行为人索取的数额远远超过债权的数额时，行为人的主观目的发生了转化，此时不应再以索债型非法拘禁罪来论处，而应适用绑架罪，否则将造成刑法不公的现象。

四、对索债型非法拘禁罪司法解释的质疑

最高人民法院于2000年7月13日颁布的将“债务”扩张为包含“非法债务”的司法解释，确实在一定程度上起到了统一认识和执法的作用，而且该司法解释对于调和刑法中绑架罪起刑点过高的缺陷也有一定作用，在客观上限制了绑架罪的适用范围。但是，该司法解释是否合理合法，却并非没有疑问。

第一，民法上不予保护的债务，在刑法上予以认可，恐怕是有问题的。笔者认为，在索取非法债务的情况下，同样不仅侵犯了被扣押、拘禁人的人身自由和造成其近亲属等的恐惧心理，还侵犯了他人的财产权，因而从社会危害性上看，并不比绑架罪轻。因为法律是保护合法债权本身的，只是禁止用剥夺他人人身自由的方式予以实现；而法律对非法债权本身是禁止的，不允许以任何方式予以实现。若一种债权得不到法律上的承认和保护，那么我们还可以说为索取非法债务而拘禁他人的行为，只侵犯了他人的人身自由而不侵犯他人的财产权利吗？这种情况又与绑架罪有何区别呢？有学者认为，为索取非法债务而发生的扣押债务人的行为事出有因，因此与纯粹的绑架罪相比，其社会危害性更低。但笔者认为，基本上每个犯罪背后都有其一定的原因，难道就可以降低对犯罪人的处罚吗？显然不能。而且非法债务的诞生必然伴随着一个非法的行为，如赌博、放高利贷、嫖娼等非法行为，那为什么一个与绑架罪相似的非法扣押的行为加上一个赌博等的非法行为的社会危害性反而不如单单一个非法扣押的行为呢？也有学者说，因为绑架罪的起刑点太高，所以通过扩张解释，将一部分疑似绑架罪的犯罪纳入非法拘禁罪

中，可以使刑法更加合理化。但笔者认为，刑法上规定的不合理可以通过修改刑法来修正，扩张解释不能违背法律的基本原理。绑架罪的起刑点规定得不合理，我们可以考虑通过修改刑法来降低其起刑点，但不能把根本不是非法拘禁的案件也纳入非法拘禁罪中。

第二，在民事案件中，按照谁主张谁举证的原理，如果债权人无法提供证据证明债务的存在，则要承担败诉的后果，这一原理是否也可适用于刑事案件中？如果适用，那么随之而来的是推定债务不存在，那么就要以绑架罪来论处，行为人至少将承担10年以上有期徒刑的刑事责任；如果行为人能证明债权的存在，那么一般而言，行为人至多承担3年有期徒刑。这时会出现一种荒谬的现象：诉讼上的举证不能导致至少7年以上有期徒刑的刑罚量！而且在现实生活中，赌债等非法债务往往秘密进行，根本无法进行考量，这是否意味着都对被告人按照绑架罪来处罚呢？对此，如上所述，笔者认为可以通过考察债权纠纷而不是债权本身存在与否、真实与否来规避这一问题。

第三，规定索取非法债务非法扣押他人也可构成非法拘禁罪而不是绑架罪，这就为被害人创设了一个利用国家刑罚权进行权力寻租的机会，如上所述，非法拘禁罪与绑架罪的刑罚量相差极大，而非法债务一般是秘密进行，往往只有行为人与被害人双方知情。因此，对于这些非法债务，若行为人提出主张，而被害人加以承认，那么法院必定会认定该债务的存在。这样就会出现这样一种情况：当事实上不存在债权债务关系的行为人因绑架了被害人而被查处后，行为人可以通过收买被害人，伪造双方之间存在非法债务，因为只要被害人承认非法债务的存在，法院就会采信，根本不存在所谓的伪造证据的风险。那么，行为人通过付出一定的金钱代价，就至少可以少受7年牢狱之苦。换言之，该司法解释为行为人规避绑架罪提供了一条捷径，而这对于法治的建设和保持刑法的严肃性是十分不利的。

（本文发表于《江西公安专科学校学报》2006年第6期）

二、绑架罪精选论文

掳人勒赎行为定罪量刑问题的探讨

姜　伟

掳人勒赎现象在资本主义社会和旧中国是经常发生的。新中国成立以来，随着我国社会主义政治制度、经济制度的建立和清匪反霸运动的开展，这种犯罪行为曾基本绝迹。但是，最近几年各地屡次发生掳人勒赎案件，严重地危害了广大人民的人身和财产安全，在社会上造成了极坏的影响。因此，运用法律武器与掳人勒赎行为作斗争已成为一个亟待解决的问题，应该引起刑法学界的重视。

一

掳人勒赎行为手段卑鄙，危害严重，足以符合我国刑法第10条所规定的犯罪实质定义的要求，应该追究刑事责任。但是，由于现行刑法未对掳人勒赎行为作出明确的专条规定，因而在定罪问题上产生了种种不同的见解，概括起来有三种意见：

其一，主张定抢劫罪。认为掳人勒赎行为使用暴力绑架人质，并以杀害人质相威胁，强索他人财物，符合抢劫罪的实质特征，应直接适用刑法第150条，定为抢劫罪。且抢劫罪的罚则比较重，与社会危害性较大的掳人勒赎行为相适应，不至于产生重罪轻判或轻罪重判的现象。持这种见解的人针对他人的批评意见，对实施暴力的“当时”作了这样的理解：掳人勒赎中的暴力绑架人质行为，自行为人限制他人人身自由以后一直处于持续状态之中，在得到“赎金”之前，暴力并没有结束，更没有成为过去，所以，取得“赎金”之际仍可视为实施暴力之时。

其二，主张定敲诈勒索罪和非法拘禁罪，对掳人勒赎行为实行两罪并罚、认为掳人勒赎行为并不是使用暴力的当时、当场直接取得财物，而是以杀害人质相威胁，限期要求他人将一定数量的财物送到某地或交给某人，具有要挟的性质，符合敲诈勒索罪的构成要件，同时，掳人勒赎行为绑架人质，强行剥夺了人质的人身自由，又构成非法拘禁罪。掳人勒赎行为触犯了两个相互独立的罪名，应该合并处罚。如果行为人在犯罪过程中故意杀害或重伤人质，则应该三罪并罚。根据掳人勒赎行为的犯罪事实及情节而数罪并罚，也可做到罪刑相适应。

其三，主张按刑法第 150 条的抢劫罪类推为“绑架罪”。认为掳人勒赎行为不是直接使用暴力当时当场直接取得财物，从使用暴力及暴力威胁到取得财物有一个“缓冲”阶段，直接定抢劫罪似有不妥；另一方面，掳人勒赎行为是一个有机联系的整体，不可任意分离，加之用暴力劫持人质也不能包括在敲诈勒索罪的手段范围之内，按敲诈勒索罪和非法拘禁罪实行数罪并罚也有疑问。鉴于掳人勒赎行为具有较大的社会危害性、已达到犯罪的程度，而刑法中又无明确的直接规定，只能适用类推。掳人勒赎行为使用暴力强迫他人交付财物，无论在罪的构成上，还是在罪的危害上，都与抢劫罪最为相似，因此，应定“绑架罪”，按刑法第 150 条的抢劫罪类推量刑。

笔者觉得，以上三种意见尽管在处罚上皆可做到罪刑相适应，但在犯罪构成上都不能令人满意。掳人勒赎行为有其独自的特征。首先，掳人勒赎行为的被害人有两个：一个是被暴力剥夺人身自由的人质，一个是受到要挟而被迫交出财物的人；其次，犯罪人与这两个被害人的接触和联系，无论在空间上，还是在时间上，既非同地，也非同时；再次，掳人勒赎行为自非法拘禁人质起，直到犯罪人取得“赎金”或案发时，一直处于持续状态之中；最后，犯罪人绑架人质是为勒索“赎金”服务的，二者属于同一个犯罪过程，贯穿着同一个犯罪目的。因而，掳人勒赎行为既与抢劫罪有着明显差别，也不能被敲诈勒索罪和非法拘禁罪二罪所支解。至于是否需要类推，则取决于刑法理论是否容许具有上述特征的行为可以无视其基本要求和刑法分则的有关规定而适用类推。这是一个值得研究的问题。

二

笔者认为，掳人勒赎行为是非法拘禁罪与敲诈勒索罪的牵连犯。《刑法各论》就正确指出：“在实践中，实施非法拘禁，其行为（手段）

或结果往往同时触犯其他罪名，例如，有的非法绑架、扣留他人，目的是借此勒索钱财……在这种情况下，是否需要按非法拘禁罪同敲诈勒索罪合并判刑？笔者认为，应当根据处理‘牵连犯’的原则来解决，即按照其中较重的罪名定罪判刑，不需要数罪并罚。”① 刑法理论也历来主张，对刑法分则有明确规定的两项罪名的牵连犯不可、也毫无理由适用“类推”定罪量刑。

众所周知，牵连犯有三个构成要件，一是犯罪人主观上持一个犯罪目的；二是犯罪行为客观上触犯两个罪名；三是两罪之间具有手段和结果的牵连关系。掳人勒赎犯罪人所实施的劫掳行为和勒赎行为指向一个目的，即索取他人财物；劫掳行为构成非法拘禁罪并是勒赎行为的手段无疑。论证掳人勒赎行为是非法拘禁罪和敲诈勒索罪的牵连犯，还须说明犯罪人的勒赎行为触犯了敲诈勒索罪，这是一个关键。有人否认以杀害或伤害人质相威胁是勒索敲诈的方法之一。笔者不以为然。

勒索谓之“强取也”，敲诈则为“藉端勒索人财”，而藉端勒索是“假借事端逼迫、索求他人之钱财也②”。我国关于刑法分则的著述都认为，暴力威胁也是敲诈勒索的一种手段。显然，向敲诈对象以杀害或伤害第三人，包括以被绑架的人质相威胁，也属于暴力威胁的范围之内。《巴西联邦共和国刑法典》③ 第二编第二章明文规定掳人勒赎行为是“敲诈罪”。可见，勒赎行为足以构成敲诈勒索罪。

资产阶级国家的刑法典有勒索罪，与我国刑法的敲诈勒索罪在本质上、构成上是一样的。《印度刑法典》就将掳人勒赎行为视为勒索罪。其第383条规定：“无论何人，故意地使任何人处于自身或任何人将受伤害的恐惧中，从而不诚实地诱使处于这种恐惧中的人把任何财产或有价保证或已经签名或盖章可以变为有价保证的任何东西，交付与任何人，该人就实行了‘勒索’。”《印度刑法典》为了将勒索罪和强盗罪（即抢劫罪）区别开来，特意在第390条强盗罪的“例解（四）”中指出：“甲

① 中国人民大学法律系刑法教研室编：《刑法各论》，中国人民大学出版社1982年3月版，第126页。

② 《中文大辞典》，台湾中国文化研究所印行，北京1982年冬翻印。

③ 《巴西联邦共和国刑法典》，法律出版社1963年版。

对乙说了，你的孩子在我的一帮人手里，除非你给我们送来一万卢比，否则孩子将被处死，后，甲从乙处获得财产，这时勒索受处罚；但这不是强盗罪，除非使乙处于感到他的孩子将立即死亡的恐惧中①。”《法国刑法典》明确规定：“勒索罪只有在当时使用相威胁时才以抢劫论。”②国民党刑法典③虽有掳人勒赎罪的专条规定，但也与恐吓取财罪（即勒索罪）编为一章，表明二者的本质相同。这些刑事立法为我们正确解决掳人勒赎罪的定罪问题提供了某些启示。笔者以为，掳人勒赎行为与其说与抢劫罪相似，毋宁说与敲诈勒索罪相同，只不过是一种特殊的敲诈勒索罪，是牵连到非法拘禁罪的敲诈勒索罪。

毫无疑问，掳人勒赎行为不仅因劫掳人质、扣押人质构成了非法拘禁罪，而且以暴力威胁勒索财物构成了敲诈勒索罪。非法拘禁人质，是实施勒索的手段，因此二罪具有手段牵连的关系，不能按数罪并罚，也不可适用类推，应按牵连犯的处罚原则，即从一重罪论处。

但是，对掳人勒赎行为按非法拘禁罪和敲诈勒索罪的牵连犯处罚也存在一个问题，就是在某种情况下不能做到罪刑相适应。非法拘禁罪的罚则有三个阶梯，一是基本构成的罚则，为 3 年以下有期徒刑、拘役或者剥夺政治权利；二是致人重伤的罚则，为 3 年以上 10 年以下有期徒刑；三是致人死亡的罚则，为 7 年以上有期徒刑（即最高刑为 15 年有期徒刑）。敲诈勒索罪的罚则有两个阶梯，一是基本构成的罚则，为 3 年以下有期徒刑或拘役；二是加重构成的罚则，为 3 年以上 7 年以下有期徒刑。根据犯罪人犯罪的具体情节，比较二罪罚则的轻重，对掳人勒赎行为的处理可能会出现如下三种情况：第一，如果掳人勒赎犯罪人故意杀害或重伤人质，则应视其犯罪情节按非法拘禁罪与敲诈勒索罪的重罪和故意杀人罪或故意重伤罪二罪并罚。例如，范某（男，27 岁）劫掳儿童郑某（男，6 岁），向其家长索要“赎金”。当范某发现郑某认识他时，害怕罪行暴露，用铁锹将郑某杀害。显然，对于范某的犯罪目的来说，杀害郑某既不是勒赎的手段，也不是勒赎的结果，而是范某在新的

① 吉蒂译，楼邦彦校：《印度刑法典》，法律出版社 1957 年版。

② 《刑法资料汇编》（第七辑），中国人民大学出版社 1955 年版。

③ 《刑法资料汇编》（第六辑），中国人民大学出版社 1955 年版。

犯意支配下形成的独立犯罪。非法拘禁罪的加重构成虽然有致人重伤或死亡的情节，但根据刑法理论的完全责任主义的主张，结果加重犯是故意的基本犯和过失的重大结果的结合犯。从该项构成的罚则内容也可分析出其加重构成不可能包括故意杀人或故意重伤的情况。对掳人勒赎过程中故意杀害人质或重伤人质的犯罪人按数罪并罚，不仅在理论上有据，而且在实践中有利，可做到罪刑相适应。第二，如果掳人勒赎犯罪人在犯罪过程中过失致人重伤或死亡，则应定非法拘禁罪，按其加重构成的罚则处罚，也可做到罪刑相适应。第三，如果掳人勒赎犯罪人在犯罪过程中未伤害“人质”，且得到巨额“赎金”，那最高也只能判处7年有期徒刑，以敲诈勒索定罪。由于掳人勒赎行为索要的款项一般都数额较大，这有重罪轻判之嫌。不过这是立法技术有待改进的问题，敲诈勒索罪的罚则与诈骗罪的罚则比较本来就偏轻。既然掳人勒赎行为符合非法拘禁罪和敲诈勒索罪牵连犯的构成要件，根据社会主义法制原则的要求，就不能因为某类掳人勒赎行为量刑可能偏轻而改变罪名，更不能比照其他犯罪实行类推，否则，刑事立法和刑法理论就徒具其文，可以任意解释了，有碍法制的严肃性和理论的科学性。

在现有的条件下，依据刑法理论将掳人勒赎行为视为非法拘禁罪与敲诈勒索罪的牵连犯，取其重罪处罚，特殊情况下，即犯罪人故意杀害或重伤人质时按数罪并罚，是合适的。由于这种做法仍存在某些缺陷，属于不得已而为之的应急之策。要从根本上解决问题，有效地打击掳人勒赎犯罪，应该创制有关的刑事立法。

三

在刑事立法中作出处罚掳人勒赎行为的具体规定，是对掳人勒赎行为准确定罪、适当量刑的基本保证。创制刑事立法，须解决以下三个问题。

首先要确定罪名。罪名是犯罪的名称，是对具体罪行的本质或主要特征的概括。掳人勒赎行为是非法劫持人质，以杀害或重伤人质相威胁索取财物的行为，《巴西联邦共和国刑法典》具体称之为“绑架罪”，日本的单行法规[①]称此为“掳人勒索罪”，国民党刑法典称此为“掳人勒赎罪”。笔者认为，称掳人勒赎罪较为恰当。尽管民间俗称这种行为为“绑架”、“绑票”等等，但没有明确表明该犯罪行为的本质特征，也不符合法言法语简明确切的要求。

其次要说明罪状。刑事立法规定犯罪的条文一般由两部分组成，前半部分是罪状，后半部分是罚则，这是法律固有的规范性要求。所谓罪状，就是该犯罪行为具体构成特征的叙述。掳人勒赎罪的构成要件有如下几个方面：

1. 掳人勒赎罪侵害的是双重客体。掳人勒赎行为劫掳人质，侵犯了公民的人身权利；强索财物或财产性利益，又侵犯了公民或公共的财产权利或其他利益。

2. 掳人勒赎罪的主体是一般主体。由于此罪的危害性较大，行为人只要年满14周岁便可构成此罪。

3. 掳人勒赎罪只能由故意构成，即犯罪人意图勒赎而非法劫掳人质。

4. 掳人勒赎罪在客观方面表现为劫掳人质，强行索取公私财物或财产性利益的行为。

（1）劫掳人质的行为。指犯罪人采用某种方法使人质置于自己的支配之下。犯罪人劫掳人质的方法没有限制，可以暴力劫持，也可以欺骗、诱惑。

（2）非法拘禁人质的行为。指犯罪人扣押人质，限制其人身自由的行为。只要能使人质脱离原生活区域、丧失人身自由的方法，就是拘禁的方法，如捆绑、隔离等等。拘禁时间的长短对构成此罪没有影响，只是量刑时予以考虑的情节。

（3）强行勒赎的行为。指犯罪人以杀害或伤害“人质”相威胁，要求财产所有人或保管人交付一定数量的财物或财产性利益，作为放回人质的条件的行为。犯罪人可以面对被害人直接勒索，也可以通过书信、电话间接勒索，还可以由第三人转达勒索。勒索的内容是限定时间、地

---

① 《六法全书》，《关于处罚掳人勒赎》等行为的法律，日本昭和54年版，第970页。

点、财产性质或利益性质及数量，并要求被害人适时履行，若不覆行便以杀害或伤害人质相威胁。只要犯罪人向被害人传递了勒索信息，便是实行了勒索行为。

犯罪人的劫掳行为、拘禁行为、勒赎行为是有机联系的整体，劫掳行为是前提，拘禁行为是条件，勒赎行为是目的，三者密不可分。掳人行为和勒赎行为所针对的被害人不仅不可能是一个人，而且在时间上和空间上都是有距离的，这是掳人勒赎罪与抢劫罪的本质区别。

由于掳人勒赎行为有其独自的特征，所以，各国凡规定“掳人勒赎罪”的刑事立法都采用“叙明罪状”的方式表达该罪的基本构成。《巴西联邦共和国刑法典》第159条指出：“为了给自己或他人获得非法利益而绑架别人作为人质或赎金条件的”为“绑架罪”。《日本刑法修正草案》（1974年）第307条第1项规定：“逮捕、监禁、略诱或者拐骗他人为人质，要挟第三者去尽不应该尽的义务或要求他人放弃应享有的某种权利”的行为是“掳人勒索罪”①。国民党刑法典也规定：“意图勒赎而掳人者”是“掳人勒赎罪”。比较三种法律规定的具体罪状，不难看出，“巴西刑法典”的表述不够明确，“日本修正案”的内容过于繁杂，“国民党刑法典”的规定显得简单。我国的刑事立法应作出简明确切的规定。笔者认为，将掳人勒赎罪的基本罪状表述为：“非法劫掳并拘禁人质，以此要挟他人索取公私财物或其他财产性利益的”行为，较为妥当。

最后，要规定罚则。罚则是刑法对具体犯罪所规定的量刑标准。掳人勒赎行为的社会危害性较大，从各国的刑事立法来看，有的国家如巴西，对掳人勒赎的处罚重于抢劫罪，认为掳人勒赎行为必然使用暴力限制人身自由，而抢劫行为则不一定使用暴力；有的国家如印度，对掳人勒赎的处罚轻于抢劫罪（强盗罪），认为掳人勒赎行为的杀伤威胁在将来才能实现，而抢劫罪的杀伤威胁立即就能实行。这两种见解都有一定道理。分析掳人勒赎罪的危害，与抢劫罪相近，莫如对掳人勒赎罪的处罚同于对抢劫罪的处罚，即其基本构成为“三年以上十年以下有期徒刑”。

---

① 《六法全书》，日本昭和54年版，第1008~1009页。

任何犯罪都有其复杂的情节，不同的情况危害各异。外国立法例对掳人勒赎行为的处罚规定得较为详细，但也过于琐碎，罪刑的层次多且限制严，那是由该刑事立法的整个体系决定的。根据我国刑法体系的结构，应对掳人勒赎行为的加重构成作进一步规定，即掳人勒赎情节严重或者致人重伤、死亡的，处10年以上有期徒刑、无期徒刑或者死刑。

掳人勒赎行为是一种图财犯罪，对情节严重的掳人勒赎行为，可以并处没收财产，不让犯罪人在经济上占到便宜。

综上所述，我国的刑事立法对掳人勒赎行为的规定应由下列两款组成：

"非法劫掳并拘禁人质，以此要挟他人索取公私财物或其他财产性利益的，处三年以上十年以下有期徒刑。"

"犯前款罪，情节严重或者致人重伤、死亡的，处十年以上有期徒刑、无期徒刑或者死刑，可以并处没收财产。"

为了有效地同掳人勒赎犯罪作斗争，保护广大公民的人身和财产不受侵犯，建议立法机关通过修订刑法或颁布单行法规，对掳人勒赎犯罪的定罪与量刑问题作出明确的规定。

（本文发表于《西北政法学院学报》1985年第1期）

论绑架勒赎罪

张明楷

全国人大常委会《关于严惩拐卖、绑架妇女、儿童的犯罪分子的决定》（以下简称《决定》）第2条第1款规定了绑架妇女、儿童罪的罪状与法定刑，该条第3款规定：“以勒索财物为目的绑架他人的，依照本条第一款的规定处罚。”通说认为，本款增设了一个独立的罪名。但如何确定其罪名与性质，如何理解该罪的构成要件，如何认定罪数等，都需要深入探讨。

一、绑架勒赎罪的概念与性质

从本文标题可知，笔者主张《决定》第2条第3款的罪名应为“绑架勒赎罪”。最高人民法院、最高人民检察院《关于执行〈全国人民代表大会常务委员会关于严惩拐卖、绑架妇女、儿童的犯罪分子的决定〉的若干问题的解答》）（以下简称《解答》）指明，本罪的罪名应为“绑架勒索罪”，刑法理论上的通说也持这一观点。两种表述虽只有一字之差，但对本罪范围的确定却有影响。我们先来看看通说给本罪下的定义。《解答》指出：“绑架勒索罪，是指以勒索财物为目的，使用暴力、胁迫或者麻醉方法，劫持他人的行为。”其他许多论著的定义也是如此。但根据这一定义，本罪可能包括两类行为：一是行为人绑架他人后，以释放或不杀伤被绑架人为条件，要求被绑架人的亲属或其他有关人交付财物；二是行为人绑架他人后，直接向被绑架人勒索财物。由于第二种行为也是以勒索财物为目的，使用暴力、胁迫或者麻醉方法劫持他人的行为，故符合上述定义。

然而，上述第二种行为并不构成所谓绑架勒索罪，而是构成抢劫罪。因为该行为是直接使用暴力手段，当场向被害人勒索财物，这完全符合抢劫罪的特征。之所以认定构成绑架勒索罪，主要原因在于上述罪名使用不当、定义界定不准。因为上述绑架勒索罪的罪名与定义告诉人们：凡是使用绑架方法勒索财物的，都构成本罪。由此可以看出，绑架勒索罪的罪名及上述定义存在缺陷。

不可否认，上述定义是根据《决定》作出的。但是，《决定》并没有给本罪下一个完整的定义，只是规定了本罪的罪状。我们应当根据本罪的基本模式来下定义，从而使本罪的范围明确，而不至于使本罪包含抢劫罪的内容。绑架勒赎罪的基本模式是：行为人使用暴力、胁迫或者麻醉方法，使被绑架人离开原来的生活场所或者将被绑架人控制在自己或第三者的实力支配下，从而造成被绑架人的近亲属及其他有关人对被绑架人生命、身体安全的忧虑，进而利用这种忧虑，迫使其交付财物。因此，绑架勒赎罪的定义应是：利用被绑架人的近亲属或者其他人对被绑架人安危的忧虑，以使之交付财物为目的，使用暴力、胁迫或者麻醉方法将他人控制在自己或第三者的实力支配下的行为。这一定义告诉我们，绑架勒赎罪不是直接向被绑架人勒索财物，而是向被绑架人的近亲属或有关人勒索财物；行为人所勒索的财物是被绑架人的生命、身体安全的代价，是赎回被绑架人的代价。因此，将本罪的罪名概括为绑架勒赎罪，才反映出本罪的实质，才能将抢劫罪排斥在外。

众所周知，我国刑法分则以同类客体为标准，将犯罪划分为八类，其中第四章为侵犯公民人身权利、民主权利罪，第五章为侵犯财产罪。绑架勒赎罪通常既侵犯被绑架人的人身自由权，同时又侵犯了被绑架人近亲属或其他有关人的财产所有权。这就需要确定，绑架勒赎罪究竟属于侵犯人身权利的犯罪，还是属于侵犯财产所有权的犯罪？刑法理论上，有的将本罪归入侵犯财产罪，理由是，“因为犯罪分子的目的还是为了勒索财物，所以，本罪侵犯的主要客体仍是财产所有权，故应将绑架勒赎罪归入侵犯财产罪一章。”① 笔者认为，本罪属于侵犯人身权的犯罪。理由如下：

第一，虽然绑架勒赎罪的手段行为是绑架、目的行为是勒索财物，但是，并非任何犯罪的性质都由目的行为决定，即并非目的行为所侵犯的社会关系都是主要客体。当手段行为重于目的行为时，就应肯定手段

---

① 赵秉志、吴振兴主编：《刑法学通论》，高等教育出版社1995年版，第673页。

行为对犯罪性质的决定作用。例如，我国刑法理论一般认为，在法律没有特别规定的情况下，对牵连犯应从一重处断。① 其中便包含了如下含义：如果牵连犯中的手段行为重于目的行为，则以手段行为所触犯的罪名定罪。绑架行为的危害重于勒索财物的危害，表现在：行为人所使用的手段是暴力、胁迫或麻醉方法；绑架行为一般呈持续状态，在较长时间内侵犯了他人人身自由权；被绑架人的近亲属或其他人也受到严重恐吓；其他公民也因此失去安全感。因此，绑架勒赎罪侵犯的主要社会关系是人身权。

第二，《决定》对本罪规定的罪状是，“以勒索财物为目的绑架他人”。显然，勒索财物是主观要件的内容，而客观行为只要求绑架他人。因此，以勒索财物为目的而实施绑架行为，但事实上还没有勒索财物却被查获的，应以绑架勒赎罪论处（下面将讨论这一问题）。而在这种情况下，行为只具有侵犯财产权的可能性，事实上却没有侵犯财产所有权。如果将绑架勒赎罪归入侵犯财产罪，则意味着本罪的客体主要是财产所有权，那么，对上述行为就难以本罪论处。这显然不合适。

第三，我国刑法没有规定此罪，以往对这种行为一般以抢劫罪论处。② 立法者将本罪规定在《决定》中，表明其所重视的是对公民人身权利的侵犯。因为《决定》属于单行刑法，而我国单行刑法都只是规定某一类型的犯罪。《决定》所规定的犯罪则是侵犯人身权的犯罪。立法者并非随意将绑架勒赎罪规定在《决定》中，而是反映了其立法意图：保护公民的人身权。故本罪侵犯的主要客体是人身权。

综上所述，绑架勒赎罪应归入侵犯人身权利罪，而不应归入侵犯财产罪。

二、绑架勒赎罪的主客观要件

绑架勒赎罪的客观要件是：使用暴力、胁迫或者麻醉方法劫持他

---

① 高铭暄主编：《中国刑法学》，中国人民大学出版社 1989 年版，第 223 页。

② 最高人民检察院：《关于以人质勒索他人财物案件如何定罪问题的批复》，1990 年 4 月 27 日。

人，以便向被绑架人的近亲属或其他人勒索财物。行为通常分为两个环节：一是对他人进行绑架；二是向被绑架人的近亲属或其他人勒索财物。

绑架，是指使用暴力、胁迫或者麻醉方法，使他人离开原来的生活场所，将他人控制在自己或者第三者的实力支配下。绑架对象的“他人”，可以是任何人，包括妇女、儿童和婴幼儿。这是绑架勒赎罪与绑架妇女、儿童罪的一个重要区别。从实质上说，暴力是使人不能抗拒的方法，胁迫是使人不敢抗拒的方法；麻醉是使人不知抗拒的方法。三者都具有严重的强制性。但根据《决定》规定，对以勒赎为目的，偷盗婴幼儿的，也以本罪论处。这是因为，婴幼儿没有抗拒的意识与能力，偷盗婴幼儿的行为实际上也是一种强制行为。关于绑架行为，有两个问题需要研究。

问题之一：绑架是否要求使被绑架人离开原来的生活场所？国外刑法理论对此有两种观点：一种观点采肯定说，因为绑架的本质是使人离开原来的生活场所；如果被害人仍然处于原来的生活场所，则不能认为是绑架。而通说采取否定说，因为绑架的实质是使被害人处于行为人或第三者的实力支配下；事实上有的行为人使用欺诈方法使未成年人的父母离开生活场所，从而将未成年人控制在行为人的实力范围内。① 笔者认为，应当采取后一种观点。虽然在通常情况下，绑架意味着使被害人离开原来的生活场所，但绑架的实质是使被害人处于行为人或第三者的实力支配下；因为被害人处于该状况下时，其人身自由就受到了侵犯，其生命、身体安全随时有被侵犯的可能性。正因为如此，行为人才向被害人的近亲属或有关人勒索财物。

问题之二：绑架究竟包括哪些行为？与抢劫罪不同，《决定》对绑架勒赎罪的手段行为作了完整的限定，即仅限于暴力、胁迫或麻醉方法，而没有规定“其他方法”。那么，以勒索财物为目的使用其他方法绑架他人的，能否成立本罪？许多人持肯定回答。例如，有的人认为：“绑架的实质在于将他人掳走并置于自己的控制之下，使其失去人身自由，至于使用什么样的方法，则不应严格限制。绑架人质通常是使用暴

---

① ［日］大塚仁著：《刑法概说（各论）》，日本有斐阁 1975 年增补 2 版，第 77 页。

力、胁迫或麻醉方法，但实际上可供使用的方法远不止这些，例如引诱、欺骗、以揭发隐私相要挟、乘被害人昏迷不知反抗而将其掳走等，使用这些方法将他人掳走的，也应认定为'绑架'，符合主观要件的，应定为绑架勒索罪。"[①] 有人指出："所谓绑架，就是违背被绑架人或者其法定监护人的意志，使用暴力、胁迫、麻醉或其他方法，非法将其掳走，并置于行为人的控制之下，限制其人身自由。……所谓其他方法，就是采用暴力、胁迫、麻醉以外的其他方法，违背被害人或其法定监护人意志，将其掳走限制其人身自由。如乘被害人处于昏睡、醉酒、患病、自我麻醉等不知、不能抗拒状态进行绑架等。"[②] 笔者认为，上述观点值得商榷。《决定》对绑架勒赎罪的手段作了明确限定，而没有规定"其他方法"；如果在解释时随意添加"其他方法"，则属于类推解释，违反罪刑法定原则。上述观点所说的其他方法主要包括两类：一是使用欺骗、利诱等方法使被害人离开原来的生活场所，并置于行为人的实力支配下；二是利用被害人自身不知、不能抗拒的状态将其掳走，并置于行为人的实力支配下。

笔者也赞成这些行为属于绑架，但同时认为，这种行为本身也是使用暴力绑架他人，而不是暴力、胁迫、麻醉以外的"其他方法"。

首先，"暴力"一词具有多种含义。国外刑法理论将暴力分为四种：一是最广义的暴力，它包括不法行使有形力量的一切情况，其对象不仅可以是人，而且可以是物。二是广义的暴力，是指不法对人行使有形力量，但不要求直接对人的身体行使。即使是对物行使有形力量，但因此对人的身体以强烈的物理影响时，也构成暴力。三是狭义的暴力，是指对人的身体不法行使有形力量。四是最狭义的暴力，是指对人的身体行使有形力量并达到足以压制对方抗拒的程度。[③] 由此看来，暴力的核心是行使有形力量。笔者认为，绑架勒赎罪中的暴力应该是最狭义的暴

① 陈小清：《试论绑架勒索罪》，载《中南政法学院学报》1993 年第 3 期。

② 赵秉志、吴振兴主编：《刑法学通论》，高等教育出版社 1995 年版，第 672～673 页。

③ 早稻田司法考试研究室编：《刑法各论》，早稻田经营出版 1991 年版，第 30～31 页。

力。而将不知、不能抗拒的人掳走并置于行为人的实力支配下的行为，也是最狭义的暴力行为。因为“掳走”本身是对人的身体行使有形力量；而且行为人利用了某种状态，足以压制对方的抗拒。

其次，绑架是一种持续行为。认定行为是否属于暴力、胁迫，应当从整个过程来分析，而不能仅看某一点。使用欺骗、利诱等方法使被害人离开原来的生活场所并置于行为人的实力支配下的行为，就使被害人离开原来的生活场所而言，似乎没有暴力、胁迫，但行为人在此后却将被害人置于自己的实力支配下，这往往表现为将被害人拘禁于一定场所，使其失去人身自由。而拘禁本身又是一种暴力，它使被害人不能或无法逃走。综上可见，人们所说的“其他方法”仍然是暴力方法。当然，如果确实没有使用暴力、胁迫、麻醉方法的，则不能认定为绑架。例如，行为人甲与乙合谋，由甲使用欺骗方法将丙骗至他处逗留数日，没有对丙实行拘禁，丙仍然享有人身自由。乙在其间向丙的近亲属或其他人勒索财物的，只能构成敲诈勒索罪，而不成立绑架勒赎罪。

向被绑架人的近亲属或其他人勒索财物是绑架勒赎罪的目的行为。这种行为一般是在绑架了他人后，以书面、口头、电话等方式通告被绑架人的近亲属或其他人。这些人都是担心被绑架人的安危的人，因此，除了近亲属之外，还包括其他有关人（如被绑架人的恋人、亲密朋友、单位等）。这些人之所以交出财物，是因为担心被绑架人的安危而“赎回”被绑架人。因此，如果行为人绑架他人是为了直接向被绑架人索取财物，则不构成本罪，而构成抢劫罪。值得研究的问题是：勒索财物的行为本身是否构成要件行为？有些行为人虽然以勒索财物为目的绑架他人，但还没有向被绑架人的近亲属或有关人通告勒索财物时，能否认定为绑架勒赎罪？笔者持否定的观点。首先，行为的性质不是仅由客观行为决定，而是同时由客观行为与主观罪过决定。既然行为人以勒索财物为目的绑架他人，就表明其行为的性质是绑架勒赎，而不是单纯的非法拘禁。其次，《决定》对本罪罪状的表述是“以勒索财物为目的绑架他人”。据此，绑架勒赎罪是目的犯，即勒索财物是目的，属于主观要件。但是，目的犯中的目的与故意、过失等不同：故意、过失本身都要求有与之相对应的客观事实；而目的犯中的目的则是“超过的主观要素”，即是超过客观事实范围的内容，或者说客观上不要求存在与目的相对应的事实。[①] 由于勒索财物只是目的，故现实的勒索行为并不是成立本罪的必要条件；绑架他人才是成立本罪必不可少的行为。[②]

绑架勒赎罪的主观要件是直接故意，行为人一方面利用被绑架人的近亲属或者其他人对被绑架人安危的忧虑，另一方面以勒索财物为目的。行为人的主观心理状态具体表现为：如果被绑架人的近亲属或有关人交付财物，则释放被绑架人或者不杀伤被绑架人。如果不具有这种心理状态，则不构成绑架勒赎罪。而且，勒索财物的目的具有非法性，即以勒索他人所有的财物为目的，而不是以索回自己所有的财物为目的。《解答》指出，行为人以索债为目的，非法剥夺他人人身自由的，只构成非法拘禁罪，不构成本罪。因为行为人主观上不是为了非法占有他人的财物，而是为了索回自己所有的财物。附带说明一下，这个问题涉及财产犯罪保护法益的本权说与占有说。本权说认为，财产犯罪的保护法益是财物的所有权及其他本权；占有说认为，财产犯罪的保护法益是事实上的占有本身；此外还有基于上述两说的各种折中说。[③] 本权说与占有说在许多情况下会得出不同结论。例如，第三者或者被盗窃人从盗窃犯那里窃取所盗财物的，本权说认为不成立盗窃罪，而占有说认为成立盗窃罪。同理，以索债为目的绑架他人时，本权说认为只成立非法拘禁罪，因为该行为没有侵犯他人的财产所有权；占有说则认为成立绑架勒赎罪，因为该行为侵犯了他人财物的占有本身。由此看来，《解答》采取了本权说。

根据《决定》的规定，行为人在绑架他人时，就必须具有勒索财物

① ［日］大塚仁：《刑法概说（总论）》，日本有斐阁 1986 年改订版，第 127 页。

② 国外刑法一般也是这样规定的。例如，日本刑法第 225 条之二第 1 款规定："利用被诱人的近亲或其他人对被诱人安危的忧虑，以使之交付财物为目的而略诱或和诱他人的，处无期或者三年以上惩役。"从这一规定也可以看出，勒索财物只是主观要件，客观上只需略诱与和诱行为，而不要求实际上实施勒索行为。

③ 早稻田司法考试研究室编：《刑法各论》，早稻田经营出版 1991 年版，第 107～111 页。

的目的，即行为人是为了勒索财物才绑架他人。但司法实践中存在以下两种情况：一是出于其他动机或目的绑架他人后，才产生勒索财物的目的；二是收买被拐卖、绑架的妇女、儿童后，对之进行非法拘禁或绑架，进行勒索财物。这两种行为在日本刑法中均有规定。日本刑法第 225 条之二第 2 款规定的罪状是："略诱或和诱他人后，利用被诱人的近亲或其他人对被诱人安危的忧虑，使之交付财物或要求财物。"第 227 条第 4 款后段规定的罪状是："收受被诱人的人利用被诱人的近亲或其他人对其安危的忧虑，使之交付财物或要求财物。"我国的《决定》对此虽然没有明文规定，但笔者认为，对上述两种行为通常应以绑架勒赎罪论处。

犯罪是主客观相统一的行为。但这并不意味着，勒索财物的目的必须产生于绑架行为之前，只是要求绑架行为的过程中存在勒索财物的目的。行为人出于其他目的或动机绑架或收买他人后，被害人便处于行为人的实力支配下；由于使被害人处于行为人的实力支配下是绑架的实质，故只要这种状态没有结束，就应当认为绑架行为没有结束；绑架行为是一种持续性质的行为，在绑架行为没有结束的情况下，产生了勒索财物的目的，并继续绑架或拘禁被害人的，其行为从此就具有绑架勒索的性质，符合绑架勒赎罪的特征。换言之，在通常情况下，勒索财物的目的存在于整个绑架行为过程中；而在上述情况下，勒索财物的目的只是存在于绑架过程的后一阶段。既然后一阶段是主客观相统一的绑架勒赎行为，理所当然应认定为绑架勒赎罪。对此，可以借用共同犯罪的成立条件来说明。我国刑法第 25 条规定："共同犯罪是指二人以上共同故意犯罪。"共同犯罪分为事前通谋的共同犯罪与事前无通谋的共同犯罪。后者"是指共同犯罪人刚着手实行犯罪时或实行犯罪过程中形成共同犯罪故意的共同犯罪"。[①] 这表明，共同故意并不要求存在于实行行为的整个过程，共同故意存在于实行行为过程的某一阶段时，也成立共同犯罪。基于同样的理由，勒索财物的目的也不要求存在于整个绑架过程中，该目的存在于绑架行为过程的某一阶段时，也不失为绑架勒赎。我们也可以认为，上述行为实际上是一种转化犯，即行为人开始实施的是

① 高铭暄主编：《中国刑法学》，中国人民大学出版社 1989 年版，第 190 页。

非法拘禁行为，但在非法拘禁的过程中，行为人产生了勒索财物的目的，并要求被害人的近亲属或其他人交付财物，这样，单纯的非法拘禁就转为绑架勒索，故应认定为绑架勒赎罪。

三、绑架勒赎罪的罪数问题

根据《决定》第2条的规定，犯绑架勒赎罪的，处10年以上有期徒刑或者无期徒刑，并处1万元以下罚金或者没收财产；情节特别严重的，处死刑，并处没收财产。不难看出，本罪的法定刑高于其他普通刑事犯罪。《决定》对本罪之所以规定如此重的法定刑，首先是考虑到不论行为人是否勒索到财物，其绑架行为都已经给被害人的人身与自由造成了严重的侵害，而且给被绑架人的近亲属或其他人造成了痛苦与忧伤，因而是一种极为严重的犯罪。其次反映出以下立法意图：行为人在实施绑架行为的过程中，杀害被绑架人（俗称“撕票”）的，不实行数罪并罚。

根据罪数理论，对犯绑架勒赎罪并“撕票”的行为，应认定为二罪。因为“撕票”行为不是绑架勒赎罪的构成要件行为，而且独立地符合故意杀人罪的构成要件。但笔者认为，将“撕票”另定为独立的杀人罪并没有必要。

首先，我国刑法理论承认“数行为在处理时作为一罪的情况”，即行为虽然符合数个犯罪的构成要件或者几次符合同一犯罪的构成要件，但只认定为一罪的情况，典型的是连续犯、牵连犯与吸收犯。① 这便意味着，即使是数个行为符合数个犯罪的构成要件，也有可能只认定为一罪。在这种情况下，往往是因为数行为之间具有密切联系，容易同时发生。而绑架勒赎与“撕票”行为也有密切联系，也容易同时发生，因而也具有以一罪论处的可能性。或许有人认为，绑架勒赎并“撕票”的行为并不是连续犯、牵连犯和吸收犯，故不能认定为一罪。但笔者认为，

---

① 高铭暄主编：《中国刑法学》，中国人民大学出版社1989年版，第221～224页；苏惠渔主编：《刑法学》，中国政法大学出版社1994年版，第262～263页；王作富著：《中国刑法研究》，中国人民大学出版社1988年版，第275～285页。

连续犯、牵连犯、吸收犯这些概念是刑法理论根据数行为在处断上应作一罪的若干现象概括出来的；犯罪是一种复杂的社会现象，不可否认存在一些数行为在处断上应作一罪的情况而没有上升为理论上的概念的现象。

其次，对密切联系、同时发生的数行为并不必然以一罪论处，要决定以一罪论处还是以数罪论处，必须考虑罪刑的均衡性，即对密切联系、同时发生的数行为以一罪论处能够做到罪刑均衡时，以一罪处理具有合理性。《决定》对绑架勒赎罪规定了比故意杀人罪还要高的法定刑(表现在最低刑高于故意杀人罪的最低刑，而且规定了并处罚金或没收财产)，这表明了绑架勒赎并“撕票”的行为以一罪论处完全能做到罪刑均衡。

再次，对密切联系、同时发生的数行为是以一罪论处还是以数罪论处，还应考虑刑事司法的难易性。如果以数罪论处过于复杂，不利于司法机关定罪量刑，则应主张以一罪论处。绑架勒赎并“撕票”的行为，在许多情况下认定为数罪较为困难。例如，绑架行为的实质是将被绑架人置于行为人或第三者的实力支配下，为了控制被绑架人，行为人通常实施拘禁、殴打等行为。在致人死亡的情况下，往往难以认定行为人对死亡结果是出于间接故意还是过失。而对上述行为以一罪论处，则避免了这一难题。

最后，刑法理论的通说认为，对死亡持故意态度的抢劫只构成抢劫罪。① 绑架勒赎罪的法定刑高于抢劫罪的法定刑，与故意杀人后当场劫走财物的只定抢劫罪相比，对绑架勒赎并“撕票”的行为，更可以只定绑架勒赎罪，没有必要实行数罪并罚。

(本文发表于《中南政法学院学报》1996年第1期)

---

① 高铭暄主编:《中国刑法学》，中国人民大学出版社1989年版，第507页；王作富著:《中国刑法研究》，中国人民大学出版社1988年版，第582~583页；何秉松主编:《刑法教科书》，中国法制出版社1995年版，第715页；赵秉志:《改革开放中的刑法理论与实务》，吉林人民出版社1994年版，第205~217页。

绑架勒索罪若干问题的探讨

林亚刚

绑架勒索罪是全国人大常委会《关于严惩拐卖、绑架妇女、儿童的犯罪分子的决定》（下称《决定》）为刑法增设的一个新罪，最高人民法院、最高人民检察院（以下简称“两高”）为适用《决定》而公布的《关于执行〈全国人民代表大会常务委员会关于严惩拐卖、绑架妇女、儿童的犯罪分子的决定〉的若干问题的解答》（下称《解答》）中，对该罪亦有专条解答。但在实践中、理论上对绑架勒索罪的一些问题尚有争议，笔者拟就此略述管见，以求教于同仁。

一、绑架勒索罪的概念

根据《决定》第2条第3款“以勒索财物为目的绑架他人的，依照本条第一款的规定处罚”的规定，应如何表述绑架勒索罪的概念？刑法学界主要有三种观点：(1)“两高”《解答》的规定：“绑架勒索罪，是指以勒索财物为目的，使用暴力、胁迫或者麻醉方法，劫持他人的行为。”(2)“是指以勒索财物为目的，使用暴力、胁迫或者麻醉等方法，绑架他人，勒令以财物赎回人质的行为。”①(3)“是指以勒索财物为目的，使用暴力、胁迫、麻醉或者其他方法绑架他人的行为。”② 在上述三种概念表述中，笔者赞同第三种观点，而前两种观点，根据立法规定并结合实践来看，还有进一步商讨的余地。

第一种观点虽为司法解释，但仍存在着不足。主要是：(1) 将绑架的方法限定在暴力、胁迫或麻醉方法的范围内，人为地缩小了构成范

---

① 马克昌、杨春洗、吕继贵主编：《刑法学全书》，上海科学技术文献出版社1993年版，第363页。

② 赵秉志、吴振兴主编：《刑法学通论》，高等教育出版社1993年版，第671页。

围，未穷尽绑架的方法，与实践不符。根据该解释，如未使用这些方法而劫持他人的，即使出于勒索财物目的，也不构成该罪。但从实践中看，如劫持儿童，犯罪分子常常不采取暴力等方法，只需以欺骗、引诱等方法即能有效地控制儿童。何况，欺骗、引诱方法对成年人未必不能奏效。如将此排除在绑架方法之外司法机关对犯罪分子则无法定罪。(2) 罪状的表述与立法精神不符。《决定》对绑架勒索罪采取的是相对简单罪状的立法例。所谓相对简单，是说与绑架妇女、儿童罪相比，虽强调了构成犯罪的主观要件，但客观要件并未像该罪那样明文对暴力、胁迫或麻醉方法进行规定而采取“绑架他人”的概括性规定。《决定》之所以在绑架妇女、儿童罪中明文规定了方法，而将除明文规定之外的其他方法排除在外，是因为还规定有拐卖妇女、儿童罪，不会放纵以其他方法获取妇女、儿童出卖的犯罪行为。既然如此，将两罪的方法作同样范围的理解就显得不够妥当。(3) 综观国外立法对该种性质犯罪的规定，几乎都将使用“利诱”、“诱拐”这种“和平”方法控制人质的行为规定为犯罪的客观行为之一。例如，日本、德国等国刑法就是如此，这不无借鉴意义。所以，《解答》的规定，事实上不恰当地缩小了犯罪构成范围与实践脱离，也不符合立法精神。

第二种认识亦不够妥当。理由是：(1) 犯罪概念是对犯罪构成特征的概括。实践中某些犯罪具有的事实特征，哪些属于构成要件是经由法律选择的，对其解释不可随意扩大或缩小其范围。在条文中“勒索为目的”，是犯罪的主观要件，其客观要件只规定了“绑架他人”这一种实行行为，并未将勒索财物行为作为客观行为规定在法条中。上述概念将本罪的客观要件表述为“……绑架他人，勒令以财物赎回人质的行为”，有悖于立法规定。(2) 如果将勒索财物的行为作为客观行为，就具有构成要件的意义，如果未实施勒索财物的行为，则意味着不完全具备绑架勒索罪的构成要件。如此显然不符合立法精神：只要出于勒索财物目的并支配实施完绑架行为，就已具备法定全部要件。

基于上述认识，笔者认为第三种概念表述上，既未缩小也未扩大犯罪构成范围，符合实践，亦符合立法规定，因而是可取的。

二、绑架行为和勒索行为在认定犯罪中的意义

绑架行为和勒索行为是手段与目的的关系，这已成为我国刑法学界

的共识。有些学者以此认识为基础，进一步提出了绑架行为与勒索行为均为犯罪客观方面实行行为的见解，并将两者间的关系阐释为："两者相互依存，缺一不能构成本罪"，并得出"如果仅绑架人，而没有勒令交付财物赎人的行为，则一般属非法拘禁罪"① 的结论。

上述观点立论的潜在理由，是因为罪名是"绑架勒索罪"。例如，有人提出："勒索财物只有与绑架行为相联系，才能成为绑架勒索罪客观要件的组成部分。也正是基于此，本罪才'定罪为绑架勒索罪。"② 笔者以为，认为本罪客观要件既应有绑架行为也应有勒索行为，即客观上应为双重实行行为的认识，从理论上讲是没有根据的，而且，认为"仅绑架人，而没有勒令交付财物赎人的行为，则一般属非法拘禁罪"的结论更使人难以赞同。上述认识，事实上提出了必须澄清的两个问题：一是勒索行为是否为本罪的实行行为；二是勒索行为是否必须表现出来才能确认其犯罪目的，认定犯罪性质?

在我国刑法理论上，所谓实行行为，"是指实施刑法分则规定的直接威胁或侵害某种具体社会关系而为完成某种犯罪所必需的行为。"③ 也就是说，具体行为在刑法上是否属于实行行为，是以分则条文是否明文将其予以规定为限的。实践中，多数绑架勒索案件行为人实施了勒索赎金行为，但问题在于法条对此种行为是否确有规定。法条表述的罪状是"以勒索财物为目的绑架他人"，所表明的实行行为仅是绑架行为。也就是说，对于绑架勒索案件中通常会实施的勒索赎金的行为，法条并未将其视为实行行为予以规定。而且，"绑架勒索罪"罪名中的"勒索"是否意味着只能解释为"行为"？笔者以为不尽然。根据对罪名阐释应正确反映立法原意的要求，对绑架勒索罪，根据立法规定完全可以像理解故意杀人罪罪名一样，将其解释为"以勒索为目的的绑架"，使其在罪名上即揭示出犯罪的主客观特征。所以，没有理由认为罪名中的"绑

① 马克昌、杨春洗、吕继贵主编：《刑法学全书》，上海科学技术文献出版社1993年版，第363页。

② 刘岩主编：《刑法适用新论》，中国政法大学出版社1993年版，第146页。

③ 马克昌主编：《犯罪通论》，武汉大学出版社1991年版，第181页。

架”与“勒索”都是指实行行为，更何况这与立法本意不符。

此外，绑架行为与勒索行为在认定犯罪上是否具有“相互依存，缺一不可”的关系？在实践中，行为人以勒索财物为目的，只实施了绑架行为，而未及实施勒索财物行为即被抓获的情况是客观存在的。当然，以勒索财物为目的绑架他人具有要实施勒索行为的内涵，但是否意味着一定要有勒索行为，否则目的无法认定？只要不存在这种问题，那么，就不能说勒索行为是必需的，“缺一不能构成本罪”的。对此，我们只能以法律规定为标准，既然规定以勒索财物为目的绑架他人即可构成犯罪，也就说明法律认为：勒索目的只需表现在绑架行为上即可认定。只要案件事实查证后，证明是出于该目的而绑架，是可信的，就足以构成犯罪。所以，绑架勒索罪并不存在缺少勒索行为不构成犯罪的问题。这就说明，一定的目的并不一定必须表现为对应相等的目的行为，在绑架勒索犯罪中，绑架行为具有相对的独立性。以故意杀人罪为例，具有杀人目的的，并非必须表现为杀人的实行行为才能认定，否则，杀人预备的犯罪目的就无存在的可能。所以，与勒索目的对应的勒索行为，实践中可能出现，也可能不出现，如果出现，它是犯罪情节；如不出现，也并不影响本罪的成立。

三、绑架中使用暴力致人重伤、死亡的处理

绑架人质过程中使用暴力方法，是该种犯罪行为人采用的主要方法行为，致人重伤、死亡也主要由该种行为所致。暴力作为控制人质人身的方法行为，是有意识（故意）直接针对人身实施的，目的在于排除其反抗能力抑制其反抗意志。而且，暴力也不限于对人质本人实施，也可能为劫持人质而对其监护人、保护人实施。所以，暴力无论是作为一开始即实施的控制人质的方法，还是因使用胁迫、麻醉等方法失败转而实施的方法，是针对被绑架者本人的，还是针对其监护人、保护人的，都可能因此而引起重伤、死亡的结果。那么，在对此种结果的发生具有故意心理态度的情况下，应如何适用法律定罪处罚？《决定》与《解答》均未规定。有人认为，本罪的暴力与绑架妇女、儿童罪的暴力方法相同，因此，致人重伤、死亡因过失所致，定一罪，如主观上出于故意的，应数罪并罚。

笔者认为，第一，本罪与绑架妇女、儿童罪相比，暴力的主观内容，区别不同对象而有不同特点；第二，认为致人重伤、死亡“因过失的一律定一罪，因故意的一律定数罪”的观点不能成立。

在绑架妇女、儿童罪中，由出卖目的所决定，当暴力针对妇女、儿童人身时，行为人关注妇女、儿童被劫后的身体状况，因为这直接影响到以后的出卖行为还能否实行。所以，使用暴力会顾及暴力的强度和暴力的方式，需控制在不造成重伤的限度之内。因而一般不会故意采取造成伤害、杀人结果的暴力，造成妇女、儿童重伤、死亡的结果，一般是施暴过程中因过失所致。如出于故意，造成重伤、死亡则多因犯意发生变化，又实施重伤、杀人行为，所以，应当并罚。但是，如针对其监护人、保护人时，同样因出卖目的所决定，犯罪分子通常并不在乎暴力对他们造成何种结果，因为无论重伤或死亡结果，对出卖妇女、儿童行为的实施来说并没有直接的影响。所以，行为人节制暴力的可能性小，特别是当监护人、保护人有激烈反抗行为时。可见，造成监护人、保护人重伤、死亡，除可因施暴过程中的过失所致外，还可能包括放任重伤、死亡结果发生的情况。所以，绑架妇女、儿童罪中的暴力，本身就已经包含了故意致人重伤、死亡（间接故意）的情况，不能一概认为故意致人重伤、死亡的，应数罪并罚。只有对被绑架者的监护人、保护人出于重伤、杀人的直接故意，实施重伤、杀人行为后又绑架妇女、儿童的，才应数罪并罚。

而在绑架勒索罪中，因犯罪出于勒索财物目的，对人质本人以及监护人等实施暴力，由于可能造成的人身伤亡的结果并不直接影响其犯罪的继续实行，所以通常不为行为人所关注。若遇人质或其监护人、保护人激烈反抗，不排除以故意伤害人质或监护人、保护人的方式控制人质的可能性。所以，造成人质或监护人等重伤、死亡，除可因过失外，还可能包括出于直接故意重伤或放任死亡结果发生的暴力。但只要犯罪意图仍在于要控制人质、勒索财物，就不宜按数罪论处，因为，本罪的暴力，本身包含了直接故意重伤和间接故意放任死亡结果发生的情况。只有在绑架过程中因遇反抗致使犯意内容发生变化，对人质、监护人等又实施重伤、杀人行为的，才应以数罪论处。可见，两罪暴力相比较，本罪暴力的强度不仅可以比绑架妇女、儿童罪大，而且，暴力方式也较绑架妇女、儿童罪广泛。

四、绑架勒索罪的既遂与未遂

对于该问题刑法学界的认识不尽一致，主要有两种观点：一种观点认为，本罪是由绑架与勒索两个行为结合而成，但是否既遂应以被绑架者是否丧失行动自由为标准。行为人只要以勒索财物为目的，实施绑架行为即为既遂，至于是否开始勒索，或勒索财物的目的是否已经实现，不影响既遂成立。① 另一种观点认为，应以实际勒索到财物，即勒索目的实现为标准。理由是，绑架与勒索是不可分离的，如只考虑绑架而不考虑勒索财物与否，实质上将统一的绑架勒索行为肢解开来对待，而且，犯罪人的最终目的是勒索财物，绑架人质只是手段，没有达到目的便不能认为达到既遂状态。② 笔者认为，上述观点均值得商榷。

上述两种观点都建立在本罪的客观要件为双重实行行为的前提上，而法条罪状明确指出的勒索是目的要件而非行为要件，理论上不符合双重实行行为的情况。对此，笔者已有论述，故不再赘言。此外，这两种观点，在理论上都存在较大的缺陷。

第一种观点，既然作者认为本罪客观要件是双重实行行为，“是由绑架与勒索两个行为结合而成”，却又认为“实施绑架行为即为既遂”，不符合刑法理论上关于双重实行行为既遂标准的通说。通说观点认为，双重实行行为既应视为一个整体，同时双重实行行为亦可出现分离，只要已着手实施的手段行为表明该种犯罪性质的，即使与目的行为出现分离（即未能实施目的行为），也不影响行为性质和犯罪成立。但就双重实行行为犯罪的形态而言，如果目的行为尚未实行时，则难以认为犯罪是既遂。例如，强奸罪、抢劫罪即如此。所以，该种观点虽在结论上基本正确，但在论述上自相矛盾。

第二种观点，作者既然认为是双重实行行为，又认为“绑架与勒索是不可分离的”，同样不符合理论上双重实行行为可以出现分离的基本

---

① 刘岩主编：《刑法适用新论》，中国政法大学出版社 1993 年版，第147～148 页。

② 杨旺年：《试论绑架勒索罪》，载《法律学习与研究》1992 年第 3 期。

理论。而且，实践中的案件客观上虽一般有勒索财物的行为，但绑架行为是相对独立的（即使是双重实行行为也是如此），完全可能出现已实施绑架而尚未能实施勒索的情况，所以，也不存在“将统一的绑架行为肢解开来”的问题。上述观点立论于：某些犯罪的既遂是以犯罪目的实现为标准，绑架勒索罪即属这种情况。但我们认为，“犯罪目的实现说”作为既遂标准是不能成立的。在我国刑法中实际上并不存在完全以目的是否实现作为既遂标准的情况，即以该种学说通常所举的盗窃罪为例，认为“实现非法占有目的”的，为盗窃犯罪既遂。① 但事实上是因为已经实际发生了非法占有他人财物的结果，即“在实现犯罪目的的场合，固然可能构成既遂，因为在这种情况下，往往发生了行为人预期的犯罪结果”。② 结果发生而目的未实现的，仍然是既遂，但不存在目的实现而结果未发生的情况。所以，这种既遂实际上应理解为结果的出现而非目的的实现。故以目的实现作为本罪既遂标准的观点，笔者认为不妥。

笔者同意以构成要件是否全部具备作为既、未遂标准的主张。就本罪而言，只要查证犯罪人在主观上具备勒索财物的目的，在客观上实施了绑架他人的行为并实际控制了他人的，即构成要件已经齐备，应当认定为犯罪既遂。至于是否已经实施勒索行为，勒索目的是否已经实现，则不影响本罪既遂的成立，可以作为量刑情节考虑。绑架勒索罪的未遂，一般只能是指出于勒索目的而着手实行绑架，由于意志以外的原因，绑架未得逞的情形。

五、绑架勒索罪的共同犯罪

该罪的共同犯罪多属事前通谋的，只要事前有通谋，并参与犯罪各环节的，以共同犯罪论处不发生问题。但实践中有些案件的行为人与绑架犯罪分子没有通谋，也没有直接参与绑架人质的犯罪活动，有的甚至在绑架人质犯罪之前还不知其要犯何罪，但在犯罪分子绑架人质之后提供隐匿人质和犯罪分子的处所，或参与看守、传递消息、转达勒索要求等犯罪活动。对此是否应以共同犯罪论处？有人认为，应以窝藏罪追究

---

① 高铭暄主编：《刑法学》，北京大学出版社 1989 年版，第 202 页

② 马克昌主编：《犯罪通论》，武汉大学出版社 1991 年版，第 466 页

刑事责任，不构成共同犯罪。理由主要是，根据1986年1月15日《最高人民法院关于窝藏、包庇罪中“事前通谋的，以共同犯罪论处”如何理解的请示答复》规定：“我国刑法第一百六十二条第三款所说的‘事前通谋’，是指窝藏、包庇犯与被窝藏、包庇的犯罪分子，在犯罪活动之前，就谋划或合谋，答应犯罪分子作案后给予窝藏或者包庇的……因此，如果只是知道作案人员要去实施犯罪，事后予以窝藏、包庇或者事先知道作案人员要去实施犯罪，未去报案，犯罪发生后又窝藏、包庇犯罪分子的，都不应以共同犯罪论处，而单独构成窝藏、包庇罪。”

笔者认为，司法解释所称“事后”、“犯罪发生后”，是指犯罪活动已经终了或结束以后的意思，并不包括犯罪活动尚未终了结束这一时期。所以，上述认识还可再考虑。该种情形虽然存在事前无通谋的一面，而且，窝藏行为实行前绑架的犯罪活动已经既遂，但是，绑架勒索犯罪的特点在于，虽然犯罪从法律上说已经既遂，但犯罪活动并没有结束。实施上述行为，是在犯罪活动尚未结束之前参与犯罪活动，即在非法剥夺人质人身自由的非法拘禁环节中参与犯罪活动，其主观上具有犯罪的共同故意，客观上实施了帮助行为，因此，应以共同犯罪论处。当然，由于其行为非本罪客观方面的实行行为，因而，可根据其参与共同犯罪的具体情况，以从犯或胁从犯论处。

（本文发表于《法学家》1996年第4期）

论绑架勒索罪的几个问题

孙光骏　李希慧

一、罪名探讨

绑架勒索罪原由全国人大常委会《关于严惩拐卖、绑架妇女、儿童的犯罪分子的决定》（以下简称《决定》）第2条第3款规定，在罪名问题上本无争议。由于新刑法将《决定》第2条第3款的内容独立出来，规定在第239条中，并增加了绑架他人作为人质的规定，同时该条第2款还规定“以勒索财物为目的偷盗婴幼儿的，依照前款的规定处罚”，因而引发了罪名上的争议。目前主要有“绑架勒索罪易名说”和“绑架勒索罪保留说”两种观点。

“绑架勒索罪易名说”认为，根据刑法第239条的规定，绑架勒索罪这一罪名不复存在，该条规定的犯罪应称之为绑架罪。①

“绑架勒索罪保留说”认为，根据刑法第239条的规定，绑架勒索罪这一罪名并不能由绑架罪所取代，这一罪名依然存在。主张这一观点者又有几种不同的具体意见：第一种意见认为，刑法第239条规定的犯罪就是绑架勒索罪的一种。② 第二种意见认为，绑架勒索罪是对刑法第239条中“以勒索财物为目的绑架他人的”和“以勒索财物为目的，偷

① 周道鸾等主编：《刑法的修改与适用》，人民法院出版社1997年版，第541页；胡康生、李福成主编：《中华人民共和国刑法释义》，法律出版社1997年版，第337页；张穹主编：《修订刑法实用解说》，中国检察出版社1997年版，第317页；曹子丹、侯国云主编：《中华人民共和国刑法精解》，中国政法大学出版社1997年版，第224页。

② 周振想主编：《中国新刑法释论与罪案》，中国方正出版社1997年版，第1049、1049页；梁华仁、裴广川主编：《新刑法通论》，红旗出版社1997年版，第267页。

盗婴幼儿的”概括，而该条规定的“绑架他人作为人质的”，应另立为绑架人质罪。① 第三种意见则认为，绑架勒索罪仅仅是对刑法第239条中“以勒索财物为目的绑架他人的”规定所使用的罪名，而该条中的“绑架他人作为人质的”和“以勒索财物为目的，偷盗婴幼儿的”规定，应分别称之绑架人质罪和偷盗婴幼儿罪。②

笔者同意上述“绑架勒索罪保留说”中的第二种意见，“绑架勒索罪易名说”和“绑架勒索罪保留说”中的第一、三种意见均值得商榷。

先谈“绑架勒索罪易名说”。该说以绑架罪概括刑法第239条规定的犯罪，从而否定绑架勒索罪的存在，在逻辑上尚能成立，但以下犯罪构成上的矛盾却难以解决：其一，以勒索财物为目的绑架他人或者偷盗婴幼儿与绑架他人作为人质，在犯罪目的上有显著的不同，前者的目的是勒索财物，而后者的目的则是为了满足其他非法要求。将两者包括在一个绑架罪之中，在论述其构成要件时，必然导致一罪有两个犯罪目的的结论，这与一种故意犯罪只有一个犯罪目的的犯罪构成理论相抵触。其二，以勒索财物为目的绑架他人或者偷盗婴幼儿的犯罪行为与绑架他人作为人质的犯罪行为，在犯罪客体上不同。前者既侵犯他人的人身权利，也侵犯他人的财产权利，为复杂客体；而后者只侵犯他人的人身权利，属简单客体，如果将二者概括在绑架罪一个罪名中，那么，究竟是将该罪的客体论述为复杂客体还是论述为简单客体抑或分别论述呢？如果论述为复杂客体或者简单客体，显然与犯罪行为侵犯的社会关系的实际情况不符，如果分别论述，又有悖于一种犯罪的客体要么是复杂客体，要么是简单客体的犯罪构成理论。由此可见，“绑架勒索罪易名说”难以成立。

再论“绑架勒索罪保留说”的第一种意见。该种意见将“绑架他人作为人质”这一内容概括在绑架勒索罪这一罪名之中，在逻辑上有名实不符的缺陷。因为绑架他人作为人质不是绑架勒索行为的表现形式，而

---

① 严军兴、肖胜喜主编：《新刑法释义》，中共中央党校出版社1997年版，第285页。

② 陈兴良著：《刑法疏议》，中国人民公安大学出版社1997年版，第405页。

是与绑架勒索性质不同的行为，两者之间不存在逻辑上的被包容与包容的关系，因此，将绑架他人作为人质纳入绑架勒索罪之中，在逻辑上不能自圆其说。

最后，就“绑架勒索罪保留说”的第三种意见而言。该意见将“以勒索财物为目的偷盗婴幼儿”这一行为从绑架勒索罪中分离出来，另立为偷盗婴幼儿罪，其不妥之处有二：其一，该罪名不具有区分功能。一个罪名必须能够从名称上区分一种犯罪与其他犯罪尤其是相关犯罪，这就是罪名的区分功能。如果一个罪名不具有这种功能，就很难说该罪名是科学的罪名。偷盗婴幼儿罪这一罪名，不能将以勒索财物为目的偷盗婴幼儿的犯罪与刑法第 240 条第 1 款第 6 项所规定的“以出卖为目的，偷盗婴幼儿的”犯罪行为区别开来，因而有所不妥。其二，以勒索为目的偷盗婴幼儿，本是绑架勒索行为的一种特殊表现形式，完全可以由绑架勒索罪所涵盖，将其另立罪名没有任何实际意义，只是徒增罪名而已。

由上所述，“绑架勒索罪易名说”和“绑架勒索罪保留说”的第一、三种意见都有这样或那样的不当，因而不足采用。而“绑架勒索罪保留说”的第二种意见，在主张绑架勒索罪这一罪名继续存在的同时，又将刑法第 239 条中关于“绑架他人作为人质”的规定另立为绑架人质罪，避免了上述几种主张的弊端，因而是正确可取的。

二、绑架勒索罪的定义及构成要件

上文论证了绑架勒索罪这一罪名的存在，那么，究竟什么是绑架勒索罪呢？由于肯定这一罪名存在的学者对其所包括的内容有不同的见解，以及不同学者对该罪客观方面要件的不同解释，因而导致了对这一问题的不同回答。有的将绑架勒索罪表述为：“是指以勒索财物为目的，使用暴力、胁迫或者用麻醉方法绑架他人或偷盗婴幼儿作为人质，以杀害、伤害被绑架者相威胁，强令与被绑架人有特定关系的人支付一定的财物以换取被绑架者。”① 有的将绑架勒索罪定义为：“是指以勒索财物或其他财产性利益为目的，使用暴力、胁迫或者麻醉方法，劫持他人以

① 陈正云等编著：《中国刑法通论》，中国方正出版社 1997 年版，第 498 页。

及绑架他人作为人质的行为。”① 也有的将该罪表述为：“是指以勒索财物为目的绑架他人，或者绑架他人作为人质，或以勒索财物为目的的偷盗婴幼儿的行为。”②

上述关于绑架勒索罪不同定义之间的分歧可以概括为以下几点：其一，绑架他人作为人质这一内容是否应包括在定义之中。第一个定义将这一内容置于其外，而第二、第三个定义则将该内容包括其中。其二，以勒索财物为目的偷盗婴幼儿这一内容是否需要在定义中加以反映。上述第一、第三个定义反映了该内容，而上述第二个定义则对此只字不提。其三，勒索财物的内容有无必要在定义中予以体现。上述第一个定义对该内容的体现言之凿凿，而第二、第三个定义则对该内容全然不顾。

笔者认为，绑架他人作为人质这一内容不应包括在绑架勒索罪的定义之中，其理由上文已有论及，此不赘言。至于以勒索财物为目的偷盗婴幼儿行为是否应在绑架勒索罪的定义中加以反映，笔者对此持肯定态度。因为这种行为属于绑架勒索罪的一种特殊表现形式，不在其定义中加以反映，就显得对绑架勒索罪的界定不够客观、全面。至于勒索财物的内容是否需要在绑架勒索罪的定义中体现出来，笔者对此亦持肯定的观点。因为这涉及该罪的客观方面的行为是单一行为还是复合行为的问题，因此下文予以详述，此处暂且不论。

鉴上所述，笔者认为，绑架勒索罪，是指以勒索财物为目的绑架他人，以杀害、伤害或者对被绑架人造成其他损害相威胁，强令与被绑架人有特定关系的人支付财物的行为。本罪的构成要件如下：

1．本罪的主体是一般主体，凡是已满16岁、具有刑事责任能力的人，均能实施本罪。

2．本罪的主观方面是故意，并且以勒索财物为目的。

3．本罪的客观方面。关于本罪的客观方面行为，理论上有单一行为说和复合行为说两种主张。单一行为说认为，本罪的客观方面表现为以

---

① 周振想主编：《中国新刑法释论与罪案》，中国方正出版社1997年版，第1049、1049页；梁华仁、裴广川主编：《新刑法通论》，红旗出版社1997年版，第267页。

② 梁华仁、裴广川主编：《新刑法通论》，红旗出版社1997年版。

暴力、胁迫、麻醉方法劫持他人或偷盗婴幼儿的行为。[①] 复合行为说认为，本罪的客观方面是行为人必须实施了绑架他人并勒索赎金的行为，绑架他人与勒索赎金两个方面缺一不可。[②]

笔者同意复合行为说。理由是：第一，绑架勒索罪这一罪名本身是对犯罪行为的概括和提炼，如果说该罪的客观方面的行为仅仅是指绑架这一单一行为，那么，绑架勒索罪罪名的确定就缺乏本源上的根据，就是名实不符。第二，虽然刑法第239条未将勒索财物的行为加以描述，而是将其作为犯罪目的之内容，但根据主客观相统一的原理，勒索财物的目的决定了与之相适应的勒索财物行为的存在。第三，如果将绑架勒索罪的客观方面的行为理解为单一行为，那就意味着只要实施了绑架他人的行为就构成犯罪既遂，至于行为人是否实施了勒索财物的行为对犯罪既遂的成立没有影响。如此，以下两个问题就得不到正确、合理的解决：其一，犯罪中止的问题。按照以上所述，行为人一经实施绑架行为，即使翻然醒悟，自动放弃实施勒索财物的行为，将被绑架人予以释放，由于已经成立犯罪既遂，也不能认定为犯罪中止。这样做，对于犯罪人来讲，显然是不公平的，也与刑法鼓励犯罪人自动放弃本可以继续实施的犯罪的立法精神不符，同时还会使犯罪分子一不做、二不休，将犯罪实施到底，对社会造成更大的危害。也许有人会说，对实施了绑架行为后而自动放弃勒索财物行为的犯罪分子，不按照犯罪中止处理，并不会影响对犯罪分子的公正处罚，因为可以将犯罪人的上述表现作为从轻处罚的情节在量刑时予以充分的考虑。笔者认为，这种主张似乎解决了对犯罪人的公正处罚问题，但其实不然。因为犯罪中止是法定的应当从宽处罚情节（刑法第24条第2款规定："对于中止犯，没有造成损害的，应当免除处罚；造成损害的，应当减轻处罚。"），与酌定的可以从宽处罚情节是不能相提并论的。具有前一情节的犯罪人将毫无疑问地获得相

---

① 陈正云等编著：《中国刑法通论》，中国方正出版社1997年版，第498～499页。

② 严军兴、肖胜喜主编：《新刑法释义》，中共中央党校出版社1997年版，第286页；陈正云等编著：《中国刑法通论》，中国方正出版社1997年版，第498页。

当程度的从宽处罚，而具有后一情节的犯罪人是否获得从宽处罚、获得多大程度的从宽处罚，则取决于审判人员，是一个不确定的结果。其二，共同犯罪问题。在司法实践中，有的行为人在其他犯罪分子实施了绑架行为后，中途参与实施勒索他人财物的行为，对于此种情况，如果按照一经实施勒索行为就成立犯罪既遂的主张，显然不能按绑架勒索罪的共同犯罪处理，因为行为人的行为属事前无通谋的事后行为。对于事前无通谋的事后行为，构成其他犯罪的，按其他犯罪定罪处罚，不构成其他犯罪的，以非罪处理。但对于这类情况不按绑架勒索罪的共同犯罪处理，于理于法都是说不通的。上述两个问题，只有将绑架勒索罪的客观方面行为理解为包括绑架行为和勒索行为，才能得到正确、合理的解决。总之，笔者认为，绑架勒索罪的客观方面行为是复合行为，即包括绑架他人和勒索他人财物两个行为。

需要指出的是，说本罪的客观方面行为包括绑架他人和勒索他人财物两个行为，属复合行为，是针对本罪的完成形态而言的。在司法实践中，有的犯罪分子只实施了绑架行为，由于自动放弃或者意志以外的原因而没有实施勒索行为，这属于本罪的未完成形态，并不影响本罪的客观方面行为是复合行为这一观点的成立。

据上文所述，本罪的客观方面行为包括绑架行为和勒索行为，那么，其具体内容又如何呢？笔者认为，除了以勒索财物为目的偷盗婴幼儿这种特殊的绑架方式外，一般情况下的绑架，是指行为人以暴力、胁迫、麻醉或者其他方法限制他人人身自由的行为。目前刑法理论上通常将绑架的方法限定在暴力、胁迫和麻醉这三种上，这是不够全面的。因为，在司法实践中，有的犯罪分子使用欺骗方法将他人骗到一定场所后，将他人限制起来，然后向与之有特定关系的人勒索财物，这种行为显然应按绑架勒索罪定罪处罚。但是，如果将绑架的方法限定在暴力、胁迫和麻醉的范围内，对上述行为就不能按绑架勒索罪处理，就会导致对犯罪的放纵。所以，绑架的方法除了暴力、胁迫和麻醉外，还有其他方法。只有这样，才能使形形色色的绑架勒索犯罪得到应有的制裁。所谓勒索财物，是指以杀害、伤害被绑架人或者对被绑架人造成其他损害相威胁，强令与被绑架人有特定关系的人交付财物的行为。通常情况下，勒索财物的威胁内容是杀害或者伤害被绑架人，但有些情况下，行为人并不以杀害或者伤害被绑架人相威胁，而是以强奸被绑架的妇女或者奸淫被绑架的幼女，或者以出卖被绑架的妇女、儿童威胁有关人员，所以，只要行为人的威胁足以造成与被绑架人有特定关系的人精神恐惧，不论其具体内容如何，均成立勒索财物的行为。

总之，本罪的客观方面表现为行为人实施了以暴力、胁迫、麻醉或者其他方法限制他人人身自由，或者偷盗婴幼儿，并以杀害、伤害被绑架人或者对被绑架人造成其他损害相威胁，强令与被绑架人有特定关系的人交付财物的行为。

4．本罪的客体。关于本罪的客体，目前刑法理论上有简单客体说和复杂客体说两种不同的主张。简单客体说认为，本罪侵犯的是被害人的人身自由权利。[①] 复杂客体说认为，本罪侵犯的客体是他人的人身权利和财产权利。[②] 笔者同意复杂客体说。一种犯罪的客体是否复杂客体，取决于其是否在任何情况下都同时侵犯两种以上的具体社会关系。绑架勒索罪在任何情况下都侵犯公民的人身权利，对此，理论上不存在争议。那么，该罪是否在任何情况下都侵犯公民的财产权利呢？笔者的回答是肯定的。在典型的绑架勒索犯罪中，行为人既实施了绑架行为，也实施了勒索财物的行为，同时还勒索到了财物，这是对他人的财产权利造成了实际的侵害。而在非典型的绑架勒索犯罪中，行为人或者是只实施了绑架行为，而由于自动放弃犯罪或由于意志以外的原因而未能实施勒索行为，或者同时实施了绑架和勒索两种行为，但由于意志以外的原因而没有勒索到财物，这两种情况下，行为人的行为虽然没有对他人的财产权利造成实际的侵害，但已经对他人的财产权利造成了威胁，而“侵害”和“威胁”都包括在“侵犯”之中。所以说，绑架勒索罪在任何情况下都侵犯公民的财产权利。由此，该罪在任何情况下都同时侵犯公民的人身权利和财产权利，因而其客体是复杂客体。

---

① 陈正云等编著：《中国刑法通论》，中国方正出版社 1997 年版，第 498 页。

② 梁华仁、裴广川主编：《新刑法通论》，红旗出版社 1997 年版，第 267 页；严军兴、肖胜喜主编：《新刑法释义》，中共中央党校出版社 1997 年版，第 286 页。

三、绑架勒索罪的界限辨析

（一）本罪与他罪的界限

1．本罪与绑架人质罪的界限。

这两种犯罪规定在一个条文中，在主客观上都有相似之处：主体均是一般主体；主观方面都是故意；客观方面都包括绑架他人的行为。二者的区别表现在：（1）犯罪目的不同。本罪以勒索他人财物为目的，而绑架人质罪则以获得其他非法利益为目的。（2）客观方面不尽相同。本罪的客观方面表现为行为人绑架他人并以加害被绑架人相威胁，向与被绑架人有特定关系的人勒索财物的行为。绑架人质罪的客观方面则表现为行为人将他人绑架作为人质，并且以加害被绑架人相威胁，强令有关单位或个人满足其非法要求的行为。（3）犯罪客体不同。本罪的客体为复杂客体，即既侵犯他人的人身权利，也侵犯他人的财产权利，而绑架人质罪的客体则是简单客体，即只侵犯他人的人身权利。当然，绑架人质罪有时会同时侵犯两种社会关系，如绑架人质向国家有关机关提出政治上的要求，这种犯罪行为就既侵犯了公民的人身权利，也破坏了国家机关的正常管理活动。但是，并非所有的绑架人质的犯罪活动都同时侵犯两种以上的社会关系，因此，绑架人质罪的客体仍是简单客体。

2．本罪与非法拘禁罪的界限。

一般情况下，本罪与非法拘禁罪的界限不难区分，容易混淆的是本罪与为索取债务而非法拘禁他人犯罪之间的界限。这两者在主观上的罪过形式都是故意，并且都有索要财物的目的；客观上后者实施的非法拘禁行为也可以表现为绑架的方式，同时，后者也实施了向与被非法拘禁者有特定关系的人索取财物的行为。两者的区别表现在：（1）犯罪人与被害人之间的关系不同。前者的犯罪人与被害人之间不存在债权与债务的关系，而后者的犯罪人与被害人之间存在着事实上的债权与债务关系。这一点对于区分两罪的界限十分重要。如果事实上犯罪人与被害人之间根本不存在债权与债务的关系，而犯罪人凭空捏造被害人欠其债务，从而将被害人非法拘禁，向与被害人有关的人索要财物，那就不能按非法拘禁罪处理，而应该按绑架勒索罪定罪处罚。（2）犯罪的目的不同。前者的目的是勒索他人财物，而后者的目的是索要他人欠自己的债务。(3) 犯罪客体不同。本罪既侵犯他人的人身权利，也侵犯他人的财产权利，属复杂客体；而后者由于是为了索取债务，因而不存在侵犯他人财产所有权的问题，只侵犯他人的人身权利，为单一客体。

3. 本罪与拐卖妇女、儿童罪的界限。

二者的主观罪过形式都是故意；客观上后者的拐卖行为包括绑架这种形式，因而与前者的客观行为具有交叉关系；犯罪对象上二者都可以是妇女、儿童。二者的不同有以下几点：(1) 主观目的不同。本罪的目的是勒索他人财物，后者的目的是为了出卖妇女、儿童。(2) 客观方面的行为内容不完全相同。本罪的客观方面的行为包含绑架行为与勒索他人财物的行为，后者的绑架行为往往与出卖被绑架者的行为相结合。(3) 客体不同。本罪的客体是复杂客体，而后者的客体则是简单客体，即只侵犯他人的人身权利。

4. 本罪与抢劫罪的界限。

二者在主观罪过形式上相同，都是故意，并且从某种程度上讲，二者都以非法占有他人财物为目的；从客观方面讲，二者都表现为行为人采取了暴力、胁迫或者其他强制手段；从客体上讲，二者都是复杂客体，即都侵犯他人的人身权利和财产权利。二者的区别在于：(1) 主体范围不同。本罪的主体只能由已满16岁具有刑事责任能力的人构成，已满14周岁不满16周岁的人不能成为其主体；而抢劫罪的主体可以由已满14周岁不满16周岁的人构成。因此，本罪的主体范围小于抢劫罪的主体范围。(2) 犯罪的对象不同。二者的对象虽然都包括人和财物，但本罪不是向被绑架者本人勒索财物，而是向与被绑架者有特定关系的人勒索财物；而抢劫罪则是直接劫取被采取暴力、胁迫或者其他强制手段的被害人的财物。(3) 获取财物的时间、地点不同。本罪是将被绑架人作为人质向第三者勒索财物，因此，获取财物的时间不可能是在绑架人质的当时，而是在其他某一时间获取财物。又由于本罪不是直接从被绑架人手中取得财物，因此也不可能是在绑架的当场获取财物；而抢劫罪是直接向暴力、胁迫或者其他强制行为的对象劫取财物，因此获取财物具有当时、当场的特点。

5. 本罪与敲诈勒索罪的界限。

二者在主客观方面均有相同之处：主观上二者的罪过形式都是故

意，并且都有图财的意图。客观上二者均可以使用胁迫方法，且取得财物都不具有当时、当场的特点。二者的区别表现在以下几个方面：（1）犯罪方法不尽相同。本罪的方法除胁迫外，还可以是暴力、麻醉或者其他剥夺或限制被绑架者人身自由的方法，而敲诈勒索罪的方法仅限于胁迫。（2）即使就胁迫而言，两者中胁迫的内容也是不同的。本罪中的胁迫仅限于暴力胁迫，而敲诈勒索罪中的胁迫，既可以暴力相威胁，也可以毁坏财物、揭发隐私等相威胁。（3）犯罪的被害人不同。本罪的被害人有二，即被绑架者和被勒索财物者，而敲诈勒索罪的被害人为一，即被要挟并被勒索财物的人。（4）犯罪客体不同。本罪的客体包括他人的人身权利和财产权利，而敲诈勒索罪的客体则是他人的财产权利。

（二）本罪一罪与数罪的界限

在司法实践中，以下情况应按一罪处理：

1. 绑架他人后，对被绑架的妇女实行强制猥亵或者侮辱，或者对被绑架的儿童进行猥亵的，只能按本罪一罪定罪处罚，而不能按本罪与强制猥亵罪、猥亵儿童罪或者侮辱罪实行数罪并罚。

2. 绑架他人，致使被绑架人死亡或者杀害被绑架人的，按本罪定罪，依照本罪的加重法定刑处罚，而不能按本罪与故意伤害罪或者故意杀人罪实行数罪并罚。这里所说的“致使被绑架人死亡”，是指行为人故意伤害被绑架人造成其死亡，或者因为虐待、侮辱、猥亵被绑架人，致使被绑架人自杀死亡等情况。在这种情况下，行为人对被绑架人的死亡持过失的心理态度。这里所说的“杀害被绑架人”，既包括在勒索财物之前杀害被绑架人，也包括因勒索财物不成而杀害被绑架人。

3. 为索取债务而绑架他人后，向与被绑架人有特定关系的人索要财物的数额超出了债务数额，在这种情况下，行为人的一个行为触犯了非法拘禁罪和绑架勒索罪两个罪名，属想象数罪，应按从一重处的原则处理。

以下情况按数罪实行并罚：

1. 绑架妇女或幼女后，对其进行强奸或者奸淫的，按本罪与强奸妇女罪或者奸淫幼女罪实行数罪并罚。

2. 绑架妇女、儿童后，因勒索财物不成，将被绑架的妇女、儿童出卖的，应按本罪与拐卖妇女、儿童罪实行数罪并罚。

3．组织、领导、参加恐怖活动组织后，又以勒索财物为目的而绑架他人的，按本罪和组织、领导、参加恐怖活动组织罪实行数罪并罚。

4．组织、领导、参加黑社会性质组织后，又以勒索财物为目的而绑架他人的，按组织、领导、参加黑社会性质组织罪实行数罪并罚。

（本文发表于《法学评论》1998 年第 1 期）

关于绑架罪的几点思考

肖中华

一、绑架罪的客观要件

绑架罪的客观要件包括哪些内容？对此刑法理论上争论较大。这里举几个具有代表性的观点（有的论述是在主张刑法第239条包括绑架勒索罪、绑架人质罪和偷盗婴幼儿罪三个罪名的基础上展开论述的）：(1) 有学者认为，绑架罪的客观方面表现为利用被绑架人的近亲属或其他人对被绑架人安危的忧虑，而使用暴力、胁迫或者麻醉方法劫持或以实力控制他人。① (2) 有的学者认为，绑架勒索罪（不包括绑架他人作为人质的行为在内——引者注）的客观方面表现为以暴力、胁迫或者麻醉方法劫持他人或偷盗婴幼儿的行为。② (3) 有的学者指出，绑架勒索罪的客观方面是行为人必须实施了绑架他人与勒索赎金的行为，绑架他人与勒索赎金缺一不可。③ (4) 针对认为绑架勒索罪客观要件既应有绑架行为也应有勒索行为的观点，有的学者提出不同见解，认为上述观点显然有悖立法精神，因为立法精神在于：只要出于勒索财物的目的，并支配实施完绑架行为，就已具备该罪的法定全部要件；法律明文规定以勒索财物为目的绑架他人即可构成犯罪，说明法律认为，勒索目的只需表现在绑架行为上即可认定，没有理由认为“绑架勒索”中的“绑架”与“勒索”都是指实行行为。因此，与勒索目的对应相等的勒索行为，

---

① 张明楷著：《刑法学》（下），法律出版社1997年版，第715页。

② 陈正云等编著：《新刑法释义》，中国方正出版1997年版，第498~499页。

③ 严军兴、肖胜喜主编：《新刑法释义》，中共中党校出版社1997年版，第286页。

只是犯罪情节，而非客观方面的构成要件的行为。①

上述诸种观点虽然有的仅论及绑架勒索构成绑架罪在客观方面需要哪些要件，但由此也可推论出论者对于包括绑架他人作人质、以勒索财物为目的偷盗婴儿在内的一切绑架罪之客观特征的看法。在分析比较上述诸种观点的基础上，对于绑架罪的客观要件，笔者认为应明确以下几点：

1．绑架罪在客观行为方面，表现为复合行为，即绑架罪的客观行为是由绑架行为（或偷盗婴幼儿行为）与勒索财物或提出不法要求行为（当行为人是绑架他人作为人质时）两方面组成的。② 主张绑架罪的客观行为为单一行为，即只要求有绑架的实行行为的观点，认为行为人只要实行绑架他人或偷盗婴儿的行为，即使未实行勒索财物、提出不法要求的行为，行为人也构成绑架罪既遂。正如有的学者论述的那样，按此观点，以下两个问题就得不到正确、合理的解决：一是犯罪中止问题。按上述“单一行为”说，行为人一经实行绑架他人或偷盗婴幼儿行为，既遂即成，行为人即使自动放弃勒索财物或提出不法要求的行为，也没有成立犯罪中止之余地，这不仅不合情理，也与刑法鼓励犯罪分子自动放弃本可以继续实施的犯罪的精神相悖。二是共同犯罪问题。司法实践中，有的行为人在其他犯罪分子实施了绑架行为后，中途参与实施勒索他人财物的行为，对于此情况，如果按照一经实施绑架行为就成立犯罪既遂的主张，显然不能按绑架罪的共同犯罪处理，因为行为人的行为属事前无通谋的事后行为。对于事前无通谋的事后行为，构成其他犯罪的，按其他犯罪定罪处罚，不构成犯罪的，以非罪处理，但对于这类情

① 林亚刚、贾宇：《绑架及相关犯罪的几点探讨》，载丁慕英等主编：《刑法实施中的难点疑点问题研究》，法律出版社 1998 年版，第 741～742 页。

② 当然，绑架人质构成绑架罪是否要求行为人提出的要求为“不法”，尚值得进一步研究。笔者在此不作专门探讨。

况不按绑架罪的共同犯罪处理，于理于法都是说不通的。①

那么，主张绑架罪的客观行为为复合行为而非单一行为，是否与刑法关于“以勒索财物为目的”的规定相违背呢？笔者认为，答案是否定的。理由是：其一，刑法第239条将“以勒索财物为目的”明确规定为（绑架勒索或偷盗婴幼儿构成的）绑架罪的主观目的，并不排除有与之对应的勒索财物之实行行为存在，事实上，实践中绑架罪的犯罪分子在绑架他人或偷盗婴幼儿后，往往有勒索财物的实行行为。其二，将绑架他人行为（或偷盗婴幼儿行为）与勒索财物行为均视为绑架罪的实行行为，并不是说未勒索到财物的就不构成犯罪既遂，而只是反对将行为人一经实施绑架他人、偷盗婴儿行为而不问有无勒索财物或提出不法要求的行为就一律认定为绑架罪既遂的做法。事实上，视绑架罪的客观行为为复合行为，与可以将未达勒索财物（或满足不法要求）目的的绑架他人、偷盗婴幼儿行为同样作为既遂或中止形态，而不应认定为既遂。

2. 绑架罪客观行为的复合结构是多种多样的，不仅限于“绑架他人+勒索财物”，除此之外，还包括“偷盗婴幼儿+勒索财物”和“绑架他人+提出不法要求”两种形式。这是由绑架罪外延宽泛的特点所决定的。其中，“偷盗婴幼儿”是指秘密窃取不满6周岁的儿童的行为。实践中对于偷盗婴幼儿的行为应作广义理解，凡趁婴幼儿亲属或监护人疏于照看，乘家长不备，用各种方法、手段将婴幼儿抱走、哄走、骗走的，均应视为偷盗婴幼儿。

3. 如何正确理解绑架行为？笔者认为，除可将“偷盗婴幼儿”视为绑架的特殊方式外，绑架行为一般表现为劫持。但劫持的方式并不限于“暴力、胁迫、麻醉”三种方式。绝大多数论著都认为绑架的方法限于上述三种，其基本依据是1991年《关于严惩拐卖、绑架妇女、儿童的犯罪分子的决定》第2条及1992年最高人民法院《关于执行〈全国人

---

① 论李希慧、孙光骏：《论绑架勒索罪的几个问题》，载丁慕英等主编：《刑法实施中的难点疑点问题研究》，法律出版社1998年版，第750~751页。在此笔者所引实际上是论者仅关于绑架勒索罪客观行为应为复合行为之主张的基本内容。论者并不赞成刑条为绑架罪一罪，而是认为应为绑架勒索罪和绑架人质罪两罪。

民代表大会常务委员会关于严惩拐卖、绑架妇女、儿童的犯罪分子的决定〉的若干问题的解答》第5条的明确规定。笔者认为，将绑架的方法仅限于暴力、胁迫和麻醉三种是很不全面的，从实践来看，有的犯罪分子使用欺骗方法将他人骗到一定场所后将其关押起来，然后向其近亲属等人员勒索财物，这种行为无疑应定为绑架罪，但行为方法不属于暴力、胁迫或麻醉三者之任何一种；从理论上讲，凡是非法拘禁罪可以使用的方法，没有理由说不可以成为绑架罪的方法。绑架罪实际上是特殊的非法拘禁行为，与一般的非法拘禁不同的是，绑架罪中的行为人除非法剥夺被害人人身自由外，还具有勒索财物或提出不法要求、以被害人为人质的实行行为（不论实际是否实施了）。

4. 绑架行为并不以"将被害人劫离原地"为必要条件。一些论著认为，绑架罪与非法拘禁罪一个重要的区别就是，绑架（劫持）是违背被害人或其法定监护人的意志，使用暴力、胁迫等方法将被害人掳离其住所或居住地，置于行为人的控制之下，并剥夺其人身自由，非法拘禁罪则一般是就地非法剥夺他人人身自由。其实，这种观点不仅毫无法律根据，在实践中也是站不住脚的。不可否认，绑架罪在实践中多数表现为行为人将被害人掳离原地而后进行勒索或提出不法要求。但是，实践中也存在着使未成年人的父母离开生活场所而将未成年人控制在行为人的实力范围内的情况，故绑架不要求使被害人离开原来的生活场所。① 有的学者认为绑架勒索对被害人的劫持必须是掳离原处所而勒索财物，而绑架他人作为对人质的劫持，是否将人质掳离原处所，并不影响对行为性质的认定。② 这种主张并没有什么根据和合理的理由。顺便指出，非法拘禁罪中的"非法拘禁"也不限于就地拘禁。

5. 绑架罪中的勒索财物或提出不法要求行为，其指向的对象不是被绑架人、人质，而是其近亲属或其他人。具体而言，绑架勒索的行为人在绑架他人或偷盗婴幼儿后，向被绑架人、被偷盗的婴幼儿的近亲属，或其他与被绑架者、被偷盗的婴幼儿有特定关系的其他人勒索财

---

① 转引自张明楷著：《刑法学》（下），法律出版社1997年版，第716页。

② 林亚刚、贾宇：《绑架及相关犯罪的几点探讨》，载丁慕英等主编：《刑法实施中的难点疑点问题研究》，法律出版社1998年版，第741～742页。

物；绑架人质的行为人在绑架人质后，向人质的近亲属或与人质有特定关系的其他人提出勒索财物以外的不法要求（当然行为人有时既勒索财物也提出其他不法要求）。这里的“其他人”，不仅指自然人，也包括单位甚至国家。例如，行为人出于政治目的，绑架身居要职的高级领导人而向政府提出释放罪犯等不法要求，其提出不法要求的对象就是国家。

二、相对负刑事责任年龄阶段的人可否成立绑架罪

绑架罪的主体为一般主体，年满 16 周岁、具备刑事责任能力的自然人，均可构成本罪主体。应当注意，绑架罪虽然是一种残忍野蛮、社会危害性极大的犯罪，但修订后的刑法第 17 条第 2 款，并未将其纳入已满 14 周岁不满 16 周岁的人应负刑事责任的范围。已满 14 周岁不满 16 周岁的人实施抢劫、贩毒行为的，应负刑事责任。相比之下，这一年龄段的人实施绑架行为的并不负刑事责任，这不能不说是立法上的一个缺憾。当然，按照罪刑法定原则的要求，司法实践中对刑法第 17 条第 2 款的规定不得突破，在目前的立法状况下，绝不可对已满 14 周岁不满 16 周岁的人实施的绑架行为追究刑事责任。

不过，这里有一个问题是十分值得研究的：按照刑法第 17 条第 2 款的规定，已满 14 周岁不满 16 周岁的人实施故意杀人行为的，要负刑事责任。而根据刑法第 239 条的规定，在绑架中，杀害被绑架人的，不另行定故意杀人罪，而是作为绑架罪的一个“处死刑，并处没收财产”的情节。那么，已满 14 周岁不满 16 周岁的人绑架他人并杀害被绑架人的，应否负刑事责任呢？笔者认为，答案是肯定的。因为刑法确定相对责任年龄段的人负刑事责任的范围，其重要的理论根据就在于，已满 14 周岁不满 16 周岁的人对于一些大是大非、社会危害很大的危害行为的性质，已具备了辨认和控制能力，立法者将故意杀人等 8 种犯罪行为作为已满 14 周岁不满 16 周岁的人负刑事责任的罪种作了明确列举，旨在表明立法者认为或推定这一年龄段的人对故意杀人等 8 种行为理应具备刑事责任能力（或承担刑事责任的能力）。而绑架中杀害被绑架人的杀人行为，与一般场合（构成故意杀人罪的场合）下的杀人行为本质一样，如果说已满 14 周岁不满 16 周岁的人对于一般场合下的杀人行为具有辨认和控制能力，那么就没有理由否认这一年龄阶段的人具有对绑架过程中杀害

被绑架人的行为的辨认与控制能力。

在肯定已满14周岁不满16周岁的人可以成为绑架过程中杀害被绑架人行为的主体的前提下，有必要作进一步研究的是，在这种情况下，对行为人究竟是定绑架罪还是故意杀人罪？这里似乎有一个不好解决的矛盾：如果定绑架罪，与刑法第17条第2款并无“绑架”之列举规定相悖；如果定故意杀人罪，则又与刑法第239条关于在绑架中杀害被绑架人仍应定绑架罪一罪的规定不符。这一矛盾实际上是由立法缺陷所造成的，一则刑法第17条第2款中“故意杀人”是仅指按故意杀人罪定罪的故意杀人行为，还是所有含有故意杀人行为的犯罪都在其列，语焉不详；二则刑法第239条规定杀害被绑架人为绑架罪一个情节，在罪数理论上能否成立也成问题。如果按绑架罪和故意杀人罪实施数罪并罚，上述矛盾便迎刃而解。不过，在目前立法情况下，笔者认为，对行为人定故意杀人罪是较为妥当的，理由是：（1）既然刑法第17条第2款未将“绑架”明确列举为相对责任年龄段人负刑事责任的罪种范围，定绑架罪不免有违背罪刑法定原则之嫌。（2）按照刑法第239条的规定，绑架过程中杀害被绑架人的行为只是绑架罪的一个情节，因此，也可以说，杀害被绑架人的行为不另行定罪，其前提是存在构成犯罪的绑架行为，而已满14周岁不满16周岁的人实施一般绑架行为尚不构成犯罪。（3）如果对行为人定绑架罪，则依刑法第239条的规定，处刑太重，不利于贯彻对未成年人犯罪从宽处罚的原则。因为绑架罪中具有杀害被绑架人情节的，为绝对死刑法定刑，尽管对未成年人犯罪依刑法总则应在法定刑以内从轻或法定刑以下减轻处罚，但还是受到很大限制。

三、绑架罪与抢劫罪的界限

在司法实践中，区别绑架罪与抢劫罪，一般不存疑问，但两种比较特殊的情况值得特别注意，这里举例加以论述：（1）行为人甲于某日深夜在大街上乘无人之机拦截乙（15岁，无独立经济收入），用刀架在乙的脖子上，要乙交出所有财物，乙声称无任何值钱的东西，甲搜身确实发现乙身无分文，但不愿善罢甘休，令乙带路，将乙劫持到乙家中，甲威胁乙的父母，乙的父母见甲用刀对着乙，乙随时有人身危险，被迫向甲交出了一定数额的金钱。我们认为，这种情况定抢劫罪为宜。从表面上看，行为人甲是以绑架乙的方式向乙的父母勒索财物，甲也非法剥夺了乙的人身自由（甲实际上控制了乙），符合绑架罪的特征。但实质上，行为人甲将乙劫持到乙家向乙父母索要财物的行为，应视为甲以胁迫手段当场劫取财物的抢劫行为，因为甲以刀子对准乙的行为是属于抢劫罪中的胁迫方法（以此对乙父母威胁），而索要乙父母的财物又是实施胁迫行为的当时、当场而为的。如果认为在此甲是以乙作为人质而向乙父母索取赎金，并不符合绑架罪的立法精神。(2) 行为人丙一直蓄意勒索其友丁的一笔钱财，丙与戊某（与丁不相识）商定，次日中午由丙邀丁及丁之子（6岁）一起去附近体育馆打网球，戊见机将丁之子劫持并进行勒索，丙作掩护、内应。次日中午，丁带其子如约来到体育馆与丙练网球。中途休息时，丙借口上卫生间，问丁之子愿否吃冰淇淋或是否也要上卫生间，将丁之子骗至体育馆外东侧的洗手间，戊腰配备小口径手枪、头戴面纱早已在此等候，戊见丙领来了丁之子，即与丙配合将该小孩捆绑装入事先准备好的麻袋中，并劫持到洗手间隔壁的杂物间里。丙在洗手间故意拖延20余分钟后，一人来到网球场地，丁问丙其儿子到哪里去了，丙佯装惊讶，说小孩上完卫生间早就出来买冰淇淋吃去了，而后又假意陪丁一起到馆附近寻找丁之子。约1小时后，戊用手机拨通丁的手机，让丁立即将身上所带钱物放到体育馆外东侧杂物间门口，并警告丁“如不全部交出财物、报警”，即叫其子丧命，丁按其指示将随身带的2500元人民币、一条价值3000元的项链和手机全部放于杂物间门口，戊取得钱物后当场将丁之子交于丁，后仓皇逃离。对于丙、戊如何定罪呢？笔者认为应定绑架罪。理由是：行为人戊是以非法剥夺丁之子的人身自由的方法勒索丁的财物，但并未对丁实行暴力当场取财；戊虽然对丁进行要挟让其在绑架现场交出财物，但索取财物并不在绑架这一暴力行为的当时，而是绑架丁之子之后再实行勒索行为。这里强调的是，在如上述案件的情况下，行为人劫持他人虽未掳离原地，取得财物也在绑架的现场，但其并非绑架当时取得财物，而是绑架的暴力行为与勒索财物的行为呈现出明显的先后两个环节的特征。这正是得以区别于抢劫罪的关键。由此可见，仅仅以取财是否当场而为来区别绑架罪与抢劫罪是不妥当的。如前所述，由于绑架罪的“劫持”行为并不以掳离原地为条件，因而勒索财物在绑架当场实行也是可能的。当然，这是特殊情况。

此外，在区分绑架罪与抢劫罪时还要注意，对于行为人抢劫未得逞，又将被害人劫持而向被害人的近亲属或其他人勒索财物或提出不法要求的，应实行数罪并罚。

四、绑架罪与故意伤害罪、故意杀人罪的界限

刑法第239条第1款规定，绑架他人“致使被绑架人死亡或者杀害被绑架人的，处死刑，并处没收财产”。根据这一规定，行为人在实施绑架中，因绑架、虐待等行为过失造成被绑架人（自然也包括被偷盗的婴幼儿）死亡的，以及在绑架过程中故意杀害被绑架人的，都只定绑架罪一罪，对故意杀人行为不另行定罪。由于绑架罪的实行行为包括勒索财物或提出不法要求在内，因此对行为人实行绑架后因勒索未得逞或不法要求得不到满足而杀害被绑架人（俗称“撕票”）的，应视为在绑架过程中杀害被绑架人。但是，如果行为人在绑架行为实行之前就杀害他人，而后以死者为“人质”谎称其仍活着而向死者的近亲属勒索财物、提出不法要求的，应以故意杀人罪和绑架罪实行数罪并罚。

值得注意的是，刑法第239条未对绑架过程中故意伤害被绑架人的情形如何定罪作出明文规定。笔者认为，举重以明轻，依立法精神，对这种情况自然也应定绑架罪一罪，而不必另行定故意伤害罪。何况，即使在绑架中故意伤害被绑架人致其死亡的，也在刑法第239条的“致使被绑架人死亡”的范围之内。另外，刑法第239条没有对致使被绑架人的监护人、保护人或在场人等死亡或杀害这些人的情况如何适用法律作出规定。在笔者看来，如果在绑架过程中因被绑架人的监护人、保护人或其他在场人反抗等原因，行为人为排除阻碍而故意伤害上述人员致死或故意杀害上述人员的，应当按牵连犯或想象竞合犯对行为人以故意杀人罪或故意伤害（致死）罪定罪处罚。

（本文发表于《法学家》2000年第2期）

关于绑架罪的几个问题

——兼与肖中华同志商榷

孟庆华

《山东法学》1999年第5期刊发的肖中华同志所撰《绑架罪略论》一文中，论述的绑架罪客观方面、主体要件等问题，尽管有一定的立法和理论根据，且有一定的实践价值，但笔者不敢苟同。为此，针对其文中的几个问题，特撰本文同其商榷，期盼将绑架罪的探讨引向深层，从而便于司法实践中正确认定与惩处此类绑架犯罪行为。

一、关于绑架罪的客观方面问题

绑架罪的客观方面，刑法学界有单一行为说和复合行为说两种观点。单一行为说认为：本罪的客观方面表现为以暴力、胁迫、麻醉方法劫持他人或偷盗婴幼儿的行为。复合行为说有两种表述：一是认为绑架罪的客观方面是由绑架行为（或偷盗婴幼儿行为）与勒索财物或提出不法要求行为（当行为人是绑架他人作为人质时）两方面组成的；① 二是认为绑架罪的客观方面是行为人须实施了绑架他人并勒索赎金的行为，绑架他人与勒索赎金两个方面缺一不可。该种观点的理由是：（1）绑架勒索罪这一罪名本身是犯罪行为的概括和提炼，如果说该罪的客观方面的行为仅仅是指绑架这一单一行为，那么，绑架勒索罪罪名的确定就缺乏本源上的根据，就是名实不符；（2）虽然刑法第239条未对勒索财物的行为加以描述，而是将其作为犯罪目的的内容，但根据主客观相统一的原理，勒索财物的目的决定了与之相适应的勒索财物行为的存在；（3）如果将绑架勒索罪的客观方面的行为理解为单一行为，那就意味着只要实施了绑架他人的行为就构成犯罪既遂，至于行为人是否实施了勒

① 肖中华：《绑架罪略论》，载《山东法学》1999年第5期。

索财物的行为对犯罪既遂的成立没有影响。①

笔者认为，绑架罪在客观方面应由单一行为构成；而复合行为说既不符合立法规定，也欠缺理论根据。其具体理由在于：

第一，我国1997年刑法中有不少条款都规定以某种目的作为犯罪构成要件，如刑法第152条走私淫秽物品罪的“以牟利或者传播为目的”，第175条高利转贷罪的“以转贷牟利为目的”，第187条用账外客户资金非法拆借、发放贷款罪的“以牟利为目的”，第192条集资诈骗罪的“以非法占有为目的”，第217条侵犯著作权罪和第218条销售侵权复制品罪的“以营利为目的”，第240条拐卖妇女、儿童罪的“以出卖为目的”，第276条破坏生产经营罪的“由于泄愤报复或者其他个人目的”，等等。毫无疑问，这些目的要件在犯罪构成中应属于主观要件范畴，其主要作用在于限定犯罪客观方面即犯罪行为的构成，缩减刑罚的适用范围。从根本上而言，主观上的目的要件与客观上的行为要件两者截然不同。尽管彼此在犯罪构成中的地位和作用是相互依存、不可缺少的，而且必须相互结合、一致，即主观与客观相统一；但两者不可相提并论，混为一谈：既不能将客观要件混为主观要件，也不能将主观要件混为客观要件。绑架罪中的“以勒索财物为目的”理应为目的要件，因而在犯罪构成中自然应属于主观要件，若将其视为客观要件实属不妥。

第二，主观目的在司法实践中惯常表现为目的行为，即绑架犯罪中的“勒索财物目的”往往表现为勒索财物的行为。进一步说，具备绑架与勒索复合行为的犯罪案件司空见惯，而且犯罪分子的真实意图或最终企盼就在于勒索到大量财物。就基本内容而言，绑架与勒索两行为是手段与目的的关系，但在此应当明确的是目的与目的行为属于两个不同概念。当以勒索财物为目的时，勒索财物是主观要件；而当绑架以后，又勒索到大量财物时，勒索财物则表现为客观要件。

第三，刑法将绑架罪的客观方面规定为只要有绑架行为即可构成，至于绑架行为实施以后是否勒索到财物则在所不问（虽然不作为犯罪构成要件，但会影响到量刑轻重）。这对于解决犯罪的既遂与未遂问题具

① 孙光骏、李希慧：《绑架勒索罪的几个问题》，载《法学评论》1998年第1期。

有重要理论和实践价值。一般而言，复合行为若要构成犯罪既遂，须完全具备所复合的数行为（两种或两种以上的行为），缺少其中任何一种行为也不能构成犯罪的既遂，而只能构成犯罪未遂。既遂犯与未遂犯两者刑罚结果不同。对于未遂犯，要比照既遂犯从轻或者减轻处罚，处与既遂犯相同之刑罚则有不尽合理之处。因此，如果将绑架罪客观方面视为复合行为，其犯罪既遂的构成，必须同时具备绑架与勒索财物两行为，缺少其中之一便应是未遂。这就容易导致绑架行为实施以后没有勒索到财物，但所造成的危害后果极其严重（如致被害人死亡等），而无法按照既遂犯予以处罚的矛盾情形。

二、关于绑架罪的主体问题

刑法第 17 条第 1 款和第 2 款规定："已满十六周岁的人犯罪，应当负刑事责任。已满十四周岁不满十六周岁的人，犯故意杀人、故意伤害致人重伤或者死亡、强奸、抢劫、贩卖毒品、放火、爆炸、投毒罪的，应当负刑事责任。"据此规定，绑架罪的犯罪主体应为年满 16 周岁。已满 14 周岁不满 16 周岁的人绑架他人，由于立法条款中没有明确列举该罪名，故犯该罪的尚不能承担刑事责任。

1997 年刑法对 14 周岁至 16 周岁相对刑事责任年龄的犯罪主体承担刑事责任的罪名采取列举式立法方式，较 1979 年刑法的概括式有其积极且明确之处，这也是罪刑法定原则的重要表现之一；但是，其不利之处则在于：列举罪名若不周全，将应当列入的罪名而未列入，则会出现放纵某些罪犯的可能性。以绑架罪为例，就应该将其列入相对刑事责任年龄主体之中。其理由在于：

第一，在刑法第 17 条第 2 款所列 8 种犯罪中，故意杀人罪位居其中之首，很显然它较其他 7 种犯罪严重。而故意杀人罪与绑架罪两者相比孰重孰轻，则难分上下。一般而言，比较罪与罪之间轻重的标准，首先要看两罪的最高刑：最高刑重的为重罪，最高刑轻的为轻罪；其次，如果两罪最高刑相同，再看最低刑：两罪中有一罪最低刑重的为重罪，另一最低刑轻的则为轻罪。刑法第 232 条故意杀人罪与第 239 条绑架罪两罪最高法定刑均为死刑，难以比较彼此轻重；但从最低刑观察，故意杀人罪的最低刑为 3 年有期徒刑，绑架罪的最低刑为 10 年有期徒刑，由此而言，绑架罪重于故意杀人罪。而从立法者的角度来看，故意杀人罪排列在刑法分则第四章“侵犯公民人身权利、民主权利罪”之首，而且刑罚种类的顺序打破了一般个罪由轻到重的排列，采用从死刑、无期徒刑、10 年以上有期徒刑到 3 年以上 10 年以下有期徒刑的由重到轻的排列方式。这表明立法者的意图在于强调故意杀人罪是重于其他个罪的一种犯罪，并且对其适用刑罚时首先应考虑给予较重刑种。单从这一角度衡量，故意杀人罪似乎应较绑架罪重。事实上，故意杀人罪与绑架罪两罪应该说难分伯仲，均属于重罪严惩之列。而更有充分理由的是绑架罪较重于故意杀人罪，原因在于刑法第 239 条规定的绑架罪，将在绑架犯罪中又具备故意杀人行为的作为一种适用死刑的量刑情节，这等于表明绑架罪能够吸收故意杀人罪而将其包容于本罪之中。吸收犯存在的前提应是，数罪之间必须有轻重差异；否则，数罪之间同样重或同样轻均不可能成立。

第二，刑法第 20 条第 3 款规定的“对正在进行行凶、杀人、抢劫、强奸、绑架以及其他严重危及人身安全的暴力犯罪”，刑法第 81 条第 2 款规定的“对累犯以及因杀人、爆炸、抢劫、强奸、绑架等暴力性犯罪”，在这两条中，均将绑架与杀人、抢劫、强奸等罪相并列，这也从立法上表明绑架行为是一种与杀人等罪属于同样性质的严重暴力犯罪，均属重罪应罚之列。而刑法第 17 条第 2 款未将绑架与故意杀人等 8 种犯罪相提并论，因而应当说是立法上的一个疏漏。

依据刑法第 239 条规定，对已满 14 周岁不满 16 周岁的人在绑架犯罪中杀害被绑架人的情形，不能直接以绑架罪定罪处罚，而能否以刑法第 232 条规定的故意杀人罪定罪处罚呢？对此，肖中华同志认为定故意杀人罪是较为妥当的。笔者不同意这一观点，对已满 14 周岁不满 16 周岁的人在绑架犯罪中杀害被绑架人的，同样不能定故意杀人罪。具体理由是：（1）“既然刑法第 17 条第 2 款未将‘绑架’明列为相对责任年龄人负刑事责任的罪种范围，定绑架罪不免有违背罪刑法定原则之嫌。”①但是定故意杀人罪也同样违反罪刑法定原则。尽管实质内容是已满 14 周岁不满 16 周岁的行为人在绑架犯罪中杀害被绑架人的情形同时触犯绑架

① 肖中华：《绑架罪略论》，载《山东法学》1999 年第 5 期。

罪和故意杀人罪两罪，似乎选择故意杀人罪定罪处罚也未尝不可；但是就其表现形式而言，该情形所触犯的罪名却不应是故意杀人罪，更准确的罪名应是绑架罪。由于该罪在立法条款中未作明确规定，因而在绑架犯罪中即使有故意杀人行为的，也不能以故意杀人罪论处。否则，便背离罪刑法定原则的基本精神。（2）“按照刑法第239条的规定，在绑架过程中杀害被绑架人的行为只是绑架罪的一个情节，因此也可以说，杀害被绑架人的行为不另行定罪，其前提是存在构成犯罪的绑架行为，而已满14周岁不满16周岁的人实施一般绑架行为尚不构成犯罪。”① 既然作为主行为的绑架行为不能构成绑架罪，又有何种理由认为能够将作为绑架罪一个情节的在绑架过程中杀害被绑架人的从属行为确定为故意杀人罪呢？（3）“如果对行为人定绑架罪，则依刑法第239条的规定，处刑太重，不利于贯彻对未成年人犯罪从宽处罚的原则。”② 这是一种倒果为因的不正确的观点。众所周知，定罪与量刑二者的关系是：定罪在前，是一种原因；而量刑在后，是一种结果。只有定罪之后，才应考虑如何量刑。如果对已满14周岁不满16周岁的人在绑架过程中杀害被绑架人的情形因为定绑架罪处刑太重，而改定处刑较轻的故意杀人罪，这显然颠倒了因与果两者之间的先后顺序关系。

有学者提出，可用司法解释方式来解决，即将刑法第239条规定的在绑架过程中杀害被绑架人的情形解释为：当犯罪主体为已满14周岁不满16周岁的时，可以按故意杀人罪定罪处罚。笔者认为，不宜通过司法解释解决这个立法上的疏漏。司法解释中虽然有扩张解释（即对法律条文作含义范围广于文字所表述的含义）和限制解释（即对法律条文作含义范围狭于文字所表述的含义）两种形式，但不论哪一种将在绑架犯罪中致使被绑架人死亡或者杀害被绑架人情形的解释为以故意杀人罪论处均有违立法原意。另外，立法上的问题通过司法解释方式来解决也显属不当。以笔者之见，立法上的问题仍然要由立法机关来解决，可由全国人大常委会以补充规定或修正案方式，对绑架罪的主体范围予以修订完善。

① 肖中华：《绑架罪略论》，载《山东法学》1999年第5期。

② 肖中华：《绑架罪略论》，载《山东法学》1999年第5期。

三、关于绑架罪与数罪并罚问题

刑法第239条绑架罪中有“致使被绑架人死亡或者杀害被绑架人”的规定。所谓“致使被绑架人死亡”，是指行为人故意伤害被绑架人造成死亡，或者因虐待、侮辱、猥亵、胁迫等方式造成被绑架人自杀等情况。“杀害被绑架人”，包括绑架行为实施后在勒索财物之前杀害被绑架人、因勒索财物不成杀害被绑架人，以及在勒索到财物之后又出于灭口而杀害被绑架人等几种情形。触犯的罪名包括故意伤害、故意杀人等罪，这些犯罪与绑架罪能否实行数罪并罚，学者间有不同见解：一种观点认为不能适用并罚，另一种观点则认为能够进行并罚。其理由在于：行为人绑架了被害人后，对被害人又施以其他犯罪行为，如奸淫、故意杀害等，这些行为又触犯了强奸罪、故意杀人罪等，行为人是基于另一个主观意愿实施了另一种行为，符合另一种犯罪构成，犯了另一种罪，因此，在处理时要与绑架勒索罪区分开，实施数罪并罚。①

笔者认为，在绑架犯罪中致使被绑架人死亡或者杀害被绑架人的应为数个犯罪行为触犯数个相互独立的异种罪名，但依法不应实行数罪并罚。具体构成是：（1）是数个犯罪行为。在绑架犯罪中，导致被绑架人死亡或者杀害被绑架人的，必然会出现绑架与故意伤害或故意杀人等数个犯罪行为，这与想象竞合犯、继续犯等犯罪形态仅由一个犯罪行为构成具有本质差异。想象竞合犯，是指出于一个故意或过失，实施一个危害行为，产生数个危害结果，触犯数个罪名而只按最重一罪处罚的犯罪形态。继续犯，是指犯罪既遂后，犯罪行为和不法状态在一定时间内处于持续状态的犯罪形态。（2）是数个犯罪行为触犯数个相互独立的异种罪名。在绑架犯罪中，所触犯的绑架罪、故意杀人罪或故意伤害罪等罪名，均为彼此独立构成的异种罪名。在这方面，它既不同于结合犯和转化犯，也不同于惯犯与连续犯等犯罪形态。结合犯与转化犯虽然触犯的是数个罪名，但依法规定在犯罪构成中却为一个犯罪行为。结合犯，是指两个以上独立罪名的不同犯罪行为，根据刑法分则的规定结合而成一

① 杨敦先、张成法著：《刑法的修改与适用》，中国人民公安大学出版社1997年版，第203页。

种新罪的犯罪形态。例如，日本刑法中的强盗强奸罪等罪。转化犯，是指行为人出于一个犯罪故意，行为实施过程中发生性质转化而改变罪名的犯罪形态。例如，我国刑法第269条规定“犯盗窃、诈骗、抢夺罪，为窝藏赃物、抗拒抓捕或者毁灭罪证而当场使用暴力或者以暴力相威胁的”，依照抢劫罪处罚。惯犯，是指在较长时间内反复多次实施某种危害行为，触犯同一罪名的犯罪形态。例如，我国刑法第303条规定的“以赌博为业的”赌博罪。连续犯，是指基于连续的同一犯罪故意，连续实施数个独立的犯罪行为，触犯同一罪名的犯罪形态。(3) 依法按一罪处罚。一般情况下，在我国刑法中，对于想象竞合犯、结合犯、转化犯、连续犯、惯犯等犯罪形态所涉及的数罪均不适用并罚原则；而对数个相互独立的异种犯罪则一概实行并罚，但法律有特别规定的则应依照规定处罚。例如，根据刑法第240条的规定，在拐卖妇女犯罪中又奸淫被拐卖的妇女的，不以拐卖妇女罪和强奸罪实行并罚，而仅以拐卖妇女罪一罪处罚，奸淫被拐卖的妇女的只是拐卖妇女罪从重处罚的一种量刑情节。同理，刑法第239条对绑架犯罪中的“致使被绑架人死亡或者杀害被绑架人”的处罚规定也是如此，即只能以绑架罪一罪定罪处罚，所同时触犯的故意伤害、故意杀人等罪仅仅是裁量绑架罪适用死刑的一种从重处罚情节，但不可将绑架罪与故意杀人等罪以数罪实行并罚。

在我国刑法中，诸如刑法第239条绑架罪规定的把一罪作为另一罪量刑从重处罚情节的类型，尚有抢劫罪、强奸罪等罪（这些犯罪中的致人重伤、死亡的均不单独定罪)。此种规定的立法价值在于：对于解决一罪与数罪的复杂犯罪形态，方便诉讼，具有十分重要的积极意义。因为在司法实践中，在实施绑架、抢劫、强奸等犯罪行为的同时，常常伴随着致被害人重伤或死亡的后果发生。对此情形，要辨清或证明究竟是一罪还是数罪，往往比较困难；而直接规定将致被害人重伤、死亡作为一罪的从重处罚情节，则显得非常简便易行，同时也省去了许多不必要的纷争。除此之外，该规定还避免了刑罚结果的不一致现象，从而体现出公正的刑罚目的观。

（本文发表于《法学论坛》2000年第1期）

绑架罪若干问题探讨

胡祥福

绑架罪，是指利用被绑架人的近亲属或者他人对被绑架人安危的忧虑，以勒索财物或者满足其他不法要求为目的，使用暴力、胁迫或者麻醉方法或以实力控制他人的行为。该罪源于1991年全国人大常委会《关于严惩拐卖、绑架妇女、儿童的犯罪分子的决定》（以下简称《决定》），1997年全国人大修改刑法时，除吸收了《决定》中关于以勒索财物为目的绑架他人构成绑架勒索罪的内容外，还增加了以其他不法要求为目的绑架他人作为人质的内容。1997年刑法颁布实施后，无论是刑法理论界还是刑事司法界都对绑架罪展开了广泛的讨论。本文拟就绑架罪中的几个争论较大的问题发表拙见。

一、关于绑架罪的主体范围

绑架罪作为一种手段野蛮残忍、社会危害性极大的犯罪，只要年龄达到16周岁并具备刑事责任能力的自然人，均可成为该罪的主体，无可争议。但已满14周岁不满16周岁的人能否成为该罪的主体，刑法理论界和司法实践中却存在着肯定论和否定论两种截然不同的观点。引起争论的缘由在于1997年刑法对1979年刑法相关内容的修改。

1979年刑法第14条第2款规定："已满十四周岁不满十六周岁的人，犯杀人、重伤、抢劫、放火、惯窃罪或者其他严重破坏社会秩序罪，应当负刑事责任。"因此，在刑法修订之前，许多学者都主张，凡行为人年满14周岁且具有刑事责任能力，便可成为绑架勒索罪的主体。其理由是绑架勒索罪是与杀人、重伤、抢劫等犯罪具有同等社会危害性的犯罪行为，属于“其他严重破坏社会秩序罪”的范畴。[①] 但由于该条“其他严重破坏社会秩序罪”的规定缺乏明确的标准，从而导致理论上理解的混乱及司法实践中的随意性。基于罪刑法定原则的要求，1997 年修订后的刑法第 17 条第 2 款规定：“已满十四周岁不满十六周岁的人，犯故意杀人、故意伤害致人重伤或者死亡、强奸、抢劫、贩卖毒品、放火、爆炸、投毒罪的，应当负刑事责任。”该款明确地将绑架罪排除在 8 种犯罪之外。新刑法颁布之后，众多学者都认为绑架罪的主体限于已满 16 周岁且具刑事责任能力的自然人。[②] 但也有学者在其著作中坚持传统的观点，即已满 14 周岁不满 16 周岁的人也可成为绑架罪的主体。[③] 同时，这种理论上的争论也在司法实践中得到体现。

笔者认为，已满 14 周岁不满 16 周岁的人能否成为绑架罪的主体，既要本着罪刑法定原则的要求，从现有的刑事法律规定加以分析，还要从刑事法律理论的角度进行阐述。

（一）从现行刑法规定看，认定已满 14 周岁不满 16 周岁的人成为绑架罪的主体，缺乏法律依据

现行刑法第 3 条明确规定：“法律明文规定为犯罪行为的，依照法律定罪处刑；法律没有明文规定为犯罪行为的，不得定罪处刑。”这一规定就是通常所称的罪刑法定原则。按照罪刑法定原则基本要求，判定某一行为人的行为是否构成犯罪，是否追究其刑事责任，其唯一的标准就是刑事法律。众所周知，罪刑法定原则的基本内容是罪之法定和刑之法定，罪之法定要求的是构成犯罪的标准法定化，其中犯罪主体的法定化是其基本内容。如前所述，现行刑法第 17 条第 2 款已明确将已满 14

---

① 马克昌等主编：《刑法学全书》，上海科学技术出版社 1996 年版；陈兴良著：《刑法新罪评释全书》，中国民主法制出版社 1995 年版；杨春洗等主编：《中国刑法论》，北京大学出版社 1994 年版；周道鸾著主编：《单行刑法与司法适用》，人民法院出版社 1996 年版。

② 孙光骏、李希慧：《论绑架勒索罪的几个问题》，载《法学评论》1998 年第 1 版；周道鸾著主编：《刑法的修改与适用》，人民法院出版社 1997 年版；陶驷驹主编：《中国新刑法通论》，群众出版社 1997 年版。

③ 严军兴著：《新刑法释义》，中共中央党校出版社 1997 年版。

周岁不满16周岁的人排除在绑架罪主体范围之外。那么，我们还有什么理由不顾刑法之规定（虽说是刑法一大漏洞或是缺憾），违背罪刑法定原则之要求，为图一时之痛快、解一时心头之恨去追究一个不具备犯罪主体资格的人的刑事责任呢？

假设肯定论的观点能成立，即已满14周岁未满16周岁的人能成为绑架罪的主体，将会遇到一个无法逾越的法律障碍：即当该年龄段的行为人在绑架过程中，杀害被绑架人的如何定罪处刑呢？有观点认为，对此情形应定故意杀人罪。① 笔者对此不能苟同。其一，此观点虽然解决了刑法第17条第2款所规定的犯罪主体条件问题，但同时存在有违罪刑法定原则之嫌疑。因刑法第239条明确规定此情形应定绑架罪一罪，杀害被绑架人的行为并不能独立成立故意杀人罪。其二，从法定刑看，刑法第239条明文规定，在绑架过程中杀害被绑架人的以绑架罪处死刑，这是绝对确定的法定刑。而刑法第49条规定，未满18周岁的人不能适用死刑。此外，刑法第239条还规定，对具有杀害被绑架人情节的，须并处没收财产，而刑法第59条则规定，没收财产只没收犯罪分子个人财产的一部分或全部。众所周知，已满14周岁未满16周岁的人自身还是一个消费者，并不能创造财富，何谈有个人财产？由此使司法实践陷入两难境地：对行为人处以死刑违背刑法中有关死刑适用对象之规定，不适用死刑又违背刑法第239条之规定；对行为人处以没收财产将导致所判刑罚无法执行，进而影响法律之严肃性；不并处没收财产又将违背刑法239条之规定。

（二）从刑法理论看，应将已满14周岁未满16周岁的人纳入绑架罪的主体范围

现行刑事立法上的规定不应成为刑法理论探讨上的禁锢。从刑法理论角度分析，已满14周岁未满16周岁的人对其所实施的绑架行为应承担刑事责任。

1. 自然人成为犯罪的主体，必须具有刑事责任能力。所谓刑事责任能力，是指行为人具有辨认和控制自己行为的能力。自然人的刑事责任能力的有无、大小，受制于人的年龄、精神状况等因素的影响。已满14

① 赵秉志主编：《疑难刑事问题司法对策》，吉林人民出版社1999年版。

周岁未满16周岁的人，虽然其智力和知识未达到成年人的成熟程度，但已有相当程度的发展，对于一些大是大非、社会危害很大的危害行为的性质，已具备了辨认能力和控制能力，具备了承担该行为刑事责任的心理基础和生理基础。而绑架行为特别是在绑架过程中杀害被绑架人的行为属于严重危害社会的行为，对此，已满14周岁未满16周岁的人应有所认识并能承担刑事责任。

2. 就绑架罪与刑法第17条所列举的8种犯罪比较而言，已满14周岁未满16周岁的也应成为绑架罪的主体。其一，从犯罪主观方面看，已满14周岁未满16周岁的人，如果实施了以暴力等方法劫取财物的行为、实施了故意伤害致人死亡或致人重伤等行为则分别构成抢劫罪、故意伤害罪；但如果是采用暴力方法绑架他人或在绑架过程中致被绑架人死亡、杀害被绑架人则不能追究刑事责任，显然有悖于刑法的公正性。其二，从法定刑看，绑架罪的法定最低刑为有期徒刑10年，法定最高刑为绝对死刑，而刑法第17条第2款所列举的已满14周岁未满16周岁承担刑事责任的8种犯罪中，除故意伤害致人死亡这种情形外，其他犯罪的法定最低刑均大大低于绑架罪，法定最高刑均为死刑，但属于相对死刑。两者比较而言，刑法第17条第2款将绑架罪排除在外，显然有悖于罪刑均衡原则之要求。

鉴于上述，对于已满14周岁未满16周岁的人，因实施绑架行为虽说应追究其刑事责任，但根据现行刑法之规定却只能望洋兴叹，要追究该年龄段的人因实施绑架行为的刑事责任，唯有通过对刑法有关规定的修改才能实现。

二、关于勒赎型绑架罪的既遂标准

关于勒赎型绑架罪的既遂标准，刑法理论界存在着下述诸观点的聚讼：一是绑架行为说。该观点认为，勒赎型绑架罪中，只要行为人以勒索财物为目的，实施了绑架并控制他人的行为，犯罪即为既遂。[①] 该观点为我国大陆大多数学者所坚持。我国台湾学者林山田等人也持该观

---

① 赵秉志著：《中国特别刑法研究》，中国人民公安大学出版社1997年版；陈兴良：《刑法全书》，中国人民公安大学出版社1997年版。

点。他主张："既遂与未遂之区别，乃以被掳者已否丧失行动自由，而处于行为人实力支配之状态为标准，故若行为人出于勒赎之意图，已将被掳人架离其原来处所，而移置于其实力支配下，则为本罪之既遂，至于被掳人之亲属是否依照行为人之勒赎指示而交付财物，则与本罪之既遂无关，换言之，即掳人犯罪即属既遂，至于行为人之勒赎意图是否得逞，则非所问。"① 二是取得财物说。该观点主张，行为人以勒索财物为目的，实施了绑架他人的行为，使被绑架人的家庭、朋友产生恐惧情绪，从而非法取得他人的财物，则构成绑架犯罪的既遂，如果由于行为人意志以外的原因，仅仅对他人之实施了绑架行为而未取得财物的，则应为绑架勒索犯罪的未遂。② 三是复合行为说。该观点认为，从犯罪构成看，行为人主观上须具有通过绑架人质达到勒索财物的目的，在客观方面须实施了绑架和勒索的行为，必须同时侵犯了他人的人身权利和财产权利，才能构成绑架勒索犯罪。如果行为人的勒索行为尚未实施，就由于意志以外的原因被迫停止犯罪，理应认定为犯罪未遂。③ 笔者赞同取得财物说，并认为第三种观点之复合行为论值得借鉴。

（一）勒赎型的绑架罪在客观方面的行为表现为复合行为

所谓复合行为，是指一个独立的构成要件中包含了数个实行行为的犯罪。其特征是：（1）复合行为存在于一个具体的基本犯罪构成中；（2）一个具体的基本犯罪构成中必须含有数个行为，即行为的复数性；（3）数个行为须为实行行为，非实行行为不能成立复合行为。④ 根据我国刑法第 239 条之规定，勒赎型的绑架罪应为复合行为。其一，刑法第 239 条所规定的绑架罪共包括三种情形：一是以勒索财物为目的而绑架他人的行为，即传统意义上的绑架勒索罪；二是以满足其他要求为目的而绑架他人的行为，即通常所称绑架人质罪；三是以出卖为目的偷盗婴幼儿的行为，即通常所称偷盗婴幼儿罪。第一种情形从逻辑推理看，显然包含了绑架他人和勒索财物两个行为，因为，如果仅有绑架他人的行

① 林山田著：《刑法特论》，台湾三民书局 1995 年版。

② 陈兴良著：《刑事法评论》，中国政法大学出版社 1999 年版。

③ 周道鸾著：《单行刑法与司法适用》，人民法院出版社 1996 年版。

④ 陈兴良著：《刑事法评论》，中国政法大学出版社 1999 年版。

为而无勒索财物的行为，其非法占有他人财物之目的就无从实现。其二，虽然刑法第239条将勒索财物作为犯罪目的加以规定，而并没有把它作为一个客观方面的行为特征加以描述，但刑法理论中的主客观相统一的原理告诉我们，行为人勒索财物目的的实现，必须依赖于勒索财物行为的实施，如没有与主观目的相对应的行为，其目的的实现只能是“空想”。

（二）勒赎型的绑架罪属于结果犯

所谓结果犯，按照刑法学界通说，是指以法定的危害结果作为犯罪构成犯罪客观方面的必要条件的犯罪。对于复合行为犯而言，危害结果往往表现为复合结果，而“复合结果是相对于单一结果而言的，也就是犯罪行为侵害复杂客体所产生的结果”。[①] 复杂客体一般都是指某一犯罪构成中的一个整体客体要件组成的两个或两个以上的部分客体，这种复杂客体必须都受到侵犯才能具备一完整的客体要件。与之相对应的是，复合结果中的两个或两个以上的部分结果也必须是构成结果要件的整体，而不能加以割裂。因此，某一复合行为仅是造成复合结果中某一部分危害结果，则该行为并不具备某一犯罪所必需的完整构成要件，因而，该行为也不属犯罪既遂。勒赎型的绑架罪侵犯的客体是复杂客体，即人身权利和财产权利，在刑法学界已基本达成共识；同时如前所述，该类型的绑架罪在客观方面的行为属于复合行为。那么，这类绑架罪完整的结果构成要件就是被害人的人身权利和财产权利都遭受损害。如果只侵害了被害人的人身权利而未实施勒索财物的行为或未索取到财物，被害人的财产权未遭受到实际侵害，只出现了复合结果中的一个危害结果，则只能构成绑架罪的未遂而不是既遂。

（三）有利于对犯罪中止形态的认定

在司法实践中，行为人在实施勒赎型的绑架行为过程中，基于主观方面悔罪的原因，停止继续实施犯罪的情形有：（1）行为人已经实施完毕第一个实行行为，即绑架他人的行为，在确信能把第二个行为即勒索财物的行为进行到底的情形下，基于本人的意志决定而自动停止该行为

---

① 高铭暄著：《刑法学原理》，中国人民大学出版社1993年版。

的实施；（2）行为人已经开始实施第二个行为即勒索财物的行为后，在确信能将此行为进行到底的情形下，基于本人的意志决定而自动停止该行为的实施。如按前所述第一种观点这两种情形均为犯罪既遂，如按第三种观点所述，第二种情形也构成犯罪既遂。对此，笔者认为既不符合刑法的有关规定，也有悖于刑罚处罚之公正性。其一，根据我国刑法第24条第1款的规定，在犯罪过程中，自动放弃犯罪或者自动有效地防止犯罪结果发生的，是犯罪中止。在一般情况下，犯罪中止的成立须具备下述条件：（1）犯罪中止的及时性，即犯罪中止必须是发生在犯罪过程中；（2）犯罪中止的自动性，即行为人在自认为有可能把犯罪进行到底的情况下，出于本人的意志决定自动地放弃了犯罪；（3）犯罪中止的有效性，即行为人由于本人的中止行为而未发生犯罪结果。前述两种情形，行为人的行为仍处于故意犯罪的过程中，并且行为人也确信能把绑架行为继续进行到底，在此条件下，行为人出于悔罪之意愿，决定放弃犯罪，完全符合犯罪中止的成立条件，应认定为犯罪中止。前述两种观点的不当之处就在于：将行为人已经实施的绑架他人的行为，认为是勒赎型绑架客观方面行为的全部；将绑架他人行为造成被害人人身权利的损害结果误认为是勒赎型绑架罪构成结果的全部。其二，基于罪刑均衡原则的要求，刑罚的轻重应当与犯罪分子所犯罪行及刑事责任相适应。换言之，在确定刑罚时，一要考虑行为人所犯罪行的轻重，而罪行的轻重取决于客观危害与主观恶性的大小；二要考虑行为人刑事责任的大小，以求得最大限度的刑罚公正性。对于前述两种情形，按第一种和第三种观点均构成犯罪既遂，那么，刑罚的公正性是否得到最大限度的体现呢？答案显然是否定的。因为：（1）在前述两种情形和已经索取财物的情形相比较，无论是社会危害性还是行为人的主观恶性，明显都轻，但最终的处罚结果可能会相同，这对犯罪人而言，显然是不公平的；同时从鼓励犯罪人悬崖勒马、悔过自新的角度看也显然不利。（2）将前述两种情形作为犯罪人悔罪表现虽然也能使犯罪人得到从轻的处理结果，但它只是由法官凭着对刑事政策的理解程度而灵活运用的一个酌情情节，与作为法定量刑情节的犯罪中止相比较，其规范程度、从宽程度等方面完全不能相提并论。

三、为索取债务而扣押、拘禁他人的行为认定

在司法实践中，为索取债务而非法扣押、拘禁他人的案件时有发生，对此类案件定性，因刑法第238条第3款已明确规定以非法拘禁罪论处，理应不存在争议。但由于刑事案件的复杂性的影响及对债务范围等方面的理解不一，从而引发了对下列诸行为该如何定性的争论：(1) 行为人为索取非法债务而扣押、拘禁他人的行为；(2) 行为人为索取事实上并不存在的债务而扣押、拘禁他人的行为；(3) 行为人为索取明显超出其正当的债务数额的财物而扣押、拘禁他人的行为；(4) 行为人为他人索取债务而扣押、拘禁他人的行为。对上述行为的定性，无论是学界还是在司法实践中，则是仁者见仁，智者见智。有的认为构成非法拘禁罪，有的则认为构成绑架罪，有的认为两者兼而有之。争论的存在，实为正常。但值得关注的是，对上述行为的定性不同所产生的结果：如果以非法拘禁罪论处，行为人所面临的仅是一段时间的人身自由被剥夺或限制（根据刑法第238条的规定，在一般情况下，该罪的法定最高刑为有期徒刑3年）；如果以绑架罪论处，行为人则面临的将是终身监禁（根据刑法第239条的规定，在一般情况下，该罪的法定最低刑为有期徒刑10年，法定最高刑为无期徒刑）。前述4种行为究竟应如何定性，笔者以为应视具体情况的不同作具体分析，不能一概而论。

（一）行为人为索取非法债务而扣押、拘禁他人，应定绑架罪

行为人为索取非法债务而扣押、拘禁他人，之所以认定其构成绑架罪，理由是：其一，行为人对被害人所欠的非法债务不具有请求权和受偿权。众所周知，债的客体是债权人的权利和债务人的义务所共同指向的对象，它必须具有合法性的特点。只有当该客体符合法律和国家政策之规定时，债权人才享有请求权和受偿权，债务人才承担履行为一定行为或不为一定行为的义务。而非法债务的形成，是基于行为人与被害人之间的非法行为，这种债务并不为法律所保护。例如，司法实践中常见的因赌博行为所形成的赌债，由于赌博本来就是一种违法行为甚至是一种犯罪行为，与赌博有关的财物均应由国家机关予以没收并上缴国家，因而行为人对被害人所欠的赌债当然不具有请求权和受偿权。其二，行为人主观上具有勒索财物之目的。由于行为人明知自己与被害人之间的

债权债务关系的非法性，明知因违法行为或犯罪行为而使自己不再拥有该财物的所有权，仍借口存在非法债务并予以索要，表明该行为人主观上具有勒索财物之目的。

（二）行为人为索取不存在的债务而扣押、拘禁他人，应根据主客观相一致的原则分别定罪

行为人与被害人之间是否存在着事实上的债权债务关系，虽说是非法拘禁罪与绑架罪的重要区别点，但是，如果仅以此来判断行为人的行为性质，则有客观归罪之嫌疑。因此，在确定是否存有债权债务关系的同时，还必须考察行为人的主观罪过内容。行为人为索取不存在的债务而扣押、拘禁他人有两种情形：一是行为人基于主观上的认识错误，误以为存在债务关系而扣押、拘禁他人；二是行为人明知不存在或不可能存在债权债务关系，以索债为借口而扣押、拘禁他人。这两种情况的共同点是行为人所要索取的债务在客观上并不存在，且都实施了索债和非法扣押、拘禁他人的行为，但两者在主观方面却有着重大区别：前者是行为人误以为在客观上存在着债权债务关系，其故意内容是为了索取"债务"，并非为非法占有他人之财物；而后者行为人主观上明知不存在或不可能存在债权债务关系的事实，仍凭空捏造被害人欠其债务的事实，表明其主观上有非法占有他人财物之目的。因此，对前者应定非法拘禁罪，对后者则应以绑架罪论处。

（三）行为人扣押、拘禁他人后，索取的财物数额明显超出实际的债务数额，应视情况不同分别定罪

对此种情况的定性，有观点认为属于一个行为触犯了非法拘禁罪和绑架勒索罪两个罪名，应按从一重处的原则处理①（即实际上就是以绑架罪论处——笔者注）。笔者对此不能完全苟同。行为人索取的财物数额明显超出实际债务数额存在着下列几种情形：（1）客观上存在着债权债务关系，但债务数额却处在待确定状态。例如，被害人将行为人的亲属打成重伤，其应赔偿的数额在未得到认可之前就处在待定状态。（2）债务数额处在较为确定的状态下，而行为人索取的财物数额却大大

① 孙光骏、李希慧：《论绑架勒索罪的几个问题》，载《法学评论》1998年第1期。

超过该数额。例如，被害人因违约没有支付 10 万元的货款，行为人扣押被害人，向其家属索要 50 万元的货款。（3）行为人已经索得债务，又向与被绑架人有特定关系的人索要额外财物。笔者认为，对后两种情形以绑架罪论处并无不妥，但对第一种情形以绑架罪论处则值得商榷。依笔者之见，对此情形以非法拘禁罪追究刑事责任更为妥当。其理由是：其一，债务数额既然还处在待确定状态，那么，行为人索要的债务数额大小就可以取决于其自身的意愿，至于该意愿最终能否实现则决定于客观事实和法律之规定。其二，行为人索要的债务数额与最终实现的债务数额是两个范畴的内容。其三，债务数额既然还处在待确定状态，且债权债务关系客观存在，那么，即便是行为人所索要的数额明显超出最终确定的数额，也不能表明该行为人具有勒索他人财物之目的。

（四）行为人为他人索取正当债务而扣押、拘禁债务人的行为，应构成非法拘禁罪

在司法实践中，有观点认为对此种情况应定绑架罪，其理由是行为人为获取非法利益，采用非法扣押、拘禁债务人的行为，侵犯了被害人的财产所有权和人身权。笔者认为该观点难以成立。其一，仅就索取债务而言，行为人与债权人之间是一种代理关系。债权人享有要求债务人履行债务的权利，行为人向债务人索取债务，实为债权人自己行使权利之行为。其二，由于行为人与债权人之间存有代理关系，那么，行为人通过自己的代理行为的实施，从被代理人处获取一定的报酬则属理所应当，而不存在“非法利益”，除非索取的是非法债务。其三，由于债权人与被扣押、拘禁人之间存在着债权债务关系，那么，行为人代理债权人索要债务，也就不存在侵犯债务人的财产所有权，而只是由于行为人实施的非法扣押、拘禁债务人行为，侵犯了债务人的人身权。

（本文发表于《南昌大学学报》（人文社会科学版）2001 年第 4 期）

绑架罪的法定刑对绑架罪认定的制约

阮齐林

关于绑架罪，在理论和实践上存在着一些重大的分歧和模糊的认识，这不能不引起重视。

因为绑架罪是一种较为常见的被法律规定了极其严厉处罚的犯罪，对其构成要件的不同理解和掌握，可能导致司法适用上的不平衡，使同样的行为受到罪与非罪或者量刑畸轻畸重的对待。① 对绑架案件的处理，可能因为“一念之差”导致极为悬殊结果，以致司法人员在处理有关绑架案件时每每有如履薄冰之感。② 理论上的认识不一和司法人员面临的这类艰难的选择，以及行为人同样行为面临着天堂地狱般悬殊的处理结

---

① 例如，关于绑架罪是否以使第三人为人质安危担忧为要件，涉及此罪与彼罪的界限，同样的行为如果认定为绑架罪，则法定最低刑为10年有期徒刑，且以扣住人质为既遂；如果认定为抢劫罪，法定最低刑为3年有期徒刑，且以抢取财物为既遂；如按非法拘禁定罪，则通常法定最高刑为3年有期徒刑，处罚竟有天壤之别。另外，关于绑架罪是否包括欺骗行为的分歧、成立中止时间的分歧、刑事责任年龄分歧亦涉及被告人重大的利益。

② 这方面的实例，如甲借乙嫖娼之机，邀约数人将乙绑架，开始索要5万元，经讨价还价，乙同意给1万元，并通过电话让其侄儿交钱。然后又将乙随身携带的200余元和手机抢取。但在尚未派人去约定地点取钱就被检查暂住证的巡警撞上抓获。在此案中，甲等人没有使第三人为人质安危担忧的情节，如果认为构成绑架罪必须具备使第三人为人质安危担忧的要件，甲的行为不构成绑架罪，只能以抢劫罪一罪论处，并且其索要的1万元不能算做既遂的金额，按普通抢劫通常在3年以上10年以下的幅度内处罚。如果认为绑架罪不以使第三人为人质安危担忧为要件，那么甲的行为不仅构成绑架罪而且构成抢劫罪，数罪并罚，即对抢劫罪在3年以上10年以下处罚，对绑架罪在10年以上处罚。认识上的一念之差就让行为人多出一个应当处10年以上刑罚的犯罪。再如，甲因为雇主拖欠其2000元工资，屡次讨要未果，便将雇主之子绑架，要求加倍支付工资4000元。如果按照非法拘禁罪处罚，仅在3年以下处刑；如果按绑架罪处罚，得在10年以上处刑；如果数罪并罚将会更重。

果，都使我们不能不重视绑架罪构成要件的合理统一的解释。

一、对绑架罪要件的解释应当与法定刑相称

在绑架罪要件的把握上，最令人困惑的并不是存在着分歧，而是人们解决这种分歧的依据不一致。按理，应当依据现有的立法模式解释。但是，有的同志按照自己的认识难以得出合理的处理结果时，不是尽量寻求立法的“本意”反思自己的结论，而是批评立法有“疏漏”之处，进而提出修改立法的建议。① 如果一方是在现有立法的框架内解释法律，而另一方是要打破现有的立法框架，要求制定出“合理”的法律，则二者基本立场的分歧将决定难以达成共识。

统一合理地把握绑架罪的构成要件，首先必须立足于现有的立法模式。依据现有的立法是解释法律的基本规则，这表现为，首先应当设定任何立法的表达形式和内容都是立法者有意作出的，没有相反的根据，不能认为立法者发生了疏漏和错误。对立法不是不能批评，但是不能简单推测其表达形式和内容不符合立法者意志。也就是说，法律规定具有有效性并且符合立法者的真实意图是解释法律的基点。在法律尚未修改

---

① 肖俊德、樊洪：《略论绑架罪的几个问题》，载《中州学刊》2000 年第 6 期。该文作者认为，“法定最低刑 10 年有期徒刑的规定未考虑绑架罪和其他犯罪一样也存在着犯罪情节较轻这一客观情况。……例如实行行为后，未达目的前将被绑架人释放……和非法拘禁极为相似……处 10 年以上有期徒刑显然畸重。又如有些‘文绑’或勒索数额只有几百上千元等一律处 10 年以上有期徒刑同样量刑过重。”因而主张完善绑架罪的法定刑。案例一：张某因急用钱向其堂兄借 2000 元未果，遂将堂兄 3 岁儿子（张某与小孩熟悉）抱到女友处，暂由女友照看。然后用匿名信要堂兄交 3000 元交换小孩，否则将对小孩不利。当其女友按张某所说交人取钱时被抓获。案例二：李某等 3 人经密谋后持刀威胁将正在出售假证件的王某劫持到某招待所开房关押，要王打电话给家人筹款 1000 元赎人，否则将对王进行人身伤害。3 小时后，当李某去向受害人王某之妻收取赎金时被抓获归案。该文的作者认为，“对他们判处 10 年或 10 年以上有期徒刑确实有悖于罪刑相适应原则。鉴于上述司法实践中遇到的处理绑架罪之尴尬，笔者建议修改刑法第 239 条”，以完善绑架罪刑罚梯度。参见胡捷：《绑架罪刑罚梯度有待完善》，载《检察日报》2001 年 1 月 15 日。

之前，至少应当在现行立法框架内作出解释、达成共识。如果一方面对绑架罪构成要件作出宽泛的扩张性的解释，因而遭遇罚不当罪的尴尬局面；另一方面又批评绑架罪立法（刑法第239条）法定刑起点过高（在10年以上）是导致尴尬局面的根源。用这样的方式来解释现行有效的法律，难免有“削足（法定刑）适履（构成要件的解释）”之嫌，背离了现行立法的框架。

立足于现有的立法模式来解释绑架罪的构成要件，尤其要重视法定刑的制约。绑架罪的法定刑与罪状共同构成了关于绑架罪的现行立法模式，不能脱离法定刑孤立地解释罪状。因为法定刑明确地表达了立法者对某种罪行的评价，这种规定的明确性是无可争议的；在立法者改变对绑架的评价、修改刑法之前，该规定是必须执行的。但是，人们解释绑架罪的构成要件时，往往忽视法定刑。因为刑法第239条对绑架罪罪状描述得比较简单，人们对描述罪状的术语如“绑架他人”、“以勒索财物为目的”、“劫持人质”也比较熟悉，很容易就形成了一种惯常的理解和适用模式。当这种惯常的理解和适用模式应用于实践遭遇到罚不当罪的尴尬局面时，以致首先怀疑的不是自己对罪状的理解是否有问题，而是质疑立法规定的法定刑有问题。这种思维方式说明在绑架罪的解释方面，过于相信对绑架罪构成要件的惯常理解而严重忽略法定刑对构成要件解释的制约。

本文的一个基本思路是，既然我国刑法第239条对绑架罪规定了异常严厉的法定刑，那么在对绑架罪构成要件的解释上就应当予以考虑，并作出与处罚相称的解释。解释法律的终极目的在于使案件得到公平合理的处理，而不在于使犯罪的要件符合我们的理解，也不在于使它以什么样的罪名受到处理。如果从法律原则上讲，就是使罪行受到的处罚符合罪刑相适应的原则。我国刑法中对绑架罪规定的是最为严厉的法定刑。[①] 其不同寻常的严厉性表现为法定最低刑为10年以上有期徒刑，结果加重犯和结合犯唯一的法定刑为死刑。在普通刑事犯罪中只对劫持航

① 在我国刑法中虽有背叛国家罪、武装叛乱、暴乱罪的法定最低刑略重于绑架罪和劫持航空器罪的法定最低刑，但是毕竟不是普通刑事犯罪，实际适用的机会很少。

空器罪规定了同样严厉的法定刑。从法定最低刑看，处罚的严厉性相当于加重的抢劫罪、强奸罪以及放火罪、投毒罪、爆炸罪的结果加重犯。从法定最高刑看，重于故意杀人罪、加重的抢劫罪、强奸罪以及放火罪、投毒罪、爆炸罪的结果加重犯。如果与外国刑法中绑架罪的处罚相比较，同样显示出严厉性。最明显的是我国刑法对绑架罪规定的法定最低刑为10年以上有期徒刑，而在外国刑法中，绑架罪的法定最低刑通常为3年以上有期徒刑或者更低。① 此外，与绑架罪相关犯罪的法定刑比较，如与非法拘禁罪、拐骗儿童罪、拐卖妇女、儿童罪、抢劫罪的处罚比较，法定刑轻重的差别极为悬殊，也明显反映出我国刑法对绑架罪规

---

① 关于绑架罪的法定最低刑，按德国刑法典第239条、日本刑法典第224条规定是3年自由刑；韩国刑法典第336条规定按抢劫罪处罚（3年自由刑）。瑞士刑法典第185条规定处重惩役（1~20年）是1年重惩役，俄罗斯刑法典第126条规定是4年剥夺自由刑。加拿大刑法典第279条仅规定最高可处无期徒刑，根据第717条规定没有最低刑罚的限制。

定的刑罚特别严厉。①

鉴于我国刑法中对绑架罪规定了极为严厉的法定刑，这意味着必须严格解释绑架罪的犯罪构成要件，以体现罪刑相适应的原则。② 因为绑

① 在我国刑法中，非法拘禁罪法定最高刑一般情形下为3年以下有期徒刑，非法拘禁罪与绑架虽然同为侵犯人身权利的犯罪，但是法定刑轻重相差极为悬殊。在外国刑法中，二者在法定刑轻重方面没有如此悬殊，如德国刑法典规定非法剥夺他人自由处5年以下自由刑或者罚金，俄罗斯刑法典规定绑架以外的非法剥夺自由行为，一般处3年以下限制自由，或者处3个月以上6个月以下拘役，或者处2年以下剥夺自由。有加重情节（不含结果加重犯）之一的，处3年以上5年以下剥夺自由。瑞士刑法典规定，非法拘禁他人处5年以下重惩役或者监禁刑，意图勒索赎金的，处监禁刑（3天~3年）。日本刑法典规定逮捕或非法拘禁他人处3个月以上5年以下惩役。在我国刑法中，拐骗儿童罪处5年以下有期徒刑，与绑架罪的法定刑轻重也是相差悬殊的。在外国刑法中，如德国刑法典规定，诱拐儿童处5年以下自由刑或者罚金，情节特别严重的（一般指以牟利为目的）处6个月以上10年以下自由刑。日本刑法典规定，掠诱或者和诱未成年人处3个月以上5年以下惩役，以牟利为目的的，处1年以上10年以下惩役。瑞士刑法典规定拐骗儿童与非法拘禁处罚相同。我国刑法中对抢劫罪的法定刑一般为3年以上10年以下有期徒刑，与绑架罪的法定刑轻重比较也是相差悬殊的。而在外国刑法中，如德国刑法典规定普通抢劫罪处1年以上自由刑，情节较轻的处6个月以上5年以下自由刑；日本刑法典规定普通强盗罪处5年以上惩役；瑞士刑法典规定普通抢劫罪处10年以下重惩役或6个月以上监禁刑；韩国刑法典规定诱拐强盗（相当于绑架罪）按强盗处3年以上有期徒刑。从以上比较中可以看出，外国刑法中对绑架罪虽然一般都规定了比非法拘禁罪、拐骗（拐卖）儿童罪、抢劫罪较重的法定刑，但其轻重差距没有我国那样大，有的国家把绑架罪作为非法拘禁罪或者拐骗儿童罪、拐卖儿童罪的加重类型（如日本），有的国家对绑架罪与抢劫罪规定的法定刑相同（如韩国）。

② 参见王宗光：《论绑架罪的认定》，载《法律适用》2000年第5期。该文作者也认识到了这个问题，指出认定绑架罪的基本准则之一是罪刑均衡原则，“在认定绑架罪时，必须考虑到绑架罪是重罪……如系绑架还是非法拘禁或敲诈勒索难以决定时，也要凭借社会一般观念，衡量一下行为人应受刑罚处罚的轻重，以此逆推行为性质的轻重。在此情况下，罪刑均衡的原则其实在无形中决定着认定绑架罪是此罪与彼罪的界限”。不过，这一原则在其对绑架罪构成要件的解释上并未得到贯彻。

架罪法定刑极其严厉，在解释上理所当然地认为我国的立法者把绑架罪评价为一种极为严重的罪行，如果尊重和重视立法者的评价，就应当严格解释绑架罪的构成要件，力求把绑架+罪限定在与立法者评价相称的范围内。这一倾向在立法和司法实践中已经有所反映。刑法第238条规定为了索债而扣押、拘禁他人的，以非法拘禁罪论处。对此，一般理解为行为人没有非法占有财物的目的，所以不成立绑架罪。这种理解恐怕过于形式化。其深层的原因恐怕还是索取的财物数额有限度（往往以债务为限），行为人与被害人相识且行为人往往需要告知被害人亲属绑架是谁所为，由于绑架者的身份是公开暴露的，所以通常不敢过分加害人质。这样的特性使其与典型的绑架犯罪对人身、财产的危害显然不相当，所以不认为是绑架罪。对这里所称的"债务"，当初一般理解为是合法债务，① 不包含非法债务或者"恶债"。但是，最高人民法院却在后来作出扩张解释，为了索取不受法律保护的赌债、高利贷的，也仅以非法拘禁罪论处。这种不合"常理"的司法解释，无非从处罚的合理性考虑，通过扩大非法拘禁罪的范围以缩小绑架罪的范围。在实务上，司法人员对于有关绑架案件，有的认为处10年以上有期徒刑显失公平合理；② 也有的干脆避开绑架罪条款的适用，直接认定为非法拘禁罪、敲诈勒索罪或者抢劫罪。③

刑法第239条规定，绑架罪是指"以勒索财物为目的绑架他人"，或者"绑架他人作为人质"。从宏观上讲，能够与我国刑法规定的严峻刑罚相称的绑架罪只有两种类型：一是绑架勒赎，即俗称的绑票行为，

---

① "这里所说的'为索取债务非法扣押、拘禁他人'，是指为了逼迫他人履行合法债务……"参见李淳、王尚新著：《中国刑法修订的背景与使用》，法律出版社1998年版，第307页。

② 胡捷：《绑架罪刑罚梯度有待完善》，载《检察日报》2001年1月15日。

③ 参见戴常林、尧宇华：《论我国刑法中的绑架罪》，载《江西社会科学》1999年第5期。该文作者认为对于有些绑架行为，如尚未开始勒索财物或者中途释放被绑架人的，"和一般的非法拘禁犯罪极为相似……而对上述行为处10年以上有期徒刑显然畸重。为达到量刑上的合理，有的法院便以敲诈勒索罪或者非法拘禁罪定罪处刑，但这显然有违罪刑法定原则和罪刑相适应原则。"

是指以勒索巨额赎金为目的，绑架他人作为人质，使第三人为人质的安危担忧而迫使其交付财物的行为。二是有关国际公约中规定的“劫持人质”及与其严重性相当的行为，即绑架他人作为人质，使第三人（包括任何个人、组织、政府）为人质的安危担忧而迫使第三人满足其重大不法要求的行为。从立法的过程中可以清晰地看出这两种立法类型。原1979年制定的刑法中没有规定绑架罪，故在1991年《关于严厉惩治拐卖妇女儿童犯罪的决定》中补充规定绑架勒索罪，即属于1997刑法中所规定的“以勒索财物为目的绑架他人的”的行为。在修订刑法时有人提出绑架勒索仅能包括绑架人质勒索财物的情况，不能包括绑架人质勒索财物以外的不法要求的情况，尤其是不能包括国际公约中劫持人质罪行，范围过于狭窄。所以，在修订后的刑法中增加了其他绑架人质的类型。[①] 从国外的有关立法也可大体看出这两种绑架类型，如俄罗斯刑法典中分别规定有绑架罪和劫持人质罪；德国刑法典的第239条a项规定掠人勒赎罪，第239条b项规定绑架他人作为人质，法国刑法典第224－4条规定绑架人质罪。

二、绑架罪的勒索内容和程度

概括地说，绑架罪的主观方面是意图勒索某种不法要求。具体地说，可以分为两类，一是勒索财物；二是勒索财物以外的不法要求。我国刑法分开表述，显然是因为“以勒索财物为目的”是日常生活中常见绑架的类型，予以突出。而以绑架他人“作为人质”，作为补充。关于绑架罪的主观意图是勒索某种不法要求，大概是没有什么争议的。问题是能否在意图勒索的内容和程度上有所限制。

为了与绑架罪的处罚相称，在意图勒索的内容和程度上应当有所限制。也就是说，对于勒索的不法要求适当限制在“重大”的范围内，即以勒索“巨额”赎金或者其他“重大”不法要求为目的。所谓数额巨大的赎金，按照我国对侵犯财产罪如盗窃罪、抢劫罪、诈骗罪等的数额巨

---

① “增加关于‘绑架他人作为人质’的规定。这是考虑《反对劫持人质国际公约》和我国同劫持人质犯罪作斗争的实际需要增加的”。参见李淳、王尚新著:《中国刑法修订的背景与使用》，法律出版社1998年版，第108页。

大的习惯掌握，至少应当在 1 万元以上。所谓强要其他重大的不法要求，一般理解为强要第三人作出某种重大作为或不作为，如交换人犯、在政策上作出重大让步，等等。从立法的过程看，我国刑法规定“劫持人质”的绑架类型主要是考虑到有关国际公约的规定，因此其不法要求的掌握应当与公约的规定相当。如果意图索取的赎金不够巨大，强要的其他不法要求不够重大，显然与立法者的评价不相称，不构成绑架罪。

立法对绑架罪的严厉处罚，显然是针对社会生活中发生的特定的绑架犯罪类型的。这种特定绑架犯罪往往是以勒索巨额赎金或者重大不法要求为目的。因为勒索的赎金或者其他不法要求很高，难以满足，使被勒索人处在两难的选择之中：要么蒙受巨大损失、作出重大的让步；要么使人质遭受巨大的痛苦甚至牺牲。这样的情形是典型的绑架犯罪类型，也是绑架成为凶恶的、难以应付的犯罪的根本原因。这种类型的绑架使用手段的极端性和索取不法要求的重要性往往是密切关联的。因为索取的不法要求重大，所以需要采取绑架人质、加害人质的方式相逼迫；因为不法要求难以满足，所以才使人质蒙受巨大的危险、使被勒索人承担巨大的压力。如果罪犯绑架人质仅仅是索要少量财物或者其他微不足道的不法要求，那么局面完全改观。对被勒索人而言，因为很容易满足其不法要求，就不成其为难办棘手的问题；对被绑架人而言，人身安全所蒙受的风险就大大降低。这样的“绑架”也就不成其为一种难以应付的凶恶的犯罪了。很难想象，立法者对于绑架人质索要几千元钱或者其他微不足道条件的犯罪行为有必要规定最低处 10 年以上有期徒刑的刑罚。合理的解释是，在我国刑法中被科以重刑的绑架罪应当是那种勒索巨额赎金或者其他重大不法要求的绑架类型。在现实生活中，确有一些人因为一时冲动或者因为存在纠纷或者抓住被害人的某些弱点，绑架人质，索要少量钱财或者其他条件的。例如，因为被害人拖欠工资、债务，而索要少量超出工资、债务范围的钱财的，或者由于冲动、无知、愚昧扣住人质索取少量钱财的，或者扣住岳母要求媳妇回家的，等等。这种情形的绑架，显然不具有与法律的严厉评价相当的不法程度，其实与非法拘禁、敲诈勒索、寻衅滋事的不法程度差别不大，完全可以按照非法拘禁罪或者敲诈勒索罪论处。

作出这样的理解，也有利于保持相关或者相近犯罪之间处罚的平衡。例如，对绑架罪处10年以上有期徒刑、无期徒刑，相当于对抢劫数额巨大的法定刑，因此，对其数额标准按抢劫罪加重的数额掌握，比较合理。即使按照这个数额掌握，其实对绑架罪的处罚仍然比抢劫罪重。因为绑架罪通常扣留人质即使没有实际索取财物也构成既遂，而抢劫的既遂通常需要实际抢取财物才构成既遂。

脱离我国刑法对绑架罪处罚的特定模式，仅仅从法律形式上分析绑架罪的构成要件，绑架罪的法定刑对绑架罪认定的制约是不够的。从法律形式上看，绑架罪不过是非法拘禁罪和敲诈勒索罪的合成。① 可是刑法对非法拘禁罪仅仅规定3年以下有期徒刑，对敲诈勒索罪规定的法定刑与盗窃、诈骗基本相同，也很普通。为什么非法拘禁和敲诈勒索结合到一起使其不法程度猛然上升以至于值得立法者对其规定严峻的刑罚呢？显而易见，在立法者心目中考虑的并不是两种犯罪或者两种行为的简单相加，而是存在于社会生活中的某种犯罪类型。这种犯罪类型就是采取绑架人质的方式以加害人质相威胁或者以释放人质为交换条件，向第三人勒索巨额赎金或者其他重大不法要求的行为。这是促使立法者对绑架罪规定严峻刑罚的动因，也是制约绑架罪解释和适用的根据。“不管在什么时候，对一个词的各种意思进行选择，都应当选择与情理和正义相符合的含义。”②

三、侵犯第三人的自决权

对于绑架罪意图勒索的对象应当限定于第三人，在我国理论上属于

---

① 正因为如此，有人认为：掳人勒赎“系以掳人为手段，而达勒索财物之目的……无疑为妨害自由与恐吓取财之结合犯”。有学者认为绑架是非法拘禁和敲诈勒索罪的结合犯。参见林山田著：《刑法特议》（上册），台湾三民书局1978年版，第392页。

② ［英］丹宁勋爵：《法律的训诫》，杨百揆、刘庸安、丁健译，法律出版社1999年版，第26页。

通说。[①] 行为人通过绑架人质的方式，使第三人为人质的安危担忧而向第三人勒索巨额赎金或者其他重大不法要求。这种情形的绑架行为，不仅侵害了人质的自由，而且侵犯了第三人的自决权，扩大了犯罪行为波及的范围。这是典型的绑架类型，自然也是立法者规定绑架罪刑事责任轻重的主要根据。作出这种限制的实质效果，就是将意图直接向被绑架人本人索取财物的“绑架”行为排除在绑架罪的范围之外。关于绑架罪是否以意图向第三人勒索为要件的问题，在理论上虽然是通说，但在司法实践中往往贯彻得不够坚决、彻底。这表现在对于行为人仅仅向被绑架人勒索财物甚至是特别巨大财物的场合，究竟该定抢劫罪还是绑架罪存在着含混的认识，[②] 对于是否需要利用第三人对人质安危的担忧进行勒索，也有不同的认识。在处理具体案件时也表现出犹豫不决的态度。

---

① 参见张明楷：《论绑架勒赎罪》，载《法商研究》1996 年第 1 期。该文主张《关于严惩拐卖、绑架妇女儿童的犯罪分子的决定》中规定的“绑架勒索罪”应当称为“绑架勒赎罪”，就意在把该决定规定的犯罪限定在向第三人勒索的范围内，排除向人质本人勒索的情况。“绑架罪……（1）为勒索财物而绑架他人……要求其亲属或其他利害关系人交付一定数额的财物……（2）绑架他人作为人质……向其亲属或其他有关人员提出其不法要求”。（参见高铭暄、马克昌主编：《刑法学》，中国法制出版社 1999 年版，第 838 页）前引李淳、王尚新主编的《中国刑法修订的背景与使用》对此也作出了相同的解释。“‘以勒索财物为目的绑架他人’……勒令与人质有关的亲友……‘以钱赎人’”。（周道鸾、张军主编：《刑法罪名精释》，人民法院出版社 1998 年版，第 469 页；何秉松著：《刑法教科书》，中国法制出版社 2000 年版，第 872 页）“绑架罪的犯罪对象包括被绑架人质和人质的亲属及相关人等，表现为双重或多重被害人。”也间接表达了存在被害第三人的观点。

② “所谓以勒索财物为目的，是指行为人绑架被害人的目的在于以加害被害人相威胁迫使被害人近亲属交给其财物”。（参见刘家琛主编：《新刑法新问题新罪名通释》，人民法院出版社 1998 年版，第 659 页）但是在紧接着论及绑架罪与抢劫罪区别时，该书又指出，“绑架罪的行为人主观方面故意的内容仅限于将他人置于自己的控制之下，至于实施这一犯罪的目的如何，对本罪的成立没有影响”，这又使绑架罪与抢劫罪、非法拘禁罪在目的上的区别变得模糊起来。

从法律规定的"以勒索财物为目的"来看，虽然不能得出必须向第三人勒索的结论，但是从法律规定的"绑架他人作为人质"的表述看，显然应当理解为需要向第三人勒索。因为既然是"人质"，显然是对第三人而言的，不是对被绑架人而言的。在外国的刑法中，有的规定罪名是掠人（掳人）勒赎、诱拐勒赎，就包含使被掳掠、诱拐人的亲属为人质安危感到担忧的内容。有的在法律条文中对绑架罪直接明确规定有向第三人勒索的内容。

从社会危害性看，是否向第三人勒索，危害性差别较大。绑架他人之后是仅仅直接向被害人勒索财物还是以被害人作为人质向第三人勒索财物，表面上看，仅仅是索取财物的对象不同，其实质涉及是否侵犯第三人的自决权。这种第三人，不仅包括人质的亲友，而且还包括单位、组织和政府。当罪犯以虐待人质的方式甚至以杀害、伤害人质的方式向第三人勒索时，对第三人的影响是巨大的。第三人必须在满足犯罪人的非法要求与解救人质之间作出艰难的选择，这不仅是救人还是破财的两难选择，而且涉及更为深远的道德、法律问题。菲律宾绑匪的所作所为，对菲律宾社会政治、经济产生的恶劣影响就是其极端的例证。而行为人在绑架他人之后，仅仅向被绑架人索取财产，没有侵犯到第三人的自决权，其危害影响的范围受到了限制。此外，从犯罪的实际情况看，行为人在绑架他人之后仅仅想以不惊动第三人的方式索取财产，其索取财产的方式、数量将受到很多的限制，只能以被绑架人能够控制、支配的财产为限。被绑架人的命运也基本掌握在自己的手中，因为，绑架者只是与被绑架者之间进行谈判、较量，决定是否让步，满足绑架者的条件。其危害性更接近于抢劫罪。因此，以抢劫论处本无不妥。如果我国刑法对绑架罪与抢劫罪的法定刑规定的差距不大，其实认定为绑架罪还是抢劫罪均无实质的差别。但是，鉴于我国刑法对绑架罪规定了明显重于抢劫罪的法定刑，尤其是规定了很重的法定最低刑，为了使这类不侵害第三人的绑架行为与抢劫罪在处理上保持平衡，将其认定为抢劫罪较为合理。

对第三人勒索的意图中还应当包括利用第三人"对人质的安危担忧"内容。因为只有意在使第三人为人质安危担忧来勒索钱财和满足不法要求的场合，才会侵犯到第三人的自决权。在司法实践中有时会遇到这样的情况：行为人绑架他人之后，没有使第三人为人质安危担忧勒索财物的意思，只是向被绑架人勒索财物。被绑架人被迫答应给予财物，并指令第三人交付财物。但是并未告知被绑架的事实或处境。第三人只是遵照被绑架人的指令交付财物。对于这种情形，能否认为具备向第三人勒索的要件？在这种场合下，第三人既然不知发生绑架的事实，也就不存在为人质的安危担忧的问题。第三人的自决权并未受到可能的或者实际的侵犯，不能认为具备向第三人勒索的要件。如果行为人绑架人质之后，不直接向第三人勒索，而是通过被绑架人告之遭到绑架的处境，使第三人为被绑架人的安危担忧而交付财物的，应当认为具备向第三人勒索的要件。

四、绑架人质的方式

绑架罪的方式一般认为是使用暴力、胁迫以及其他剥夺自由的手段。关于其他剥夺自由手段的解释。一般认为包括麻醉、偷盗、拐骗婴幼儿等手段。其中争议较大的是使用欺骗手段的，是否属于绑架的其他手段之一。

有的学者主张绑架罪的行为方式仅限于暴力，并且把绑架行为视为一个持续的过程，只要行为人在这个过程中使用暴力手段侵犯了被害人的人身自由，就足以认定具有绑架的暴力。① 这种使人不能反抗、不敢反抗或者不知反抗的有形力量，包含通常所说的胁迫、麻醉的方法。这种对绑架方式的狭义的严格的解释是应当赞同的。在这个意义上讲，使用欺骗的手段不能构成绑架罪。但是在实际生活中，有使用欺骗的方法勾引未成年人玩耍，借机敲诈未成年人父母的情况，也有可能出现邀约成年人玩麻将、外出旅游之机，借机向有关人员勒索财物的情况。对于这样具体的事例是否应当认定为绑架罪存在着争议。笔者认为，问题的关键在于对“欺骗”如何理解？如果：（1）行为人只有使用欺骗方法而

① 张明楷：《论绑架勒赎罪》，载《法商研究》1996 年第 1 期。

没有使用暴力方法的意图；[①]（2）不违背被害人自由行动的意愿；（3）没有实际使用暴力方法；那么行为人仅仅使用上述严格意义上的欺骗手段，就不能构成绑架罪。因为绑架罪的基本内容之一是侵犯人身自由，而这种欺骗方式，不足以侵犯人身自由。行为人只有勒索的故意和行为没有侵犯人身自由的故意和行为，不能成立绑架罪。有的学者指出绑架的"其他方法还包括欺骗方法"。但对欺骗手段有不同的理解，"例如，甲、乙合谋向丙勒索财物，以谈生意为名，将丙骗至甲临时租住的房屋，就势将其扣押，也是绑架。"[②] 这种情况实际上属于似欺骗而非欺骗的方法。行为人使用欺骗手段将他人诱离或者诱至某一地点，而后将其"扣押"或"关押"。[③] 这"扣押"或"关押"已经超出了欺骗方法的范围，应当归入暴力方法的范围。因为若能扣押或关押住他人，通常是需要借助暴力的。是扣押或关押才使行为应当被认定为绑架，而不是前面的引诱行为。换言之，扣押或关押行为才是绑架的实行行为，而诱骗被害人赴扣押或关押的地点，恐怕只能算是绑架的预备行为。行为人在暴力绑架犯罪过程中使用了某种欺骗手段，并不能决定欺骗可以成为绑架的实行行为。就如同把被害人引诱到某一地点对其抢劫可以构成抢劫罪，但不能据此认为抢劫罪的手段包括欺骗一样。

需要说明的是"不违背被害人行动的意愿"的理解。这里所说的"不违背被害人行动的意愿"是指不违背被害人通过行动、语言等表示

---

① 方文军：《论绑架罪》，载《检察时空》2000 年第 3 期。该文实际认为使用欺诈的手段不构成绑架罪，但是对于这种情形："行为人在绑架人质的意图支配下采取的欺骗手段具有向强制性手段发展的危险，这种危险意味着，当欺骗手段不再有效时，行为人会采取暴力、威胁的手段来控制人质。"认为构成绑架罪。这其实是意图使用暴力手段但未实际使用暴力手段的情况。而使用暴力的手段应当包括意图使用暴力手段的情形。

② 高铭暄、马克昌主编：《刑法学》，中国法制出版社 1999 年版，第 837 页。

③ 肖中华：《关于绑架罪的几点思考》，载《法学家》2000 年第 2 期。作者认为："从实践来看，有的犯罪分子使用欺骗方法将他人骗到一定场所后将其关押起来，然后向其近亲属等人员勒索财物，这种行为无疑应定为绑架罪。但行为方法不属于暴力、胁迫或麻醉三者之任何一种。"

出来的愿意。只要是被害人表面上是同意的，就认为不违背其意愿。比如说被害人不知自己落入圈套、家人遭到勒索真相，玩得兴起，乐不思蜀，应当认为不违背他的行动意愿、人身自由没有遭到侵犯。关于这一点，有人主张采取“无限定说”，认为“即使被害人没有认识到自己被剥夺人身自由的事实，也构成对他人人身自由的剥夺”。① 这种主张笔者是不能赞同的。因为人身自由是人们按照自己意愿行动的自由，而不是认识、意志的自由。欺骗手段造成被害人产生错误的认识、意志，仅仅侵犯他人的意志自由，没有侵害人身自由。至于被害人基于误解作出了不符合其本意但符合其错误意志的行动，仍然属于他的意志行动。不能认为其人身自由遭到侵犯。这也正是欺诈和暴力对自由侵害存在根本差别的地方。

即使对于未成年人和有精神障碍的人使用欺骗的手段也未必都能构成绑架罪。关键在于对于婴幼儿而言，因为缺乏基本的辨认、控制能力，行为人使用欺骗的手段使其脱离家庭、监护人，足以认为具有绑架的性质。这与偷盗婴幼儿的行为性质相同。少年、儿童因为年龄大小的不同，一般具有不同程度的归家意志和表达归家意志的能力，如果行为人使用欺骗方法滞留少年、儿童，但没有实施超出少年、儿童处理事务能力的诱骗行为或者足以违背少年、儿童行动自由的行为，按照具体的被害人认识、处理事务的能力判断，尚未达到足以使其不能反抗程度的，应当认为行为尚未达到侵犯少年儿童人身自由的程度，不具有绑架的性质。例如，利用少年儿童贪玩引诱儿童打电子游戏、玩扑克牌、吃饭、看电影等，其间乘机向少年儿童亲友声称绑架了该少年儿童勒索财物的。如果行为人实施了超出少年、儿童处理事务能力的诱骗行为或者实施了足以违背少年、儿童行动自由的行为，按照具体的被害人认识、处理事务的能力判断，达到足以使其不能反抗程度的，则侵犯到少年、儿童人身自由，应当认为具有绑架的性质。例如，把少年、儿童诱骗外出旅游并阻断其与家人通信联系的；引诱少年、儿童打电子游戏、玩扑克牌，当被害人表示想要回家的时候，行为人施加威胁、恐吓行为继续滞留儿童的，或者将儿童置于无法回家的境地的，或者以父母不在家、

---

① 方文军:《论绑架罪》，载《检察时空》2000 年第 3 期。

找不到家为由，不让少年儿童回家或者不送其回家的，等等。行为人因为使用这类的方式构成绑架罪的，应当称其为欺骗的手段还是暴力的手段，恐怕是一个概念之争的问题。如果行为人实施的诱骗行为超出少年、儿童处理事务能力，但没有意图或者实际使用暴力的，可以称之为欺骗行为，类似于偷盗婴幼儿的行为。如果行为人仅凭诱骗行为难以滞留被害人进而实施了足以违背少年、儿童行动自由的行为，应当称之为暴力行为。

在有的国家的刑法中，把绑架罪限定在更为狭小特定的犯罪类型上，强调绑架使被害人"脱离自然的社会小环境，将他从其常住地或临时居住地转移并随后违背其意志拘禁在另一地点"，并据此与非法拘禁罪和劫持人质罪相区别。① 由于强调绑架必须具有使被害人离开特定场所的特征，所以认为欺骗他人离开特定场所也可以具有绑架实行行为的意义。我国刑法中的绑架罪包含劫持人质的情况，不便加上使他人离开特定场所的要件，因此诱骗他人离开特定的场所就不具有实行行为的意义。

五、犯罪中止认定

对于绑架人质之后尚未开始勒索行为就主动释放被绑架人的，应当在量刑中予以充分的考虑，可以认为是一种共识。② 因为对这种情况从宽处理不仅符合罪刑相适应原则，而且有利于鼓励罪犯放弃犯罪，具有政策、策略上的意义。正因为如此，许多国家的立法都明文将类似的情况规定为免除、减轻处罚的情节，几乎成为一种普遍的对待绑架犯罪的

---

① 俄罗斯联邦总检察院编：《俄罗斯联邦刑法典释义》，黄道秀译，中国政法大学出版社 1999 年版，第 339、344 页。

② 李希慧、孙光俊：《论绑架罪的几个问题》，载丁慕英等编：《刑法实施中的重点难点问题研究》，法律出版社 1998 年版，第 750 页。作者认为，对实施了绑架行为后而自动放弃勒索财物行为的犯罪分子，不按照犯罪中止处理。"这样做，对于犯罪人来讲，显然是不公平的，也与刑法鼓励犯罪人自动放弃不可以继续实施的犯罪的立法精神不符。"

刑事政策。[①] 因为我国刑法没有类似的专门的法定减轻、免除处罚的规定，只有通过两种途径考虑：其一是作为酌定情节；其二是通过理论解释作为法定情节。

作为酌定情节考虑，在我国现行刑法对绑架罪规定的处罚模式有很大的局限性。因为我国刑法对绑架罪规定了极为严厉的法定最低刑，对中途主动释放人质的仅仅作为酌定情节考虑，一般也应在10年以上有期徒刑的幅度内惩罚。这使司法实践酌情落实这项普遍的宽大政策受到了很大的限制。一些国家对绑架罪的法定最低刑规定为3年以上有期徒刑或者更低的情况下，尚且把中途主动释放人质的情况作为法定减轻、免除处罚的情节，那么，在我国绑架罪法定最低刑较高、司法裁量余地很小的情况下，更需要另辟蹊径，缓和严峻立法的限制，追求合理的处理结果。司法实践中的解决办法之一是回避认定绑架罪。对于有些绑架行为，如尚未开始勒索财物或者中途释放被绑架人的，"和一般的非法拘禁犯罪极为相似……而对上述行为处10年以上有期徒刑显然畸重。为达到量刑上的合理，有的法院便以敲诈勒索罪或者非法拘禁罪定罪处刑"。[②] 反映这种现象的人批评这种回避的办法，"这显然有违罪刑法定原则和罪刑相适应原则"，但除了建议修改刑法以外，也没有提出更好的解决办法。[③] 笔者认为，法院回避认定绑架罪的做法的确与法律规定相悖，但是法院追求"量刑上的合理"是符合罪刑相适应原则的。因为法律本于人情，法官也有一颗普通人的良心，他们这样做有益于实现实质的公平。这种情理与法律相悖现象，一方面反映出一项法律规定如果在适用中显得过于严苛，将迫使法官回避适用；另一方面也促使我们考虑寻求宽大处理中途释放人质行为

---

① 参见《俄罗斯联邦刑法典》第126条的附注规定："主动释放被绑架人的，如果在其行为中没有其他的犯罪构成，可以免除其刑事责任。"其他如德国刑法典第239条：行为人放弃绑架，使被绑架人脱离绑架的，可减轻处罚。

② 戴常林、尧宇华：《论我国刑法中的绑架罪》，载《江西社会科学》1999年第5期。

③ 戴常林、尧宇华：《论我国刑法中的绑架罪》，载《江西社会科学》1999年第5期。

的适当途径。

另一个解决的办法是从学理上把中途主动释放人质的情况解释为犯罪中止。

按照通说，只要绑架行为完成，就构成犯罪的既遂。一旦既遂，即使行为人尚未开始勒索行为之前也没有成立犯罪中止的可能性。这种观点在既遂方面的一般理论根据是“构成要件齐备说”；在绑架罪方面的根据是“单一行为说”，即认为绑架罪的实行行为仅限于绑架，勒索财物是其目的，属于超过的主观要件，所以当行为人绑架行为完成，犯罪既遂；也有从客体方面的解释，认为绑架罪的主要客体是侵犯人身自由，因此一旦绑架行为（侵犯自由）完成，人身自由遭到侵犯，犯罪就告既遂。① 按照通说，绑架人质以后犯罪就告既遂，此后主动释放人质的没有成立中止的余地。另一方面，也有人以“双重行为说”为根据，即认为绑架罪的实行行为包括绑架和勒索双重行为，主张绑架罪应当以勒索财物行为实施完毕为既遂。因此，绑架人质之后尚未实施勒索财物行为之前应当有成立犯罪中止的余地。②

笔者认为，对于绑架罪中止的认定，不妨变换一个角度，从追求处罚合理性中寻求根据。上述学者的有关争论看似事关绑架罪的行为是单一行为还是双重行为的基本问题，而实质涉及“对行为人即使放弃勒索财物或提出不法要求的行为，也没有成立中止的余地”显然不合情理。③ 认为其不合情理，重要原因之一大概在于绑架罪法定最低刑较高，即使把这种主动放弃勒索的情况仅仅作为酌定情节考虑，往

---

① 林亚刚：《关于绑架勒索罪若干问题的探讨》，载《法学家》1996年第4期；孟庆华：《关于绑架罪的几个问题——兼与肖中华同志商榷》，载《法学论坛》2000年第1期；另参见王宗光：《论绑架罪的认定》，载《法律适用》2000年第5期。

② 肖中华：《关于绑架罪的几点思考》，载《法学家》2000年第2期。

③ 肖中华：《关于绑架罪的几点思考》，载《法学家》2000年第2期。另参见李希慧、孙光俊：《论绑架罪的几个问题》，载丁慕英等编：《刑法实施中的重点难点问题研究》，法律出版社1998年版，第750页。作者认为，单一行为说在以下两个问题中就得不到正确、合理的解决：“其一，犯罪中止问题……”

往也得在10年以上处罚，不能充分体现政策。

对绑架罪犯罪中止的认定，应当充分考虑处罚的合理性，适当从宽掌握。也就是说，为了勒索财物而绑架他人之后，尚未开始向与人质有关的人员勒索财物或提出其他不法要求之前主动释放人质的，认定为犯罪中止。这种观点从理论上是可以得到解释的。

（1）如果从（自然观察的）行为人预定的犯罪过程看，对在绑架人质之后实施勒索以前自动释放人质的认定为犯罪中止是符合法律规定的。刑法关于犯罪中止的时间条件的规定是“在犯罪过程中”。这个犯罪过程中，从自然的角度观察，应当是指犯罪人意图实施绑架犯罪预定的犯罪进程：即绑架人质并继续勒索不法要求。犯罪人仅仅绑架了人质尚未进一步实施勒索行为，可以认为是在（犯罪人预定的）犯罪过程中，或者说犯罪人预定的犯罪过程并没有结束，此时主动释放被绑架人的，符合法律规定的成立中止的时间条件。

（2）即使按照构成要件齐备说，也不能排除主动释放人质成立犯罪中止的可能性。根据构成要件齐备说，行为人的行为具备了分则条文基本的构成要件，就是既遂。又根据单一行为说，绑架人质之后就具备了绑架罪的基本要件，构成既遂。既遂后自然没有了成立中止的时间条件。但是，采取构成要件齐备说可能出现犯罪既遂与犯罪过程的结束不一致的情况。也就是说，根据构成要件齐备说，犯罪（齐备某条的要件）既遂以后，并不当然意味着犯罪（自然）过程的结束。其典型的例子是我国刑法关于破坏交通工具罪等危险犯和结果加重犯分条规定的法律结构所形成的犯罪既遂和犯罪过程结束不一致的情况。行为人实施的破坏行为足以危害交通工具的安全时，构成第116条既遂（危险犯），但是行为人在交通工具倾覆、毁坏的结果（也是行为人追求的结果或预定实现的结果）发生之前，自动放弃犯罪或者自动有效地防止犯罪结果发生的，仍有成立（第119条结果加重犯）中止的余地。既然上述危险犯既遂仍有中止的余地，那么，勒索财物前自动释放人质的，承认其有成立中止的余地也应该是可以的。

（3）按照结果说，犯罪未得逞是指没有发生行为人所追求的、行为性质所决定的危害结果。① 据此，绑架人质以后有无成立中止的余地要看对绑架罪结果的理解。对绑架罪的结果通常理解为人身自由遭到侵犯的结果，正因为如此，根据结果说，一般认为绑架人质并把人质置于行为人控制、支配之下为既遂，没有成立中止的余地。不过，这未免过于看重绑架罪侵犯自由的一面。如果看重绑架罪对第三人自决权侵犯的一面，把“侵犯第三人自决权”作为绑架罪“行为人所追求的、行为性质所决定的危害结果”，那么也可以得出有成立中止余地的结论。把“侵犯第三人自决权”作为绑架的结果是有充分理由的。根据绑架罪法定最低刑（10 年以上）与非法拘禁罪法定最高刑（3 年以下）之间存在的巨大空当看，绑架罪不宜理解为非法拘禁的加重类型，而应当理解为一种与非法拘禁罪具有质的不同的犯罪类型。把非法拘禁罪的结果与绑架罪的结果视为同一的解释明显背离立法的评价，因此，根据非法拘禁罪的结果是侵犯人身自由不能当然地推断绑架罪的结果也是侵犯人身自由。在外国刑法中，绑架罪的法定最低刑期与非法拘禁罪的法定最高刑期往往是相互衔接的，在这种处罚模式下，把绑架罪解释为非法拘禁的加重类型未尝不可。而根据我国刑法规定的处罚模式，应当对绑架罪和非法拘禁罪的结果有不同的把握，以体现立法的不同评价，即非法拘禁罪的结果是侵犯人身自由，绑架罪的结果是侵犯第三人的自决权。行为人绑架人质之后尚未向第三人勒索之前，可以认为犯罪未得逞，其自动释放人质放弃犯罪的，可以成立犯罪中止。

（4）从实质的角度考虑，在勒索之前主动释放人质的，无论是从犯罪人的主观恶性、人身危险性还是从客观危害上讲，与其他情形的犯罪中止并无明显的差别。相反，如果这种情形不能成立犯罪中止，会使处罚居高不下，导致过于严苛的判决。与其这样，还不如认可这种情形成立中止。退一步讲，构成要件齐备说虽然是通说，但在依通说难以导致合理结论的场合，也不是不允许有例外的。承认危险犯既遂以后还有成立结果中止的余地，就是一个例外。此外，承认非法拘禁罪既遂以后不一定构成犯罪，大概也能算是一个例外吧。按常理，

① 参见张明楷：《刑法学》，法律出版社 1997 年版，第 261 页。

犯罪既遂不存在无罪的问题。可是这个常理在非法拘禁罪上就行不通。实际掌握上一般要拘禁他人一定的时间比如12小时以上才认为构成非法拘禁罪。如果固守犯罪既遂了不论时间长短就一定构成犯罪，显然会导致不合理的结论。

（本文发表于《法学研究》2002年第2期）

绑架罪新论

刘　远　周海洋

绑架罪与非法拘禁罪是两种在行为样态方面非常近似、难以区分的犯罪，但两者法定刑的轻重却有天壤之别。从刑法第239条的规定可知，绑架罪的法定最低刑为10年有期徒刑，且是我国刑法中具有绝对适用死刑情节的极少数犯罪之一。从刑法第238条的规定可知，与绑架罪一同规定在刑法“侵犯公民人身权利、民主权利罪”一章中的非法拘禁罪，其法定最低刑（主刑）为管制，法定最高刑为15年有期徒刑。显然，在司法实践中，若是将具有绑架性质的犯罪行为认定为非法拘禁罪，或者将具有非法拘禁性质的犯罪行为认定为绑架罪，后果都不堪设想。然而，我们的法官对于上述两罪的认定界限却没有一个清醒的、理性的认识。这将导致在两罪的认定问题上存在着令人感到不安的司法风险。

请看这样一个案例：1996年初，被告人王某、陈某、张某、刘某与被害人魏某产生商务纠纷，于同年5月14日下午2时许，将魏某劫持拘禁，要求魏某交5万元补偿费。当晚9时许，被害人的司机官某将3万元现金交付上述被告人，被害人魏某随后被释放。重庆市中级人民法院以“绑架勒索罪”（当时的绑架勒索罪是现在的绑架罪的一部分）判处王某、陈某无期徒刑，张某、刘某13年有期徒刑。被告人提出上诉，四川省高级人民法院经审理，撤销了一审刑事判决，以“非法拘禁罪”判处王某有期徒刑3年、陈某有期徒刑2年、刘某有期徒刑2年6个月、张某有期徒刑2年。[①] 经过改判，王某被处刑罚由无期徒刑改为3年有期徒刑，陈某由无期徒刑改为2年有期徒刑，刘某由13年有期徒刑改为2年6个月有期徒刑，张某由13年有期徒刑改为2年有期徒刑。刑罚之轻重，天壤之别！人权之存亡，令人心有余悸！下面的这则案例更是让

① 载《中华人民共和国最高人民法院公报》1997年第4期。

人欷歔不已：被告人田某为向被害人刘某追索汽车欠款，与被告人廖某、万某、丁某三人于1999年7月5日将刘某劫持，为逃避追赶和防止被害人吵闹，劫持期间，三次为被害人注射“冬眠灵”针剂，到达目的地后，发现被害人已死亡。为逃避罪责，四被告人将刘某碎尸后，装入桶内沉入河底，后又将刘的衣服烧毁。延安市中级人民法院以“绑架罪”分别判处田某、廖某死刑，剥夺政治权利终身；万某无期徒刑，剥夺政治权利终身；丁某有期徒刑10年。四名被告人均提出上诉，陕西省高级人民法院经审理，撤销了延安市中级人民法院的刑事判决，以“非法拘禁罪”分别判处田某、廖某有期徒刑15年，剥夺政治权利4年；万某有期徒刑13年，剥夺政治权利3年；丁某有期徒刑10年，剥夺政治权利2年。① 陕西高级人民法院的一纸改判使两名被告人的生命得以存留。如果说在第一则案例中定罪的改变使刑罚大为缩减，那么在这则案例中定罪的改判则使两人生还！

在慨叹之余，我们不禁要问：造成一审法院误判的原因何在？是偶然的还是必然的？我们认为，误判的原因主要在于法官对于绑架罪与非法拘禁罪的界限认识不清，因此这种误判不是偶然的。如果不能在理论上对两罪的界限给予合乎逻辑的辨析，那么这类案件得到改判才是偶然的。这绝非危言耸听！众所周知，我国法官对此罪与彼罪界限的认识仍然主要来源于通行的刑法教科书或者说刑法学界的公共专业训练，法官们对绑架罪与非法拘禁罪界限的认识也不例外。然而，我国现在通行的刑法教科书对于上述两罪界限并没有进行理性的区分。这就为司法实践中误判绑架案或非法拘禁案留下了理论隐患，所以必须进行新的研究。

一、加害与被害关系的格局

在被害与加害的人际格局方面，绑架罪具有一个显著特点，就是双重被害人特征。一方面是被劫持的、失去了人身自由的被绑架者（或被偷盗的婴幼儿），我们可称之为“现实被害人”；另一方面是对被绑架者的安危极度担忧、在绑架者看来能够满足其不法目的的相关人员，通常

① 最高人民法院刑一庭、刑二庭主编：《刑事审判参考》（第4卷），法律出版社2000年版，第90页。

为被绑架者的亲属、朋友、上司或其隶属组织的成员，我们可称之为“实质被害人”。当绑架行为发生时，现实被害人和实质被害人是共同受到犯罪侵害的人。绑架罪具有双重被害人，这是绑架罪不同于非法拘禁罪、敲诈勒索罪及其他暴力犯罪的一个显著特征。

绑架罪侵害了双重被害人，意味着侵犯了双重的社会关系：一是现实被害人的正常生活状态被破坏，即被绑架人或被偷盗婴幼儿的人身自由、健康甚至生命权现实地处于被侵犯状态；二是实质被害人的正常生活状态被破坏，即绑架行为导致实质被害人对现实被害人安危的高度担忧，并不得不为此采取相应的行动。绑架罪所侵害的双重社会关系是相互依存的，没有现实被害人正常生活关系的被破坏，便不会引起实质被害人正常生活秩序的震荡；相反，如果绑架行为不会引起实质被害人的高度担忧，那么对加害人来讲，绑架行为就失去了意义，因为任何绑架者不会为绑架而绑架。绑架者总是具有明确的目的性和目标性，他们在实施绑架行为前总是要进行周密的计划，审慎选定现实被害人和实质被害人。按照绑架者的一般逻辑，犯罪分子总是先选择能够实现其犯罪目的的实质被害人，然后再围绕实质被害人选取易于成功实施犯罪的现实被害人，实质被害人“产生”在前，现实被害人“产生”在后。绑架者、现实被害人、实质被害人因绑架行为而联结成了一个三角形人际关系格局，在其中，三方之间能够直接地相互进行信息交流和意见交换。当然，“直接”并不表示“面对面”或“直接对话”，只是说各方都能真切感受到对方的存在，三方（“被偷盗的婴幼儿”是例外）都异常清楚，任何一方的行为都会对另外两方产生重大影响。

在其他类型的犯罪中，进行信息交流和意见交换的双方是行为人与遭受犯罪行为直接侵犯的被害人，虽然也有对被害人安危表示担忧的人，但是他本身并不是犯罪人行为的目标，也不是犯罪行为的直接受害者，而只是犯罪行为的连带受害者，他的担忧对满足行为人的犯罪目的没有什么价值。非法拘禁罪即如此。在非法拘禁罪中，无实质被害人与现实被害人之分，受到非法拘禁行为侵害的人就是唯一的犯罪对象；在犯罪人看来，对被害人实施了拘禁行为，犯罪目的就可以达到，无须其他人有所作为。而在绑架罪中，现实被害人和实质被害人是共同遭受犯罪行为侵害的人，是共同被害人，或共同犯罪对象，其中现实被害人遭受自由、健康、生命权的被剥夺或处于现实危险中，而实质被害人遭受巨大精神压力以及巨额财产损失危险。因此，一般情况下，绑架行为会使两个或两个以上的人遭受现实的直接侵害，而非法拘禁罪则仅使一人遭受直接侵害。

二、被害人的不特定性

理论上一般认为绑架罪是目的犯，如陈兴良教授认为，绑架罪是法定的目的犯。① 绑架罪鲜明的目的性使得行为人总是把犯罪对象框定在某一阶层、群体或某一集团之中，比如，要实现勒索巨额财物的目的，行为人就在富人阶层中选取犯罪对象；要满足重大政治不法要求，特定政治背景或身份阶层中的成员当然是行为人的首选。然而，当动机和目的确定以后，个案中犯罪对象的确定却又是不特定的，只要能够实现其犯罪目的，对犯罪人来讲，犯罪对象的选取并不重要。就勒赎型绑架犯罪来说，富人阶层才能满足行为人获取巨额财物的目的，然而在富人阶层中，是绑架有钱者本人，还是其亲属、子女或朋友，并不是一成不变的。一般情况下，犯罪人对现实被害人的选取主要是考虑绑架行为成功及勒索目的实现的可能性的大小。范围的特定性是由犯罪目的的特定性决定的，而具体被害人的不特定性是由范围的广阔性以及个体的众多性所决定的。出于政治性或其他目的绑架他人作为人质的犯罪，也具有这样的特点。前一个时期在伊拉克发生的伊拉克武装恐怖分子出于政治目的劫持并杀害美国、韩国人质的事件充分说明：被绑架人质隶属于某个特定阶层、集团或国家，而具体哪个人或哪些人被绑架则由犯罪行为的成功系数确定，具有随机性和不确定性。

相反，在非法拘禁罪中，被害人是特定的。在本文开头所述的两个案例中，“商务纠纷”和“汽车欠款”是使非法拘禁案件被害人特定化的原因，行为人对被害人实施犯罪行为的目的是使被害人赔偿或还债，无意对其他人造成侵害，两个案例均不具有前述绑架罪的被害人特征，因此二审法院的改判是正确的。“以索取债务为目的的非法拘禁罪，行

---

① 陈兴良著：《陈兴良刑法教科书之规范刑法学》，中国政法大学出版社2003年版，第472～473页。

为人与被害人之间通常存在特定的‘债权债务关系’，即行为人是‘事出有因’才向被害人索取财物，而单纯以索取财物为目的的绑架罪，行为人纯粹是无中生有地向他人索取财物，双方一般不存在债权债务关系，也就是说，它侵犯的对象通常是不特定的、较为富有的人。”① 在其他类型的非法拘禁罪中，如挟私报复、耍特权、逞威风的非法拘禁罪中，行为人与被害人也存在着特定的关系背景。在非法拘禁犯罪过程中，加害人与被害人直接“交流和对话”，不存在绑架罪所具有的“三角形人际关系格局”。

三、对公共安全的侵犯

从形式上看，绑架对具体被害人（实质被害人和现实被害人）的自由、健康、生命或财产造成了侵害，是对人身权利或财产权利的犯罪，所以，似乎理应归入“侵犯公民人身权利、民主权利罪”一章。但仔细分析就会发现，绑架造成的公众恐惧感，对公共安全的破坏，这才是其社会危害性的实质。由于绑架罪的对象是不特定的，所以才造成公众恐惧感，而非法拘禁罪的对象是特定的，所以不会给局外的一般人造成恐惧感。对以勒索财物为目的的绑架罪来讲，绑架行为的发生会使具有相同或相似经济背景的人群产生恐惧感；而对以实现其他不法要求为目的的劫持人质行为来讲，具有相同或相似政治、区域、国家、种族等背景的不特定民众往往成为受害者，使他们时刻感受危险的存在和朝不保夕的恐慌。伊拉克武装恐怖分子对美国、英国等国人质的绑架及杀害，使得这些国家的人不敢轻易踏进伊拉克国门，在伊的西方人终日提心吊胆。车臣武装分子多次对俄罗斯人的绑架和残杀，使得俄罗斯人失去了原来正常生活状态下的安全感。美国学者布赖安·詹金斯深刻指出，“恐怖主义的目标不是实际的受害者，而是旁观者。恐怖主义是个剧场。”② 以上事例说明，绑架罪对公共安全的破坏远远大于对现实被害人

---

① 祝铭山著：《非法拘禁罪、绑架罪》，中国法制出版社 2004 年版，第 74 页。

② 王世雄：《冷战后的恐怖主义的动因分析》，载《世界经济与政治》1998 年第 11 期。

与实质被害人的侵犯。因此我们说，绑架罪的刑法实质在于使公众安全感丧失，不特定人的自由、健康、生命及财产遭受侵犯。

通过以上分析可看出，绑架罪的主要客体不应是“侵犯公民人身权利、民主权利罪”意义上的公民人身自由权利。绑架罪虽然侵犯了公民的人身自由权利，但更为主要的是，该罪给不特定公众的安全带来了现实的侵犯。笔者认为，从立法改革角度而言，绑架罪应放到“危害公共安全罪”中去，而不应继续规定在“侵犯公民人身权利、民主权利罪”中，绑架罪的客体应是公共安全，因为一切危害公共安全罪的直接客体都是单一客体即公共安全；然而按照现行刑法，我们不得不说绑架罪的主要客体是公民的人身权利，但是，必须强调，绑架罪的次要客体是公共安全。可以认为，我国通行的刑法教科书没有强调这种逻辑是造成法官对绑架罪和非法拘禁罪界限认识模糊的基本理论原因。

四、有益的借鉴

当代国际社会，恐怖主义犯罪活动猖獗，作为恐怖犯罪活动主要形式之一的绑架和劫持人质犯罪，一直是国际社会严加防范和打击的重点，区域性的和全球性的国际公约都有对这方面犯罪的法律规制。例如，《美洲国家组织关于防止和惩治恐怖主义公约》、《欧洲制止恐怖主义公约》等很多国际公约都涉及劫持人质罪，联合国 1979 年 12 月 18 日通过的《反对劫持人质国际公约》对于劫持人质罪作出了详细的规定。①“国际刑法中规制的劫持人质罪侵犯的客体是国际公共安全和秩序以及公民的生命、健康与权利。”② 国际刑法理论一般也将绑架或劫持人质罪与恐怖主义犯罪相提并论，要么认为其与恐怖主义罪行竞合，要么认为

① 该公约第 1 条规定：任何人如劫持或扣押并以杀死、伤害或继续扣押另一个人为威胁，以强迫第三方即某个国家、某个国际政府间组织、某个自然人或法人或某一群人，做或不做某种行为，作为释放人质的明示或暗示条件，即为犯本公约意义范围内的劫持人质罪行。任何人图谋劫持人质，或与实行或图谋劫持人质者同谋而参与其事，也同样犯有本公约意义下的罪行。

② 邓国良、刘德福著：《绑架犯罪及防治对策》，中国人民公安大学出版社 2003 年版，第 218 页。

其是恐怖主义罪行的表现形式。“早期的国际恐怖主义罪行通常与劫持航空器、掳人勒赎、劫持人质或其他重大监禁等行为中威胁公民生命、身体或自由的行为存在竞合关系”;①“恐怖主义犯罪是指恐怖主义分子实施的预谋制造绝望或恐惧的气氛，动摇公民对其政府的信任，从而选择杀害、绑架、暗杀、强盗和爆炸”。② 著名国际刑法学家巴西奥尼教授认为，“……威胁及使用武力侵犯受国际保护人员，劫持及使用武力侵犯人质行为，均属于国际刑事法律规范调整的范围”。③

部分国家的国内刑法中，有的将绑架或劫持人质行为作为恐怖活动罪的行为方式加以列举，有的直接将它们作为对国家安全或公共安全造成侵害的犯罪加以规定。法国刑法典采用了列举式立法方式。根据法国刑法典第421-1条的规定，所谓恐怖活动罪，是指实施故意杀人、故意伤害、绑架、非法拘禁、劫持交通工具等侵犯人身犯罪，或者盗窃、勒索、破坏、毁坏、损坏财产等侵犯财产犯罪以及计算机信息方面的犯罪，在其同以严重干扰公共秩序为目的，采取恐吓手段或恐怖手段进行的单独个人或集体性攻击行为相联系时所构成的犯罪。俄罗斯联邦刑法典将恐怖行为罪和劫持人质罪都规定在第9编第24章危害公共安全的犯罪中，明确规定劫持人质罪是对公共安全造成危害的犯罪，从而为打击此类犯罪提供了较为合理的法律依据。俄罗斯联邦刑法典第206条规定：“一、劫持或扣留他人作为人质，以迫使国家、组织或公民实施某种行为或放弃实施某种行为作为释放人质的条件的，处5年以上10年以下的剥夺自由。二、上述行为，有下列情形之一的：(1) 有预谋的团伙实施的；(2) 多次实施的；(3) 使用危及生命或健康的暴力实施的；(4) 使用武器或其他物品作为武器实施的；(5) 对明知未成年的人实施的；(6) 对犯罪人明知正在怀孕的妇女实施的；(7) 对2人以上实施

① 赵秉志主编：《比较刑法暨国际刑法专论》，法律出版社2004年版，第310页。

② Mark B. Baker, “Terrorism and the Inherent Right of self Defense”, “Bonston Journal of International Law”, Autumn, 1987.

③ M. Cerif Bassiouni, “International Criminal Law Connections and Their Penal Privisions”, Trsnational Publishers. InC. Irvington - on - Hudson, 1997.

的；（8）出于贪利动机或受雇于人实施的，处6年以上15年以下的剥夺自由。三、本条第一款、第二款规定的行为，如果是有组织的团伙实施的，或过失致人死亡或造成其他严重后果的，处8年以上20年以下的剥夺自由。注释：主动或者按照当局要求释放人质的人，如果其行为没有其他犯罪构成，则免除刑事责任。”

五、简要的延伸

我国刑法将组织、领导、参加恐怖组织罪作为危害公共安全罪对待，而恐怖组织的恐怖性只有与其想要实施的各种具体犯罪联系起来，才具有现实的认定意义。在这一意义上讲，组织、领导、参加恐怖组织的行为是实施各种具体恐怖犯罪的预备行为，而绑架或劫持人质犯罪却是恐怖组织实施的主要犯罪行为之一。我国现行刑法将绑架罪规定在侵犯公民人身权利、民主权利罪一章中，说明立法者只注意到了绑架罪社会危害性的表面，而没有真正把握和理解该罪危害性的实质，具有一定的片面性。也就是说，我们对绑架罪客体的传统认识是不准确的，绑架罪的客体应是公共安全。只有这样定位，才能合理解释绑架罪法定刑的严厉性，才能正确把握绑架罪与其他近似犯罪特别是非法拘禁罪的界限，才能顺应国际社会严厉打击和防范恐怖主义犯罪的立法和司法潮流。因此，我们主张将绑架罪调整到危害公共安全罪一章中，并与劫持航空器罪，组织、领导、参加恐怖组织罪，资助恐怖活动罪等具有恐怖性质且严重危害公共安全的犯罪专列一节，以适应同越来越严重的危害公共安全犯罪作斗争的需要。

（本文发表于《山东警察学院学报》2005 年第 3 期）

绑架罪司法认定中的几个疑难问题探究

——从陈某绑架、抢劫案开始谈起

钱叶六

一、问题的引出

2003年6月，被告人陈某与王某（女，17岁）在某市某发廊相识，两人发生几次嫖宿关系后，陈某开始产生绑架王某勒索钱财的念头。7月8日，陈某携带水果刀、塑料绳等作案工具，打电话将王某骗至本市长江岸边。二人发生性关系后，陈某用塑料绳反捆王某双手，持水果刀对王进行威胁，将王手部、腹部划伤，并当场劫得价值1200元的手机一部，现金100余元等财物。之后，陈某用王的手机多次打电话给王男友郭某某，威胁郭如不向他指定的储蓄卡存入2万元，就要杀害王某。陈某当晚勒索钱财未果，即用塑料绳猛勒王某颈部致其窒息倒地。陈某认为王已死亡，恐其罪行败露，即将其抛入长江，清理现场后离去。之后，王某在江中苏醒后游回岸上，于次日凌晨到公安机关报案。7月9日至12日，陈某又多次打电话向郭某某勒索钱财，还让人冒充王的声音叫郭拿钱，并将劫得的手机销赃获款人民币800元。同年7月15日，陈某被公安机关抓获归案。

就本案中被告人陈某行为的定罪量刑问题，一、二审法院存有较大分歧：一审法院认为，被告人陈某为勒索钱财，绑架人质，又当场劫取人质的财物，并在勒索钱财未果后，实施了杀害人质的行为，情节恶劣，应予严惩。依照《中华人民共和国刑法》第239条第1款、第263条、第57条第1款、第69条第1款、第2款、第64条，判决如下：（1）被告人陈某犯绑架罪，判处死刑，剥夺政治权利终身，并处没收财产人民币15000元；犯抢劫罪，判处有期徒刑5年并处罚金人民币1000元，数罪并罚，决定执行死刑，剥夺政治权利终身，并处没收财产人民币15000元，罚金人民币1000元。（2）责令被告人陈某将尚未退出的违法所得人民币 360 元退赔给王某。二审法院则认为，陈某在绑架勒索钱财未果后，用绳索勒被害人王某颈部，又将王抛入长江，足以认定陈某在绑架中有剥夺他人生命的故意。陈某为勒索钱财而绑架他人，其行为已构成绑架罪，并实施了杀害被绑架人的行为，应依法严惩。鉴于其意志以外的原因未产生被害人死亡的后果，勒索钱财尚未得逞，故对陈某判处死刑可不立即执行。陈某在绑架过程中还当场从被害人处劫取了财物，获取该财物的暴力手段已作为认定陈某绑架罪的构成要件，且在绑架过程中勒索财物，并不排斥当场从被害人处劫取财物，故原判决认定陈某在绑架过程中当场从被害人处劫取财物的行为构成抢劫罪不当，应予纠正。原判决认定事实正确，审判程序合法，但认定陈某犯抢劫罪及量刑不当，依法予以改判。据此，二审法院认为陈某犯绑架罪，判处死刑，缓期二年执行，剥夺政治权利终身，并处没收财产人民币 15000 元。责令被告人陈某将尚未退出的违法所得人民币 360 元退赔给王某。

本案争议的焦点在于陈某在绑架王某过程中又劫取王某财物的行为是构成一罪还是数罪以及陈某在绑架过程中杀害被绑架人王某未遂的，可否判处死刑。上升到刑法理论层面上来看，本案主要关乎以下两个问题：（1）行为人在实施绑架过程中劫取被绑架人财物行为应当如何定性？（2）刑法第 239 条中所规定的“杀害被绑架人”是加重结果还是加重情节？亦即这里的“杀害”是否必须要求将被害人杀死？对此，理论界素来意见不一，争论不休。理论上的纷争必然导致司法适用上的不统一，进而影响司法公正的实现。本文拟对此两个问题作一学理上的探讨，以期裨益于司法实践。

二、绑架过程中劫取被绑架人财物行为之定性

（一）观点分歧

对于在绑架过程中，行为人又实施劫取被绑架人财物的行为之定性问题，理论界和实务界歧见纷呈，各执一词。大体而言，主要有以下几种意见：

第一种意见认为，对于绑架过程中劫取被绑架人的财物的，应以绑架罪和抢劫罪并罚。其理由是，行为人若采取暴力或以暴力为胁迫实施绑架，这种暴力或胁迫是一直持续到勒索阶段的，行为人在绑架过程中

实施的劫财行为，由于是以暴力或胁迫或是在暴力、胁迫持续过程中当场劫取被绑架人财物，完全符合抢劫罪犯罪构成，应构成抢劫罪，和绑架罪进行并罚。①

第二种意见认为，绑架过程中劫取被害人财物的应以绑架罪一罪定罪处刑，理由是行为人在犯罪之前仅具有绑架勒赎的故意，在绑架被害人即非法控制被害人的人身自由之后，发现被害人身上带有财物而将其劫走，不宜另定抢劫罪。②

第三种意见认为，绑架过程中实施劫财行为的，应以绑架罪一罪从重处罚。理由是因现行刑法规定在绑架过程中实施的伤害行为以绑架罪定罪处罚，故在绑架过程中对被害人实施的其他侵害行为应被绑架罪吸收。③

第四种意见认为，对绑架过程中行为人劫取被绑架人的财物的定性问题，应区别不同情况作不同的处理：就勒索型绑架而言，行为人为勒索财物而利用暴力、胁迫等方法限制被害人人身自由后，又临时起意而乘机劫取被害人随身财物，尽管其取得财物时实际利用了先行绑架实行行为暴力、胁迫所造成的被害人不能反抗或不敢反抗的状态，但该状态的形成是前一行为绑架勒索的自然结果，而且，被害人一般随身财物价值较小，且行为人取走被害人财物如手机等可能仅仅是为了防止被害人报警，而不具有非法占有的故意。既然行为人通过先行实施的暴力、胁迫来控制被害人的人身自由已成为绑架勒索的实行行为，若再将手段行为与后续取财行为相结合另定抢劫罪，则显然有违刑罚“禁止重复评价”原则。但若行为人对被害人随身财物非法占有的犯意明显或被害人随身财物价值较大，则在勒索型绑架中，因临时起意而劫取被害人随身财物或乘机非法占有被害人价值较大的随身财物的行为可作为量刑情

---

① 刘全：《绑架中劫财行为之定性——与林鸿同志商榷》，载《人民法院报》2002年7月29日。

② 林鸿：《绑架中劫走被绑架人财物行为之定性》，载《人民法院报》2002年4月22日。

③ 刘全：《绑架中劫财行为之定性——与林鸿同志商榷》，载《人民法院报》2002年7月29日。

节，不另构成他罪，但应予以从重处罚；在人质型绑架中，行为人的绑架与后续取财的目的不同，因而临时起意而劫取被害人随身财物或乘机非法占有被害人价值较大的随身财物的行为不能再为绑架罪所吸收，应另定抢劫罪，实行数罪并罚。①

第五种意见认为，对绑架过程中劫走财物的应择一重罪处罚。② 持此一见解的学者认为，这种在绑架过程中劫财的行为，属于一犯罪构成要件中的部分要件又成为其他罪的要件而导致部分犯罪构成要件的事实重合的犯罪形态，③ 此一犯罪形态不同于结合犯、包容犯、法条竞合犯、牵连犯以及独立的数罪，因此可称为“兼容犯”。由于兼容犯毕竟存在着部分犯罪构成事实的重复评价，因此，对兼容犯应按照择一重罪处罚的原则处理，而不实行数罪并罚。④

（二）笔者的观点

对于行为人绑架过程中劫取被害人财物之定性问题，笔者赞同第一种意见，即应以绑架罪和抢劫罪予以并罚。理由在于：

第一，绑架罪与抢劫罪的构成特征存在着较大的差异，主要体现在：（1）两罪的主体条件要求不同。抢劫罪的主体为年满14周岁、具有刑事责任能力的人；绑架罪的主体则为年满16周岁、具有刑事责任能力的人。（2）犯罪对象不同。绑架罪是在将被绑架人劫持，限制其人身自由，以杀害、伤害被绑架人为由威胁其家属、亲友等，迫使其交付赎

---

① 朱明锁：《绑架中取走被害人随身财物如何定性》，载《检察日报》2002年10月17日。

② 值得注意的是，司法实践中即采此一做法，2001年11月8日《最高人民法院关于对在绑架过程中以暴力、胁迫等手段当场劫取被害人财物的行为如何适用法律问题的答复》中指出：“行为人在绑架过程中，又以暴力、胁迫等手段当场劫取被害人财物，构成犯罪的，择一重罪处罚。”

③ 如绑架过程中劫取财物或者强奸的情形，其中绑架罪中的“暴力”和抢劫罪或强奸罪中的“暴力”就有交叉重叠；挪用公款用于走私的，其中的挪用公款用于走私活动与走私罪有交叉重叠；受贿而犯私放在押人员或者非法批准征用、占用土地，情节严重的，受贿罪中的“为他人谋取利益”与“私放在押人员”、“非法批准征用、占用土地”之间存在着交叉重叠。

④ 刘树德著：《绑架罪案解》，法律出版社2003年版，第132～169页。

金。勒索财物行为指向的对象是被绑架人以外的第三人，而不可能是被绑架人。而抢劫罪则是行为人对被害人使用暴力或暴力威胁的方法迫使其当场交出财物，其暴力、胁迫行为及劫财行为指向的是同一人。(3) 取得财物的时间和地点不同。抢劫罪和绑架罪都要以暴力、胁迫或其他方法对人身施加一定的影响，但施加影响的时间和地点与取得财物的时间和地点呈现出不同的特点。抢劫罪是当场使用暴力、胁迫等强制手段，当场取得财物，侵犯被害人人身权利和非法获取财物是在同一时间、同一地点完成的；而绑架罪则是先绑架人质，然后勒令其家属、亲友等限期交付财物，侵犯被害人人身权利和非法占有他人财物的行为有一定间隔，发生的地点一般也不同。可见，区分绑架罪和抢劫罪的关键在于行为人取得财物在时间上是否“立即”，在空间上是否“当场”。(4) 犯罪的主观目的不尽相同。抢劫罪的主观目的只能是出于不法索要财物的目的；而绑架罪的主观目的既可以是勒索财物，也可以是出于其他不法目的和要求。

基于以上分析，就绑架过程中实施的劫财行为而言，因劫取财物行为指向的对象是被绑架人本人，而非被绑架人的家属、亲友，且侵犯被害人的人身权利和财产权利均在同一时间、同一地点完成。可见，绑架过程中劫取被绑架人财物的行为无论如何也不能用绑架罪进行评价。行为人劫取财物是在被绑架人的人身自由遭到限制的状态下完成的，完全符合抢劫罪的构成特征，理应构成抢劫罪，和绑架罪进行并罚，此其一。其二，如果行为人绑架他人并非出于勒索财物的目的，而是出于其他不法的要求，并在此过程中临时起意而劫取被害人随身财物的，这在主观上已经超出了犯罪的目的，而非绑架罪的概括故意，且在客观上实施了符合抢劫罪的客观行为，此一行为同样不能被绑架罪所吸收，因而宜另定抢劫罪，实行数罪并罚。

第二，以绑架罪一罪从重处罚可能导致罪刑失衡，不利于惩治犯罪。现行刑法第 263 条关于抢劫罪的规定中存在着最高刑为死刑第（一）项至第（八）项规定的加重构成的行为，亦即行为人的抢劫行为如果符合刑法第 263 条规定的抢劫罪的八种加重构成的，就可判处死刑。那么，对于绑架中劫财的行为其最高刑如何呢？此一问题的答案主要取决于对绑架中劫财行为的定性之结论。具体言之，如果依有些论者关于绑架中劫财的行为只定绑架罪一罪或者绑架罪一罪从重之见，即使行为人在绑架过程中实施了符合刑法第263条规定的抢劫罪的加重构成情形之一（抢劫致人重伤、死亡的除外）的，如抢劫数额巨大或者持枪抢劫的，由于没有杀害被绑架人或致死被绑架人死亡的后果发生，根据刑法第239条的规定其最高刑只能是无期徒刑。这样一来，单纯地实施抢劫行为且符合其加重构成的刑罚却重于绑架过程中实施的符合加重构成的抢劫行为，其结论是何等的荒谬与不合乎情理，亦是对罪责刑相适应原则的严重背离。但如果按照笔者所主张的以抢劫罪与绑架罪两罪并罚之见，此种罪刑严重失衡的荒谬结论也就不至于产生。

第三，所谓的"兼容犯"并非要择一重罪处罚。不可否认，绑架罪与抢劫罪在暴力、胁迫或其他方法等构成要件事实上存在着重叠交叉现象；但对于此类兼容犯现象，在现行刑法中也并非择一重罪处断。例如，挪用公款用于走私的，其中的挪用公款用于走私活动与走私罪就有交叉重叠，对此，刑法明文规定应实行数罪并罚。① 又如，受贿而犯私放在押人员或者非法批准征用、占用土地，情节严重的，受贿罪中的"为他人谋取利益"与"私放在押人员"、"非法批准征用、占用土地"也存在一定的交叉重叠。对于受贿而犯刑法分则第九章规定的渎职罪的，仅有刑法第399条第4款规定："司法工作人员贪赃枉法，有前两款行为的（即徇私枉法的行为；民事、行政枉法裁判的行为；执行判决、裁定失职的行为或者执行判决、裁定滥用职权的行为——笔者注），同时又构成本法第三百八十五条规定之罪的，依照处罚较重的规定定罪处罚。"对此，张明楷教授指出，"刑法第399条第4款是一个特别规定，不能将其内容普遍适用于其他犯罪，即国家工作人员利用职务上的便利，索取或者收受贿赂的，为他人谋取利益的行为构成其他犯罪的，只要没有刑法的特别规定，就应实行数罪并罚。"② 阮齐林教授亦持同样之见解，"因为受贿而犯本章渎职的，原则上应当实行数罪并罚。但是因

① 1998年5月9日施行的《最高人民法院关于审理挪用公款案件具体应用法律若干问题的解释》第7条第2款规定："挪用公款进行非法活动构成其他犯罪的，依照数罪并罚的规定处罚。"

② 张明楷著：《刑法学》，法律出版社2003年版，第952页。

为受贿而犯徇私枉法罪或民事、行政枉法裁判罪、执行判决裁定失职罪、执行判决、裁定滥用职权罪的，依法择一重罪处罚，不数罪并罚。这理解为由于法律规定而例外不并罚的情况。”① 可见，对于兼容犯，除法律有规定择一重罪处罚之外，应予数罪并罚。因法律并未对绑架过程中劫取财物的行为规定为“择一重罪处罚”，理当就应实行并罚。

第四，对绑架过程中实施劫取财物的行为予以并罚并不违反禁止重复评价的原则。禁止重复评价，是指在定罪量刑时，禁止对同一犯罪构成事实予以二次或者二次以上的法律评价。② 笔者以为，对绑架过程中的劫取财物行为予以数罪并罚，并不存在重复评价的问题。具体言之，行为人在绑架过程中临时起意劫取被绑架人财物的行为，完全是基于两个完全不同的犯意，实施了两个完全不同性质的犯罪构成事实，理所当然地应以绑架罪和抢劫罪两罪并罚，而不存在对同一犯罪构成事实的重复评价问题。实际上，刑法中类似的情况也不少见，根据刑法第 241 条的规定，收买被拐卖妇女之后，施暴拘禁（如捆绑拘禁）并有强奸行为的，应以收买被拐卖的妇女罪、非法拘禁罪和强奸罪予以数罪并罚。此外，行为人在索债过程中暴力强制关押债务人，并实施抢劫或者强奸行为的，行为人可以单独构成抢劫罪或者构成强奸罪，而不存在重复评价的问题。

综上，行为人在绑架过程中劫取被害人财物的，应以绑架罪和抢劫罪进行数罪并罚。因此，本案中一审法院对陈某绑架王某并在绑架过程中当场劫取王某财物的行为予以数罪并罚的判决是正确的，而二审法院作出仅以绑架罪一罪处罚的判决显有失当，应予纠正。

三、“杀害被绑架人”是加重结果还是加重情节

“杀害被绑架人”究竟是加重结果还是加重情节，此一问题的实质主要关涉到这里的“杀害被绑架人”中的“杀害”是否要求必须杀人既遂，即是否要求将被害人杀死？对此，学者们意见不一。一种意见主张，这里的“杀害被绑架人”，是绑架罪的加重结果，即只能是故意将被害

① 阮齐林著：《刑法基础课堂笔记》，九州出版社 2004 年版，第 447 页。

② 陈兴良：《禁止重复评价研究》，载《现代法学》1994 年第 6 期。

人杀死。例如，王作富教授就指出，“杀害被绑架人”是指在绑架过程中故意杀死被绑架人。虽然条文上未写明“杀死被绑架人”，但是，与其前面的“致使被绑架人死亡”并列规定，显然都是作为结果加重犯来规定，即都是以实际死亡结果为必要条件，因此，不能适用于杀人未遂和预备行为。[①] 张明楷教授亦认为，行为人故意杀害被绑架人的（俗称“撕票”），处死刑，不按数罪处理。其中的“杀害”应限于故意杀人既遂。[②] 按照这种理解，在绑架人故意杀害被绑架人而未致被害人死亡的场合，就不能适用死刑（包括死缓）。另一种意见则认为，这里的“杀害被绑架人”，是绑架罪的加重情节，包括将被绑架人杀死和未将被绑架人杀死两种情况。例如，有学者认为，“杀害被绑架人”是加重情节，而非加重结果，即应当理解为“杀害”的行为，而非“杀死”的结果。[③] 按照此种理解，行为人在绑架过程中只要故意实施杀害被绑架人行为，而不论是否有被绑架人死亡的结果发生，对行为人均毫无例外地要适用死刑。可见，对“杀害被绑架人”的不同理解会导致出现对被告人是生抑或是死的天壤之别的判决结果。从这个意义上说正确理解和认定刑法第239条中的“杀害被绑架人”此一处死刑的规定，对于统一司法、正确适用死刑和实现司法公正具有十分重要的意义。

单纯从字面上的含义来理解，“杀害被绑架人”既可以理解为一个行为过程，又可以理解为一种结果状态。但是，“法律规定具有有效性并且符合立法者真实意图是解释法律的基点”，[④] 可以这样说，任何立法的表达形式和内容都是立法者有意作出的，因此，“杀害被绑架人”究竟是加重情节还是加重结果，不应当仅停留在对其字面含义的理解上，而应力求探寻并遵循立法者的原意，以对之作出合理、统一的解释。依

① 王作富主编：《刑法分则实务研究（上册）》，中国方正出版社2003年版，第1069页。

② 张明楷著：《刑法学》，法律出版社2003年版，第705页。

③ 曾亚杰：《如何理解“杀害被绑架人”》，载《人民法院报》2004年9月20日。

④ 阮齐林：《绑架罪的法定刑对绑架罪认定的制约》，载《法学研究》2002年第2期。

笔者之见，这里的“杀害被绑架人”限于故意杀害被绑架人既遂，即一种加重结果，而非加重情节。理由如下：

第一，刑法对“杀害被绑架人”配置了唯一的刑种死刑，而并没有其他可供选择的刑种和量刑幅度，这就需要我们必须严格解释“杀害被绑架人”的含义，以体现罪责刑相适应的原则。笔者以为，这里的“杀害”显然不同于“杀人”，它不仅仅要求有杀人行为，还要求发生被害人被杀死的结果，只有作出解释，才能将此一规定限定在与立法者评价相称的范围之内，进而实现罚当其罪。反之，如果将“杀害被绑架人”解释为不考虑后果的所有故意杀人行为，而不论是杀人既遂、未遂、预备或者中止，也不论是造成死亡、重伤、轻伤等，均一概判处死刑，显有罪刑失衡之嫌。

第二，我国刑法第48条规定，“死刑只适用于罪行极其严重的犯罪分子”，此一规定明确地体现了我国限制死刑的基本精神。这里所谓的“罪行极其严重”，是指罪行对国家和人民的利益的危害特别严重，情节特别恶劣，同时行为人具有极其严重的人身危险性。①“适用死刑时，必须综合评价所有情节，判断犯罪人的罪行是否极其严重。”② 对于在绑架过程中故意杀害被绑架人但未能既遂的，很难将之认定为罪行极其严重；特别是在故意实施杀害被绑架人的行为过程中，行为人基于自己的意志而中止杀人行为且未造成任何损害后果的情形，无论如何也不能论之为罪行极其严重的情形。从这个意义上说，“加重情节”的主张有悖于我国限制死刑的政策，且有重刑主义之倾向。

第三，如果将“杀害被绑架人”理解为加重情节，这就意味着只要行为人有杀害被绑架人的行为，即使是未造成损害后果的杀人中止行为，也要格杀勿论，这势必会导致被绑架人的生命安全危险的系数大大增大。理由很简单，按照“杀害被绑架人”是加重情节的理解，只要被绑架人已开始着手实施杀人行为，不论结果怎样，对于行为人来说，都是死路一条。而且，在不杀死被绑架人的情况下，事后被绑架人不仅可以报案，而且还可能作证。但如果行为人杀死了被绑架人，这最起码就

① 马克昌主编：《刑罚通论》，武汉大学出版社2001年版，第114页。

② 张明楷著：《刑法学》，法律出版社2003年版，第422页。

不会有事后的被绑架人的报案和作证之行为，行为人逃脱法律制裁的可能性在一定程度上会有所增加。从这一意义上说，行为人可能会基于趋利避害或侥幸逃脱的心理而作出将被害人杀死之选择。“刑法以保护法益为目的，所以，刑法解释不能违背保护法益的目的”，[①] 基于对被绑架人的人身安全的考虑，有必要将“杀害被绑架人”作为加重结果来加以理解，也即只要行为人没有杀死被绑架人就不会被判处死刑，这就可能会为犯罪人架起一座后退的“黄金桥”，从而被绑架人的生命安全的危险系数就大大减小，刑法保护法益的功能也就充分得以彰显。

基于以上分析，刑法第239条中的“杀害被绑架人”宜解释为一种加重结果，亦即这里的“杀害”是指“杀死”。因此，倘若绑架人故意杀害被绑架人但未将被害人杀死的，就不能适用死刑。具体到本案，陈某在绑架过程虽有故意杀害被绑架人的行为，但因其意志以外的原因未能将被害人杀死，故而不应当对陈某适用死刑；同时，陈某的抢劫行为也未能符合刑法第263条规定的抢劫罪的加重构成之情形，因此，对陈某的抢劫行为同样也不可判处死刑，由此也就决定了对陈某并罚时均是不能适用死刑的。从这个意义上说，一审、二审法院均对陈某作出死刑的判决是有问题的。

四、“致使被绑架人死亡”情节配置绝对法定刑死刑的规定应予完善

根据刑法第239条的规定，绝对适用死刑的情节有二：一是致使被绑架人死亡；二是杀害被绑架人。从广义上理解，“杀害被绑架人”应当然地被包含在“致使被绑架人死亡”的情节之内。既然法律将它们分开表述，表明致使被绑架人死亡的情节的主观罪过中，排除“杀害”被绑架人的故意，其罪过只能是过失或者是间接故意，如在绑架过程中因捆绑过紧而导致被害人窒息而亡；被绑架人因恐惧而自杀身亡；虐待被绑架人致死等，不论是过失致使被绑架人死亡还是间接故意致使被绑架人死亡，其危害程度、主观恶性均与“杀害被绑架人”相去甚远；另一方面，即使是“致使被绑架人死亡”可能包含的过失致人死亡或者间接

---

① 张明楷著：《刑法学》，法律出版社2003年版，第41页。

故意致人死亡两种情况之间，其危害性和主观恶性也有明显的差异，但这些差异在法定刑的设置上本来应有所反映的，但遗憾的是刑法并未予以反映，而只是简单地以死亡的结果发生与否为基准来确定适用死刑与否。这种纯粹以结果论刑的立法模式似有客观归罪之嫌，此其一；其二，不考虑司法实践中的具体复杂情形而简单地对“致死被绑架人”的情形配置死刑的做法也会导致罪与刑的严重失衡，进而难免会导致量刑过重的情况的出现，有悖于司法公正。因此，有必要修改对“致使被绑架人死亡”此一情节配置绝对死刑的规定，对这一情节设置有一定幅度的刑罚，以使法官根据案件的具体情况判处与犯罪人的罪行、主观恶性以及人身危险性相适应的刑罚，以体现罪责刑相适应的原则，进而促进司法公正的实现。

（本文发表于《云南大学学报》（法学版）2007 年第 3 期）

绑架罪客观要件争议问题的再探讨

——以绑架罪的犯罪客体为理论视角

刘凌梅

作为一种严重的暴力犯罪，绑架罪在我国普通刑事犯罪中所占的比例日益增大，已成为目前司法工作惩治的重点。然而，关于该罪，在理论上却存在着一些重大的分歧和模糊的认识。特别是本罪客观要件的内容，可谓众说纷纭，莫衷一是。例如，关于本罪是单一行为犯还是复合行为犯，就存在着截然对立的两种观点。客观构成要件不但是认定罪与非罪、区分此罪与彼罪的重要标志，而且还涉及既遂、未遂成立的标准、犯罪中止发生的时间、共同犯罪的成立等具体问题的认定。理论上的纷争，势必会造成司法适用上的混乱，使同样的行为受到不同的法律评价，从而影响法律的严肃性，损害司法机关的权威。因此，亟须对绑架罪的客观要件作出合理统一的司法解释，以指导司法实践。

要合理地解释绑架罪客观要件的内容，必须有一个正确的视角。对此，笔者认为应从绑架罪侵犯的客体着手。因为犯罪客体具有作为犯罪构成要件解释目标的机能。正如有的论者所言，“既然条文是在保护某种法益（法益即客体——笔者注）的目的下制定的，既然犯罪构成要件是在保护特定法益的目的下设计的，那么，对构成要件的解释理所当然地必须以法益内容为指导”，“否则，立法者的意图不仅会落空，而且会使意欲保护的法益受到侵害”。①

那么，绑架罪侵犯的客体是什么呢？目前理论界比较一致的观点认为本罪是复杂客体，包括他人的人身权利及公私财产所有权利。② 笔者

---

① 张明楷著：《法益初论》，中国政法大学出版社2000年版，第217、216页。

② 高铭暄、马克昌主编：《刑法学》，北京大学出版社、高等教育出版社2001年版，第484页。

赞成本罪是复杂客体的观点，但认为将公私财产权利作为本罪的客体之一值得研究。因为，公私财产权利只是勒索型绑架罪侵犯的客体，它不能涵盖绑架他人作为人质这种绑架罪。对于后者来说，并没有侵犯公私财产权利。而犯罪客体是构成某一犯罪所必须具备的要件，所以将公私财产权利作为本罪侵犯的客体是以偏赅全，并不正确。那么，本罪除了侵犯人质的人身权利外，侵犯的另一犯罪客体是什么呢？笔者认为，本罪侵犯的另一客体是第三人的自决权。这涉及本罪的社会危害性问题。

绑架他人作为人质的行为，是一种公认的国际恐怖犯罪。同恐怖主义作斗争，是当前世界各国共同面临的一项重要任务。为此，许多国家都在国内刑事法中将绑架他人作为人质的行为规定为犯罪。我国于1992年加入了联合国大会通过的《反对劫持人质公约》。根据该公约的规定，我国承担了制裁劫持人质这种恐怖性犯罪的义务。1997年新刑法规定的绑架罪就是我国履行这一国际义务的具体体现。对此，理论界的认识是一致的。因此，在刑事立法中，绑架罪属于一种恐怖犯罪。而恐怖犯罪的实质性特征就是制造恐怖气氛。犯罪分子制造恐怖气氛的方式之一就是它所针对的是比行为的直接受害者更为广泛的对象的目标。美国兰德公司恐怖主义的研究分析家和美国国务院关于政治阴谋和暴力问题的顾问布赖安·詹金斯说："恐怖主义的目标不是实际的受害者，而是旁观者，恐怖主义是个剧场。"① 具体就绑架罪来说，其针对的并不仅仅是被绑架者本人，更在于与人质有关的第三人。"强迫第三人为或不为某种行为，是劫持人质罪直接追求的目的，这种目的本身就包含着对第三人的自决权的侵犯。"② 如果行为人在绑架他人之后，仅仅是向被绑架者提出不法要求，并没有侵犯第三人的自决权，那么其危害影响的范围就比较有限，就不能称之为恐怖犯罪。所以，在国际法及许多国内法中，都明确规定本罪以向第三人提出不法要求为要件。例如，《反对劫持人质国际公约》的第1条规定："任何人如劫持或扣押并以杀死、伤害或继

---

① ［英］克里斯托·多布森、罗纳德·佩恩：《卡洛斯邦——国际恐怖组织内幕》，时事出版社1986年版，第8页。

② 张智辉：《国际刑法通论（增补本）》，中国政法大学出版社1999年版，第183~184页。

续扣押另一个人为威胁，以强迫第三方……做或不做某种行为，作为释放人质的明示或暗示条件，即为犯本公约意义范围内的劫持人质罪行。"[①] 瑞士1996年刑法典第185条规定："（绑架人质）剥夺他人自由，诱拐他人或以其他方式控制他人，迫使第三人为一定行为、容忍或不为一定行为，处重惩役。"[②] 德国1999年新刑法典第239条b第1款规定："诱骗或绑架他人，意图以杀害或重伤被绑架人的胁迫手段，强制第三人为一定行为、容忍或不为一定行为，或利用他人绑架而为上述强制的，处3年以上自由刑。"[③] 此外，俄罗斯联邦刑法典第206条也规定有向第三人提出不法要求的内容。正是由于本罪不仅侵犯了人质的人身权利，也侵犯了第三人的自决权，所以各国刑法对绑架罪的处罚都比较严厉。而我国刑法更是对该罪规定了最为严厉的法定刑。绑架罪最低刑为10年以上有期徒刑，结果加重犯和结合犯的唯一法定刑为死刑。在普通刑事犯罪中，只对本罪与劫持航空器罪规定了这样的法定刑。如果本罪不要求以侵犯第三人的自决权为要件，那么在社会危害性上，其与抢劫罪比较相当。这样，我国刑法对绑架罪规定如此严厉的刑罚就破坏了刑法分则各罪名罪刑之间的协调性和平衡性。对此能够作出合理解释的就是绑架罪的社会危害性不仅在于侵犯了人质的人身权利，更在于侵犯了与人质有关的第三人的自决权。此外，从我国刑法规定"绑架他人作为人质"的表述来看，也是要求以向第三人提出不法要求为要件的，因为"人质"显然是对第三人而言的。总之，笔者认为，绑架罪不仅侵犯了他人的人身权利，也侵犯了第三人的自决权，这是由该罪的社会危害性决定的，也符合我国设立本罪的意旨。

立足于绑架罪侵犯的客体，可以合理地解释绑架罪的有关成立要件，特别是对于存在较大分歧的客观方面的构成要件来说，具有明显的指导机能。

绑架罪的客观构成要件中包括哪些内容，理论界认识不一。概括起

---

① 张智辉：《国际刑法通论（增补本）》，中国政法大学出版社1999年版，第183～184页。

② 《瑞士联邦刑法典》，中国法制出版社1999年版，第66～67页。

③ 《德国刑法典》，中国法制出版社2000年版，第172页。

来，其分歧主要表现为以下几点：第一，本罪的客观方面是单一行为还是复合行为；第二，如何理解绑架的行为方式，绑架人质的方式是否仅限于暴力、胁迫、麻醉及偷盗婴幼儿，“其他手段”如何理解；第三，本罪是否以将被害人劫离原地为要件。从本罪侵犯的客体着手，下面就以上几个问题分述之。

第一个问题：本罪客观方面是单一行为还是复合行为。

对此，理论界存在着两种截然对立的观点。有的论者持单一行为说，认为行为人只要出于勒索财物或扣押人质的目的，并在此目的支配下实施了绑架行为，就已具备了该罪的法定要件，至于绑架行为实施以后是否勒索财物在所不问，它只是量刑情节，会影响量刑的轻重。① 有的论者则持复合行为说，认为绑架罪的客观行为是由绑架行为与勒索财物或提出不法要求两方面组成的。②

笔者赞成复合行为说。如上文所述，本罪不仅侵犯了人质的人身权利，也侵犯了与人质有关的第三人的自决权。对于前者来说，是因为犯罪人实施了绑架他人的行为，即以暴力、胁迫或其他手段将人质置于自己的控制之下；对于后者来说，则是犯罪人向与人质有关的第三人提出了不法要求。如果认为绑架罪的客观方面是单一行为即绑架他人行为，不要求有提出不法要求的行为，那么其侵害的第三人的自决权这一犯罪客体就无从体现。其结果，本罪侵犯的客体就成为单一犯罪客体。而事实上，单一行为论者也是主张本罪是双重客体的。例如，有的著述提出：“本罪的客体，是复杂客体，包括他人的人身自由权利、健康、生命权利及公私财产所有权利。”③ 在笔者看来，其依据应该是法律规定的绑架罪的主观要件，即“以勒索财物或绑架他人为人质”这一要件。但是根据我国刑法理论，如果只是主观上有犯罪的目的，但客观上缺乏相应的犯罪行为，是不可能侵犯到具体的犯罪客体的。因为犯罪客体是犯罪行为所侵犯的而为我国刑法所保护的社会关系。就绑架罪来说，单一

① 孟庆华：《关于绑架罪的几个问题》，载《刑事法学》2000 年第 7 期。

② 肖中华：《关于绑架罪的几点思考》，载《刑事法学》2000 年第 7 期。

③ 高铭暄、马克昌主编：《刑法学》，北京大学出版社、高等教育出版社 2001 年版，第 484 页。

的绑架行为也不可能侵犯到勒索型绑架罪中的他人的财产权利。可见，单一行为论无法使其关于绑架罪的解释在理论上保持协调性。之所以出现上述矛盾，就在于单一行为论者并没有把握住本罪的社会危害性，其否定与目的行为相对应的客观行为的存在。

第二个问题：如何理解绑架的行为方式。

关于绑架的行为方式，一般认为包括使用暴力、胁迫及麻醉的手段。但除此之外，是否还包括其他手段，对此，有的论者持否定态度。①其基本依据是1991年《关于严惩拐卖、绑架妇女、儿童的犯罪分子的决定》（以下简称《决定》）及1992年最高人民法院的《关于执行〈全国人民代表大会常务委员会关于严惩拐卖、绑架妇女、儿童的犯罪分子的决定〉的若干问题的解答》（以下简称《解答》）。但多数论者认为，绑架的方法除了暴力、胁迫、麻醉外，还包括其他方法。因为1997年刑法对绑架的手段并没有规定。不过，关于其他手段的范围，论者们并未形成一致的认识，通常是采取举例法。例如，有的论者认为，使用引诱、欺骗、以揭发隐私相要挟、乘被害人昏迷不知反抗而将其掳走等也是绑架罪的客观手段。②

笔者赞成绑架的行为方式不限于暴力、胁迫、麻醉，还包括其他手段。因为从刑事立法上看，1997年刑法并没有对绑架的手段作出规定。对此，也许会有论者认为，1991年的《决定》及1992年的《解答》应该有指导作用。笔者不否认1997年刑法颁布之前的一些司法解释仍然有效，但关键是这些司法解释是否适用目前的司法实践以及在理论上是否具有合理性。就绑架行为来说，对其手段的界定，应紧紧把握住绑架的本质特征。如上文所述，绑架侵犯了人质的人身自由权，因而只要是侵犯了人质人身自由权的行为都是绑架的手段。正如有的论者所言，绑架罪实际上是特殊的非法拘禁行为。凡是非法拘禁罪可以使用的方法，没有理由说其不可以成为绑架罪的方法。③而非法拘禁他人的行为显然就

---

① 周振想：《中国新刑法释论与罪案》，中国方正出版社1997年版，第1049页。

② 陈小清：《试论绑架勒索罪》，载《中南政法大学学报》1993年第3期。

③ 肖中华：《关于绑架罪的几点思考》，载《刑事法学》2000年第7期。

不仅限于暴力、胁迫与麻醉。诱骗后扣押无疑也是一种非法拘禁行为，如果犯罪人又向第三人提出不法要求的，就构成了绑架罪。可见，1991年的《决定》及1992年的《解答》限定绑架的手段既与实践相脱离，也不符合立法原意。

那么，究竟如何界定其他手段的范围？笔者认为，立足于侵犯人身自由权这一本质特征，“其他手段”有以下两层含义：（1）违背被害人行动自由的意愿；（2）被害人被置于行为人的控制之下。有的论者认为其他手段还有使被害人不知反抗或不能反抗的特征。[①] 笔者认为，这种观点人为地限制了绑架行为的外延，一方面不符合司法实践，另一方面也没有把握住绑架的本质特征。例如，利用被害人昏迷而将其掳走的行为是司法实践及理论上一致判定的绑架的“其他手段”。这一手段就不具有使被害人不知反抗或不能反抗的特征，而是利用了被害人不知反抗或不能反抗的状态。根据以上两个特征，就不能武断地认为凡是利用了论者们列举的具体的其他手段就构成绑架罪。例如，引诱，虽然实施了引诱行为使他人滞留，但如果并没有妨碍他人行动自由，则这一行为就不具有绑架的性质。例如，引诱儿童玩游戏，但儿童随时提出回家，行为人都未阻拦。在此期间即使行为人向第三人提出不法要求，也不构成本罪。总之，我们在具体认定“其他手段”时，应抓住绑架的本质特征——侵犯他人人身自由权，而是否侵犯他人人身自由权就要看是否违背了被害人行动自由的意志以及被害人是否处于行为人的控制之下。

此外，与上述问题相关联的是，是否要求被害人认识到自己被剥夺人身自由的事实。对此，理论上有肯定说与否定说之争。[②] 笔者赞成否定说，即被害人即使没有认识到自己被剥夺人身自由的事实，也构成对他人人身自由的剥夺。因为某一行为是否构成犯罪，是就这一行为本身而言的，至于被害人实际上是否认识到，并不影响该行为的性质。

第三个问题：绑架行为是否以“将被害人劫离原处所”为要件。

---

① 高铭暄、马克昌主编：《刑法学》，北京大学出版社、高等教育出版社2001年版，第484页。

② 阮齐林：《论绑架罪的法定刑对绑架罪认定的制约》，载《中国法学会刑法学研究会2001年论文》。

一些论著对此问题持肯定态度，认为只有将他人掳离原处所，才能构成绑架罪。① 有的论者区分勒索型与绑架他人作为人质型两种情况，认为前者对被害人的劫持必须是掳离原处所，而后者是否将人质掳离原处所，并不影响对行为性质的认定。② 多数论者则持否定态度，认为绑架行为并不以“将被害人劫离原处所”为必要要件。③ 笔者认为，既然绑架罪侵犯的是他人的人身自由权，其实质特征是将被害人置于行为人的控制之下失去行动自由，那么无论是否将被害人劫离原处所，应该说都不影响行为的绑架性。因此，笔者原则上赞成否定说。但是，在当场控制他人人身自由，向第三人勒索财物的案件中，则应区分不同的情形。如果犯罪人以对人质当场实施杀害相威胁，而向第三人勒索财物，从形式上看，比较符合勒索型的绑架罪的特征，但是这种行为实质上是以胁迫为手段当场劫取财物的典型的抢劫行为，即行为人应构成抢劫罪而非绑架罪。除此之外，如果犯罪人是以非暴力相威胁而向第三人勒索财物的，即使未将人质掳离原处所，仍构成绑架罪。可见，在勒索型的绑架罪中，并非都要求将被害人劫离原处所。因此，上述观点中，否定说过于绝对，而二分说的观点则有失偏颇。不过，二分说的观点提出了应区分不同的情形的正确思路，这对于我们研究绑架罪与抢劫罪的区别无疑具有重要的启迪意义。

（本文发表于《郑州大学学报》（哲学社会科学版）2003 年第 4 期）

---

① 宣炳昭主编：《特别刑法罪刑论》中国政法大学出版社 1993 年版，第 248 页。

② 林亚刚、贾宇：《关于绑架及相关犯罪的几点探讨》，载《刑事法学》1998 年第 1 期。

③ 赵秉志：《中国刑法实用》，河南人民出版社 2001 年版，第 811 页。

绑架罪客观要件新解

张永红

作为侵犯公民人身权利的一个重罪，绑架罪历来是刑法理论研究的重点，然而司法实践中关于本罪的认定仍然存在着诸多疑难之处，问题主要集中在对绑架罪客观要件的理解上。“勒索财物”是否绑架罪客观要件的内容，“绑架”是否以控制被害人的“人身自由”为必要，“绑架”是否需要侵犯他人“现实的自由”，是理论上准确理解绑架罪的客观要件、实践中正确认定绑架罪必须解决的三个重要问题，本文对此予以初步阐释。

一、“勒索财物”不是绑架罪客观要件的内容

在绑架罪既遂标准的理论中，“结果说”① 与“复合行为说”② 认为“勒索财物”是绑架罪的客观要素，“单一行为说”③ 则认为“勒索财物”是绑架罪的主观要素。笔者赞同“单一行为说”的观点，理由如下：

第一，从刑法的明文规定来看，“勒索财物”不是绑架罪客观要件的内容。我国刑法第239条中涉及“勒索财物”的两处都规定“以勒索财物为目的”，这已清楚地表明，“勒索财物”仅是行为人的犯罪目的，属于主观要件的范畴。

第二，从绑架罪的保护法益来看，“勒索财物”不是其客观要件的

---

① 胡祥福：《绑架罪若干问题探讨》，载《南昌大学学报》（人文社会科学版）2001年第4期。

② 肖中华著：《侵犯公民人身权利罪》，中国人民公安大学出版社1998年版，第225页。

③ 林亚刚、贾宇：《绑架罪及相关犯罪的几点探讨》，载丁慕英主编：《刑法实施中的重点难点问题研究》，法律出版社1998年版，第741～742页。

内容。绑架罪的保护法益仅限于人身权利，而不包括财产权利，因为刑法只是规定“以勒索财物为目的”，而仅仅主观上具有“勒索财物的目的”，尚不能认为对他人的财产权利造成了侵犯，“否则，凡是主观上想盗窃他人财产的，都侵犯了他人财产，这是不可思议的”，① 此其一；其二，某罪的保护法益是行为成立该罪“必须”侵犯的法益，绑架犯罪虽然较多地表现为同时侵犯人身权利与财产权利的情形，但不侵犯财产权利而仅仅侵犯人身权利的情形是客观存在的。因此，财产权利只是绑架罪的随意客体，并不是其保护法益（必要客体）。既然财产权利并不是绑架罪的保护法益，那么绑架罪在客观方面就不需要具有勒索财物的行为，更不需要实际获取财物，“勒索财物”只要作为一种主观要素存在于行为人的内心即可。

第三，认为“勒索财物”属于绑架罪主观要件的内容，并不违反主客观相统一的原则。有学者认为，尽管刑法并未将勒索财物的行为明确加以描述，但依据主客观相统一的原理，勒索财物的主观目的决定了勒索财物的客观行为的存在。② 论者的言外之意是，如果仅认为“勒索财物”属于主观要素而不要求其外化为客观的勒索行为，则与主客观统一的原则相冲突。笔者认为这是不正确的，“主客观相统一并不意味着主观内容必须全部在客观上得以实现，事实上，有些主观要素并不需要外在化（不需要在客观上实现主观要素的内容）。”③ 这种不要求存在与之相对应的客观事实，只要存在于行为人内心即可的因素，在德日刑法理论中被称作“主观的超过要素”，目的犯中的目的是典型的“主观的超过要素”。对于绑架罪而言，只要确认行为人主观上具有勒索财物的目的，客观上又实施了绑架他人的行为，认定其构成绑架罪是不违反主客观统一原则的。

---

① 张明楷著：《刑法分则的解释原理》，中国人民大学出版社 2004 年版，第 148 页。

② 邓定远：《绑架罪完成形态与未完成形态的认定》，载《江西公安专科学校学报》2003 年第 2 期。

③ 张明楷著：《刑法分则的解释原理》，中国人民大学出版社 2004 年版，第 182 页。

第四，认为“勒索财物”属于绑架罪的主观要素，并非不利于鼓励犯罪分子自动放弃犯罪。有学者认为，按照“单一行为说”，行为人一经实施绑架行为即告既遂，即使自动放弃勒索财物行为也没有成立犯罪中止之余地，这不仅不合情理，也与刑法鼓励犯罪分子自动放弃本可以继续实施的犯罪的精神相悖。[①] 笔者不同意这种观点：（1）“单一行为说”以绑架行为的完成为既遂的标准，因此在绑架行为的着手到完成之间存在犯罪中止的可能性，与“复合行为说”相比，这就将犯罪中止成立的时间点提前，不仅有利于鼓励犯罪分子主动放弃犯罪的继续实施，而且更有利于保护被害人的人身权利。（2）绑架行为完成之后行为人主动放弃勒索财物行为的，尽管不能认定为犯罪中止，但可以作为酌定从宽情节在量刑时予以考虑，从而体现刑法鼓励犯罪分子放弃继续危害社会行为的精神。当然，将其作为酌定情节考虑，在我国现行立法模式下确实具有一定的局限性，但这是由现实的立法状况所决定的，我们决不能以立法存在问题为由，为追求所谓的“从宽”而违背法律的规定对行为人认定为犯罪中止，正确的做法应当是通过修改立法的方式降低绑架罪的法定刑（尤其是法定最低刑）[②] 或者将上述情形作为法定的从宽情节。

第五，认为“勒索财物”属于绑架罪的主观要素，并不影响对中途参与绑架的行为人的处理。有学者认为，其他犯罪分子实施绑架之后，行为人参与进来实施勒索财物行为，如果按照“单一行为说”，则后来参与的行为人将不构成绑架罪的共犯，这于理于法都是说不通的。[③] 对此种似是而非的观点，笔者不予赞同。如果绑架行为完成，按照“单一行为说”，绑架罪已经既遂，则后来的参与者仅有勒索财物的行为而没有绑架他人的行为，当然不成立绑架罪，并不存在所谓“于法不通”的

① 肖中华著：《侵犯公民人身权利罪》，中国人民公安大学出版社 1998 年版，第 226 页。

② 胡捷：《绑架罪刑罚梯度有待完善》，载《检察日报》2001 年 1 月 15 日第 3 版；肖俊德、樊洪：《略论绑架罪的几个问题》，载《中州学刊》2000 年第 6 期。

③ 肖中华著：《侵犯公民人身权利罪》，中国人民公安大学出版社 1998 年版，第 226 页。

问题。后来的参与者尽管没有实施绑架行为，但利用了被害人遭受控制的状态，并以此作为要挟，向其亲属强索财物，已经符合了敲诈勒索罪的构成要件，应以敲诈勒索罪追究刑事责任，所以也不存在“于理不通”的问题。相反，如果按照论者的观点，对根本没有实施绑架行为而仅利用他人控制被害人的便利勒索财物的行为人认定为绑架罪的共犯，才真正是“于法无据，于理不通”的。

第六，绑架罪的法定刑较重，不能成为认定“勒索财物”为客观要素的根据。有学者认为，我国刑法对绑架罪规定了最为严厉的刑罚，因此，从罪刑相适应的原则出发，应该严格解释绑架罪的构成要件，从而将绑架罪限定在与立法者评价相称的范围内，客观上限于使用暴力方法扣押人质，利用第三人对人质安危的担忧进行勒索。① 对此，笔者不能苟同，理由如下：

(1) 从中外绑架罪法定刑的对比来看，不能过于夸大我国绑架罪刑罚的严厉性，从而轻易将“勒索财物”当做客观要素。就绑架罪的法定最高刑而言，意大利为无期徒刑，德国为终身自由刑，日本为无期惩役，表面上看比我国要低，但实际上，意大利、德国已从立法上废除了死刑，日本在司法上严格限制死刑的适用，所以这些国家对绑架罪配置的最高法定刑可以说都是各该国最重的刑罚。就法定最低刑而言，意大利为25年有期徒刑，日本为3年惩役。因意大利将“勒索财物”明确规定为客观要素，所以其法定最低刑较高，但即使将这个因素排除在外，恐怕比我国还要高；日本表面上比我国低很多，但是，通过与该国其他严重犯罪法定最低刑的比较，我们不难发现，其绑架罪的法定最低刑也是很高的。例如，日本故意杀人罪的法定最低刑为3年惩役，受嘱托的杀人和辅助杀人的法定最低刑仅为1年惩役或者禁锢，强奸罪的法定最低刑为2年惩役，强奸致人死伤的法定最低刑为3年惩役。可见，我们不能简单对比我国绑架罪与国外绑架罪法定刑在“量”上的差异，而必须考虑到国外绑架罪的法定刑在其整体法定刑中所占的位置。如果国外也对绑架罪配置了极为严厉的刑罚，同时也不认为“勒索财物”是

① 阮齐林：《绑架罪的法定刑对绑架罪认定的制约》，载《法学研究》2002年第2期。

绑架罪的客观要素，那么我们就不能武断地认为，我国绑架罪的法定刑较高就意味着其客观方面必须具有“勒索财物”的行为。

（2）犯罪的社会危害是客观事实与主观评价的统一，相同的客观事实在不同的评价者那里的评价是有差异的，即使我们认为行为人勒索财物与否对其危害程度有重大影响，但如果立法者并不这么认为，那么就不会在立法上体现出来。同样的道理，即使我们认为绑架（不包括勒索财物）与抢劫、强奸、放火等行为的危害相差不大，但立法者对其评价不同，就可能会对绑架罪规定远远高于上述犯罪的法定刑。从我国绑架罪的立法沿革来看，其规定始于1991年全国人大常委会《关于严惩拐卖妇女、儿童的犯罪分子的决定》，该决定在大幅度提高拐卖妇女、儿童罪法定刑的同时，对于“勒赎型绑架”（以勒索财物为目的绑架他人或者偷盗婴幼儿）配置了与“绑架妇女、儿童”相同的法定刑。在1997年刑法的修订过程中，尽管也有人提出了降低绑架罪法定刑的主张，但最终并未被采纳，绑架罪的法定刑仍被保留，这表明立法者认为绑架罪的危害是极为严重的，配置极其严厉的法定刑是妥当的。

（3）如果认为绑架罪的法定刑较高，所以刑法明文规定的“勒索财物目的”必须体现为相应的客观行为，那么对于我国刑法中的其他目的犯应该如何处理呢？是否也要求它们都必须表现为相应的客观行为呢？

综上所述，“勒索财物”是我国绑架罪构成中的主观要素，绑架罪客观方面的实行行为只有绑架行为。易言之，行为人只要出于勒索财物的目的绑架他人，无论其是否实施了向第三人勒索财物的行为，更无论其是否实际获得了财物，都已经齐备了绑架罪的法定构成要件。

二、“绑架”不以控制被害人的“人身自由”为必要

对于绑架罪实行行为的“绑架”一词的含义，我国理论界的认识虽然并非完全一致，但有一点是共同的，即行为人必须现实地控制被害人的“人身自由”。[①] 笔者认为，学界的这种通行观点值得检讨，绑架无须

---

① 赵秉志主编：《刑法学通论》，高等教育出版社1993年版，第672页；高铭暄主编：《新编中国刑法学》（下册），中国人民大学出版社1998年版，第709页。

控制被害人的“人身自由”，只要控制被害人的“人身安危”即可，主要理由如下：

第一，从“绑架”的规范意蕴来看，不限于控制“人身自由”。应当承认，“绑架”一词的字面意思中包含着控制“人身自由”的内容。但是，对于刑法中的普通用语，不能仅从字面解释其含义，而必须揭示其规范意蕴，因为“刑法中的普通用语也是规范用语，应该在规范意义上进行解释”。① 而从“绑架”的规范意蕴来看，并不限于控制“人身自由”。绑架罪的本质在于，行为人通过对被害人的控制而使第三人产生忧惧心理，从而利于其非法目的的实现。因此，只要能使第三人产生忧惧心理的控制方式，都应该属于绑架行为的内容。控制了被害人的人身自由，因随时可以对其进行伤害或杀害，第三人自然担忧、害怕，无疑应属绑架之列，但没有控制被害人的人身自由而直接控制其健康或生死，同样会对第三人形成心理威慑，而且是更大的威慑，当然更不应排除在绑架的行为内容之外。

第二，从实践来看，认为“绑架”必须也只能侵犯“人身自由”的观点会导致极不合理的结论。试看如下案例：甲企图通过对乙的控制而实现其向乙的父母勒索财物的目的。某天，甲在乙的饭菜中投入一种自制的药物，乙吃后生理机能受损，身体日益衰弱，乙的父母带乙至全国多家著名医院就诊，均不能检查出问题所在，因而无法给予有效的治疗，只能眼睁睁地看着乙生命垂危。此时，甲打电话给乙的父母，声称自己就是对乙实施“投毒”行为的人，解药掌握在自己手里，如果交付10万元现金他将给予解药，否则乙必死无疑。乙的父母只得交给甲10万元以获取解药，乙服用解药后不久痊愈。对于本案，如果认为绑架必须也只能侵犯人身自由的话，则被告人并不构成绑架罪。但这种结论显然是不妥当的，我们不妨设想，如果行为人将被害人拘禁于自家屋内，以杀死被害人来威胁其父母，从而索取财物的，毫无疑义地会被认定为绑架罪而非敲诈勒索罪。那么，上述案例与我们假设的情形存在什么区别呢？除了直接控制被害人的生死而非人身自由之外，就是行为人是以

---

① 张明楷著：《刑法分则的解释原理》，中国人民大学出版社2004年版，第352页。

"消极不救助放任被害人死亡"的方式而非"积极杀害被害人"的方式来威胁被害人的父母。而我们又知道，"消极不救助放任被害人死亡"与"积极杀害被害人"仅是具体行为方式的差异（作为或不作为），其结果相同，因此传递给第三人的威胁内容、对第三人形成的心理强制也是一样的，根本不能成为定性不同的依据。所以，如果坚持"绑架必须侵犯人身自由"的观点，将本案定性为敲诈勒索，必然会得出"侵犯自由可以成立绑架罪，而侵犯生命不能成立绑架罪"的荒谬结论。

第三，国外的立法规定和刑法理论不能成为认定我国绑架罪中的"绑架"必须侵犯"人身自由"的根据。从立法来看，德国、法国、瑞士都将绑架罪归入侵犯"人身自由"的犯罪中；从理论来看，日本学界公认绑架罪的保护法益包括"人身自由"①。由此观之，国外大多将绑架罪视为侵犯"人身自由"的犯罪，似乎我国的绑架罪也必须要求侵犯"人身自由"。其实不然：(1) 某罪保护法益的具体内容与立法者的认识密切相关，立法者的认识不同，对于相同犯罪所确定的保护法益也不同，德国、法国与瑞士将绑架罪视为侵犯人身自由的犯罪，并不意味着我国立法者也如此认识。正如诬告陷害罪，我国规定为侵犯人身权利的犯罪，而德国则规定为妨害司法的犯罪。(2) 日本学界将绑架罪的保护法益视为人身自由，主要由其立法决定，日本刑法分则采用"小章制"，绑架罪（略取和诱拐罪）位于侵犯生命、健康的犯罪之后，侵犯名誉的犯罪之前，因此其法益应为"人身自由"。而我国则不同，分则采用"大章制"，绑架罪与侵犯生命、健康、名誉的犯罪同属侵犯人身权利罪一章而没有明确划分，因此我们不能简单地照搬日本刑法理论的观点。

综上所述，笔者认为，绑架行为只要能够实现对被害人安危的控制即可，不能要求其必须控制被害人的人身自由。直接控制被害人健康、生死与控制被害人的自由一样，都属于对被害人安危的控制，都足以对第三人造成心理威胁，因此都可以成为绑架行为的内容。

三、"绑架"以侵犯被害人"现实的自由"为必要

尽管绑架罪的成立不以行为人控制他人的"人身自由"为必要，但

① ［日］大塚仁著：《刑法概说（各论）》，冯军译，法律出版社 2003 年版，第 92 页。

以勒索财物为目的而控制他人的人身自由无疑应该构成绑架罪。从实践中反映出来的情形看，绑架罪大都表现为行为人对被害人人身自由的实际控制。在行为人实际控制被害人人身自由这种形式的绑架罪中，要求行为人侵犯被害人“现实的自由”还是“可能的自由”，是一个我国学界缺乏研究但值得关注的问题，因为对其认识的不同将直接导致实践中对同一案件的不同定性。试看如下案例：行为人甲是被害人乙（小学生，8 周岁）父母的朋友，他意图向乙的父母索要财物，某天早上，他将出门上学的乙骗至游乐场，由丙、丁二人陪其玩耍，然后自己打电话给乙的父母，说他已经绑架了乙，要乙的父母向其指定的银行账户上汇款 2 万元。乙的父母出于对孩子安危的担忧，按照甲的要求汇了款，甲随后将乙送回家。对于上述案件，如果认为绑架罪要求侵犯被害人“现实的自由”，则行为人甲不构成绑架罪；如果认为绑架罪只要侵犯被害人“可能的自由”即可，那么行为人甲成立绑架罪。

“现实的自由”与“可能的自由”的讨论源于日本刑法学理论，日本刑法学界公认“逮捕与监禁犯罪”（相当于我国的非法拘禁罪）的保护法益是公民身体活动的自由，但对于身体活动“自由”的意义，则存在“现实的自由”与“可能的自由”两种见解之间的对立。①“现实自由说”认为，身体活动的自由以意思活动能力为前提，只有在被害人意识到其自由被束缚的情况下才能认为其自由遭到了侵犯。目前在日本只有少数学者持此种观点。“可能自由说”则认为，身体活动的自由就是主体想行动的时候就能行动，意思活动能力只要是事实上具备能够进行意思活动的能力就够了，即使被害人未意识到其自由被束缚也已经侵犯了其潜在的自由。此说为目前日本刑法学界的通说。

“现实自由说”与“可能自由说”在某些问题上的认识是一致的，如对于根本不具有意思活动能力的人（婴儿和因高度精神病而完全缺乏意识的人），都认为不能成为“逮捕和监禁犯罪”的客体（行为对

---

① ［日］大谷实著：《刑法各论》，黎宏译，法律出版社 2003 年版，第 59 页。

象——笔者注），行为人逮捕或监禁他们的，应构成略取或诱拐罪。① 而且在被害人的现实自由受到侵犯的场合，其结论也是一致的。例如，行为人故意切断电梯的电源将他人关在电梯之中，而对其谎称“停电了”。按照“可能自由说”当然构成非法拘禁罪，而按照“现实自由说”也应该构成非法拘禁罪，“因为被关在电梯中的人，对被监禁的事实虽有认识，但并非同意被监禁，只不过是迫于无奈”。②“现实自由说”与“可能自由说”的分歧主要表现在：被害人没有意识到自由被束缚的情形能否成立非法拘禁罪。具体而言：（1）处于睡眠状态中的人以及烂醉如泥者能否成为犯罪客体。例如，行为人将熟睡的人反锁在房间中，在其醒来之前打开门锁，而该人并未察觉。“现实自由说”认为，他们不能成为犯罪客体，因为熟睡者和泥醉者在被拘禁的当时欠缺自由意识能力，对于被拘禁的事实完全不知情，谈不上有现实的行动自由的问题，在这一点上与婴儿、高度精神病人并无二致，如果将行为人锁住被害人于所处房间的行为认定为非法拘禁，将会产生不合理的现象，也显得过于绝对。③“可能自由说”则认为，既然认为身体活动的自由是可能的自由就够了，那么，只要可能的自由被剥夺，就不应该问被害人的现实意识如何。因此，给泥醉者和熟睡中的人所在的房间上了锁时，即使他们不知道，也构成监禁罪，并且，在其觉醒之前开启锁的，也不影响犯罪的已然成立。（2）诡计监禁中的被害人能否成为犯罪的客体。例如，隐瞒强奸意图，欺骗妇女说是送其回家，使其乘车将其载走的行为，根据“可能自由说”，构成监禁罪；但根据“现实自由说”，因被害人对自己被监

---

① ［日］大塚仁著：《刑法概说（各论）》，冯军译，法律出版社 2003 年版，第 86 页。

② ［日］西田典之著：《日本刑法（各论）》，刘明祥、王昭武译，武汉大学出版社 2005 年版，第 53 页。

③ ［日］中山研一：《刑法概说Ⅱ（第 2 版）》，日本东京成文堂出版社 2000 年版，第 68 页；［日］西田典之：《刑法各论》，日本东京成文堂出版社 1999 年版，第 70 页，转引自周光权著：《刑法各论讲义》，清华大学出版社 2003 年版，第 30 页。

禁的事实无认识，而不成其为监禁。[1] 在我国，有学者赞同“可能自由说”，该学者指出，如果考虑到本罪是非法剥夺人身自由的犯罪，人身自由权与被害人处于熟睡还是清醒状态没有直接关联这一实际情况，将身体活动自由看作可能的自由就是合理的，所以，应当坚持多数说的立场。[2] 另有学者则赞同“现实自由说”，其具体理由为：（1）非法拘禁罪保护的是人的身体活动自由，故只要在被害人意欲现实地进行身体活动时进行刑法上的保护就够了；在被害人还没有意欲现实地进行身体活动时，没有必要提前进行刑法上的保护。（2）非法拘禁罪不是对人身自由的危险犯，而是侵害犯，侵犯“可能自由”的行为只有侵害身体活动的危险，而没有现实地侵害其身体活动自由，故不能成立非法拘禁罪。（3）由于非法拘禁罪是侵害个人法益的犯罪，而且该法益可以由个人处分，故应该以违反被害人的意志为前提。侵犯“可能自由”的行为虽然可以说违反了被害人的“推定的意志”，但这种“推定的意志”不是被害人具体的意志，只是一般人视角中的抽象意志；如果将违反这种抽象意志的行为认定为非法拘禁罪，则过于扩大非法拘禁罪的处罚范围。[3]

笔者认为，如果对“人身自由”作广义的理解，是既可以包括“现实的自由”，也可以包括“可能的自由”的，从这个意义上来讲，“自由是否受到侵犯”与“被害人是否意识到其自由受到侵犯”是两个不同的问题，即使被害人并未认识到其自由遭受侵犯，但事实上其自由已被限制和剥夺的，都应认定为“侵犯了他人自由”，因此“可能自由说”有其合理之处。但就我国的情况而言，采用“可能自由说”是不妥当的，其理由除上述肯定“现实自由说”的论者所阐述的以外，还有一个重要的方面在于我国刑法对犯罪概念的定量限制。我国刑法总则犯罪概念的“但书”表明，我国刑法中的犯罪不仅是具有社会危害性的行为，而且其危害必须达到一定的严重程度。侵犯“可能的自由”的行为尽管具有

---

① ［日］西田典之著：《日本刑法（各论）》，刘明祥、王昭武译，武汉大学出版社 2005 年版，第 53 页。

② 周光权著：《刑法各论讲义》，清华大学出版社 2003 年版，第 30 页。

③ 张明楷著：《刑法分则的解释原理》，中国人民大学出版社 2004 年版，第 147 ~ 148 页。

一定的危害，但根据我国定量的犯罪概念的要求，尚未达到需要作为犯罪处理的程度。这一点与日本不同，日本刑法中的犯罪概念没有定量因素的限制，所以只要有危害的行为，基本上都可以作为犯罪处理。因此，日本学界以“可能自由说”为通说是可以理解的，但将此观点照搬于我国则有违我国的立法要求。

尽管上述关于“可能的自由”与“现实的自由”的讨论都是围绕非法拘禁罪展开的，但在行为人控制被害人人身自由的绑架罪中同样适用。因此，笔者认为，绑架罪中行为人所侵犯的他人的人身自由，必须是“现实的自由”，而不能是“可能的自由”。上述案例中，行为人甲只是侵犯了被害人乙“可能的自由”，没有侵犯其“现实的自由”，所以应构成敲诈勒索罪而非绑架罪。

（本文发表于《青海社会科学》2008 年第 1 期）

论绑架罪的实行行为

——兼谈绑架罪立法的完善

冯凡英

刑法规定了400多种犯罪，任何一种犯罪都有其独特的犯罪构成。然而，不同的犯罪构成之间的主要区别在于客观方面实行行为的不同。所以，具体犯罪的实行行为成为刑法分则关于具体犯罪规定的核心内容，理解具体犯罪的实行行为的内容就成为把握具体犯罪构成要件的关键。修订后的新刑法第239条规定了绑架罪，并配置了非常严厉的法定刑。在这种情况下，严格依照刑法的规定准确理解并适用刑法处理绑架案件，既关系到被告人的重大切身利益，也是切实贯彻罪刑法定原则和罪责刑相适应原则的要求。然而，在绑架罪的实行行为是什么这个重要前提问题上，至今仍然没有形成统一的意见。笔者不揣浅陋，就此进行分析，提出自己的主张，以就教于学界。

一、绑架罪的实行行为是单一行为

刑法规定的绑架罪的实行行为究竟包含哪些内容，具体而言，绑架罪的实行行为是复杂行为还是单一行为？对这一问题，有复杂行为说与单一行为说的对立。

（一）复杂行为说

有学者认为，作为绑架罪的构成要件的实行行为是复杂行为，由绑架（或偷盗婴幼儿行为）和勒索财物（或提出不法要求）两部分组成，是为“复杂行为说”。

持“复杂行为说”的学者认为，绑架罪的危害性不仅表现在侵害了人质的人身自由权利，还表现在侵害了第三人的自决权，所以其客观方面的行为应当是复杂行为。[①] 不实施勒索财物等行为，犯罪人的目的就不可能实现，所以需要以勒索财物等行为作为绑架罪的实行行为。[②] 将绑架罪的客观行为确定为复杂行为，与刑法“以勒索财物为目的”的规定并不违背，因为“刑法第239条将‘以勒索财物为目的’明确规定为（绑架勒索或偷盗婴幼儿构成的）绑架罪的主观目的，并不排除有与之对应的勒索财物之实行行为存在。事实上，实践中绑架罪的犯罪分子在绑架他人或偷盗婴幼儿后，都往往有勒索财物的实行行为”，而且“视绑架罪的客观行为为复合行为，与可以将未达勒索财物（或满足不法要求）目的的绑架他人、偷盗婴幼儿行为同样作为既遂处理，并无矛盾之处，而且依此原则，对于行为人实行绑架他人或偷盗婴幼儿行为后，尚未实行勒索财物或提出不法要求行为的，应分别认定为绑架罪的未遂或中止形态，而不应认定为既遂”。[③] 单一行为说不能解决犯罪中止和共同犯罪这两个问题。[④]

（二）单一行为说

依照刑法理论界的主流观点，绑架罪的实行行为是单一行为，也就是说，行为人只要以强制行为实际控制他人，即构成绑架罪的既遂，而是否实施勒索财物或者提出其他要求，“并不影响本罪的成立，只是量刑的情节”。[⑤] 此为“单一行为说”。

持单一行为说者就复杂行为说的反驳提出如下主张：首先，关于犯罪中止问题。如果行为人已经着手实施绑架行为，但由于被绑架人全力抗拒等行为人意志以外的原因而未能实际控制被绑架人的，则属于本罪的未遂；如果行为人已经着手实施绑架行为，在劫持并实际控制被绑架

---

① 刘凌梅等：《绑架罪若干疑难问题研究》，载姜伟主编：《刑事司法指南》（第13辑），法律出版社2003年版，第63页。

② 于文湖：《对绑架罪的再思考》，载《滨州师专学报》2003年第1期。

③ 李希慧：《绑架罪略论》，载《山东法学》1999第5期。

④ 李希慧、孙光骏：《论绑架勒索罪的几个问题》，载丁慕英等编：《刑法实施中的重点难点问题研究》，法律出版社1998年版，第750～751页。

⑤ 高铭暄、马克昌主编：《刑法学》，北京大学出版社、高等教育出版社2000年版，第484页。

人之前，由于良心发现或慑于法律制裁等原因自动中止了绑架他人行为的，则可以成立绑架罪的犯罪中止。其次，关于共同犯罪问题。由于非法控制人质行为的存在，绑架罪是典型的继续犯，从绑架人质开始到人质被赎回、被解救或者被释放之前，其犯罪行为一直处于继续之中。所以，在人质被绑架以后、释放以前，其他人故意参与有关的犯罪活动，如以勒索财物为目的看守“肉票”（即被绑架人）、给人质送水送饭、参与勒索等，均可成为绑架犯罪的共犯。①

（三）绑架罪的实行行为是单一行为

笔者认为，复杂行为说没有法律根据。根据我国刑法的规定，绑架罪的实行行为是单一行为，具体内容是以暴力、胁迫或者其他手段绑架他人的行为，勒索财物或者提出其他要求的行为不是本罪的实行行为的组成部分。

首先，从论证方法上，持复杂行为说的学者不是从刑法的规定本身出发去论证。有的学者是先行设定实践中可能发生的问题（如犯罪停止形态和共同犯罪问题），然后依照“怎样解释刑法才能使这些问题得到解决”的思路去对刑法规定作出符合自己目的的解释；有的不是通过对刑法规定的犯罪构成的考察去判断绑架罪的客体要件是什么，而是先验地设定本罪客体要件包括第三人的自决权，从而得出本罪实行行为包括向第三人勒索财物或者提出其他要求的行为的结论。两者都有意无意地脱离了刑法规定，这样的方法不可能正确揭示绑架罪客观要件的真正含义。

其次，既然犯罪构成是刑法规定的认定犯罪的具体规格和标准，理解犯罪构成要件就必须以刑法规定本身为基础和前提。根据刑法第239条的明文规定，“以勒索财物为目的绑架他人的，或者绑架他人作为人质的”，构成绑架罪。这就明确地将实行行为限于绑架行为，勒索财物或者提出其他要求进而最终得到满足，只能是存在于行为人主观方面的犯罪目的。主观目的和客观行为分别属于两个方面，两者不能混淆。虽然行为人是否具有主观目的和其目的的具体内容是什么都需要通过其客

① 李文峰：《怎样区分绑架勒赎犯罪的既遂与未遂》，载《广西政法管理干部学院学报》2001年第2期。

观行为来判断才能得出结论，但结论的得出并不需要行为人实施直接实现其目的的客观行为。

再次，刑法将特定目的规定为犯罪成立条件，并不意味着要求与之相应的行为作为实行行为的组成部分。刑法中还对其他许多犯罪规定了犯罪目的作为犯罪的成立条件，如刑法第152条走私淫秽物品罪的“以牟利或者传播为目的”、第240条拐卖妇女、儿童罪的“以出卖为目的”，等等。以走私淫秽物品罪为例，犯罪人必须在走私淫秽物品进境或者出境以后进一步实施将走私的淫秽物品出售、出租或者播放，才可能实现其“牟利或者传播”的犯罪目的，这样的行为是走私以后犯罪人“往往要实施的行为”（按照其意图是“一定要实施”的行为），但是行为人只要将淫秽物品走私进境或者出境，即使没有实施将淫秽物品出售、出租或者播放的行为，其犯罪目的没有实现，仍然构成走私淫秽物品罪的既遂，而不是未遂。没有任何人说出售、出租或者播放淫秽物品的行为是走私淫秽物品罪的实行行为。刑法规定特定的犯罪目的作为某些犯罪的构成要件，有两种情形：一是没有特定的目的的行为危害性不能达到一定的严重程度，不能以犯罪处理（如走私淫秽物品罪和侵犯著作权罪），二是支配同样行为的主观因素不同而使得行为的危害程度有明显的差别，而成立不同的犯罪（如非法拘禁罪和绑架罪）。两者的共同之处在于，在客观方面不要求与特定犯罪目的相应的实行行为，这种作为犯罪成立条件的犯罪目的就是所谓的“超过的内心倾向”。①

最后，以刑法关于绑架罪目的的规定“并不排除有与之对应的勒索财物之实行行为存在”作为将勒索财物行为解释为实行行为的理由是严重错误的。犯罪构成是认定行为构成犯罪的规格和标准。根据罪刑法定原则，犯罪构成的各个要素都必须是刑法规定的；换言之，只有刑法积极规定的要素才能成为犯罪构成的要素，而绝不能以“刑法没有排除”某种因素为由将其确定为犯罪构成的要素。假如采用论者的这一主张，我们势必要在刑法规定之外寻找“刑法没有排除的要素”作为犯罪成立的要件，作为犯罪成立标准的犯罪构成还有什么稳定性和明确性可言?

---

① ［日］大塚仁著：《刑法概说（总论）》，冯军译，中国人民大学出版社2003年版，第124页。

罪刑法定原则还如何体现，人权何以保障？

二、勒索财物或者提出要求的行为在绑架罪中的地位和作用

根据以上分析，勒索财物或者提出要求的行为不属于绑架罪的实行行为的组成部分。那么，这些在绑架案件中犯罪人“往往会实施”的行为在绑架罪中的地位和作用如何呢？我们通过下面一则案例进行分析。

被告人章甲承租一大酒店，因经营不善而严重亏损，产生了绑架勒索财物的故意，并选择了县城摄影个体户吴某某之子吴某（本案被害人，7 岁）为绑架对象。2000 年 1 月 14 日上午，章甲对其承租的酒店服务员王某说：有人欠债不还，去把其子带来，逼其还账。王某表示同意。章甲将去学校上学的被害人吴某指认给王某，王某即跟随吴某至教室，将吴某骗出。章甲骑摩托车与王某一起将吴某带至大酒店，用胶带将吴某反绑于酒店贮藏室内。当日 16 时许，章甲打电话告诉章乙自己绑架了一个小孩，要其帮助打电话给被害人家长，提出勒索 20 万元人民币和一部手机等条件。章乙照做了。次日，章甲要章乙继续向被害人家长打电话勒索，章乙予以拒绝。1 月 17 日凌晨，章乙、章甲、王某先后被公安机关抓获，被害人吴某同时被解救。检察院以被告人章甲、王某、章乙犯绑架罪，向法院提起公诉。法院经审理认为，被告人章甲以勒索财物为目的，绑架他人，被告人章乙在明知章甲实施绑架行为后，打电话勒索财物，他们的行为均已构成绑架罪；被告人王某在扣押人质而索债的故意支配下，非法拘禁儿童，其行为已构成非法拘禁罪。被告人章甲、章乙系共同犯罪，章甲系主犯，章乙系从犯。依照刑法第 239 条第 1 款、第 238 条第 1 款、第 25 条第 1 款、第 26 条第 1 款、第 27 条第 1 款和第 2 款、第 57 条第 1 款之规定，判决：被告人章甲犯绑架罪，判处无期徒刑，剥夺政治权利终身，并处没收财产；被告人王某犯非法拘禁罪，判处有期徒刑 3 年；被告人章乙犯绑架罪，判处有期徒刑 3 年，并处罚金 5000 元。①

在该案中，章甲构成绑架罪没有任何疑问。王某和章甲实施了共同

---

① 参见《章浩等绑架案》，载最高人民法院刑事审判第一庭、第二庭主编：《刑事审判参考》（第 24 辑），法律出版社 2002 年版，第 40 页。

的行为，将被害人从学校骗出并拘禁在酒店中，但她没有勒索财物的故意，只有索要债务的意图，所以不构成绑架罪，只能以非法拘禁罪定罪处罚。章乙在了解章甲真实意图的情况下，应章甲之要求给被害人的家人打电话，与章甲构成共同犯罪，应定绑架罪。依据实施行为的内容，可以将共同犯罪人划分为组织犯、教唆犯、实行犯和帮助犯，章乙显然不是组织犯，也不是教唆犯。那么，章乙是实行犯还是帮助犯呢？我们认为，她在本案中构成帮助犯。

帮助犯，是指在共同犯罪中故意帮助他人实施犯罪的人。帮助犯的成立条件：第一，在客观方面，必须有帮助行为，即帮助他人实行犯罪的行为；第二，有帮助他人实行犯罪的故意，即明知他人实行犯罪，而提供帮助使他人的犯罪行为更容易实施，并且希望或者放任他人的行为导致危害社会的结果。[①] 根据帮助行为的内容，可以将帮助犯分为物质帮助犯和精神帮助犯：物质的帮助也称有形的帮助，是指人力、物力及财力的帮助，如提供犯罪工具、犯罪资金，侦查被害人的情况等；精神的帮助也称无形的帮助，是指对犯罪人心理上的帮助，如出主意、想办法、撑腰打气等。根据实施的时间，可以将帮助犯分为事前帮助犯、事中帮助犯和事后帮助犯：事前帮助犯指在实行犯实行犯罪以前为实行犯创造便利条件的帮助犯，如为实行犯排除犯罪障碍、提供犯罪工具、指示犯罪路线、提供犯罪方案等；事中帮助犯，是指在实行犯实行犯罪过程中直接帮助其完成犯罪的帮助犯；事后帮助犯，是指在实行犯实行犯罪前通谋，在其完成犯罪以后或者犯罪未遂以后实施隐匿行为的帮助犯，如窝藏、包庇罪犯，毁灭罪证、窝藏赃物等等。[②]

与非法拘禁罪一样，绑架罪属于继续犯，自犯罪人控制被绑架的人质开始直至人质逃跑、被解救或者被杀死，犯罪人非法控制人质的行为一直处于继续状态。在此过程中他人加入，可以与最初实施绑架行为的人构成绑架罪的共同犯罪，但属于共同实行犯还是帮助犯则需要具体分析。绑架罪的实行行为是单一的以强制手段控制人质的行为，所以笔者

---

① 马克昌主编：《犯罪通论》，武汉大学出版社 1999 年版，第 549 ~ 551 页。

② 姜伟著：《犯罪形态通论》，法律出版社 1994 年版，第 238 页。

认为，直接对人质实施暴力、胁迫或者其他行为以控制人质的人构成绑架罪的实行犯，除此以外，那些在他人控制人质以后对人质实施的同类行为，或者转移人质、看押人质以防止其逃跑的行为，同样直接侵害了人质的人身权利，在实质上与最初的绑架人质的行为没有什么区别，实施这类行为的人应该视为绑架罪的共同实行犯。在他人控制人质以后所实施的提供信息、提供食物、提供转移人质或者看押人质的工具、教唆防止人质逃跑的方法等等行为，都不是直接作用于人质本身，没有直接侵害人质的人身权利，都是绑架罪的帮助行为，实施这类行为的人构成绑架罪的帮助犯。向人质的亲友或者有关组织勒索财物或者提出其他要求的行为，不是直接作用于人质人身的行为，也不是其他控制人质以防止其逃跑的行为，与人质的人身权利没有直接关系，所以，我们不能以其是实现刑法规定的绑架罪的特殊目的为由将其视为绑架罪的实行行为，实施这类行为的人不能构成绑架罪的共同实行犯。但是，这类行为具有相当严重的社会危害性，因为其有助于绑架者实现早已确定的犯罪目的（勒索财物或者满足其他要求），对于绑架者继续非法控制人质行为在心理上有一定的激励作用。所以，笔者认为，这类行为在绑架罪中属于帮助行为，是精神帮助行为。帮助者如果与他人在绑架行为实施前通谋，根据共同犯罪的分工而实施勒索财物或者提出其他要求的行为，构成帮助犯，所发挥的作用较大，仍以从犯论处；帮助者如果与他人在绑架行为实施前没有通谋，只是在他人绑架人质后应绑架者的要求而实施勒索财物或者提出其他要求，构成帮助犯，是单纯的事中帮助犯，发挥的作用较小。

在上述章甲等人的绑架案中，章乙在章甲绑架人质后，应其要求向被害人家属打电话勒索财物的行为，不是直接侵害人质人身安全的行为，不是实行行为，而是临时起意而实施的帮助行为，并且属于单纯的事中帮助，在共同犯罪中作用较小。法院最终将其认定为绑架罪的从犯，并减轻处罚而在法定刑幅度以下判处3年有期徒刑，与同案构成性质较轻的非法拘禁罪的另一被告人王敏的宣告刑相同，笔者认为定罪量刑是妥当的。

三、关于绑架罪实行行为立法的完善

我国刑法中对绑架罪规定的是最为严厉的法定刑：对其普通构成配

置的法定刑幅度的下限为10年有期徒刑，其结果加重犯所配置的刑罚为绝对确定的法定刑——死刑。在刑法规定的危害国家安全罪以外的普通刑事犯罪中，仅仅有劫持航空器罪的法定刑与绑架罪相当。由此可见，在立法者看来，绑架罪的社会危害性特别严重。

绑架他人作为人质，是国际公认的一种恐怖犯罪，而恐怖犯罪的实质性特征是制造恐怖气氛。就绑架案件而言，其严重的社会危害性不仅体现在对人质的人身安全的侵害，更重要的是绑架行为人往往以加害人质相威胁，向其他个人或者组织提出重大要求。“恐怖主义的目标不是实际的受害者，而是旁观者，恐怖主义是个剧场”。① 正是向其他人或者组织提出勒索财物或者其他要求的行为，使得原本存在于绑架者主观方面的满足要求的目的客观化，从而造成其他人在心理上的恐慌，体现出绑架罪作为恐怖犯罪的实质。所以，向其他人或者组织提出勒索财物或者其他要求的行为在绑架犯罪中起着重要的作用。在国际刑法和许多国内法中，都明确将向第三人提出不法要求规定为绑架罪的实行行为的一部分，也许正是出于这一原因。

然而，正如本文已经分析的那样，根据我国现行刑法的规定，绑架罪的实行行为是单一的绑架人质的行为，向第三人或者组织勒索财物或者提出其他要求的行为不是实行行为，而是帮助行为，行为人只能构成帮助犯。依照刑法规定和刑法理论，对于帮助犯只能作为从犯从轻、减轻或者免除处罚。对绑架案件中勒索财物或者提出其他要求的行为人作这样的处理虽有违罪责刑相适应原则的要求，却是在现行法律规定下唯一正确的做法。这一尴尬局面正是由刑法规定本身所造成的。所以，有必要对现行刑法进行修改，将向人质以外的其他人或者组织勒索财物或者提出其他要求的行为提升为绑架罪的实行行为。果真如此，一方面，对绑架案件中向人质以外的人或者组织勒索财物的人可以定为主犯，让其承担较重的刑事责任（这并不意味着将其一律定为主犯，根据其具体作用的大小也可以认定为从犯），从而真正实现罪责刑相适应原则；另一方面，也使刑法关于绑架罪的规定与我国已经加入的相关国际公约的

---

①［英］克里斯托·多布森、罗纳德·佩恩著：《卡洛斯邦——国际恐怖组织内幕》，常雅茹译，时事出版社1986年版，第8页。

规定相协调。根据现行刑法的规定，构成绑架罪有三种情形：其一，以勒索财物为目的绑架人质；其二，以勒索财物为目的偷盗婴幼儿；其三，以向第三人或者组织提出其他要求为目的绑架人质。也就是说，以强制手段绑架他人，无论出于勒索财物或者提出其他要求的目的，均可以构成绑架罪；而偷盗婴幼儿的行为，只有出于勒索财物的目的，才构成绑架罪，出于利用他人对婴幼儿人身安全的忧虑而向其提出勒索财物以外其他要求的，不构成绑架罪。然而，出于其他目的（排除出卖和收养的目的）偷盗婴幼儿的，与出于其他目的绑架有反抗能力的人相比，同样可以造成恐怖气氛，犯罪人的目的甚至可能更加容易实现，其危害性有过之而无不及。所以，没有任何理由把出于其他目的（排除出卖和收养的目的）偷盗婴幼儿的行为排除在绑架罪之外，应在刑法中将这样的行为规定为绑架罪。

鉴于刑法为绑架罪配置了非常严厉的法定刑，有学者指出对绑架罪的构成要件应当尽量作限制性解释，使绑架罪的认定与严厉的法定刑相称。绑架罪主观上应当是以勒索巨额赎金或者其他重大不法要求为目的。[①] 对此，笔者深表赞同。为此，建议在修订刑法时，将提出的要求明确限定为“重大不法要求”。从逻辑角度而言，“提出重大不法要求”包括了“勒索巨额赎金”。

综上所述，建议将刑法关于绑架罪的规定修改为：“绑架他人作为人质，利用第三人对于人质人身安全的担忧向其提出重大不法要求的，处……”“偷盗婴幼儿，利用他人对于婴幼儿人身安全的担忧向其提出重大不法要求的，以绑架论，依照前款的规定处罚。”

（本文发表于《烟台大学学报》（哲学社会科学版）2004 年第 3 期）

① 阮齐林：《绑架罪的法定刑对绑架罪认定的制约》，载《法学研究》2002 年第 2 期。

利用事前状态型绑架罪及其延伸

王志远　金　福

一、问题的提出

按照学界关于刑法第 239 条绑架罪的理解，我国刑法规定的绑架罪包括三种基本的行为样态：一是以勒索财物为目的绑架他人；二是绑架他人为人质，要求行为人具有满足政治上或其他方面不法要求的目的；三是以勒索财物为目的偷盗婴幼儿的。如果行为人不是出于勒索财物或者满足其他不法要求之目的，以实力控制他人人身自由或者偷盗婴儿的行为不构成本罪。综合以上理解，可以得出一个判断：无论上述哪一种行为类型，都要求行为人事先具有勒索财物或者其他不法目的。周光权教授就明确指出："行为人在扣押他人之前就应当具有勒索财物或者提出不法要求的意图，才能构成本罪。"①

但是，实践中出现的一种情况明显处于这一解释图景的边缘地带，试举一例：

案例 I：王某的女朋友李某是陈某的前女友，李某与陈某分手后与王某建立恋爱关系。一段时间之后，陈某希望与李某破镜重圆，于是多次对李某进行纠缠。李某将此事告知了王某，王某决定对陈某进行报复，以示警告。于是约朋友数人密议之后，于翌日清晨将陈某绑到其家中。王某与其朋友对陈某拳打脚踢，但其间午饭时间王某买来酒肉与陈某共同食用，之后还是打骂。下午，陈某多次求饶，并提出给王某 1 万元作为代价换取自由。王某表示同意，并要求陈某与其姐姐联系提款交钱，而且还亲自与陈某的姐姐通电话，约定交钱地点。下午 3 时左右，王某收到钱并且放陈某回家。

---

① 周光权著：《刑法各论讲义》，清华大学出版社 2003 年版，第 37 页。

对于这一案例中王某索财行为的定性存在明显的争议，而争议的源点就是王某控制他人人身的行为并不是基于索财的意图实施的，因而不符合上述解释图景。有观点认为应定性为绑架罪，如张明楷教授认为，行为人出于其他目的、动机绑架①他人后，才产生勒索财物意图进而勒索财物的，原则上也应以绑架罪论处。② 有的观点认为应当成立抢劫罪，一方面是基于对刑法第 239 条的法条理解，另一方面是基于罪刑相适应的考虑，同时认为，由于以金钱交换自由是被害人提出来的，因此可以将财产给付视为被害人的行为，从而满足抢劫罪向被害人本人勒索财物的特质要求。③ 有观点认为应当定性为敲诈勒索罪，理由是王某继续施暴的可能使得陈某产生恐惧心理，陈某因此提出以金钱换取自由，引起王某犯意从非法拘禁转向勒索财物，并打电话向其姐提出交付委托，这一过程基本上符合了敲诈勒索罪的犯罪构成。还有观点认为，鉴于目前没有直接针对此种索财行为的罚则，只能够以非法拘禁罪从重处罚。在以上各观点当中，笔者赞同张明楷教授的观点，认为案例当中王某的索财行为应当定性为绑架罪。于是，妥当界分绑架罪与抢劫罪、敲诈勒索罪、非法拘禁罪的界限，正确理解绑架罪的成立条件，就成为本文所要解决的核心问题。

二、绑架罪罪质界定的妥当性

笔者认为，上述案例中的王某的索财行为之所以应当定性为绑架罪，其理由可以从反、正两个方面进行陈述，所谓反面理由，就是排除其他罪名成立的可能性；所谓正面理由，就是在王某的索财行为与绑架罪行为之间作等价性的分析。

（一）反面理由

首先，王某的索财行为不能定性为非法拘禁罪的从重处罚情节。在

---

① 这里的绑架显然指的是对他人自由的实力控制，并非法律意义上的绑架行为。

② 参见张明楷著：《刑法学》（下），法律出版社 1997 年版，第 716 页。

③ 陈兴良：《拘禁他人并向其勒索财物行为之定性研究——杨宝营案的分析》，载《河北法学》2005 年第 3 期。

这起案件中，王某对陈某人身自由进行控制，控制状态持续了一定时间，构成非法拘禁罪没有问题，而且其间殴打和侮辱可以看做是非法拘禁罪的从重处罚情节。但是，收取赎金的行为是否可以看做是非法拘禁罪的从重情节呢？答案显然是否定的。王某收取自由代价费的行为不仅继续侵犯着陈某的人身自由权，而且侵犯了陈某姐姐的财产权。所以，这一行为的性质已经超出了非法拘禁罪的规制范围，不能被非法拘禁罪所包容。

其次，王某的索财行为也不能定性为抢劫罪。抢劫罪属于复行为犯，其手段行为是使用暴力、胁迫或者其他方法，而其目的行为则是强行夺取财物。从宏观的行为结构上看，王某的索财行为与抢劫罪具有一定相似性，但其不具有抢劫罪之“侵害对象单一性”的特点。抢劫罪之所谓“侵害对象单一性”，即抢劫罪的手段行为与目的行为所侵害的利益主体具有“同一性”。而与此相区别，绑架罪的手段行为与目的行为所侵害的利益主体则不具有单一性。从社会危害性看，是否向第三人勒索，危害性差别较大。绑架他人之后是仅仅直接向被害人勒索财物还是以被害人作为人质向第三人勒索财物，表面上看，仅仅是索取财物的对象不同，其实质涉及是否侵犯第三人的自决权。当罪犯以虐待人质的方式甚至以杀害、伤害人质的方式向第三人勒索时，对第三人的影响是巨大的。第三人必须在满足犯罪人的非法要求与解救人质之间作出艰难的选择，这不仅是救人还是破财的两难选择，而且涉及更为深远的道德、法律问题。行为人在绑架他人之后，仅仅向被绑架人索取财产，没有侵犯到第三人的自决权，其危害影响的范围受到了限制。此外，从犯罪的实际情况看，行为人在绑架他人之后仅仅想以不惊动第三人的方式索取财产，其索取财产的方式、数量将受到很多的限制，只能以被绑架人能够控制、支配的财产为限。被绑架人的命运也基本掌握在自己的手中，其危害性更接近于抢劫罪。[①] 所以，以是否向第三人索财作为释放被绑架人的赎金，是绑架罪与抢劫罪区分的根本所在。王某的索财行为虽然同时侵犯了人身自由权和财产权，但是此两种利益主体不具有抢劫罪成

① 阮齐林：《绑架罪的法定刑对绑架罪认定的制约》，载《法学研究》2002年第2期。

立所必须具备的同一性，因此，以抢劫罪认定是不妥当的。

最后，王某的索财行为也不能定性为敲诈勒索罪。根据一般的理解，敲诈勒索罪的基本结构是行为人以不法占有的目的对他人实行恐吓→对方产生恐惧心理→被恐吓者基于恐惧心理作出处分财产的决定→行为人取得财产。根据这一结构特点，我们可以在理论上将敲诈勒索罪的行为分为以恐吓为内容的手段行为和以索财为内容的目的行为。如果我们对王某索财的行为以如下方式进行陈述，该行为就具有了与敲诈勒索罪较大的相似性：王某继续对陈某进行控制并殴打、侮辱，对陈某的姐姐加以恐吓，迫使其交付财物。所不同的是，王某的索财是以对被恐吓者之外的第三人的人身自由进行实际控制为前提的。这明显不符合敲诈勒索罪恐吓行为对第三人人身权利侵犯的“非实质性”特点。所谓“人身权利侵害的非实质性”，是指敲诈勒索罪成立并不以人身权利受到侵害为必备条件，如果造成为刑法其他罚则所禁止的人身权利实质侵害，则超出了敲诈勒索罪的规制范围。具体而言，敲诈勒索罪对人身权利的侵害可能出现在以下两种情况中：一是对被恐吓人的财产处分自由决定权的侵犯。正如张明楷教授指出的，恐吓行为只要客观上足以使他人产生恐惧心理即可，不要求现实上使被害人产生恐惧心理，[①] 恐吓行为对于被害人自由决定权的侵犯不是敲诈勒索罪成立的必备要件。此为敲诈勒索罪人身侵害非实质性的第一层意思。二是为加强恐吓效果，犯罪人对被恐吓者之亲属、朋友的人身权利进行展示性侵犯的情况，如犯罪人发出恐吓信息后，被恐吓者迟迟没有反应，犯罪人继续进行部分地实现恐吓内容，迫使被恐吓者交付财物。但是，这时的人身权利侵犯应当被限制在“以索财为目的的恐吓”范围之内，一旦恐吓变成了为刑法分则其他罚则所处罚的现实侵害，则将超出敲诈勒索罪的规制范围。此种超越可以表现为实质数罪之间的牵连关系的存在，此种牵连关系的存在就意味着对于敲诈勒索罪规制范围的超越也可以表现为一个新的罪质的存在，如实质控制他人的人身自由，然后利用被控制者的近亲属或者其他人对被绑架人安危的忧虑勒索财物的，刑法第 239 条明确规定为绑架罪。于是我们就可以发现敲诈勒索罪人身侵害非实质性的第二层意

---

① 张明楷著：《刑法学》（第二版），法律出版社 2003 年版，第 763 页。

思，即为刑法所处罚的人身权利侵害的现实性存在意味着对敲诈勒索罪罪质的超越。敲诈勒索罪中人身权利侵害的非实质性特点是立法者将敲诈勒索罪归类于侵犯财产犯罪的必然体系性解释结论。在这一前提之下，王某的行为在勒索财物、侵害陈某姐姐的财产权益的同时，对陈某的人身自由权益构成实质性的侵犯，其性质显然超越了敲诈勒索罪的规制范围，因此定性为敲诈勒索罪显然是不妥当的。

（二）正面理由

否定了其他可能的罪名的合理性并不意味着定性为绑架罪是合理的，还需要正面肯定王某索财行为与绑架罪之间的等价性。在开始等价性分析之前，首先要对该行为的特点加以剖析。在笔者看来，王某的行为有以下几个值得注意的特点：其一，索财意图的事后性，即犯罪人勒索财物的意图是在实际控制他人人身之后才产生的。其二，犯罪行为样态上的事前状态利用性，即犯罪人索财行为利用了事前非法拘禁行为造成的实际控制陈某人身的事实状态。其三，行为指向上的财产性，即犯罪人的行为指向的目标是以赎金为具体表现形式的财产。其四，被侵害利益的多元性，即王某的行为不仅侵犯了陈某姐姐的财产权，而且侵犯了陈某的人身自由权。综合以上特点，笔者将王某的索取赎金的行为特点概括为“利用事前人身控制状态勒赎”。

国外立法中有成例将此种情况与绑架罪同等看待。例如，日本刑法典第225条之2的第2项规定“略取或者诱拐了他人的人，利用近亲者或者其他人对被略诱者或者被诱拐者的安危的忧虑，使之交付财物或者要求交付财物的，与前项同”。本条所言的前项规定的罪名，张明楷教授将其界定为“掳人勒赎罪”，①相当于我国刑法第239条规定的绑架罪。在日本刑事司法实践当中，昭和39年之前对于拐取他人勒索赎金的行为，一般是作为营利目的的拐取罪与恐吓罪的合并罪来处理。鉴于此种情况经常发生，有必要增强一般预防的效果，因此才在昭和39年刑法

① 张明楷著：《外国刑法纲要》（第二版），清华大学出版社年版2007年版，第485页。

典修订中将这种情况增补为掳人勒赎罪的一种类型。[①] 日本刑法的这一立法例及其适用实践说明，将利用事前状态勒赎等值于绑架罪是可行的，但这并非等价看待的充分合理理由，还需要从绑架罪的本质特点入手进行分析：

首先，绑架行为不仅侵害了被害人的人身自由权利，还对被害人之外的第三人之合法权益构成侵害，其中包括财产权、意思决定自由权等，体现了绑架罪的保护利益的多元性、被保护利益主体的多元性两个特点。"利用事前人身控制状态勒赎"行为在这两点上与绑架罪具有同一性。其次，绑架罪的客观方面表现为行为人采用暴力、胁迫或者其他方法使他人处于自己的实力控制之下，以便以杀害、伤害或者以其他侵害被绑架人的方式向被绑架人的亲属或其他有利害关系的人或单位发出威胁，迫使后者交付赎金或者满足行为人的其他非法要求。"利用事前人身控制状态勒赎"也具有控制他人自由，进而索财的行为要素。最后，绑架罪的主观要件上有利用被实际控制者的近亲属或其他人对被控制者安危的忧虑的特点。"利用事前人身控制状态勒赎"同样具有这一特点。综上可见，利用事前行为所造成的人身控制状态向被害人的利害关系人提出非法要求的行为同样符合了绑架罪的本质特征。因此，将"利用事前人身控制状态勒赎"等值于绑架罪在实质意义上也是妥当的。

三、利用事前状态一种新的绑架理解

上文将上述案例中的"利用事前人身控制状态勒赎"行为等值于绑架罪，只是一种应然的合理性分析，能否按照刑法第239条定罪处罚，还需要分析这种行为样态能否为绑架罪的类型化行为所包容。这是罪刑法定原则的要求。按照绑架罪立法的上下文逻辑，对目的犯意义的强调，使得我们不得不承认"绑架"行为是在勒赎目的之下进行的。在这样的解释图景之下，因为利用事前行为造成的人身控制状态勒赎行为样态中的"人身控制"并不具有索财目的，似乎只能作为一个灰色的地带被排除在绑架罪的处罚范围之外。但我们是否穷尽了绑架罪法条解释的

---

① ［日］西田典之著：《日本刑法各论》，刘明祥、王昭武译，中国人民大学出版社2007年版，第67页。

所有可能性呢？笔者认为没有，只要改变法条中对“绑架”一词的传统理解，仍能够实现对“利用事前人身控制状态勒赎”行为的涵摄。

(一)“绑架”之“实质性”理解与“利用事前状态型绑架罪”之涵摄

传统理解中的“绑架”具有明显而强烈的实力性。这里所谓实力性，指的是绑架方法的实力性。例如，陈兴良教授指出，绑架罪的行为是使用暴力、胁迫或其他方法，绑架他人。所谓其他方法，是指暴力、胁迫以外的方法，如使用药物、醉酒等方法使被害人昏迷或者昏睡。通过上述三种方法，使被害人处于不能反抗或者不敢反抗的境地，并置于行为人的直接控制之下。① 张明楷教授则将“绑架”表述为“使用暴力、胁迫或者麻醉方法劫持或以实力控制他人”，“绑架行为应具有强制性，即使用暴力、胁迫或者麻醉方法控制他人。”② 笔者认为，弱化传统“绑架”理解上的实力性色彩，将一些以非实力性的方法控制他人人身自由的情况也解释为“绑架”。实际上，以非实力性的欺骗、诱惑等方式控制他人人身自由是否构成“绑架”已经引起了一定争论。例如，实践中曾经出现过这样一个案例：

案例二：田某与曹某合谋勒索赵某的财物。2005 年 3 月 17 日下午，田某将赵某 15 岁的儿子赵 A 骗出，并让曹某给赵某打电话，称赵 A 已被绑架，叫赵某速送 2 万元现金到指定地点，不许报警，否则杀害赵 A。之后，田某、曹某请赵 A 吃“串串香”，又带他到游乐场所玩。随后，田、曹二人置赵 A 于不顾，去约定地点取款时被当场抓获。③

对本案的处理有两种意见。一种意见认为，田某、曹某没有采取暴力、胁迫、麻醉等绑架方式勒索财物，也没有限制赵 A 的人身自由，不符合绑架罪的构成要件，而是以制造虚假的绑架行为对赵某进行敲诈的行为，应定敲诈勒索罪未遂。另一种意见认为，田某、曹某勒索财物的

---

① 陈兴良著：《陈兴良刑法学教科书之规范刑法学》，中国政法大学出版社 2003 年版，第 472 页。

② 张明楷著：《刑法学》（第二版），法律出版社 2003 年版，第 704 页。

③ 夏思扬：《谎称被绑架而索财的行为如何定性》，载《中国检察官》2006 年第 1 期。

故意非常明确，他们以欺骗手段使赵A脱离家庭，虽然没有对赵A采取暴力或者限制人身自由的方法，但赵A实际上受他们的左右。因此，对田某、曹某应以绑架罪论处。可见，第一种意见显然是以“绑架”的传统理解为前提的，但明显低估了田某、曹某行为的社会危害程度。首先在客观上，田、曹二人实质上对赵A的人身自由构成实质性控制。虽然表面上看赵A没有受到限制，但其脱离被保护状态，失去自我恢复的自由却是实实在在的。其次在主观上，田、曹二人利用赵某对其子安危的担心索取赎金，具有超出敲诈勒索罪的主观罪过性。第二种意见虽然指出了田、曹二人形成了对赵A人身自由的实质性控制，但是并没有从形式上说明该行为符合构成要件的解释理由即诱骗方式可以构成刑法第239条所规定的“绑架”。

其实，在国外立法与司法实践当中，将欺骗、诱惑方式与上述实力性的绑架方式等同看待是较为常见的做法。例如，德国刑法典第239条A规定“诱骗或绑架他人，利用被害人对其利益或第三人对被害人的关系进行勒索的，处5年以上自由刑”。在日本刑法典中则将略取（相当于实力性的绑架）与诱拐同等看待，上文所引日本刑法第225条之2的第2项可以作为例证。在俄罗斯刑法典中虽然没有对“绑架”一词作进一步的阐释，但是一般认为，绑架的手段，可以是秘密或公开的，通常行为人要使用程度较高的暴力，但也包括使用轻微暴力、胁迫、欺骗以及其他方法的情形。① 我国学界也有观点认为，绑架应当界定为违反他人的意思，将他人置于自己的实力支配之下，使其丧失人身自由的一切行为。② 张明楷教授也认为，引诱可以成为绑架的方式，只不过将其限制于被害人“缺乏或者丧失行动能力”③ 的情形。

如果说将以欺骗、引诱为手段控制他人理解为“绑架”是正确的，就意味着“绑架”的理解发生了转变，从以“实力性”为中心转变为以“实质性”为中心。是否构成绑架罪不再以是否有实力性的手段为标准，

---

① ［俄］俄罗斯联邦总检察院编：《俄罗斯联邦刑法典释义》（下），黄道秀译，中国政法大学出版社2000年版，第559页。

② 周光权著：《刑法各论讲义》，清华大学出版社2003年版，第34页

③ 张明楷著：《刑法学》（第二版），法律出版社2003年版，第704页。

而是以是否对被害人构成实质的自由支配为前提。根据这一理解，案例Ⅱ中田、曹二人的行为应当定性为绑架罪。同样，利用事前非绑架行为造成的状态实质性地控制他人也可以被理解为绑架行为。如果行为人以此为前提，利用被害人近亲属或者其他人对其安危的担忧进行恐吓并勒索财物，应当认定为绑架罪，此种情况可以称之为“利用事前状态型”绑架罪。这样，上述案例一中王某的勒赎行为构成绑架罪就不违反“先有勒赎目的，后有绑架行为”的法条逻辑，从而具有了形式上的合理性。

（二）利用事前状态型绑架罪之相关问题

利用事前状态作为“绑架”的方式之一，在解决争议的同时带来了几个新的问题：

其一，这种理解是否会打破公民的行为预期？笔者认为不会，因为与绑架的“实力性”理解相比，“实质性的自由控制即为绑架”更符合日常生活语言的意义。

其二，造成人身控制状态的事前行为可以是非法行为，也可以是合法行为。因为关键的问题不在于事前行为的合法与非法，而在于“利用事前状态”本身所具有的实质控制人身自由的性质。

其三，被利用的事前状态之造成者是否应有所限制？在案例Ⅰ中，被利用的事前人身控制状态是由勒索者本人的拘禁行为造成的，如果这种状态是由勒索者之外的其他人造成的，勒索者利用这一状态向被控制者的家人进行勒赎，是否也属于“利用事前状态型的绑架罪”。笔者认为不能一概而论，关键要看勒索者是否实现了对他人人身自由的实质性控制。如果不存在这一实质性的状态，则排除绑架罪的适用。如下例：

案例三：某甲知道某乙非法拘禁某丙，然后给某丙的父亲打电话，称某丙在自己手中，交赎金万元可以保其安全回家。某甲取得赎金后逃跑。

在本案中，某甲没有实质地控制某丙的人身自由，不能构成绑架罪。虽然在客观上某甲的行为利用了某丙父亲对其子人身安全的担忧进行勒索财物，而且就某丙父亲的感受而言，其交付行为明显是被迫的，但犯罪认定不能够以被害人客观上对犯罪性质的感受为标准，而应当在主客观相统一的意义上把握，某甲的行为只能定性为诈骗钱财。

其四，收买被拐卖的妇女、儿童之后，进而向其近亲属或有关人员提出不法要求的，可否按照上述解释方式认定为绑架罪？如下例：

案例四：李某从人贩子手中收买了小女孩金某，因家中有病人住院急需用钱，李某遂产生了向金某的父母勒索财物的意图。李某与金某的父亲通电话，扬言金某在其手中，如希望其平安回家就拿3万元人民币来赎，双方约定地点交接赎金后，李某将金某放回家。

对于此种情况，张明楷教授认为原则上成立绑架罪，[①] 但是并没有说明理由。其实，将此种情况规定为与绑架罪同一性质犯罪的立法例也是有的，如日本刑法典第227条第4款后段规定“以第二百二十五条之二第一项的目的，收售被略取者或者被诱拐者的，处二年以上有期惩役；收售被略取者或者被诱拐者的人，利用近亲者或者其他人对被略取者或被诱拐者安危的忧虑，使之交付财物或者要求交付财物的，亦同于同一条款前段的‘勒索赎金目的的收受罪’同其处罚。”尽管并不处于同一条款当中，但张明楷教授将此一规定理解为日本刑法掳人勒赎罪的第三种类型，也是独有的类型。[②] 日本学界也基本上如此理解。[③] 笔者认为，此种立法例所反映出来的精神是可取的。与前文中的利用实力方式暴力、胁迫等造成的人身控制状态勒赎的情况不同，此时的人身控制状态是以非实力的收买方式取得的，但是在实质性控制人身自由这一意义上，两者没有区别，因此“利用事前状态型绑架”这一解释方式同样可以适用。但鉴于此种情况下社会危害程度较前者为轻，从轻处罚是必要的。

其五，杀人后起意索财如何处理？如案例五：

案例五：程某对被害人蔡某实施强奸，事后杀人抛尸。程某知道蔡某家境很好，于是打电话给蔡某的父亲，称其女在自己手上，要求其交纳赎金，程某取得赎金后逃跑。“利用事前状态型绑架”这一解释方式

---

① 张明楷著：《刑法学》（第二版），法律出版社2003年版，第486页。

② 张明楷著：《外国刑法纲要》（第二版），清华大学出版社2007年版，第486页。

③ ［日］大塚仁著：《刑法概说》（各论），冯军译，中国人民大学出版社2003年版，第97页。

不能够被无限制地滥用，这是肯定的。案例中的行为样态之下就不能适用，原因就是本案中程某的索财行为尽管利用了自身行为造成的使蔡某脱离家人保护的状态，但并没有实质地侵犯程某的人身自由。当然，如果本案中程某是提出索财要求之后才杀害蔡某，就要另当别论了。

四、延伸思考

如果将利用事前行为造成的人身控制状态解释为绑架，那么在事前行为构成独立犯罪，而且事前行为与事后行为主体同一的情况下，自然就面临着事前罪与绑架罪之间罪数关系的问题。例如，在上述案例一中，根据“利用事前状态型绑架”的解释方式，犯罪人王某构成绑架罪，而事前行为本身也可独立成立非法拘禁罪；而在案例四中，李某不仅构成绑架罪，事前行为也可独立构成收买被拐卖的妇女、儿童罪。如果本文的解释方式正确，那么如何处理数罪之间的关系就成为实践中非常重要的一个问题。坦率地说，这是需要笔者进一步思考的问题，在这里作提示性阐述，以就教于学界方家。

在国内外刑法理论与实践当中，可资借鉴的研究成果并不多见。在日本刑法理论当中，对于犯罪人基于勒赎的目的实施略取、诱拐他人行为后，进而实施日本刑法第225条之二的第2项规定的“略取、诱拐者赎金要求罪”的，判例认为成立牵连犯，[①] 而理论上更倾向于认定为“略取、诱拐者赎金要求罪”。[②] 对于不存在勒赎目的而犯略取、诱拐罪的人，又犯“略取、诱拐者赎金要求罪”的，理论上有“前罪被后罪所吸收”、“成立并合罪”和“成立牵连犯”三种见解。[③] 而对于不存在勒赎目的而犯收买被略取、诱拐者犯罪的人，又犯“略取、诱拐者赎金要求罪”的，同样存在这三种争议，其中大谷实与大塚仁两位教授都持“成立牵连犯”的见解。

---

① ［日］大塚仁著：《刑法概说》（各论），冯军译，中国人民大学出版社2003年版，第99页。

② ［日］大谷实著：《刑法各论》，黎宏译，法律出版社2003年版，第77页。

③ ［日］大塚仁著：《刑法概说》（各论），冯军译，中国人民大学出版社2003年版，第99页。

笔者认为，成立牵连犯的主张不妥当，这是由牵连犯成立要求的多个罪行之间必须具有的牵连关系决定的。[①] 在手段与目的牵连的情况下，牵连关系的标志往往是贯彻始终的犯罪意图的存在，这显然不能适用于原因与结果牵连的情形，牵连关系的标志往往是原因行为与结果行为之间的紧密关联性，但前述非法拘禁罪与利用人身控制状态勒赎、收买被拐卖的妇女、儿童罪与利用人身控制状态勒赎之间并不具有相互伴生意义上的紧密联系。

成立并合罪的主张也值得商榷。德日刑法当中的并合罪相当于我国刑法中的并罚数罪，因此这里的分析可以在这样的一个问题之下进行，即将利用事前状态构成的绑架罪和形成事前状态的犯罪加以数罪并罚是否合理。对此，笔者认为不合理。如果将事前行为与利用事前状态绑架行为认定为并罚数罪，意味着在法律评价意义上肯定这两个行为具有根本的相异性。然而在事实意义上，此类案件的被害人人身自由受到侵害

---

① 对牵连关系的理解，学界主要有以下四种不同的观点：（1）客观说，认为牵连关系的有无应当以客观事实为准，考察某一犯罪是否在客观上是另一犯罪的手段或者结果，而不考虑行为人的主观意思。（2）主观说，认为牵连关系的有无应当以行为人主观意思为标准，考察其是否将某种行为作为手段行为或者作为结果行为。（3）折中说，认为牵连关系的有无应当坚持主客观相统一的原则，以牵连意图为主观形式，以因果关系为客观内容。陈兴良教授持此种观点（陈兴良著：《陈兴良刑法学教科书之规范刑法学》，中国政法大学出版社2003年版，第188页）。（4）类型说，认为根据刑法规定与司法实践，将牵连犯的手段与目的、原因与结果的关系类型化。只有符合类型化的手段与目的、原因与结果的关系，才存在牵连关系。而是否符合牵连关系的类型，则取决于经验法则［张明楷著：《外国刑法纲要》（第二版），清华大学出版社2007年版，第355页］，即只有当某种手段通常用于实施某种犯罪，或者某种原因行为通常导致某种结果行为时，才宜认定为牵连犯。张明楷教授赞同类型说的主张［张明楷著：《刑法学》（第三版），法律出版社2007年版，第378页］。上述四种主张虽争议不休，但有一个共同的特点，即对手段与目的、原因与结果两种牵连形式下的牵连关系作统一的理解。本文采取了不同的分析方法，即对不同牵连形式下的牵连关系采取不同的理解，在手段与目的牵连的情况下，采主观说的观点；在原因与结果牵连的情况下，采类型说的观点。

往往是一次性的，即在事前的行为当中就已经完成，事后的索财行为只是利用了这一人身自由控制状态而已。成立并合罪的主张显然忽略了事前行为与利用事前状态绑架行为之间的紧密联系的性质。这是成立并合罪的主张在行为性质评价方面的不合理。正是因为此种不合理的行为性质认定，可能在刑罚裁量过程中造成实质上的“重复评价”。根据“利用事前状态型绑架”这一解释方式，利用事前状态控制人身自由成为“绑架”的形式之一，造成事前人身控制状态的犯罪行为与利用事前状态的绑架行为之间具有了形式上的差异，因此在形式上并不违反禁止重复评价原则。① 但正如前文所述，事前行为与利用事前状态的绑架行为对人身自由的侵犯往往是前者一次性造成的，因此前者与后者在自然意义上可能就是一个行为。就此而言，虽然可以说利用事前状态是对人身自由的进一步侵犯，但对刑罚轻重有重要影响的客观危害程度却没有发生决定性的变化。如果将前后两个行为作数罪并罚处理，显然会扩大二者在客观危害程度上的差异，从而造成量刑过当的结果，而这就是笔者所说的应当禁止的实质的重复评价。

但是，笔者对成立并合罪的主张进行的质疑存在明显的界限，这就是事前行为与利用事前状态绑架罪之间存在罪质上的相同性。在绝大多数情况下，这样的事前行为包括非法拘禁罪和收买被拐卖的妇女、儿童罪。在这种情况下，鉴于事前与事后行为之间的紧密联系性质，按照吸收犯“重行为吸收轻行为”的原则处理，以绑架罪从重处罚较为妥当。但是，如果事前行为在罪质上与利用事前状态绑架行为之间具有明显的差异，那么按照吸收犯来处理显然是不妥当的。例如，行为人在事前的强奸行为中控制了被害人的人身自由，进而利用此种状态实施勒索行为的情况下，就显然不能够按绑架罪作吸收处理。笔者认为，在这种情况下，按照并罚数罪处理较为适宜。

（本文发表于《中国刑事法杂志》2007 年第 6 期）

① 本文实际上对禁止重复评价原则作了形式和实质意义的区分，与形式的重复评价一样，对被告人不利的实质的重复评价，也应当禁止。

绑架罪的主体问题及其规范分析

周 娅

“绑架”作为一个术语正式出现在刑事法律中，始于1991年全国人大常委会的《关于严惩拐卖、绑架妇女、儿童的犯罪分子的决定》，这种行为被冠名为绑架勒索罪。我国1997年刑法保留了其中的部分规定，又增加了绑架他人作为人质的规定。最高人民法院在其后颁布的关于确定法条罪名的司法解释中，将刑法第239条所描述的三种情况统称为绑架罪。自1997年刑法颁行以来，无论在理论上还是实践中，绑架罪都引起了广泛讨论，出现了一系列争议问题。本文拟就其中若干略陈管见。

一、悖论

行为人之成为犯罪主体，要求达到刑事责任年龄，具有刑事责任能力。一般要求，行为人只要达到16周岁，若无心智异常，就具有刑事责任能力。对某些重大恶性刑事案件，年龄稍低的未成年人因为也能够理解其重大社会危害性，故此，法律规定年满14周岁未满16周岁的人，也应对故意杀人、故意伤害致人重伤死亡、抢劫、强奸等八种犯罪负刑事责任。这八种犯罪均属于社会危害性极其严重，对社会将产生重大影响的犯罪行为。但是，绑架罪却不在其中。那么，年满14周岁未满16周岁的人绑架他人，是否应该负刑事责任？依据罪刑法定的刑法基本原则，回答似乎是否定的。

反观刑法第239条关于绑架罪的规定：致使被绑架人死亡或者杀害被绑架人的，处死刑，并处没收财产。这样，在绑架杀人的案件中，行为人在绑架的过程中杀害被绑架人的，仍然只定绑架罪一罪。立法者作出这样的判断，可能是考虑到绑架行为大多带有浓厚的暴力色彩，被害人死亡则往往是这种暴力导致的直接后果。这样一来，在年满14周岁未满16周岁的行为人在绑架的过程中杀害了被绑架人的情况下，其行为仍只能用绑架罪一罪来追究刑事责任。

于此，一个有关犯罪主体的悖论出现了：依刑法总则关于刑事责任年龄的规定，年满14周岁未满16周岁的未成年人实施绑架并杀人的，虽应以绑架罪论及，但因未达绑架罪的刑事责任年龄，则不负刑事责任。但是，该行为人如果仅仅是故意杀人，依刑事责任年龄的规定，却反而要负刑事责任。难道绑架又杀人的行为反而比单纯的杀人行为社会危害性要小？在这个逻辑悖论前，无论是理论家还是实践者均备感无奈。

逻辑悖论的出现，最直接的反思就是前提是否存在误区。那么，我们的法律究竟是否完善？回答是否定的。立法者在刑事责任年龄段中划出“已满14周岁未满16周岁”这一相对区域，对某些社会危害性相对较为严重的犯罪加大惩处力度，是科学的、合理的。但究竟哪些犯罪能够归入其中呢？1979年刑法对这一问题的表述为：“犯杀人、重伤、抢劫……或者其他严重破坏社会秩序罪，应当负刑事责任。”这种语言表达具有较强的概括性，给予实践者很大的灵活的可操作性（比如绑架就常常被归类为“其他严重破坏社会秩序的犯罪”）。或者是自1979年刑法施行后，这种模糊立法缺乏明确的标准，导致了理论上理解的混乱及司法实践中的随意性，1997年刑法对本条的内容作了列举式的修改。明确规定了只有“故意杀人、故意伤害致人重伤死亡……”等八种犯罪，才能将行为人的刑事责任能力降低到16周岁以下。列举式的规定对操作范围作了明文限制，但最大的弊端就是列举不全。具有严重社会危害性的犯罪行为是否仅仅体现为这8种？我们就以绑架罪为例。绑架罪采取的是暴力、胁迫等具有强烈的人身侵害性的行为，同时还可能伴有暴力致使被害人死亡的结果。就实际表现而言，其恶性绝不低于故意杀人、抢劫、强奸等犯罪。其实，我们从法定刑中也可发现绑架罪之严重性所在，“罪刑相适应”也是刑法的一项基本原则，它要求罪行愈严重、社会危害性愈大，法律所科处的刑罚就愈重。这些罪的最高刑均为死刑，轻重不相上下。但是故意杀人罪、故意伤害致人重伤死亡罪的起刑点均为3年有期徒刑，而绑架罪的最低刑就为10年有期徒刑。刑法分则中，只有背叛祖国罪、劫持航空器罪、绑架罪的法定最低刑为10年有期徒刑。这样的规定，本身就表明立法者已经认识到了绑架罪是一项严重性与危害性绝不亚于故意杀人罪的罪行。更不用说在绑架的过程中杀害被绑架人，其比单纯的杀人行为更恶劣。此外，不仅在起刑点上，而且在具体科刑上，法律也有这种认识——在致使被绑架人死亡或者杀害被绑架人的情况下，法律对之处以绝对法定刑（死刑）。而刑事责任年龄较低的那些犯罪尚未作这样的规定。当然，我们必须承认，此处的刑罚规划不尽合理完善；但是这至少说明了立法者对绑架罪的某种认识。再次，刑法条文的其他表述中也显现了一些端倪。刑法第 20 条第 3 款规定："对正在进行行凶、杀人、抢劫、强奸、绑架以及其他严重危及人身安全的暴力犯罪……"第 81 条第 2 款规定："对累犯以及因杀人、爆炸、抢劫、强奸、绑架等暴力性犯罪……"在这些条文中，绑架与故意杀人、抢劫、强奸等犯罪，明显被视为同等性质的严重暴力犯罪。而在刑法第 17 条第 2 款列举适用相对刑事责任年龄的诸种犯罪时，绑架罪却不在其列，这明显是立法的疏漏之处。

二、立法解释

尽管存在这一立法漏洞，绑架杀人的案件却并没有因此而减少。相反，青少年实施的这类案件却越来越多。因此，针对这一悖论，要求修改刑法条文的呼声越来越高。近日，针对最高人民检察院提出的"关于已满 14 周岁不满 16 周岁的人承担刑事责任的范围"问题，全国人大常委会法制工作委员会作了这样的立法解释：刑法第 17 条第 2 款中的犯"故意杀人、故意伤害致人重伤"是指只要故意实施了杀人、伤害行为并且造成了致人重伤、死亡后果的，都应负刑事责任。而不是指只有犯故意杀人罪、故意伤害罪的，才负刑事责任，绑架撕票的，不负刑事责任。① 从而，对司法实践中出现的已满 14 周岁不满 16 周岁的人绑架人质后杀害被绑架人的行为，依据刑法是应当追究其刑事责任的。

这一扩张性的最新立法解释，很大程度上弥补了原来的疏漏。在 1997 年刑法颁行以后，有关年满 14 周岁不满 16 周岁的未成年人的绑架撕票行为应如何处理，众说纷纭。一种观点认为，虽然不能以绑架罪定罪处罚，但也不能以故意杀人罪论处。因为这种行为就其表现形式本身而言，所触犯的不应是故意杀人罪而是绑架罪。这是罪刑法定原则的基

---

① 搜狐网新闻中心 2002－08－27。

本精神。而且，作为主行为的绑架行为不能构成绑架罪——皮之不存，毛将焉附——作为绑架罪的一个情节的在绑架过程中杀害被绑架人的从属行为自然也不应定故意杀人罪。[①] 但是，也有观点认为，该种未成年人绑架又杀人的应该定故意杀人罪。因为刑法第 239 条关于绑架杀人行为以绑架罪一罪定罪处罚的规定，只能理解为仅针对已满 16 周岁的人的绑架杀人行为而言，而对已满 14 周岁未满 16 周岁的人不发生评价作用。所以，这种未成年人的绑架杀人行为如以故意杀人罪定罪处罚，不但不违背罪刑法定原则，而且恰恰是贯彻罪刑法定原则的要求——因为在其背后是"法律明文规定为犯罪行为的，依照法律定罪处罚"。[②]

一直以来，这两种观点都是针锋相对；而全国人大的这一扩张性解释，则明确给出了选择标准。笔者也认为，在没有这一立法解释以前，那种刻板地要求罪刑法定，反对对年满 14 周岁未满 16 周岁的绑架杀人的未成年人追究刑事责任的观点并不正确。我们必须承认，即使行为人未满 16 周岁，其绑架撕票的行为，也是性质极其恶劣、后果相当严重的。如果刑法对其视而不见，将大大有损于法律的尊严。那么，怎样追究才合适呢？笔者认同前述的后一种观点，即刑法第 239 条将绑架杀人行为只以绑架罪一罪论处，是建立在行为本身可以构成绑架罪的基础上的。既然行为人并不符合绑架罪的构成要件，那么"余下的行为处绑架罪一罪"也就无从谈起。此时，行为的各方面应该说与故意杀人罪的构成要件还是相符的。而且刑法第 239 条对绑架杀人行为处以绝对死刑，丝毫没有回旋余地；这种规定也表现了立法者的价值取向，这种处刑是不适宜用在未成年人身上的。在法律不尽完善的时候，司法解释无疑是一种很好的补救措施——无论是限制性的还是扩张性的——都使立法者的原意得到尽可能的发挥。但是，作为理论研究，我们不能被动地接受既存的现实，更应该带着探询的精神来看待一切事物。刑法第 17 条第 2 款的表述为："……犯故意杀人、故意伤害致人重伤或者死亡、强奸、抢劫、贩卖毒品、放火、爆炸、投毒罪的……"笔者认为，投毒罪后的这个"罪"字应该将前面的七种罪也囊括在内。此处的刑法条文其实是

---

① 孟庆华：《关于绑架罪的几个问题》，载《法学论坛》2000 年第 1 期。

② 肖中华：《关于绑架罪的几点思考》，载《法学家》2000 年第 2 期。

为了语言的简洁才将每个罪名后的“罪”字省略掉的。这七种犯罪是并列性质的关系，这里所言的“投毒罪”应该是具体的罪名，那前面的表述又怎么能作扩大解释呢？退一步说，如果将“故意杀人”、“故意伤害致人重伤或者死亡”作了扩大解释，那么强奸、抢劫、贩毒、投毒等行为能不能作扩大解释呢？当然，这些罪不像故意杀人罪、故意伤害（致人重伤、死亡）罪那样，会产生与其他犯罪的牵连交叉关系，但在理论上仍有这样反思的余地。笔者以为，这里的罪名是不宜作扩张性解释的。全国人大出台这样的立法解释，更多的是出于实践需要的权宜之计。因为首先必须对这种行为追究刑事责任，然而，虽然这种绑架已经涉及杀人行为，但相关法规不能对特殊未成年人产生规范与评价的作用。此时的法律只能另辟蹊径。因此，就有了虽然一般情况下绑架罪中的故意杀人不能另定故意杀人罪，但在一定的犯罪中，特殊未成年人只要实施了故意杀人等行为，就要负刑事责任的规定。（最后仍将以故意杀人罪作为定罪依据。）其实，真正符合法律精神的做法，还是应该在刑法第 17 条第 2 款中加入“绑架罪”。当然，考虑到刑法典颁行的时间并非十分久远，法律的朝令夕改并不利于社会稳定，立法者采取补充性的解释的做法还是值得肯定的。至于这一解释的具体内容应该如何限定，这是立法、司法、理论界应该共同关注的问题，应该作深入的研究，笔者在此仅提出自己的一点见解。

三、反思

其实，要真正解决绑架罪的主体悖论问题，不仅应从刑法关于相对刑事责任年龄的角度来考虑，刑法第 239 条本身的规定亦值得研究。行为人绑架又杀人的情况，是否应定绑架罪一罪？绑架的过程中致使被绑架人死亡的情况，属于典型的结果加重犯——由于行为人在绑架的过程中对被绑架人使用了暴力、捆绑过紧或进行虐待等而过失使被绑架人死亡，或引起被绑架人自杀身亡。此处，引起被绑架人死亡的暴力等直接因素与绑架过程中行为人使用的暴力是一种顺承关系，有着密切的联系，不宜作断然区分。正如抢劫致人重伤死亡的情况也是定抢劫罪一罪，而没有以抢劫罪与故意杀人罪数罪并罚，行为虽然产生了两个结果——基本结果与加重结果，但毕竟是一个行为所造成的。

绑架过程中杀害被绑架人的行为则与之不同。这里的故意杀人俗称“撕票”。绑架行为本身与故意杀害被绑架人是有很大区别的。绑架人意图在于获得被害人的钱财，他所采取的暴力、胁迫、麻醉等方式是要控制被害人的人身自由，最终还是为了获取钱财。这就注定了杀人并不是这一罪行的必经过程，我们不能说绑架必然要杀人。将杀害被绑架人作为绑架犯罪的一个情节来考虑，是与罪数理论有矛盾的。刑法第239条将“致使被绑架人死亡”与“杀害被绑架人”等同对待，应该是出于这样一种考虑：因为在绑架过程中，被害人死亡的真正原因不好判断。比如，究竟是死于被虐待、自杀还是因被行为人的某些过失行为导致身亡，破案时证据并不好收集。

其实，如果用结合犯的理论，这个问题便可以迎刃而解了。结合犯主要是指两个以上相互独立且罪名各异的犯罪行为，因为刑法分则的规定而结合成一个新罪的犯罪形态。这一新罪将以前每个独立各罪的行为特征均包含在内。例如，日本刑法典中就有强盗强奸的规定，这是比单纯的强盗罪或强奸罪更为严重的一种罪行。因为在实践中这两种罪行同时发生的情况非常普遍，创造这样一种新型的结合犯罪能够加大实践中的打击力度。目前，有一种观点认为，我国刑法所规定的绑架罪其实就是一种典型的结合犯——“以勒索财物为目的绑架他人并杀害被绑架人的，是绑架罪。它是由敲诈勒索罪和故意杀人罪结合而成的结合犯罪”。[①] 但是笔者认为，我国刑法中并无结合犯的规定，绑架中的杀人行为更不是敲诈勒索与故意杀人的结合。绑架本身大多就带有浓厚的暴力色彩，以控制被害人的人身自由为特点，这些和敲诈勒索行为有本质的区别。笔者以为，虽然该观点思考问题的思路是可取的，但我国刑法目前并没有关于绑架杀人的真正结合犯。结合犯应该由数个独立的具体犯罪结合成为一个新罪。然而，反观我国1997年刑法第239条的规定，其实是由绑架行为将故意杀人行为吸收了。它只是在具体定罪上根据刑法的具体法定刑以一罪论处，而没有实行数罪并罚，这一点与结合犯的做法相似。其实，在立法中规定结合犯是一种很有价值的形式，我们完全

---

① 周建英：《从绑架罪看结合犯的刑事责任年龄》，载《河北法学》2001年4期。

可以学习参照并借鉴吸收。具体可以将在绑架的过程中故意杀害被绑架人的情况定为绑架杀人罪。当然，其犯罪主体也存在刑事责任年龄问题。此时的刑事责任年龄应遵循“从低原则”，以所结合的犯罪中的较低的犯罪的刑事责任年龄为标准。如果行为人的年龄达到了所结合的犯罪中的某个刑事责任年龄较低犯罪所要求的年龄标准，就可以视其已经达到刑事责任年龄，在其心智正常的情况下，应该负刑事责任并成为犯罪主体。

（本文发表于《湖南省政法管理干部学院学报》2002 年第 6 期）

绑架罪中"杀害被绑架人"研究

张明楷

刑法第239条第1款规定："以勒索财物为目的绑架他人的，或者绑架他人作为人质的，处十年以上有期徒刑或者无期徒刑，并处罚金或者没收财产；致使被绑架人死亡或者杀害被绑架人的，处死刑，并处没收财产。"刑法对绑架并杀害被绑架人的行为（即人们所说的"绑架撕票"，本文以下一般简称为"绑架杀人"）规定绝对的死刑，不免受到非议；但是对这种犯罪类型①的合理解释，不仅有利于本条的适用，而且有助于解决刑法中的相关问题。②

根据德国刑法学者的观点，类型是普遍与特殊的中间点，是一种特殊中的普遍者；类型是有联系的、有意识的意义关联，普遍的事物在其自身中直观地、整体地被掌握；类型不同于个别事物、个别现象，类型以可比较因而可区别的事物为前提。犯罪类型是刑法理念与生活事实的中间点；犯罪类型是那些已经存在于立法者与法律形成之前的事物，立

---

① 德国、日本刑法理论一般认为，构成要件是指刑罚法规所规定的犯罪类型；关于结果加重犯、结合犯罪状的规定也是构成要件，因而也是一种犯罪类型（是一种独立的罪名）。换言之，在德国、日本，刑法对加重、减轻罪状的描述，也可谓构成要件，属于犯罪类型。我国刑法理论通常也将加重、减轻罪状称为加重构成、减轻构成或派生的犯罪构成，但是加重条件与减轻条件本身并不影响犯罪的成立，只是加重或减轻法定刑的适用条件。因为在我国，基本犯、加重犯与减轻犯都成立一个罪名，即加重犯与减轻犯不是独立的犯罪，因而不是一种独立的犯罪类型。但为了论述方便，本文在广义上使用犯罪类型概念，即本文所称犯罪类型，不仅包括基本类型，而且包括加重与减轻类型。

② 因为刑法存在一些类似规定，即将符合数个构成要件的数个行为规定为一个犯罪的法定刑升格情节。例如，刑法第240条将"奸淫被拐卖的妇女"、"诱骗、强迫被拐卖的妇女卖淫"规定为拐卖妇女罪的法定刑升格情节；第358条将"强奸后迫使卖淫"规定为组织卖淫罪、强迫卖淫罪的法定刑升格情节。

法者的任务便是描述各种犯罪类型；刑法分则对罪状的规定，并不是对具体犯罪的定义，而是对犯罪类型的描述。①

显然，在刑法形成之前，已经存在的类型只是犯罪学上的犯罪类型；只有当立法机关对犯罪学上的诸多犯罪类型进行取舍、整合后，才形成刑法上的犯罪类型。于是，犯罪学上的犯罪类型与刑法上作为可罚行为的类型便存在区别。

对犯罪学上的诸多犯罪类型进行取舍的结局是：犯罪学上的犯罪类型，不一定是刑法上的犯罪类型。例如，通奸行为、乱伦行为、吸毒行为都可谓犯罪学上的犯罪类型，但并没有成为刑法上的犯罪类型。这是因为立法机关只是将值得科处刑罚的法益侵害行为规定为犯罪，所以两方面的行为没有被类型化：一是虽然违反了社会伦理秩序，但立法机关认为没有侵害法益的行为，如乱伦行为、吸毒行为等；二是虽然侵害了法益，但立法机关认为法益侵害没有达到值得科处刑罚程度的行为，如小偷小摸行为、轻微伤害行为等。

对犯罪学上的诸多犯罪类型进行整合的结局，可能出现以下情形：第一，犯罪学上的诸多犯罪类型在刑法上可能表现为一个类型，如扒窃、入室盗窃、顺手牵羊式的盗窃等，在犯罪学上可谓不同的犯罪类型，但在刑法上只有一个犯罪类型——盗窃公私财物数额较大。② 又如，犯罪学上的杀人（仅限于故意）有各种各样的类型：从杀害方式上讲，有枪杀、刀杀、毒杀等诸多犯罪类型；从杀人的心理状态上看有谋杀(其中又可以分为诸多类型)、一般故意杀人等类型；从杀害对象上说有杀婴、杀害尊亲属等类型。但是，刑法上却只有一个故意杀人的类型。第二，犯罪学上的一个类型在刑法上可能成为多个犯罪类型。犯罪学上的类型，实际上存在不同层面，前述关于扒窃、枪杀、杀婴等，在犯罪学上都是具体层次的类型；与之相对，犯罪学上也有抽象的或更高层面的犯罪类型，如暴力犯罪、性犯罪、白领犯罪、少年犯罪、外国人犯罪

---

① ［德］亚图·考夫曼著：《类推与“事物本质”——兼论类型理论》，吴从周译，台湾学林文化事业有限公司 1999 年版，第 111 页。

② 在某种意义上讲，多次盗窃也是一种独立的犯罪类型，但就盗窃行为本身的构造而言，则不是独立的犯罪类型。

等等。[①] 然而，犯罪学上的暴力犯罪在刑法上表现为多种犯罪类型；犯罪学上的性犯罪在刑法上也表现为多种类型。第三，犯罪学上的犯罪类型也可能直接成为刑法上的犯罪类型。例如，持枪抢劫、入户抢劫可谓犯罪学上的类型，但又直接成为刑法上的犯罪类型。绑架杀人原本也是犯罪学上的类型，也直接成为刑法上的犯罪类型。

之所以出现上述局面，是因为犯罪学上的类型划分与刑法上的类型划分目的不同。犯罪学上的分类，大多是在意识到不同犯罪对策上的差异的基础上，从原因论角度作出的分类。[②] 因此，一方面，犯罪学上的犯罪类型不可避免地存在交叉与重叠。例如，暴力犯罪与性犯罪存在交叉关系（强奸罪既属于暴力犯罪也属于性犯罪），经济犯罪与白领犯罪也存在交叉关系。但是，从一般意义上说，暴力犯罪与性犯罪的发生原因、对策等存在重大差异，所以，必须承认它们在犯罪学上是不同的类型。另一方面，犯罪学上的犯罪类型必然存在遗漏，因为犯罪学侧重研究原因与对策，其重视点必然置于常发性、严重性的犯罪；对于罕见的犯罪，犯罪学的理论未必予以重视。由此看来，犯罪学上的犯罪类型难

---

① 如德国学者 Kaiser 在犯罪学上，将犯罪分为少年犯罪、外国人犯罪、暴力犯罪、性犯罪、财产犯罪、白领犯罪、交通犯罪等类型（［德］GünterKaiser 著:《犯罪学》，［日本］山中敬一译，日本成文堂 1987 年版，第 251 页以下）；日本学者菊田幸一在犯罪学上将犯罪分为习惯性犯罪、集团犯罪、暴力组织犯罪、麻药犯罪、酒精犯罪、女性犯罪、性犯罪、白领犯罪、交通犯罪等类型（［日］菊田幸一著:《犯罪学》，日本成文堂 1971 年版，第 84 页以下）；美国学者维特与赖特在犯罪学上将犯罪分为青少年犯罪、酗酒与吸毒犯罪、性犯罪、精神变态犯罪、暴力犯罪、有组织犯罪、白领犯罪、职业犯罪等类型（［美］哈罗德. J. 维特、小杰克·赖特著:《犯罪学导论》，徐淑芳、徐觉非译，知识出版社 1992 年版，第 148 页以下）；俄罗斯学者道尔戈娃在其犯罪学著作中研究了暴力犯罪、财产犯罪、经济犯罪、贿赂犯罪、生态犯罪、税务犯罪、国事犯罪、军人犯罪、有组织犯罪、极异常状态下的犯罪、矫正机关中的犯罪、女性犯罪、未成年人犯罪、移民犯罪、累犯犯罪等类型（［俄］阿·伊·道尔戈娃著:《犯罪学》，赵可等译，群众出版社 2000 年版，第 415 页）。

② ［日］日本犯罪学研究会编:《犯罪学辞典》，日本成文堂 1982 年版，第 442 页。

以体系化。

与之不同的是，刑法上的犯罪类型的设定，不仅要考虑犯罪的本质、法益侵害的种类、法定刑的轻重，还必须尽可能体系化。一方面，刑法上的犯罪类型应尽量避免交叉与重叠，如果一个行为同时符合诸多犯罪类型，会对定罪量刑带来困难，结局必然是造成处罚的不公平。因为刑法条文过于复杂的交叉重叠，必然要求根据不同的交叉重叠现象形成不同的适用原则，即应当将交叉重叠区分为不同的表现形式，再根据不同的表现形式确立不同的适用原则。然而，对交叉重叠表现形式的分类还难以实现其科学性；而对不同的表现形式所确立的适用原则，也可能具有缺陷。于是，对于刑法条文交叉重叠的处理形成了基本原则与各种辅助原则、补充原则、例外原则等等。然而，在何种情形下适用何种原则，仍然是难以解决的问题。例如，如果认为盗窃与诈骗之间存在竞合关系，那么，“这个看法会陷入困境。因为，不在构成要件上清楚地区分窃盗与诈欺，必然要面对竞合论处理上的难局。如果认为同时是窃盗与诈欺，那么，究竟是法条竞合，还是想象竞合？假如认为是法条竞合，要用什么标准决定哪一个法条必须优先适用？倘若认为是想象竞合，又该如何圆说‘被破坏的法益只有一个’？”① 稍有不当，就会违背刑法的正义理念。所以，减少不必要的交叉重叠，会有利于刑法的适用。减少不必要的交叉重叠，意在使各种犯罪都有其处罚根据，但又没有多个处罚根据；或者说，在避免形成漏洞的前提下，使各分则条文所规定的罪状形成各自的分工。

另一方面，刑法上的犯罪类型应尽可能全面，尽量减少遗漏。罪刑法定原则并不意味着漏洞越多越好，漏洞过多的刑法同样是罪刑法定原则的失败。因为罪刑法定原则的思想基础是民主主义与尊重人权，当漏洞过多导致法益难以受到保护时，必然违反民主主义。而且，漏洞过多的刑法会影响罪刑法定原则的贯彻，可能导致司法工作人员产生类推定罪的欲望；特别是当刑法遗漏了危害重大的行为时，司法工作人员便可能违反罪刑法定原则，以类推解释方式定罪量刑。漏洞过多的刑法同样

---

① 林东茂：《诈欺或窃盗——一个案例的探讨》，载《刑事法杂志》第43卷第2期。

损害刑法的正义性。因为漏洞过多意味着相同的行为不能得到相同的处理，甚至导致轻微的危害行为受到制裁、严重的危害行为却逍遥法外。实际上，各国刑事立法都在尽力避免漏洞的存在，但由于立法者不可能预见到应当作为犯罪处理的一切行为，所以不得不采取其他途径减少漏洞。例如，刑法常常使用一些抽象性、概括性因而涵摄力强、包容性大的用语；分则条文只是描述具体犯罪的类型，而不是给具体犯罪下定义。所以，成文刑法不具体列举可能致人伤亡的器具，而仅使用“凶器”一词；不详细规定致人死亡的各种方式，而只是使用“杀人”一词。又如，由于事物具有多重属性，犯罪现象十分复杂，为了防止过多的漏洞，刑法往往从不同侧面作出规定。于是，刑法分则的许多条文之间又不可避免地存在一些交叉与重叠关系。

绑架杀人原本可谓一种犯罪学上的类型。在笔者看来，刑法第239条之所以直接将犯罪学上的绑架杀人作为刑法上的一个犯罪类型，主要是基于以下原因：第一，类型的典型性，即绑架杀人是一种常见类型，换言之，绑架与杀人的行为在现实生活中容易同时发生。一方面，即使绑架者已经实现不法目的，但绑架者因为担心被绑架人通过相貌、声音等识别并告发自己，为了避免刑罚处罚而杀害被绑架人（所谓杀人灭口）；另一方面，绑架者在没有实现不法目的的情况下，也常常为了证明其先前的胁迫内容而杀害被绑架者；也可能两方面的原因并存，或者出于其他原因杀害被绑架者。所以，绑架杀人成为一种典型的、常见的犯罪类型。刑法上承认这种犯罪类型并无不当之处。第二，罪刑的均衡性。绑架后杀人完全具有以数罪论处的可能性及一定的合理性，可是，对密切联系、容易发生的数行为，是以一罪论处还是以数罪论处，必须考虑罪刑的均衡性；如果以一罪论处能够实现罪刑的均衡性，那么，以一罪论处便具有合理性。① 第三，认定的容易性。对密切联系、容易发生的数行为，是以一罪论处还是以数罪论处，还必须考虑刑事司法的难

① 或许在立法者看来，由于故意杀人罪的法定最高刑为死刑，所以，如果将其中的绑架罪与故意杀人罪实行并罚，便难以在法律上体现绑架杀人与单纯的故意杀人罪的差异。将绑架杀人规定为绝对的死刑，便意味着绑架并杀人的行为明显重于单纯的故意杀人罪。

易性。如果以数罪论处过于复杂，不利于司法机关定罪量刑，那么，以一罪论处便具有合理性。由于“绑架行为的实质是将被绑架人置于行为人或第三者的实力支配下，为了控制被绑架人，行为人通常实施拘禁、殴打等行为。在致人死亡的情况下，往往难以认定行为人对死亡结果是出于间接故意还是过失。而对上述行为以一罪论处，则避免了这一难题。”① 第四，法条的协调性。立法机关在决定对绑架杀人应规定为一罪还是规定为数罪时，不可能不考虑绑架杀人与抢劫杀人等行为之间的协调关系。既然刑法理论与审判实践主张抢劫致人死亡包含抢劫杀人，②而绑架罪的基本犯的法定刑高于抢劫罪的基本犯的法定刑，那么，对绑架杀人设置的法定刑重于抢劫杀人的法定刑，也是理所当然。由此可见，将犯罪学上的绑架撕票类型规定为刑法上的绑架杀人类型，并无不当之处。

刑法第239条所规定的“杀害被绑架人”显然是指故意杀人行为，与之相对应，“致使被绑架人死亡”限于绑架行为过失致人死亡。那么，绑架杀人的犯罪类型究竟是什么法律性质？它是结果加重犯、情节加重犯，还是所谓包容犯、结合犯？这是有待进一步研究的问题。对这个问题的合理回答，不仅有利于确定绑架杀人的范围，而且有利于处理绑架杀人未遂的犯罪，还有利于解决其他相关犯罪的问题。

绑架杀人不属于结果加重犯。结果加重犯，是指刑法规定的一个犯罪行为（基本犯），由于发生了严重结果而加重法定刑的犯罪类型。结

---

① 张明楷：《论绑架勒赎罪》，载《法商研究》1996年第1期。

② 2001年5月23日《最高人民法院关于抢劫过程中故意杀人案件如何定罪问题的批复》指出：“行为人为劫取财物而预谋故意杀人，或者在劫取财物过程中，为制服被害人反抗而故意杀人的，以抢劫罪定罪处罚。行为人实施抢劫后，为灭口而故意杀人的，以抢劫罪和故意杀人罪定罪，实行数罪并罚。”或许有人认为，绑架杀人类似于抢劫后为灭口等而故意杀人，既然抢劫后为灭口等杀人成立数罪，那么，绑架后杀人的也应并罚。但是，抢劫罪属于即成犯，“抢劫后”杀人，要么是抢劫既遂杀人，要么是抢劫行为终结（如已经形成抢劫未遂形态）后杀人，但在这些情况下，抢劫行为已经结束。而绑架罪是持续犯，绑架行为既遂后，其实行行为并没有结束。所以，绑架杀人与抢劫后杀人存在区别。

果加重犯的加重结果必须由基本行为造成。一种情形是，单一的基本行为导致加重结果。例如，故意伤害致人死亡，表现为伤害行为本身致人死亡。另一种情形是，在复合行为中，由手段行为或者目的行为导致加重结果。例如，强奸罪的加重结果，既可能由暴力、胁迫等手段行为造成，也可能由奸淫的目的行为造成。抢劫罪的加重结果，既可能由暴力、胁迫等手段行为造成，也可能由强取财物的行为造成。① 如果加重结果不是由基本行为造成，则不能认定为结果加重犯。例如，行为人夜间入户抢劫，在劫得财物后仓皇出逃时，过失将被害人家中睡在地上的婴儿踩死。由于婴儿死亡不是由抢劫罪的基本行为造成，所以，不应认定为抢劫致人死亡，只能认定为抢劫罪与过失致人死亡罪。日本有不少学者认为，在抢劫致人伤亡的结果加重犯中，作为伤亡原因的行为不限于基本行为，还包括在抢劫的机会中实施的行为。例如，团藤重光教授指出："死伤的结果不要求由作为抢劫手段的暴力、胁迫行为造成，但导致死伤的原因行为必须是在抢劫的机会中实施的，而且仅此就够了。"② 按照这种观点，抢劫犯罪人在逃走的过程中偶然遇见以前的仇人而将其杀害的，或者抢劫的同伙在抢劫过程中因为意见分歧而相互杀伤的，也成立抢劫罪的结果加重犯，这显然不合适。③ 所以，只有抢劫行为本身（包含手段行为与目的行为）造成了伤亡结果的，才能评价为结果加重犯。如前所述，由于绑架行为表现为将被绑架人置于行为人或第

---

① 日本学者平野龙一在论述结果加重犯的未遂时指出，由基本行为的结果导致加重结果时，不存在结果加重犯的未遂。例如，故意伤害致死，常常由伤害（第一结果）导致死亡（加重结果），不可能存在故意伤害致死的未遂。参见［日］平野龙一:《刑法总论Ⅱ》，日本有斐阁 1975 年版，第 309 页。据此，似乎存在一种由基本行为的结果导致加重结果的情形。但就结果加重犯的成立条件而言，一方面，如果伤害行为导致被害人重伤，因抢救无效而死亡，就应认定为基本行为直接造成了死亡结果。另一方面，如果基本行为只是导致轻伤，而被害人异常地使用香灰等涂抹伤口，导致感染造成死亡的，难以认定为故意伤害致死。

② ［日］团藤重光著:《刑法纲要各论》，日本创文社 1990 年第 3 版，第 594 页。

③ ［日］西田典之著:《刑法各论》，日本弘文堂 1999 年版，第 173 页。

三者的实力支配下，又由于绑架行为违反被绑架人的意志，所以，行为人为了控制被绑架人，通常对被绑架人实施拘禁或其他暴力、胁迫等行为。如果能够认定绑架行为的暴力、胁迫行为致人死亡，则可以称为结果加重犯，但这种场合一般属于“过失致使被害人死亡”。即使不排除行为人在实施拘禁过程中，放任被绑架人的死亡，但对绑架行为之外的独立的杀害被害人的行为，无论如何也不能评价为绑架的基本行为。换言之，从刑法第239条的规定来看，似乎可以认为绑架罪包含了故意杀人罪，但是，绑架罪的基本行为是不可能包含故意杀人行为的，因此，在绑架行为之外故意杀害被绑架人的，不能认定为结果加重犯。

绑架杀人也不属于情节加重犯。与国外刑法不同，我国刑法除结果加重犯外，另规定了许多情节加重犯。但是，情节加重犯都是紧接着基本罪状之后规定的，因此，应当认为，只有基本犯本身的情节加重，才可能成立情节加重犯。一方面，不能没有限制地将一切事实归入“情节”，进而认定情节加重犯。换言之，并不是犯罪过程中的任何情节都是情节加重犯中的情节，只有属于基本犯罪状内容的情节加重，才宜认定为情节加重犯。例如，只有抢夺行为本身过失导致被害人伤亡的，才能认定为抢夺罪的情节加重犯或情节特别加重犯。另一方面，由于刑法的目的是保护法益，分则的具体罪刑规范都是为了保护特定的法益，所以，应当从是否加重、增加了法益侵害来限定法定刑升格情节的范围。不仅如此，即使表面上增加了法益侵害，但如果所增加的法益侵害并不是罪刑规范所阻止的现象时，也不能视为法定刑升格的情节。[①] 由于故意杀人并不是绑架行为本身的情节，也不是绑架行为本身造成的结果，所以，不能认为绑架杀人属于情节加重犯。

笔者不赞成以包容犯概念解释绑架杀人。包容犯是我国刑法理论近年来提出的概念，其含义尚未统一。第一种观点认为，包容犯是法条竞合的一种，是指整体法所规定的犯罪包含着部分法所规定的犯罪，两者

---

① 张明楷：《刑法学者如何为削减死刑作贡献》，载陈兴良、胡云腾主编：《中国刑法学年会文集（2004年度）》，中国人民公安大学出版社2004年版，第416页。

发生竞合，应以整体法所规定的犯罪论处的情形。[①] 第二种观点认为，包容犯是指对数个具有并发关系的不同种的犯罪行为在立法中规定为依据其中一罪定罪，并对全部犯罪行为和犯罪结果都追究刑事责任的一种犯罪形态。[②] 第三种观点认为，包容犯是行为人在实施某一犯罪作为前一犯罪的加重处罚的情节而不实行数罪并罚的情况。[③] 显然，绑架杀人并不因法条之间的竞合关系形成，所以不宜将绑架杀人解释为上述第一种意义上的包容犯。第二种含义与第三种含义虽有表述差异，但具有共性，其中，第三种含义几乎是按照绑架杀人、强奸后迫使卖淫的犯罪类型所作的表述。在此意义上说，绑架杀人是第三种意义上的包容犯。可是，这种包容犯的概念给人的感觉是：轻罪中包容了重罪；也不能解决所谓包容犯的既遂与未遂的区分标准问题。例如，根据包容犯的概念，交通肇事罪包容了间接故意杀人，[④] 这多少有些令人不可思议。再如，如果说包容犯是前罪包容了后罪，那么，既遂与未遂是以前罪的既遂、未遂为标准还是以后罪的既遂、未遂为标准？例如，行为人强奸妇女未遂后迫使其卖淫的，是否适用“强奸后迫使卖淫”的法定刑？如适用，那么是否同时适用刑法总则关于未遂犯的规定？此外，绑架杀人、奸淫被拐卖的妇女，与在犯走私罪、运送他人偷越国（边）境罪、走私、贩卖、运输、制造毒品罪过程中妨害公务的情形，存在明显区别，但主张上述第二、三种包容犯含义而将它们归入完全相同的包容犯概念，[⑤] 这也不尽妥当。

实际上，可以将绑架杀人理解为结合犯。我国刑法理论一般认为，

---

① 陈兴良：《转化犯与包容犯：两种立法例之比较》，载《中国法学》1993 第 3 期。

② 曾芳文：《新刑法分则对于数罪的处罚规定解析》，载《中央检察官管理干部学院学报》1998 年第 2 期。

③ 初炳东等：《论新刑法中的包容犯与转化犯》，载《法学》1998 年第 6 期。

④ 郝守才：《论包容犯与我国刑法立法》，载《河南省政法管理干部学院学报》2001 年第 3 期。

⑤ 邵维国：《论包容犯概念之提倡》，载《法制与社会发展》2003 年第 6 期。

结合犯是指刑法将两个原本独立的犯罪结合在一起，规定为一个新罪的情况（甲罪+乙罪=丙罪）。但在笔者看来，这个定义可能是根据日本刑法中最典型的结合犯（强盗强奸罪）确定下来的。日本刑法典分则规定了强盗罪（第236条）与强奸罪（第177条），其第241条规定："强盗犯强奸女子的，处无期或者7年以上惩役；因而致女子死亡的，处死刑或者无期徒刑。"该条所规定的罪名为强盗强奸罪与强盗强奸致死罪。显然，强盗强奸罪就是强盗罪与强奸罪的结合。因此，这种结合犯就是将原本独立的两个犯罪（强盗罪与强奸罪）结合在一起，规定为一个新罪（强盗强奸罪）的情形。按照这种严格的定义，我国刑法第239条规定的绑架杀人不属于结合犯，因为绑架杀人的仍然成立绑架罪，而没有成立另一个新罪。但值得注意的是，第一，日本刑法理论在定义结合犯时，并没有附加"规定为一个新罪"的特征。例如，大谷实教授指出："结合犯，是指将分别独立成罪的两个以上的行为结合起来的犯罪。"[①] 大塚仁教授给结合犯所下的定义是："将各自单独成罪的两个以上的行为结合在一起，规定为一个构成要件的犯罪。"[②] 福田平教授所下的定义也是如此。[③] 根据这些定义，绑架杀人就是结合犯。第二，是将甲罪与乙罪结合为丙罪，还是将甲罪与乙罪结合为甲罪或乙罪的加重情形，并不存在实质差异。因为是否结合为新罪名，在很大程度上取决于对罪名

---

① ［日］大谷实著：《刑法总论》，日本成文堂2000年第2版，第264页

② ［日］大塚仁著：《刑法概说（总论）》，日本有斐阁1997年版，第128页。大塚教授所说的构成要件，包括我国刑法理论上所说的法定刑升格条件（或所谓加重构成、减轻构成）。

③ ［日］福田平著：《刑法总论》，日本有斐阁2001年全订第3版增补，第298页。

的理解与确定。如果像日本刑法典那样确定罪名,[①] 我国刑法第 239 条便规定了三个罪名：绑架罪、绑架致死罪、绑架杀人罪。而且在此问题上，如何确定罪名，也不应影响罪数的认定。第三，结合犯的概念应根据本国刑法的相关规定予以确定，没有必要根据国外的典型的结合犯确定结合犯的定义。[②] 况且结合犯也是我国刑法理论上非常熟悉的概念，对结合犯的着手、既遂与未遂的区分标志也有成熟的理论。所以，笔者曾经指出："由于我国刑法规定了许多甲罪与乙罪相结合仍然只成立甲罪或者乙罪的情况，故能否修改结合犯的概念，将这种情况均认定为结合犯，还可以研究。"[③] 质言之，在我国，可以将绑架杀人理解为结合犯，这样就可以根据结合犯的原理讨论绑架杀人之类的犯罪类型。

在现行法律之下，对于"杀害被绑架人"的认定与量刑不会存在太多疑问，即绑架杀人属于故意杀人，其中的故意既包括直接故意也包括间接故意；其中的杀人，是指在绑架的机会中杀人，而且该杀人是独立于绑架之外的行为。这里要讨论的问题是，行为人绑架他人后，出于某种动机，故意对被绑架人实施杀害行为，但未能造成死亡结果的（以下

① 日本刑法典第 240 条规定："强盗致人负伤的，处无期或者七年以上惩役；致人死亡的，处死刑或者无期徒刑。"由于日本刑法理论的通说认为其中的致人负伤与死亡包括故意在内，所以，认为本条共规定了四个具体罪名：强盗致伤罪、强盗伤人罪、强盗致死罪、强盗杀人罪。参见［日］山口厚：《刑法各论》，日本有斐阁 2003 年版，第 231 页；也可以说，"本条包含了强盗杀人、强盗致死、强盗伤害、强盗致伤四个构成要件"。参见［日］西田典之著：《刑法各论》，日本弘文堂 1999 年版，第 172 页。

② 在刑法修订前，由于没有规定绑架杀人之类的犯罪类型，根据国外的典型的结合犯确定结合犯的定义也未尝不可。但在修订刑法规定了绑架杀人之类的犯罪类型的情况下，没有必要援用修订前的刑法给结合犯下定义。

③ 张明楷：《刑法学》，法律出版社 2003 年版，第 369 页。

简称绑架杀害未遂)，[①] 应当如何处理？

在此问题上，可能存在以下方案与理由，笔者将在评析的基础上发表管见：

第一种方案：绑架杀人未遂的，依然适用刑法第239条“杀害被绑架人，处死刑”的规定，而且不适用刑法关于未遂犯从轻、减轻处罚的规定。其理由是：(1) 刑法第239条的“杀害被绑架人”是指故意杀人，而故意杀人包括故意杀人既遂与故意杀人未遂，所以，对绑架杀人未遂的，当然应认定为“杀害被绑架人”。(2) 故意杀人未遂的社会危害性重于过失致人死亡罪；同样，绑架故意杀人未遂的社会危害性也必然重于绑架过失致人死亡；既然后者的法定刑为绝对的死刑，那么，前者更应适用绝对的死刑。(3) “杀害被绑架人”属于情节加重而非结果加重，立法者评价“杀害被绑架人”的社会危害性并配置绝对死刑的基点是杀害被绑架人的行为危险性，而非杀害被绑架人的结果实害性。(4) 对绑架杀人未遂的绝对处死刑有利于打击犯罪，反之，如果认为“杀害被绑架人”不包括杀人未遂，则不利于对在绑架中杀害人质后毁尸灭迹的犯罪分子的打击。[②]

但是，这种方案及其理由存在以下疑问：(1) 由于刑法规范具有保障一般人的预测可能性的机能，所以，对刑法用语应尽可能采用一般人能够接受的解释结论；换言之，对于刑法用语不能完全脱离其普通含义进行解释，而应尽可能按照其在日常生活中的普通含义进行解释。在一般人看来，“杀害”通常是指将人杀死，当人们说“某人被杀害”时，都是指某人已被杀死。况且，刑法中有多个条文使用“杀人”概念，而

① 例如，三名行为人（被告人）以勒索财物为目的将无证出租车司机李某绑架后，用刀砍李某的脖子，用尼龙绳捆绑李某双手和双脚，然后将李某活埋于农田的渣土中，并用石头压着李某的身体。李某被埋一夜后，于次日清晨被过路人救出。三名被告人不知道李某被解救，次日早晨仍然向李某家打电话勒索财物。参见陶春：《出租车司机活埋一夜被解救》，载《新京报》2004年10月22日第14版。

② 曾亚杰：《如何理解“杀害被绑架人”》，载《人民法院报》2004年9月20日第3版。

在第239条使用的却是“杀害”一词。这多少表明，“杀人”与“杀害”的法律用语并不等同。所以，上述观点直接将“杀害”解释为“杀人”，同时认为杀人包含未遂，有偷换概念之嫌。（2）刑法第239条对绑架罪只是规定“致使被绑架人死亡或者杀害被绑架人”的处死刑，而没有像第263条那样，对抢劫罪规定多种法定刑升格类型，正好说明立法机关重视的是死亡结果的出现，而非行为本身的危险性，也非行为人的主观罪过性。换言之，绑架行为适用死刑的条件，不在于主观罪过性，而在于客观上的法益侵害性。所以，在绑架罪的范围内，仅比较杀人未遂与过失致人死亡的罪过程度，并不合适。（3）如果一概将绑架杀人未遂的处以死刑，表面上有利于一般预防，但实际上反而不利于保护被绑架人的生命。因为对绑架杀人未遂一概处以与绑架杀人既遂相同的死刑，反而存在导致行为人想方设法将被绑架人杀害的危险。（4）与上一点相联系，如果说杀害被绑架人只是意味着有故意杀人行为即可，那么，对于在绑架过程中杀人中止的也必须判处死刑。这既不符合罪刑相适应的原则，也不利于鼓励行为人中止犯罪，因而不利于保护被绑架人的生命，与刑法第239条后段旨在保护被绑架人生命的精神相违背。（5）与既遂相比，未遂虽然并不必然导致刑罚的从轻与减轻，换言之，并非任何犯罪未遂的客观违法性与主观罪过性都绝对轻于犯罪既遂，但在故意杀人这样的被保护法益具有重大性的犯罪中，未遂与既遂的区分对衡量犯罪的违法性与有责性起着非常重要的作用，不区分未遂与既遂会导致罪刑不均衡。（6）上述方案导致死刑增加，而不利于减少死刑，与刑法严格限制死刑的精神、当前提倡削减死刑的刑法理念、减少和废止死刑的国际潮流不相符合。（7）持上述观点的人可能认为，在情节加重犯的场合，只要具有加重情节就是犯罪既遂，如入户抢劫便属既遂，无未遂可言。但这种理由难以成立。因为犯罪形态与法定刑升格情节没有直接联系，前者回答的问题是犯罪属于既遂、未遂、中止还是预备，后者回答的问题是犯罪行为是否具备法定刑升格的条件。就故意犯罪而言，不管是否具备法定刑升格条件，都存在犯罪形态问题。例如，刑法第263条规定的8种情节是法定刑升格的情节，其与犯罪是否既遂没有直接的联系。不能说凡是具有法定刑升格情节的都是既遂。再如，刑法第236条将“在公共场所当众强奸妇女的”，规定为法定刑升格的情节。但我们不能认为，凡是在公共场所当众强奸妇女的，都属于强奸既遂；相反，在公共场所强奸妇女的，也完全可能属于强奸未遂。绑架杀人也是如此，在绑架过程中杀人的，也完全可能杀人未遂，而不能一概认定为杀人既遂。

第二种方案：绑架杀人未遂的，认定为普通绑架罪与故意杀人罪(未遂)，实行数罪并罚。可能存在的理由是，既然刑法第239条只是规定“杀害被绑架人的，处死刑”，即只是将杀人既遂规定为绑架罪的法定刑升格情节，而没有将杀人未遂规定为绑架罪的法定刑升格情节，那么，杀人未遂就不是绑架罪所能包容的。换言之，一方面，“杀害被绑架人”不包含杀人未遂；另一方面，绑架行为本身不包含杀人行为，当然不包含杀人未遂。所以，对杀人未遂行为必须独立定罪，与绑架罪实行并罚。这一方案具有一定的合理性：能够实现处罚的均衡，避免过于严厉的刑罚。但是，也存在理论上的缺陷：同样是绑架杀人，在杀人未遂的情况下认定为数罪，在杀人既遂的情况下认定为一罪，这似乎有悖法理。因为既遂与未遂属于犯罪的形态，由既遂与未遂来决定一罪与数罪并不合适。或许有人认为，既遂与未遂虽然通常并不影响一罪与数罪，但当刑法有明文规定时，是可以影响一罪与数罪的。但是，我们还不能肯定刑法明文规定对绑架杀人未遂的，应当实行数罪并罚。

可以与绑架杀人相比较的是“强奸后迫使卖淫”。如果认为绑架杀人未遂的应当实行数罪并罚，那么，强奸未遂后迫使卖淫的，也应实行数罪并罚，而不能适用“10年以上有期徒刑或者死刑”的法定刑。但是，这样处理会导致罪刑不协调。因为按数罪处理时，对强奸未遂只能适用“3年以上10年以下有期徒刑”的法定刑，并且适用刑法总则关于未遂犯从轻减轻的规定，对强迫卖淫罪也只能适用“5年以上10年以下有期徒刑”的法定刑，结局最高刑为20年有期徒刑，最低刑为5年有期徒刑。但是，强奸未遂情节恶劣的，也可能处“10年以上有期徒刑、无期徒刑或者死刑”。相对于单纯的强奸未遂情节恶劣而言，强奸未遂后强迫被害人卖淫的，应当更为严重。既然如此，为了实现罪刑均衡，对于“强奸后迫使卖淫”应当解释为包括强奸未遂后迫使卖淫。换言之，对于强奸未遂后迫使卖淫的，不宜实行数罪并罚。① 与之类似，也与之相协调，对于“杀害被绑架人的”，也不应实行数罪并罚。

第三种方案：对于绑架杀人未遂的，视应否处死刑分别定罪处罚：如果绑架杀人未遂情节严重，应当判处死刑，就认定为绑架罪中的“杀害被绑架人”，判处死刑；如果绑架杀人未遂情节并不严重，不应当判处死刑，则认定为绑架罪与故意杀人未遂，实行数罪并罚。这种方案的确具有实质的理由，也符合罪刑相适应的原则。但仍然存在疑问：(1) 在绑架杀人情节严重因而判处死刑的场合，仍然存在第一种方案中与“杀害”的通常含义不相符合的问题。(2) 同样存在第二种方案中以既遂与未遂区分一罪与数罪的问题。(3) 以情节是否严重决定一罪与数罪、由情节是否严重来决定是否属于“杀害被绑架人”，也存在法理上的障碍。因为情节是否严重只是说明行为人所犯之罪的严重程度，而不能说明所犯之罪是一罪还是数罪。(4) 由情节是否严重来决定是否属于“杀害被绑架人”，可能避免不了由绑架行为本身的情节严重与否来决定是否适用死刑的现象，这便偏离了刑法第239条规定的宗旨。

第四种方案：绑架杀人未遂的，依然适用刑法第239条“杀害被绑架人，处死刑”的规定，同时适用刑法关于未遂犯从轻、减轻处罚的规定。笔者提倡这一方案。

如前所述，绑架杀人实际上是结合犯，即使根据日本刑法理论中结合犯的定义与特征，绑架杀人也是结合犯。结合犯所结合的两个犯罪，有前后顺序的规定，而非任意的结合。例如，日本刑法典中的强盗强奸罪，必须是强盗犯罪人在强盗的机会中实施强奸行为，而非强奸犯罪人

---

① 当然，在强奸未遂迫使卖淫的情况下，是否在适用加重法定刑的同时适用刑法总则关于犯罪未遂的规定还需要研究。本文的初步看法是，由于刑法规定的强迫卖淫罪重于强奸罪，另根据结合犯的理论，被结合的后罪未遂时才能认定为结合犯的未遂，所以，对于强奸未遂迫使卖淫的，只有在强迫卖淫行为本身未遂的情况下，才能认定为结合犯的未遂，进而适用刑法总则关于犯罪未遂的规定；如果强迫卖淫行为既遂，则不管强奸行为是否既遂，都不适用未遂犯从轻、减轻处罚的规定。

在强奸的机会中实施强盗行为，后者成立数罪而非结合犯。[①] 所以，行为人开始实行后一行为时，才是结合犯的着手。例如，根据日本的审判实践与刑法理论的通说，强盗强奸罪，并不以开始实施强盗罪的暴力、胁迫行为为着手；成立强盗强奸罪并不要求行为人在开始实施强盗罪的暴力、胁迫行为时就具有强奸妇女的故意，强盗罪完成后产生强奸故意进而强奸妇女的，也构成本罪。例如，盗窃犯罪人入室窃取财物后，被家中的妇女发现，行为人为了避免被逮捕将该妇女捆绑起来后，又产生了强奸的故意，于是强奸该妇女的，就构成强盗强奸罪。[②] 既然何时产生强奸犯意对构成本罪没有影响，那么，就不能认为行为人开始实施强盗罪的暴力、胁迫行为时就是强盗强奸罪的着手。否则，凡是在强盗机会中可能强奸妇女的案件，即使行为人没有强奸妇女的犯意与行为，也可能被认定为强盗强奸罪的未遂。这显然不合理。因此，只有当行为人实施强盗罪后开始实施强奸妇女的行为时，才是强盗强奸罪的着手。[③] 基于同样的理由，在绑架杀人的场合，开始实施杀人行为时，才是绑架杀人这一结合犯的着手；开始实行绑架行为时，只是绑架罪的着手，而非绑架杀人的着手。如果认为绑架罪的着手也是绑架杀人的着手，那么，凡是在绑架过程中可能杀害被绑架人的案件，即使行为人没有杀害被绑架人的犯意与行为，也可能被认定为绑架杀人的未遂。这明显不合适。结合犯也存在既遂与未遂之分。但结合犯的既遂与未遂与被结合的前罪没有关系，只是取决于被结合的后罪是既遂还是未遂。例如，在日本，“通说与判例认为，本罪（指强盗强奸罪——引者注）的未遂与强

---

① 例如，日本的曾根威彦教授指出：“强盗强奸罪，是强盗犯罪人强奸女子的犯罪，是强盗罪与强奸罪的结合犯。由于主体是强盗犯罪人，故即使强奸犯罪人在强奸的机会中实施强盗行为的，也不是本罪，而成立强奸罪与强盗罪的并合犯。”参见［日］曾根威彦：《刑法各论》，日本弘文堂 2001 年第 3 版，第 139 页。另可参见［日］前田雅英：《刑法各论讲义》，东京大学出版会 1999 年第 3 版，第 216 页；载日本最高裁判所 1959 年 12 月 24 日判决，载日本《最高裁判所刑事判例集》第 3 卷第 12 号，第 2114 页。

② 日本最高裁判所 1955 年 12 月 23 日判决，载日本《最高裁判所刑事判例集》第 9 卷第 14 号，第 2957 页。

③ 张明楷著：《未遂犯论》，法律出版社 1997 年版，第 114 页以下。

盗的未遂、既遂无关，强奸未遂即是本罪的未遂。”[①] 又如，山口厚教授在论述强盗强奸罪时指出：“本罪是强盗罪与强奸罪的结合犯。强盗犯人，不仅包括强盗既遂犯人，而且包括强盗未遂犯人。根据通说，本罪的既遂、未遂取决于强奸的既遂、未遂，因此，强盗强奸罪，由强盗既遂罪与强奸罪的结合犯、强盗未遂犯与强奸罪的结合犯两种类型组成。”[②] 基于同样的理由，在绑架杀人的场合，结合犯的既遂与未遂取决于杀人的既遂与未遂。

结合犯的未遂不仅具有形式的意义，而且具有实际意义：对于结合犯的未遂应当在适用结合犯的法定刑的同时，适用刑法总则关于犯罪未遂的规定。例如，日本刑法典对强盗强奸罪、强盗杀人罪、强盗伤人罪设置了未遂犯的处罚规定，因此，对于这些结合犯的未遂，在适用分则所规定的较重法定刑的同时，必须同时适用刑法总则关于未遂犯从宽处罚的规定。基于同样的理由，如果绑架杀人未遂的，应当在适用“处死刑”的法定刑的同时，适用刑法总则关于未遂犯“可以比照既遂犯从轻或者减轻处罚”的规定。

对绑架杀人未遂的，适用刑法第239条“杀害被绑架人，处死刑”的规定，同时适用刑法关于未遂犯从轻、减轻处罚的规定，有以下优点：（1）有利于实现罪刑相适应原则。应当判处死刑的，依然可能判处死刑；不应当判处死刑的，可以适用对未遂犯减轻处罚的规定，[③] 判处无期徒刑。这样既不会导致刑罚过于严厉，有利于减少死刑，也不至于轻纵犯罪。（2）有利于处理绑架杀人中止。与对绑架杀人未遂的处理结论相一致，对于绑架杀人中止的，应当适用刑法第239条“杀害被绑架人，处死刑”的规定，同时适用刑法关于中止犯减免处罚的规定。由于免除处罚以没有造成损害为前提，而绑架杀人中止表现为在绑架过程中杀人中止，绑架行为已经侵害了被绑架人的人身自由，属于造成了损害，所以，对绑架杀人中止的，在适用“处死刑”的法定刑的同时，还

① ［日］曾根威彦著：《刑法各论》，日本弘文堂2001年第3版，第139页。

② ［日］山口厚：《刑法各论》，日本有斐阁2003年版，第237～238页。

③ 由于法定刑为绝对的死刑，所以，从轻处罚不具有实质意义。

必须适用总则关于中止犯"造成损害的，应当减轻处罚"的规定。这既有利于鼓励行为人中止犯罪，保护被绑架人的生命，也能做到罪刑相适应。(3) 有利于限制法官权力。根据这一方案，法官对绑架杀人未遂、中止乃至预备的各种情形，都具有适用法律的统一标准，即在适用分则的"处死刑"的法定刑时，必须同时适用总则关于相应犯罪形态的规定，从而确定相应的刑罚。(4) 有利于克服前述几种方案的缺陷。例如，由于对绑架杀人未遂同时适用未遂犯的规定，因而不存在与"杀害"的通常含义不相符合的问题；由于并不因为杀人未遂而认定为数罪，所以不存在由既遂与未遂决定一罪与数罪的问题；由于不以情节是否严重来决定是适用"处死刑"的规定还是认定为数罪，故不存在由情节严重与否决定一罪与数罪的问题，如此等等。

综上所述，对于绑架杀人这一犯罪类型，应当解释为结合犯；对于绑架杀人未遂的，应当适用刑法第239条"杀害被绑架人，处死刑"的规定，同时适用刑法关于未遂犯从轻、减轻处罚的规定。

（本文发表于《法学评论》2006年第3期）

绑架罪中“杀害被绑架人”新论

王志祥

1996年修正的《中华人民共和国刑法》（以下简称刑法）第239条第1款规定：“以勒索财物为目的绑架他人的，或者绑架他人作为人质的，处十年以上有期徒刑或者无期徒刑，并处罚金或者没收财产；致使被绑架人死亡或者杀害被绑架人的，处死刑，并处没收财产。”其中，“致使被绑架人死亡”与“杀害被绑架人”作为两种并列的法定刑升格事由，被规定了绝对确定的法定刑——死刑。由于绑架罪属于严重侵犯人身权利的传统犯罪类型，加之刑法对其规定了严厉的法定刑，因此，其历来是学者关注、研究的重点；尤其是对于“致使被绑架人死亡”与“杀害被绑架人”两种法定刑升格事由的理解和适用，由于直接关系到行为人的生死，刑法学界和司法实务部门都积极进行了探讨，发表了一些研究成果。一般而言，“致使被绑架人死亡”是指在绑架过程中由于绑架行为过失造成被绑架人死亡，这是一种典型的结果加重犯的立法类型。与“致使被绑架人死亡”中所蕴涵的过失罪过形式不同，在“杀害被绑架人”的场合，行为人的主观罪过形式只能是故意。但是，对于“杀害被绑架人”包括哪些具体表现形式、属于何种犯罪形态以及针对被绑架人实施杀人行为而被绑架人未死亡的情形应如何处理，刑法学界还存在诸多争论，司法实务部门处理的结果也不完全相同。笔者下面拟就这三个问题略抒己见，以求教于方家。

一、“杀害被绑架人”的具体表现形式

立法者将“杀害被绑架人”规定为绑架罪的法定刑升格事由，其主要意图在于：针对“杀害被绑架人”的情况不实行数罪并罚而是规定明确的法定刑，是为了避免出现因适用数罪并罚原则可能导致实际判处的刑罚与该种情形的严重社会危害性不相适应的现象。那么，哪些情形可以被评价为“杀害被绑架人”呢？

笔者认为，在回答这一问题之前，针对刑法学界在理解该问题上存在的分歧，有必要就下述三个问题作些探究。

（一）“杀害被绑架人”只能存在于非法控制人质阶段

刑法学界一般认为，绑架罪属于继续犯；自行为人着手实行绑架人质的行为时起到人质的人身自由被恢复时止，绑架行为以及由该行为所造成的人质人身自由被剥夺的不法状态同时一直处于持续过程之中。这一过程可以分为两个阶段：一是通过采取拘禁或其他暴力、胁迫等方法绑架人质的阶段；二是非法控制人质的阶段。前一阶段是绑架罪达到既遂状态所必需的阶段，而后一阶段则是绑架罪达到既遂状态以后，绑架行为终了以前所经过的阶段。从司法实践来看，自行为人着手实行绑架他人的行为开始到绑架行为终了的整个过程中，行为人都有可能杀害被绑架人。那么，是否所有发生在绑架犯罪过程中的故意杀害被绑架人的情形都应当被评价为“杀害被绑架人”呢？

对此，有学者明确指出，行为人在绑架过程中包括绑架人质阶段采用暴力将被害人杀害的，符合“杀害被绑架人”的规定，应当适用绑架罪一罪名。① 笔者对这种观点不敢苟同。笔者认为，“杀害被绑架人”只能发生在非法控制人质阶段。换句话说，在绑架犯罪过程中，“杀害被绑架人”仅限于行为人在将被绑架人置于实力控制下之后，出于各种原因故意杀死被绑架人的情形。而在绑架人质阶段，行为人在企图通过暴力等手段控制被害人的过程中故意杀死被害人的，不能认定为“杀害被绑架人”。这正如有的学者所言，“杀害被绑架人”显然是指绑架后故意杀人。其中的杀人，是指在绑架的犯罪中又独立于绑架之外的杀人。② 换句话说，绑架罪的基本行为（绑架行为）是不可能包含故意杀人行为的。③

将绑架人质阶段行为人杀害被害人的情形排除在“杀害被绑架人”

---

① 于国旦著：《侵犯公民人身权利、民主权利罪重点疑点难点问题判解研究》，人民法院出版社 2005 年版，第 200 ~ 201 页。

② 张明楷著：《刑法学》，法律出版社 2007 年版，第 667 页。

③ 张明楷：《绑架罪中“杀害被绑架人”研究》，载《法学评论》2006 年第 3 期。

范围以外的主要理由是：绑架罪的实质是行为人通过暴力控制被害人的人身，利用其亲属或其他利害关系人对人质安危的忧虑以达到勒索财物的目的或满足其他不法要求。不论以何种方法实施绑架行为，它都必须是一种将他人置于暴力支配之下、使他人丧失人身自由的行为，这可以说是绑架行为的本质。而绑架人质阶段的故意杀人行为则是一种使他人生命丧失的行为，这与绑架行为的本质显然不相吻合。如果行为人在绑架人质阶段就针对人质实施杀人行为，所谓的"以实力控制被害人的人身"以及利用人质的亲属或其他利害关系人对人质安危的忧虑以勒索财物或实现其他不法要求便皆无从谈起。也就是说，在绑架人质阶段，行为人使用暴力等手段压制被害人的反抗以达到控制被害人人身自由的目的时，这里的"暴力"可以表现为故意致被害人轻伤、重伤，但不可能达到故意杀人的程度。①

还需要说明的是，对绑架犯罪过程中的"杀害被绑架人"与抢劫犯罪过程中的"致人死亡"不能作同一理解。虽然我国刑法学界一般都认为，绑架罪的实施方法与抢劫罪的手段行为基本相同，都表现为"暴力、胁迫或者其他方法（手段）"，② 但两罪中"暴力"的含义并不完全

① 当然，"暴力"可以表现为过失致被害人死亡，即"致使被绑架人死亡"可以发生在绑架人质阶段。不过，绑架罪中的"暴力"可以表现为故意伤害，并不意味着在绑架人质阶段只要行为人实施了旨在排除人质反抗的故意伤害行为，就应毫无例外地以绑架罪论处。具体说来，如果绑架人质阶段的故意伤害行为不符合"以特别残忍手段致人重伤造成严重残疾的"这一规定（如故意伤害致人轻伤，或虽致人重伤，但尚未造成严重残疾，或虽造成严重残疾，但未使用特别残忍手段），则此时的故意伤害行为就可以被认为是已被包括在绑架罪"暴力"的评价范围之内。因为根据刑法第 234 条、第 239 条的规定，对此时的故意伤害行为如以故意伤害罪论处，法定最高刑为 10 年有期徒刑，而此时的绑架罪的法定最高刑则为无期徒刑。而如果绑架人质阶段的故意伤害行为符合"以特别残忍手段致人重伤造成严重残疾的"这一规定，对此以故意伤害罪论处，法定最高刑为死刑，而以绑架罪论处，法定最高刑则为无期徒刑。这样，按照想象竞合犯"从一重处断"的处罚原则，便应以故意伤害罪论处。

② 高铭暄、马克昌主编：《刑法学》，北京大学出版社、高等教育出版社 2000 年版，第 484 页。

相同。在抢劫罪中，行为人的目的是当场劫取被害人的财物，杀人的故意与当场劫取财物的目的可以并存，因此，抢劫罪中的“暴力”可以达到故意杀人的程度，这样就能够彻底排除被害人的反抗。从司法实践来看，先杀人然后当场取财也往往是某些穷凶极恶的犯罪人的惯用伎俩。而与此不同的是，在绑架罪中，行为人则是企图以暴力控制被害人的人身，以此来威胁被害人的亲属或其他利害关系人交付财物或满足其他不法要求。这样，在绑架人质阶段，杀人的故意与控制被害人人身的目的便不可能共存；在这一阶段行为人如果故意杀害被害人，那么被害人也就失去了“人质”的意义，行为人就无法再利用他人对被害人人身安危的忧虑来达到勒索财物或获取其他非法利益的目的了。

笔者认为，从本质上看，在绑架人质阶段杀害被害人的行为，是指行为人在着手实行绑架行为之后，由于出现了意志以外的原因（如被害人激烈反抗等），在无法继续实施绑架行为、不能以暴力控制被害人的情况下转而实施的具有独立评价意义的故意杀人行为。因此，对于在绑架人质阶段杀害被害人的行为，应当认定为绑架罪（未遂）与故意杀人罪，并实行数罪并罚。

（二）绑架人的不法要求是否实现不影响“杀害被绑架人”行为的成立

对于绑架人不法要求的实现是否影响“杀害被绑架人”成立的问题，有学者指出：“杀害被绑架人，是指行为人在遇被害人激烈反抗、发现勒索财物的目的绝对不可能达到时，为杀人灭口而将被绑架人故意杀害的行为。”① 也有学者认为：“‘杀害被绑架人的’是指行为人实施绑架后因勒索未得逞或不法要求得不到满足而杀害被绑架人的。”② 此外，还有学者进一步指出，行为人在勒索财物成功以后，本拟释放人质，但又担心人质为破案提供重大线索，进而采用重伤或杀害办法来处理人质，对此种情况，应按绑架罪与故意伤害罪或故意杀人罪实行数罪

① 陈兴良、周光权著：《刑法学的现代展开》，中国人民大学出版社 2006 年版，第 575 页。

② 陈立、李兰英著：《刑法分则的理论与实务》，科学出版社 2006 年版，第 191 页。

并罚。[①] 司法实务部门也有人认为，根据刑法第239条的规定，在绑架过程中，致被绑架人轻伤、重伤或死亡的，定绑架罪无异议，但对绑架勒索行为实施完毕后，即勒索到钱财后，杀害被绑架人灭口的，应同时定绑架罪和故意杀人罪。这是因为刑法第239条中所指的“杀害被绑架人”，仅包括以勒索财物为目的的杀害，不包括其他目的的杀害。行为人在勒索到钱财后，为灭口而将被害人杀害，应定绑架罪和故意杀人罪。如同抢劫罪一样，行为人实施抢劫后，为灭口而故意杀人的，依照最高人民法院的有关批复，应以抢劫罪和故意杀人罪定罪，实行数罪并罚。[②] 按照上述观点，只有行为人未勒索到财物或其他不法要求得不到满足时杀害被绑架人的，才属于刑法第239条规定的“杀害被绑架人”；一旦行为人勒索到财物或其他不法要求得到满足，再杀害被绑架人的，就不能再适用“杀害被绑架人”这一规定，而应独立构成故意杀人罪。

笔者认为，上述观点均不适当地缩小了“杀害被绑架人”的适用范围。在笔者看来，行为人是否勒索到财物或其他不法要求是否得到满足，不应当影响“杀害被绑架人”的认定。不可否认，在司法实践中经常会发现行为人在勒索财物的目的或其他不法要求没有实现的情况下，为了证明其先前的胁迫内容而杀害被绑架人的情形（俗称“撕票”），但是，我们不能由此认为在勒索财物的目的或其他不法要求已经实现的情况下，行为人为了灭口等原因而在控制人质状态持续过程中所实施的杀害被绑架人的行为就不属于刑法第239条规定的“杀害被绑架人”行为。实际上，行为人无论是在不法要求提出以前、不法要求未得逞的情况下将被害人杀死，还是在不法要求已经实现的情况下将被绑架人杀死，都只是“杀害被绑架人”的不同具体表现形式而已，并不影响犯罪性质的认定。如果对不法要求实现后为灭口而杀害被绑架人的行为以故意杀人罪和绑架罪实行并罚，那么在此种情况下，绑架罪的主刑法定刑幅度只能是“10年以上有期徒刑或者无期徒刑”，而故意杀人罪的法定

① 郭立新、黄明儒主编：《刑法分则适用典型疑难问题新释新解》，中国检察出版社2006年版，第312页。

② 最高人民法院中国应用法学研究所编：《人民法院案例选》（2004年刑事专辑），人民法院出版社2005年版，第251页。

最高刑当然也是死刑，但其并非绝对的死刑，这样就有可能出现实行并罚后所实际判处的刑罚反而比不实行并罚而在只认定为绑架罪一罪（刑法对此规定的是绝对的死刑）时所判处的刑罚轻的现象，这显然背离了通过提升“杀害被绑架人”的法定刑从而更好地贯彻罪责刑相适应原则的立法意图。而且，不法要求实现后为灭口而杀害被绑架人的行为与因不法要求未实现而杀害被绑架人的行为相比，其社会危害性程度更为严重。如果对前者不适用绝对的死刑却对后者予以适用，则显然有悖常理。

另外，以抢劫后为灭口而故意杀人应实行数罪并罚来作为对“勒索到钱财后为灭口而将被绑架人杀害的情形也应实行数罪并罚”的论据，也是不合适的。这是因为，就犯罪形态而言，抢劫罪与绑架罪是有明显区别的。抢劫罪是状态犯，行为人将财物抢到手后，犯罪即告完成，但犯罪分子占有赃物的状态并未就此结束，财产一直处于犯罪分子不法控制的状态。而前已述及，绑架罪是继续犯；行为人从着手实行绑架他人的行为时起到被绑架人人身自由被恢复时为止，其绑架行为以及由该行为所造成的被害人人身自由被剥夺的不法状态一直都处于持续过程之中。在抢劫罪既遂以后，尽管不法状态处在持续之中，但犯罪行为已实行终了。在这种情况下，行为人为灭口而实施的杀人行为已不可能包容在抢劫罪（抢劫致人死亡）的犯罪构成中加以评价，因为既然抢劫行为本身已不存在，何谈“抢劫致人死亡”！而在绑架行为既遂以后，绑架行为本身可能仍然处在持续状态。在这种情况下，行为人为灭口而实施的杀害被绑架人的行为实际上处在绑架过程中，仍可以包容在绑架罪（杀害被绑架人）的犯罪构成中予以评价，因为被害人仍然属于被绑架人。当然，在绑架行为终了即绑架状态结束以后，被害人已经恢复了人身自由，行为人又出于各种原因杀害被害人的，则已经超出了绑架罪犯罪构成的评价范围，应单独定故意杀人罪而与绑架罪实行数罪并罚。

（三）对于先将被害人杀死然后谎称被害人已被绑架以提出勒索巨额财物要求的情形应区别对待

在司法实践中还存在着先将被害人杀死然后谎称被害人已被绑架以向相关人员提出勒索巨额财物要求的情形。有学者认为，此种情形也属于"杀害被绑架人"，应当以绑架罪一罪论处，[①] 也有学者认为应当以故意杀人罪和绑架罪实行数罪并罚，[②] 还有学者认为应以故意杀人罪和敲诈勒索罪实行数罪并罚。[③] 笔者认为，这三种观点均有不妥之处。持第一种观点的学者认为，对上述情形应当以绑架罪一罪论处，适用"杀害被绑架人"这一规定。但如前所述，只有在非法控制人质阶段出现的杀害被绑架人的情形才能被评价为刑法第239条中的"杀害被绑架人"。先将被害人杀死再谎称被害人已被绑架然后向相关人员提出不法要求的，显然不属于非法控制人质阶段的"杀害被绑架人"的行为。持第二种观点的学者主张，对上述情形应以故意杀人罪和绑架罪实行数罪并罚。其不妥之处在于，杀人后的单纯勒索财物行为不可能构成绑架罪，只有通过暴力、胁迫等方法压制被害人的反抗，将被害人置于行为人控制之下的行为才能成立绑架罪。如果认为杀人行为与勒索财物的行为共同构成绑架罪，那么行为人只实施一个杀人行为，又怎么能够按照故意杀人罪和绑架罪同时评价呢？持第三种观点的学者认为，对上述情形应当以故意杀人罪和敲诈勒索罪实行数罪并罚，其认识到一个杀人行为不能被重复评价，这是值得肯定的，但是由于其忽略了行为人具体主观犯意的差异对行为定性的影响，失之全面。

笔者认为，对于上述情形应当结合行为人主观犯意的不同予以区别对待：（1）行为人事先并无绑架勒索的意图，而是出于其他原因（如仇恨）杀害被害人之后临时起意，谎称被害人被绑架而向相关人员提出勒

---

① 郭立新、黄明儒主编：《刑法分则适用典型疑难问题新释新解》，中国检察出版社2006年版，第312页；刘树德：《绑架罪案解》，法律出版社2003年版，第100~102页；林亚刚、贾宇：《关于绑架及相关问题的几点探讨》，载《国家检察官学院学报》1997年第4期。

② 陈立、李兰英著：《刑法分则的理论与实务》，科学出版社2006年版，第191页；于国旦著：《侵犯公民人身权利、民主权利罪重点疑点难点问题判解研究》，人民法院出版社2005年版，第199页；肖中华：《关于绑架罪的几点思考》，载《法学家》2000年第2期。

③ 丁强、丁猛著：《侵犯公民人身权利、民主权利犯罪司法适用》，法律出版社2005年版，第229页；肖中华著：《侵犯公民人身权利罪》，中国人民公安大学出版社2003年版，第287页。

索巨额财物要求的。在这种场合，行为人实际上实施了前后相继的故意杀人行为与敲诈勒索行为。行为人在两种犯罪故意的支配下实施了两种相对独立的犯罪行为，对其应当以故意杀人罪和敲诈勒索罪实行数罪并罚。(2) 行为人主观上有绑架的故意，只是在绑架人质的过程中由于各种原因（如遇到被害人激烈反抗）才故意杀死被害人，而后谎称被害人被绑架而勒索巨额财物的。在这种场合，对行为人应当以绑架罪（未遂)、故意杀人罪和敲诈勒索罪实行数罪并罚。此时，杀人行为是在绑架犯罪行为未得逞的情况下独立实施的，勒索财物的行为也已不是在绑架故意支配下所为的行为，因而具有相对独立评价的意义。

综上所述，笔者认为，绑架罪中的“杀害被绑架人”行为只能存在于非法控制人质的阶段，其具体表现为以下几种情形：(1) 在非法控制他人以后因勒索财物未成或者其他不法要求没有实现而杀害人质的；(2) 在非法控制他人以后先故意杀害人质，然后再隐瞒人质已经死亡的事实而提出不法要求的；(3) 人质在被控制以后，因反抗、逃跑而被绑架人杀害的；(4) 行为人在绑架他人勒索到财物后，发现被勒索的财物已在自己的控制范围之内，出于灭口或防止人质向侦查机关提供破案线索而杀害人质的。

二、“杀害被绑架人”的犯罪形态

关于绑架罪中的“杀害被绑架人”的情形究竟属于何种犯罪形态，刑法学界存在多种不同的观点。现举其要者如下：(1) 结果加重犯。有学者认为，“杀害被绑架人”与“致使被绑架人死亡”显然都是作为结果加重犯来规定的。① (2) 结合犯。有学者主张，结合犯应包括两种基本的形式：其一，甲罪 + 乙罪 = 甲罪（或乙罪）；其二，甲罪 + 乙罪 = 丙罪（或甲乙罪）。② 据此，“杀害被绑架人”属于结合犯。(3) 包容犯。有学者指出，所谓包容犯，是指行为人在实施某一犯罪的过程中又

① 王作富主编：《刑法分则实务研究》，中国方正出版社 2007 年版，第 930 页。

② 刘宪权、桂亚胜：《论我国新刑法中的结合犯》，载《法学》2000 年第 8 期。

实施了另一犯罪，但刑法明文规定将后一犯罪作为前一犯罪的加重处罚情节而不实行数罪并罚的情况。在刑法第239条中，行为人在实施绑架罪的过程中又实施了故意杀人罪，但是刑法明文规定不以绑架罪与故意杀人罪实行数罪并罚，而是将故意杀人罪作为绑架罪的加重处罚情节，直接以绑架罪论处。因此，这就形成了包容犯，即绑架罪包含了故意杀人罪。[①]（4）合并犯。有学者认为，合并犯是指行为人在实施一个独立犯罪的过程中或者犯罪以后，又实施了另一独立犯罪，法律明文规定按照其中一罪定罪处罚的犯罪形态。依据刑法第239条的规定，行为人实施绑架行为，应构成绑架罪，而杀害被绑架人的行为，又构成故意杀人罪，刑法将其合并为一罪，即以绑架罪一罪定罪量刑。[②]（5）兼容犯。有学者认为，绑架罪与故意杀人罪在构成要件上存在交叉重叠关系。这种由部分犯罪构成要件的事实发生交叉重叠而形成的犯罪形态，可称之为“兼容犯”。[③]（6）行为加重犯。所谓行为加重犯，是指以行为作为加重因素的犯罪形态。有学者认为，刑法第239条规定的绑架罪中的“杀害被绑架人”行为属于以行为为加重因素，以加重形式处罚的行为加重犯类型。[④]

前已述及，“杀害被绑架人”是指行为人在绑架罪既遂以后绑架行为所造成的控制人质的不法状态持续过程中杀死被绑架人的行为。这里的“杀死被绑架人”行为原本是符合故意杀人罪构成要件而具有独立评价意义的行为，并且如果立法者没有将“杀害被绑架人”作为绑架罪法定刑升格的事由予以特别规定的话，那么在行为人杀死被绑架人的情况下，就应当以绑架罪与故意杀人罪实行数罪并罚。但是，这里也存在一个问题，那就是如何理解这种行为人在实施某一犯罪的过程中又实施另一犯罪，而刑法明文规定以其中一罪论处而不实行数罪并罚的问题。

---

① 初炳东等：《论新刑法中的包容犯与转化犯》，载《法学》1998年第6期。

② 孙国祥：《合并犯综论》，载《江海学刊》2004年第2期。

③ 刘树德：《绑架罪罪数认定研究》，载《中国刑事法杂志》2003年第3期。

④ 楼伯坤著：《行为加重犯研究》，知识产权出版社2006年版，第189页。

之所以会出现这个问题，主要是基于以下三点理由：

（1）这种情形不属于结果加重犯。结果加重犯，是指行为人在实施基本犯罪构成要件行为的过程中，发生了基本犯罪构成要件以外的重结果，因而刑法规定加重刑罚的犯罪形态。由此可见，结果加重犯的加重结果必须由基本犯罪行为所引起。而绑架罪中“杀害被绑架人”的行为是行为人在绑架行为之外独立实施的，被绑架人死亡的结果是由独立于绑架行为之外的杀人行为引起的，被绑架人死亡的结果与绑架行为之间并不存在因果关系。因此，“杀害被绑架人”行为并不具备结果加重犯的构成特征。

（2）这种情形也不属于结合犯。笔者注意到，不仅前文提到的论者认为结合犯包括“甲罪 + 乙罪 = 甲罪（或乙罪）”这种情形，进而将“杀害被绑架人”归入结合犯之列，而且张明楷教授近来也明确表示，“杀害被绑架人”的情形属于结合犯，并提出了以下三点理由：其一，日本刑法学理论在定义结合犯时，并没有附加“规定为一个新罪”的特征。其二，将甲罪与乙罪结合为丙罪还是将甲罪与乙罪结合为甲罪或乙罪的加重情形，并不存在实质差异，因为是否结合为新罪名在很大程度上取决于对罪名的理解与确定。而且在此问题上，如何确定罪名，也不应影响罪数的认定。其三，结合犯的定义应根据本国刑法的相关规定予以确定，没有必要根据国外的典型结合犯确定结合犯的定义。①

笔者认为，所谓结合犯，是指数个各自独立的犯罪行为，根据刑法的明文规定结合而成为另一个独立的新罪的犯罪形态。② 结合犯可以用公式表述为：甲罪 + 乙罪 = 甲乙罪（丙罪）。在“杀害被绑架人”的场合，故意杀人行为是作为绑架罪的加重事由予以规定的，这并不符合结合犯中“结合而成为另一个独立的新罪”的要求，因而不属于结合犯。至于张明楷教授提出的三点理由，笔者认为都难以成立。具体言之：其一，尽管日本刑法学理论并没有明确指出刑法将结合犯“规定为一个独

---

① 张明楷：《绑架罪中“杀害被绑架人”研究》，载《法学评论》2006 年第 3 期。

② 高铭暄、马克昌主编：《刑法学》，北京大学出版社、高等教育出版社 2000 年版，第 484 页。

立的新罪”是结合犯的必备特征，但通过联系上下文理解学者们给结合犯所下的定义，还是能够得出“结合后的犯罪应当被刑法规定为一个独立的新罪”的结论。例如，日本学者久礼田益喜指出：“所谓结合犯，指分别可能构成一个犯罪的数个不同种类的行为，依照法律的规定被结合，构成特别的法律上的一罪的情况。”① 这里所说的“特别的法律上的一罪”，实际上就是指刑法规定的与结合前之罪有所不同的新罪。况且，结合犯也不是国外学者的主观臆造，而是通过总结实定法中的立法例归纳出的概念。到目前为止，笔者所见到的国外学者列举刑法中结合犯的立法例全部都是“甲罪＋乙罪＝甲乙罪（或丙罪）”模式，而从来没有见过“甲罪＋乙罪＝甲罪（或乙罪）”这种形式的例证。这就足以说明，在讨论结合犯的概念时还是应当坚持“刑法规定为一个新罪”作为其基本要求。其二，是将甲罪与乙罪结合为丙罪还是将甲罪与乙罪结合为甲罪或乙罪的加重情形，并非没有实质差异。前者是将甲罪与乙罪结合为一个新罪，这是典型的结合犯的立法模式；而在后者之中，甲罪（或乙罪）仍然保持独立性，另一个罪则失去独立评价的意义而作为甲罪（或乙罪）法定刑升格的事由，全部行为仍旧在甲罪（或乙罪）的评价范围之内。两者属于不同的立法模式，具有明显的差异。其三，在刑法学的规范研究中，我们固然要坚持自己的特色，但类似“结合犯”之类的概念毕竟是纯粹的“舶来品”，而且我国的刑事立法也没有典型的结合犯的立法规定。② 在没有相应立法例予以支撑的情况下，贸然修改在国外已经成型的结合犯概念，其在理论上的风险是不容忽视的。而且，这种随意扩大结合犯内涵与外延的做法也不利于我们在共同的语境下与国外

---

① 转引自马克昌：《比较刑法原理》，武汉大学出版社2002年版，第763页。

② 这是我国大多数学者的共识。具体观点可参见陈庆安：《结合犯立法刍议》，载《河南师范大学学报》（哲学社会科学版）2003年第6期；熊振斌：《也谈结合犯——与李江洪老师商榷》，载《上海公安高等专科学校学报》1999年第2期；宋建立、逄锦温：《试论结合犯在我国的现状及立法》，载《法学论坛》1996年第3期；高铭暄、黄京平：《论结合犯》，载《中国法学》1993年第3期。

同仁进行学术交流。

(3) 上述“包容犯”、“合并犯”、“兼容犯”、“行为加重犯”四种提法，都是对“杀害被绑架人”这种情形的“中国式”概括，但是到底应该使用哪个概念能更贴切地评价该种情形却值得斟酌。

笔者认为，前述论者主张的“合并犯”概念在内容表述上与“包容犯”并无实质区别，所表达的都是同一含义，但“合并犯”这一概念未能反映出不同犯罪之间的包容评价关系，因而略显不足。“兼容犯”的表述旨在凸显在绑架人质阶段杀害被害人的情形中绑架罪与故意杀人罪存在构成要件上的重叠交叉关系。这一表述的提出者同时认为，对于这种部分犯罪构成要件的交叉重叠现象，如按数罪并罚处理，势必导致部分犯罪事实被重复评价。① 但是，这里存在的问题是，在绑架人质阶段杀害被害人的情形中并不存在所谓的“构成要件上的重叠交叉关系”，而是成立绑架罪（未遂）和故意杀人罪两种犯罪；而在非法控制人质阶段杀害被绑架人这种情形中则存在两个独立的构成要件事实，两者之间也不会存在交叉重叠关系，自然不存在重复评价的问题。因此，“兼容犯”这一概念亦难以准确评价刑法第239条中“杀害被绑架人”这一情形。“行为加重犯”的提法颇具新意，也确实能够说明刑事立法中的一些特殊现象。例如，在刑法第133条规定的交通肇事罪中，对交通肇事与逃逸行为的关系就可以用“行为加重犯”这一概念来解释。② 不过，交通肇事罪中的“逃逸行为”属于刑法未予以独立评价的非犯罪行为，其与结果加重犯中的加重结果、数额加重犯中的加重数额属于同一层面的加重因素，而刑法第239条中“杀害被绑架人”的行为则原本就是刑法予以独立评价的构成故意杀人罪的犯罪行为。因此，交通肇事罪中的“逃逸行为”与绑架罪中的“杀害被绑架人”行为虽然均属于加重因素，但两者存在本质区别。换句话说，行为加重犯是在普通犯罪构成之外出现了新的行为要素，其加重因素不可能是犯罪行为；而与此相反，“杀害被绑架人”的情形是在普通的绑架罪犯罪构成之外，又出现了刑法原

---

① 刘树德：《绑架罪罪数认定研究》，载《中国刑事法杂志》2003年第3期。

② 楼伯坤、林国蛟：《行为加重犯研究》，载《法学家》2005年第2期。

本予以独立评价的故意杀人行为。由此可见，用“行为加重犯”这一概念来评价绑架罪中具有相对独立性的故意杀人行为并不恰当。

笔者注意到，张明楷教授在将“杀害被绑架人”情形认定为结合犯的同时，对“包容犯”的概念提出了质疑：“包容犯”概念给人的感觉是轻罪中包容了重罪，也不能解决所谓“包容犯”的既遂与未遂的区分标准问题。例如，根据“包容犯”概念，交通肇事罪包容了间接故意杀人，这多少有些令人不可思议。再如，如果说包容犯是前罪包容了后罪，那么既遂与未遂是以前罪的既遂、未遂为标准还是以后罪的既遂、未遂为标准呢？例如，行为人强奸妇女未遂后迫使其卖淫的，是否适用“强奸后迫使卖淫”的法定刑？如适用，那么是否同时适用刑法总则关于未遂犯的规定？[①] 对于上述质疑，笔者提出以下两点反驳理由：(1) 确实有人认为“交通肇事罪包容间接故意杀人”的情形属于“包容犯”，[②] 但这纯属对“包容犯”这一概念的误读，因为在交通肇事罪的立法中根本就不存在所谓的“交通肇事罪包容间接故意杀人”的情形。刑法第133条规定：“违反交通运输管理法规，因而发生重大事故，致人重伤、死亡或者使公私财产遭受重大损失的，处三年以下有期徒刑或者拘役；交通运输肇事后逃逸或者有其他特别恶劣情节的，处三年以上七年以下有期徒刑；因逃逸致人死亡的，处七年以上有期徒刑。”而2000年11月10日最高人民法院《关于审理交通肇事刑事案件具体应用法律若干问题的解释》（以下简称《解释》）第5条第1款规定：“‘因逃逸致人死亡’，是指行为人在交通肇事后为逃避法律追究而逃跑，致使被害人因得不到救助而死亡的情形。”同时，《解释》第6条规定：“行为人在交通肇事后为逃避法律追究，将被害人带离事故现场后隐藏或者遗弃，致使被害人无法得到救助而死亡或者严重残疾的，应当分别依照刑法第二百三十二条、第二百三十四条第二款的规定，以故意杀人罪或者故意伤害罪定罪处罚。”由此看来，对行为人交通肇事后逃逸致人死亡的行

---

① 张明楷：《绑架罪中“杀害被绑架人”研究》，载《法学评论》2006年第3期。

② 郝守才：《论包容犯与我国刑法立法》，载《河南省政法管理干部学院学报》2001年第3期。

为以交通肇事罪论处，是以排除故意杀人罪的成立为前提的。相应地，指责“包容犯”概念可能导致轻罪包容重罪这种让人不可思议的现象也就失去了论据的支持。(2)“包容犯”在内部结构上由包容之罪与被包容之罪组成，对“包容犯”既遂、未遂的判断自然也就不能脱离对包容之罪与被包容之罪既遂、未遂的判断。具体而言，只有在包容之罪与被包容之罪均达到既遂状态的情况下，才能够认为“包容犯”达到既遂状态；在包容之罪与被包容之罪中只要有一罪处在未遂状态，即使其他犯罪达到既遂，也只能认为“包容犯”处在未遂状态。据此，行为人在强奸妇女未遂后迫使其卖淫的，应当适用“强奸后迫使卖淫”的法定刑，同时按照刑法总则关于犯罪未遂的规定进行处罚。①

笔者不同意张明楷教授的上述质疑并不意味着笔者就完全赞成“包容犯”这一提法。就绑架罪中的“杀害被绑架人”而言，行为人实质上实施了绑架行为和杀人行为，其行为原本同时触犯了绑架罪和故意杀人罪两个罪名，而且这两个行为之间也不存在主客观上的必然联系，然而刑法第239条却将其中的杀人行为作为绑架行为的加重构成的事由予以规定，只以其中的绑架行为触犯的绑架罪定罪处罚。也就是说，故意杀人罪被立法者作为加重构成的要素包容在绑架罪中予以评价，绑架罪包容了故意杀人罪。从这种意义上讲，“包容犯”这一概念能够很好地体现两罪之间的包容评价关系。但不能忽视的是，该概念没有反映出被包容之罪作为包容之罪的加重构成事由这一特点，因此还不够完善。笔者认为，可以将行为人在实施某一犯罪的过程中又实施另一犯罪，而刑法明文规定以其中一罪论处，并规定加重法定刑的特殊犯罪形态称为“包容加重犯”。这样，不仅能够从罪的方面说明两种独立犯罪之间的包容关系，而且还能从刑的方面进一步体现出被包容之罪属于包容之罪的法定刑升格事由，从而全面揭示这一特殊犯罪形态的特点。

综上所述，笔者认为，刑法第239条中的“杀害被绑架人”是“包容加重犯”的典型形态。

三、对被绑架人未死亡情形的处理

在绑架犯罪过程的非法控制人质阶段对被绑架人实施故意杀人行为

① 对此问题，笔者拟在本文的第三部分予以展开。

并造成被绑架人死亡的情况下，应适用刑法第 239 条第 1 款后半段的规定，对行为人判处死刑，并处没收财产，这不存在任何疑问。这里需研讨的问题是，在没有出现被绑架人死亡结果的情况下，能否适用刑法第 239 条第 1 款后半段的规定？对此，刑法学理论界存在很大争议。笔者认为，行为人在绑架犯罪过程中的非法控制人质阶段对被绑架人实施故意杀人行为，但并未发生死亡结果，无论是行为人自动中止犯罪有效防止了死亡结果的发生，还是由于行为人意志以外的原因使得死亡结果没有出现，都应当适用刑法第 239 条第 1 款后半段关于“杀害被绑架人”的规定。理由如下：首先，我国刑法分则条文是以犯罪既遂形态为标本规定各个具体犯罪的，[①] 刑法总则只对犯罪的未完成形态规定了一般处罚原则，因此，具体犯罪的未完成形态只能比照既遂犯的法定刑进行处理。对此，有学者认为，刑法第 239 条中的“杀害被绑架人”不能适用于杀人未遂和预备的规定。[②] 但问题是：如果不适用刑法第 239 条中“杀害被绑架人”的规定，而刑法又没有为“杀害被绑架人”的未完成形态规定单独的法定刑，那么这就意味着在司法实践中只能对这种情况适用绑架罪基本罪的法定刑——10 年以上有期徒刑或者无期徒刑，而这样处理无疑是将故意杀人行为纳入绑架罪的基本犯中进行评价，显然是不合适的。其次，反对对杀害被绑架人未遂适用“杀害被绑架人”这一规定的学者的主要理由是加重犯不存在未遂。笔者认为，加重犯的犯罪构成与未遂犯的修正的犯罪构成之间存在交叉关系，两者并不相互排斥。在刑法学理论中，普通的犯罪构成与派生的犯罪构成是根据行为的社会危害性程度所作的划分，而基本的犯罪构成与修正的犯罪构成则是根据犯罪构成所依赖的犯罪形态是否典型所作的划分。这两种划分是依

---

① 关于刑法分则中具体犯罪的设置模式，存在“犯罪既遂模式论”与“犯罪成立模式论”之争。笔者赞同“犯罪既遂模式论”。相关论述，参见王志祥著：《危险犯研究》，中国人民公安大学出版社 2004 年版，第 200～229 页；王志祥、姚兵：《既遂模式说之论证及其展开》，载陈泽宪主编：《刑事法前沿》（第 3 卷），中国人民公安大学出版社 2006 年版，第 152～158 页。

② 高铭暄主编：《刑法专论》（下编），高等教育出版社 2002 年版，第 711 页。

据不同的标准所作的平行的、彼此并不排斥的划分，并不存在必然的对应关系。我们不能把普通的犯罪构成等同于基本的犯罪构成，而把派生的犯罪构成等同于修正的犯罪构成。实际上，普通的犯罪构成既可以是基本的犯罪构成，也可以是修正的犯罪构成；同样，作为派生犯罪构成类型的加重犯罪构成和减轻犯罪构成既可以是基本的犯罪构成，也可以是修正的犯罪构成。[①] 因此，在非法控制人质阶段，行为人对被绑架人实施杀害行为而由于意志以外的原因被绑架人未死亡的，同样可以成立“包容加重犯”的未遂。最后，反对在未发生被绑架人死亡结果的情况下适用“杀害被绑架人”的规定的学者的最大担心是唯恐对行为人处以绝对的死刑，因而有失罪刑的均衡。笔者认为，这种担心是没有必要的，因为能否适用“杀害被绑架人”的规定是一回事，而最终是否判处绝对的死刑是另一回事。在犯罪行为处于未完成形态时，以刑法分则既遂犯的规定为基础进行处理，并不意味着一定要原封不动地照搬既遂犯的法定刑，而是要将刑法分则具体犯罪的法定刑与刑法总则关于未完成形态的一般处罚原则结合起来，根据行为的具体社会危害性决定宣告刑。实际上，刑法总则规定未完成形态的一般处罚原则，就是为了将其与刑法分则中的既遂犯区别开来，以在具体犯罪处理中实现罪刑均衡的目标。

目前，我国刑法学界对于在司法实践中出现的行为人在控制人质阶段对被绑架人实施杀人行为而被绑架人未死亡情形的处理，还存在如下几种意见：

第一种意见是，对于故意杀害被绑架人未遂的，依然适用刑法第239条“杀害被绑架人”的规定，而不适用刑法关于未遂犯从轻、减轻处罚的规定。其理由是：（1）“杀害被绑架人”就其实质而言就是故意杀人的行为，只不过是在绑架犯罪过程中实施的故意杀人行为而已。而故意杀人存在杀死与未杀死两种结果，因此，“杀害被绑架人”也就存在杀死与未杀死的问题。这样，“杀害被绑架人”就应当是指“杀害”的行为而非“杀死”的结果。（2）故意杀人未遂的社会危害性重于过失致人死亡罪；同样，绑架犯罪中故意杀人未遂的社会危害性也必然重于

① 王志祥：《数额加重犯基本问题研究》，载《法律科学》2007年第4期。

绑架过失致人死亡。既然后者的法定刑为绝对的死刑，那么对前者更应当适用绝对的死刑。(3)“杀害被绑架人”属于情节加重而非结果加重；立法者评价“杀害被绑架人”的社会危害性并配置绝对死刑的基点是“杀害被绑架人”的行为危险性，而非“杀害被绑架人”的结果实害性。(4)以“杀害被绑架人”为加重结果不利于对在绑架中杀害人质后毁尸灭迹的犯罪分子的打击。这是因为，在将“杀害被绑架人”视为结果加重时必须要求有死亡事实的发生，而在没有找到被绑架人的尸体因而没有直接证明死亡事实证据的情况下，便不能对行为人适用死刑，这有违最大限度地保护被绑架人人身安全的立法本意。①

由此可见，持这种意见的人认为，“杀害被绑架人”是指行为人主观上具有致被绑架人死亡的故意并且实施了杀人行为，而并不要求该行为一定要产生致被绑架人死亡的结果。也就是说，论者是将“杀害被绑架人”与故意杀人行为同等看待，这就意味着“杀害被绑架人”既涵盖犯罪既遂的情形，也包括犯罪未遂等情形。如果这种意见成立，那么它必须具备一个基本的前提，即“杀害被绑架人”的既遂形态与未遂形态在构成要件要素方面具有完全的一致性，而不应当有任何差异。但是，在故意杀人既遂与故意杀人未遂的场合，前者与后者相比，在犯罪构成中包含了为后者所不需要的“死亡结果”这一因素。如果认为前者与后者在构成要件上是完全相同的，那就显然是无视前者在犯罪构成上所多出的结果要素，进而会将结果要素排除在故意杀人既遂的犯罪构成之外。因此，尽管故意杀人既遂与故意杀人未遂具有同质的犯罪构成，但它们在犯罪构成要件要素上的差异是不容否定的。这样，要求“杀害被绑架人”既涵盖故意杀人既遂又包括故意杀人未遂，事实上在立法上是无法实现的。实际上，我国刑法学通说认为，刑法分则条文是以犯罪既遂为标本进行设定的。也就是说，刑法分则条文中具体犯罪的罪状和法定刑是针对该犯罪的既遂形态而言的。在这一理论背景下，将刑法第239条所规定的“杀害被绑架人”理解为故意杀人既遂，便是顺理成章的认识结果。

---

① 曾亚杰：《如何理解“杀害被绑架人”》，载《人民法院报》2004年9月20日。

另外，支持此种意见的理由也是存在疑问的：（1）在法律未对条文用语的含义作出特别规定时，解释“杀害”一词的含义不能随意脱离人们日常所能理解的范畴而滥作扩大或限制解释。这也是法律解释所应遵循的一项基本原则。“杀害”一词在日常用语中的含义不仅仅包括“杀”的行为，更强调出现“害”即“死”的结果。[①]（2）刑法第239条对绑架行为死刑适用条件的规定，主要强调的是对被绑架人的生命安全的保护，而不是主观罪过性。也就是说，只要行为人的行为造成了被绑架人死亡的结果，不论其主观上是出于故意还是过失，均将受到死刑这种最严厉的法律制裁，以警示行为人在实施绑架行为时，必须尽可能地保障被绑架人的生命安全。因此，以故意杀人未遂在社会危害性方面重于过失致人死亡为根据，提出对杀害被绑架人未遂同样应适用绝对确定的死刑的观点并不妥当。而且，如果对杀害被绑架人未遂毫无例外地适用死刑，那么就无法在故意杀人未遂与既遂之间实行区别对待，这不仅不利于保护被绑架人的生命，甚至还有可能促使行为人想方设法将被绑架人杀死。（3）即便将“杀害被绑架人”视为结果加重的情形，也并非只有将被绑架人杀死才能对行为人适用死刑。因为结果加重犯同样存在未遂形态，[②]承认“杀害被绑架人”属于结果加重犯与承认“杀害被绑架人”存在未遂形态并不矛盾。虽然刑法将未遂犯规定为可以从宽处罚的情节，但是未遂并不必然导致刑罚的从轻或减轻。这样，在杀害被绑架人未遂的情形下，对行为人同样可以考虑判处死刑。

第二种意见是，刑法第239条所规定的“杀害被绑架人”仅限于杀害被绑架人既遂，而不包括未造成被绑架人死亡结果的故意杀人行为。其理由是：（1）从字面含义来看，《现代汉语词典》对“杀害”一词的解释是指“杀死”或“害死”，无论是其中的哪一种情况，在生物学上都是指死亡结果已经发生，并不能包括仅有杀人行为而无死亡结果的情况。（2）只有将“杀害被绑架人”理解为杀死被绑架人，才有利于实现

---

① 祝铭山主编：《非法拘禁罪·绑架罪》，中国法制出版社的人实2004年版，第96页。

② 王志祥：《结果加重犯的未遂问题新论》，载《法商研究》2007年第3期。

罪刑相当原则；否则，由于刑法第239条对“杀害被绑架人”规定了绝对确定的法定刑——死刑，如果将那些在绑架过程中杀害被绑架人未遂或只具有预备、中止等情形的都以“杀害被绑架人”来处理，那么必然导致出现轻罪重判的结果。①

不难发现，持上述意见的学者实际上认为，“杀害被绑架人”只限于故意杀人既遂，而不包括故意杀人未遂、预备、中止等情形。持这种意见的人立足于罪刑相当原则，认为没有对被绑架人造成死亡结果的故意杀人行为与已造成死亡结果的故意杀人行为相比，在一般情况下其罪行程度是悬殊的，不应当对其适用极刑。按照这种意见，只有在杀害被害人既遂的情况下才能适用死刑。② 笔者认为，“杀害被绑架人”虽然是针对杀害被绑架人既遂而言的，但这并不意味着将杀害被绑架人未遂的情况排除在可判处死刑的情形之外，而只有对杀害被绑架人既遂才能适用死刑。我国刑法总则中对未遂犯“可以比照既遂犯”处罚的规定，意味着既遂犯的法定刑是在对未遂犯进行处罚时应予适用的基础刑。而“可以比照既遂犯”从宽处罚的规定，则意味着对于极少数的未遂犯而言，如果其社会危害性程度并不亚于既遂犯时，那么从罪责刑相适应的

---

① 宋翔、张太范：《“杀害被绑架人”不等于故意杀人行为》，载《人民法院报》2005年3月23日。

② 例如有学者认为，在绑架过程中杀害被绑架人，由于行为人意志以外的原因没有导致被绑架人死亡的，不能适用绑架罪的第二档法定刑。参见刘树德著：《绑架罪案解》，法律出版社2003年版，第170页。还有论者明确指出，将“杀害被绑架人”理解为故意将被绑架人杀死，意味着在杀害被绑架人而未致被绑架人死亡的场合，就不能适用死刑，包括死缓。参见钱叶六：《绑架罪司法认定中的几个疑难问题探究》，载《云南大学学报》（法学版）2007年第3期。

原则出发，就应适用与既遂犯相同的法定刑。[①] 因此，绝对排除对杀害被绑架人未遂适用死刑可能性的观点是错误的。

第三种意见是，绑架杀人未遂的，认定为普通绑架罪与故意杀人罪(未遂)，实行数罪并罚。持这种意见的人的理由是，既然刑法第239条只是规定"杀害被绑架人的，处死刑"，即只是将杀人既遂规定为绑架罪的法定刑升格情节，那么杀人未遂就不是绑架罪所能包容的，因此，对杀人未遂行为必须独立定罪，与绑架罪实行并罚。[②]

不可否认，这种意见有利于在杀害被绑架人既遂与未遂之间实现区别对待，避免了第一种意见可能存在的处罚过于严厉的弊端。但是，在故意杀人既遂的情况下只定绑架罪，而在故意杀人未遂的情况下却要定绑架罪与故意杀人罪，这在法理上很难站得住脚。虽然故意杀人既遂与未遂在形态上有所不同，但这并不会导致两者在性质上的差异。因此，由是既遂还是未遂来决定行为是一罪还是数罪并不合适。

第四种意见是，对于绑架杀人未遂的，视应否处死刑分别定罪处罚：如果绑架杀人未遂情节严重应当判处死刑的，就认定为绑架罪中的"杀害被绑架人"，判处死刑；如果绑架杀人未遂情节并不严重不应当判处死刑的，则认定为绑架罪与故意杀人未遂，实行数罪并罚。[③]

这一观点的不合理之处也是显而易见的：绑架杀人未遂，无论其情节严重与否，都属于同一性质的行为。根据行为的情节是否需要判处死刑来决定是以一罪论处还是实行数罪并罚，这一方面有违绑架杀人未遂

---

① 全国人大法工委对此问题的答复是："刑法第239条规定的'致使被绑架人死亡或者杀害被绑架人'，在一般情况下主要是指对绑架罪的结果加重处罚的规定。根据这一规定，一般应对造成被绑架人死亡后果的行为人处死刑；对于实施了杀人行为，由于行为人主观意志以外的原因而未能造成被绑架人死亡的情形，如果情节恶劣的，也可以判处死刑。"转引自聂洪勇：《如何理解刑法第239条绑架罪中规定的"杀害被绑架人"的含义》，载谢望原、赫兴旺主编：《中国刑法案例评论》(第1辑)，中国法制出版社2007年版，第367页。

② 张明楷：《绑架罪中"杀害被绑架人"研究》，载《法学评论》2006年第3期。

③ 张明楷：《绑架罪中"杀害被绑架人"研究》，载《法学评论》2006年第3期。

行为的同一性；另一方面，也存在“先量刑、后定罪”这种明显违背刑事司法活动客观规律的问题。

综上所述，笔者认为，完全有理由将在绑架犯罪中的控制人质阶段，行为人对被绑架人实施杀人行为而被绑架人未死亡的情形视为绑架罪包容加重犯的未完成形态，依然对其适用刑法第239条“杀害被绑架人的，处死刑”的条款，同时适用刑法总则中关于未完成形态犯罪从宽处罚的规定。①

（本文发表于《法商研究》2008年第2期）

① 以在非法控制人质阶段对被绑架人实施故意杀人行为而由于行为人意志以外的原因被绑架人未死亡的情形为例，如果决定对行为人从轻处罚，可以判处死刑缓期二年执行；如果决定对行为人减轻处罚，可以判处无期徒刑。当然，如果决定对这种情形不予从宽处罚，则可以判处死刑立即执行。

已满十四周岁不满十六周岁的人绑架致使被绑架人死亡之法律适用

付立庆

一、问题的提出

我国刑法第 239 条规定，绑架“致使被绑架人死亡或者杀害被绑架人的，处死刑，并处没收财产”。而刑法第 17 条第 2 款中规定已满 14 周岁不满 16 周岁的行为人承担刑事责任的范围中不包括绑架罪并且该款采用了封闭式的表述方式。那么，已满 14 周岁不满 16 周岁的行为人，其绑架并且“致使被绑架人死亡或者杀害被绑架人的”，是否以及如何承担刑事责任？以往，学界的讨论更多集中于已满 14 周岁不满 16 周岁的绑架行为人“杀害被绑架人”时如何处理。① 但是，还有已满 14 周岁不满 16 周岁的人，在绑架过程之中“致使被绑架人死亡”时，是否以及如何追究刑事责任的问题。

二、绑架致人死亡的几种情况及其在刑法第 239 条中的应然含义

绑架过程中“致使被绑架人死亡”，要求绑架人的绑架行为与被绑架人的死亡结果之间具有直接因果关系，这一点是不言而喻的，而行为人对于被绑架人死亡结果的主观心态是出于过失，这一点也毫无疑问。只是，这里的“致使被绑架人死亡”仍然需要考量以下几个问题。

① 对此，全国人大常委会法工委 2002 年 7 月 24 日《关于已满十四周岁不满十六周岁的人承担刑事责任范围问题的答复意见》采纳了学界的多数观点，认为刑法第 17 条第 2 款规定的是犯罪行为而非具体罪名，已满 14 周岁不满 16 周岁的行为人绑架撕票的可以以故意杀人罪来追究刑事责任。

1. 被绑架人的死亡是绑架过程之中故意重伤的进一步结果（简称“第1场合”）

一种可能是，被绑架人的死亡是绑架过程之中故意重伤的发展结果，比如绑架过程中，行为人出于重伤的故意进行伤害而过失地造成了被绑架人死亡。在这种场合，对于已满14周岁不满16周岁的行为人可以仿照绑架杀人的场合，以故意重伤致人死亡依据刑法第17条第2款来追究刑事责任。这是比较容易处理的。

2. 除1之外的被绑架人死亡的场合（简称“第2场合”）

被绑架人的死亡，并不限于绑架过程之中故意重伤的进一步结果，而可能是出于其他原因，比如：（1）完全基于行为人的过失，比如绑架之后关押过程中，因被害人哭闹、挣扎，对其堵嘴捂鼻或者为其注射麻醉剂过量等原因过失引起死亡；[①]（2）被绑架人自身的过失，比如其试图逃跑而翻墙到相邻阳台时摔死；[②]（3）被害人因不堪忍受折磨自杀身亡，[③] 等等。在这样的场合，由于行为人对于被绑架人并没有伤害和杀人的故意，所以不但无法在刑法第17条第2款中找到相应的犯罪罪名，也无法在其中找到相应的犯罪行为，若此，则无法追究行为人的刑事责任了。但是，已满16周岁不满18周岁的人实施这样的行为被“没商量”地规定为“处死刑，并处没收财产”，而已满14周岁不满16周岁的行为人却对这样的一种严重的犯罪行为不承担刑事责任，这样的结果是不恰当的，很明显，这是立法制造出来的不协调。

3. 解决方案：刑法第239条中的“致使被绑架人死亡”应该作限制解释

“法律不是嘲笑的对象”。对这种立法者所造成的不协调，解释者要尽力予以弥补，而弥补的途径就是依赖限制解释的方法，也就是，刑法第239条中的“致使被绑架人死亡”应该限制解释或曰严格解释为“故

---

① 王作富主编：《刑法分则实务研究》（中），中国方正出版社2007年版，第929页。

② 周光权著：《刑法各论讲义》，清华大学出版社2003年版，第39页。

③ 陈兴良著：《陈兴良刑法学教科书之规范刑法学》，中国政法大学出版社2003年版，第473页。

意伤害被绑架人致其死亡”（仅限于以上第1场合），而不能包括对于被绑架人不具有伤害故意的、纯粹出于过失的致被绑架人死亡（第2场合的排除）。只有这样，这里的“致使被绑架人死亡”与“杀害被绑架人”之间，在后果和危害性意义上才具有大致的相当性，也才符合体系解释和同类解释的原则，有利于法益的妥当保护。

这里有两点需要明确。第一，将“致使被绑架人死亡”限制解释为上述第1场合，这样的立场不仅适用于已满14周岁不满16周岁的行为人，同样也适用于已满16周岁的行为人，这样既可以保证对绑架行为人真正做到罪刑均衡，也可以实现刑法的统一适用。第二，已满14周岁不满16周岁的人在绑架的过程中造成了上述第2场合意义上的“被绑架人死亡”时，由于其对绑架行为本身以及对纯粹出于过失的后果都无从负责，最终只能是不承担相应的刑事责任；而已满16周岁的人绑架并且造成了上述第2场合意义上的“被绑架人死亡”，尽管从限制解释的角度这种场合被排除在刑法第239条加重规定中的“致使被绑架人死亡”的范围之外，但是由于毕竟也造成了被绑架人死亡的严重后果，所以在具体的量刑过程中，应该在基本法定刑的框架之内作为一个从重（尽管已经不是“加重”）处罚的情节。由于立法者业已为绑架罪规定了相当严厉的基本法定刑，所以，在基本法定刑的框架之内从重处罚，也不会轻纵绑架行为人。

三、有关立法的评价与建议

1. 关于绑架罪所配置的绝对确定死刑

在我看来，我国刑法关于绑架罪的相关立法（在致被绑架人死亡或者杀害被绑架人的情况下处死刑）是一个“恶劣”的立法，因为这一立法在被绑架人死亡的情况下不区分故意和过失“一视同仁”的做法无从实现罪刑均衡，更因为在这种“一视同仁”之下居然非常高压地配置了绝对确定的死刑。尽管在“死刑”之中还可以有“缓期二年执行”和“立即执行”供司法机关具体挑选，由此也可以在“致使被绑架人死亡”和“故意杀害被绑架人”两种情况之下可能会有所区别，但是这样的区别功能仍然是非常有限并且是总体偏重的。如果真要限制中国的死刑适用，那么在笔者看来，在绑架罪等相应立法上删除绝对确定的死刑绝对是必要的。①

2. 规定相对刑事责任年龄者承担责任的犯罪范围所面临的两难

刑法分则第239条绑架罪的相应规定与刑法总则第17条关于相对刑事责任年龄阶段承担责任的范围的规定在配套适用上出现的不协调，主要原因不在于绑架罪的“恶劣”，而在于刑法第17条第2款对于相对刑事责任年龄人承担刑事责任的范围采取了封闭式列举的规定方式。实际上，立法如何规定相对刑事责任年龄人承担责任的犯罪范围，始终面临着一个两难选择：如果采取封闭式的规定，由于立法者的认识水平有限而现实生活又处在不断的变化之中，总会遗漏一些不追究刑事责任显失公平的情况；而若是采取了开放式的规定，② 又难免会面临着使相对刑事责任的犯罪范围不够明确、具体从而赋予法官过大的裁量权的风险。

与刑法第17条第2款的封闭式规定相对应的比较典型的例子，是刑法第20条第3款，该款就所谓“特殊防卫权”的问题采取了明示列举（行凶、杀人、抢劫、强奸、绑架）加概括规定（“以及其他严重危及人身安全的暴力犯罪”）的方式。在笔者看来，立法之所以在第20条第3款采取了开放式的规定，是因为这一条是旨在保护防卫行为人的授权式规范，因此开放式的结构与本条的宗旨相吻合；而立法者之所以在第17条第2款采取了封闭式的规定，是因为这一条是旨在入罪的义务性规范，封闭式的规定有利于保护未成年人的相应权益，也符合本款的性质和宗旨。然而，封闭式和开放式的立法模式都是有利有弊的，在这种两难面前，现行立法者就特殊防卫的问题采纳了牺牲法规范的明确性而追求实质的公平，而就相对刑事责任年龄者承担责任的范围问题则采取了牺牲个案处理的实质正义选择维护法规范的明确性、安定性的做法，这两种

① 仅就刑法第239条绑架罪的加重法定刑来说，笔者也认为，1996年8月8日全国人大法工委《刑法分则修改草案》第四章第8条“致使被绑架人死亡或者杀害被绑架人的，处无期徒刑或者死刑，并处没收财产”的规定，较之现行的规定而言，更具有弹性从而也更为合理。

② 比如1979年刑法第14条第2款规定，“已满十四岁不满十六岁的人，犯杀人、重伤、抢劫、放火、惯窃罪或者其他严重破坏社会秩序罪，应当负刑事责任。”

选择都可谓符合相应法条本身设置的宗旨，是可以肯定的。

3. 尽管刑法第17条第2款宜采取封闭式规定，但至少绑架罪应该被列入其中

尽管笔者对刑法第17条第2款的封闭式规定方式本身予以了认可，但并不代表着对第17条第2款的内容本身也表示赞成。事实上，考察刑法第27条第3款关于“特殊防卫”的规定、第81条第2款关于不得假释的犯罪分子的规定，以及第239条关于绑架罪的法定刑配置，都可以清楚地看出，立法者无疑是看到了绑架罪属于非常严重的暴力犯罪。那么，为什么立法者偏偏在相对刑事责任年龄者承担责任的范围问题上“忘记”了绑架罪呢？对此，有学者指出，刑法在相应规定中之所以只列举了8种犯罪，“除考虑犯罪的严重性外，还考虑了犯罪的常发性，即已满14周岁不满16周岁的人通常实施的严重行为的范围。”① 但是，正如另外的学者所说，尽管刑法修订前已满14周岁不满16周岁的未成年人在绑架过程中故意伤害被绑架人致其死亡或者故意杀害被绑架人的现象几乎没有发生过，但是，在修订后的刑法实施不久，实践中却屡屡发生类似事件，以至于司法者对此不知该如何适用法律。② 在这里，尽管刑法第17条第2款的封闭式规定本身无可指责，也尽管在刑法修订当时第17条第2款未规定绑架罪也具有实践基础，但是时至今日，将绑架罪“填补”进该款也是司法实践的要求。这样做，不但能够很好地解决已满14周岁不满16周岁的人绑架犯罪本身的刑事责任追究问题，也能够解决绑架杀人特别是绑架并致使被绑架人死亡时刑事责任的追究，以实现刑法相关处罚之间的协调，实现实质上的公平与正义。

（本文发表于《人民检察》2007年第9期）

---

① 张明楷著：《刑法学》（第二版），法律出版社2003年版，第188页。

② 林亚刚：《论我国未成年人犯罪刑事立法的若干规定》，载《吉林大学社会科学学报》2005年第5期。

论相对刑事责任年龄人在绑架杀人犯罪中的刑法适用

——兼谈刑法第十七条第二款的立法根据

黄华生 于国旦

一、对几种不同观点的剖析

在我国，相对刑事责任能力人是指已满14周岁不满16周岁的人。我国刑法第17条第2款对相对有刑事责任能力人的责任范围作了规定："已满十四周岁不满十六周岁的人，犯故意杀人、故意伤害致人重伤或者死亡、强奸、抢劫、贩卖毒品、放火、爆炸、投毒罪的，应当负刑事责任。"根据这一规定，在司法实践中，对于已满14周岁不满16周岁的人单纯实施故意杀人行为的，应当以故意杀人罪定罪处罚，这是没有异议的。但是对于已满14周岁不满16周岁的人绑架人质并杀害被绑架人的，应当如何适用刑法则存在较大分歧，归纳起来主要有以下两种对立的观点：

否定说认为，已满14周岁不满16周岁的人绑架人质并杀害被绑架人，行为人不负刑事责任。理由是，已满14周岁不满16周岁的人绑架并杀害被绑架人的行为属于刑法第239条规定的绑架罪。但是刑法第17条第2款关于已满14周岁不满16周岁的人负刑事责任的范围的规定不包括绑架罪，所以根据罪刑法定原则，行为人不负刑事责任。①

肯定说认为，已满14周岁不满16周岁的人绑架并杀害被绑架人的，应当适用刑法第232条以故意杀人罪定罪处罚。比较有影响的一种论证是，主张将犯罪行为与罪名区分开来，认为刑法第17条第2款中的故意杀人泛指一种犯罪行为，而不是特指刑法第232条故意杀人罪这一具体

① 牟伦祥：《绑架罪条款有疏漏之处》，载《法律与监督》1999年第3期。

罪名，“如果将其理解为仅限于刑法第232条规定的故意杀人罪，而不包括杀害被绑架人的犯罪行为，对已满十四周岁不满十六周岁的人故意杀人的，要负刑事责任，而绑架杀人、劫持航空器杀人等不负刑事责任，这显然有悖立法本意。”①

笔者认为，否定说强调“法无明文规定不得定罪处罚”的罪刑法定原则，其出发点是可取的，但是其结论不能成立。否定说主要存在以下问题：首先，在构成要件符合性的判断方法上有缺陷。否定说之所以认为已满14周岁不满16周岁的人绑架并杀害被绑架人的行为不构成犯罪，是因为采取了以下推理：首先先入为主地确定已满14周岁不满16周岁的人绑架并杀害被绑架人的行为构成刑法第239条规定的绑架罪（其实这个判断不真实，见下文）；其次根据刑法第17条第2款确认已满14周岁不满16周岁的人对绑架罪不负刑事责任；最后断定已满14周岁不满16周岁的人绑架并杀害被绑架人的行为不构成犯罪，得出行为人不负刑事责任的结论。然而，“在判断构成要件符合性时，应当以法定的构成要件为大前提，以具体的事实为小前提。”② 即应当采取以下方法：先确定故意杀人罪的构成要件，然后判断已满14周岁不满16周岁的人的绑架杀人行为是否符合故意杀人罪的构成要件，最后得出是否构成故意杀人罪的结论（详见下文）。其次，逻辑推理有问题。否定说推理的大前提是，已满14周岁不满16周岁的人绑架并杀害被绑架人的行为属于刑法第239条规定的绑架罪，这个判断显然忽略了犯罪主体的法定年龄这一犯罪构成要件，导致推理的大前提是不真实的。因为根据刑法第17条第1款和第2款的规定，绑架罪的犯罪主体必须是已满16周岁的人，绑架罪只限于已满16周岁的人实施的绑架行为。如果是不满16周岁的人，其绑架行为根本不构成绑架罪。否定说由于其推理的大前提不真实，结果导致了结论错误。

肯定说主张依照故意杀人罪惩处现实生活中发生的已满14周岁不满

---

① 《最高人民法院刑事审判第一庭审判长会议关于已满十四周岁不满十六周岁的人绑架并杀害被绑架人的行为如何适用法律问题的研究意见》，载《刑事审判参考》，法律出版社2001年版。

② 张明楷著：《法益初论》，中国政法大学出版社2000年版，第1页。

16周岁的人实施的绑架杀人行为，该结论是正确的。但是，肯定说的论证未能抓住问题的要害，且有自相矛盾之处，难以令人信服。首先，肯定说的论证不符合刑法规定的立法本意。该观点认为刑法第17条第2款规定的八种犯罪，不是指故意杀人罪等八种具体罪名，显然违背了刑法的立法本意。刑法第17条与1979年刑法第14条相比，明确列举了已满14周岁不满16周岁的人应负刑事责任的范围，取消了1979年刑法第14条关于已满14周岁不满16周岁的人对"其他严重破坏社会秩序罪"负刑事责任的规定，立法的本意在于从罪名角度明确限定已满14周岁不满16周岁的人负刑事责任的范围。已满14周岁不满16周岁的人只能构成故意杀人罪、故意伤害罪、抢劫罪等八种罪名，这一点在刑法学界认识是一致的。其次，肯定说的论证错误地理解了刑法上的犯罪行为与罪名的关系。刑法第17条第2款所说的八种犯罪行为是一个规范层面的范畴，是指刑法明文规定的、具有严重社会危害性、应受刑罚处罚的行为类型，每一种犯罪行为均须具备犯罪客体、犯罪客观方面、犯罪主体和犯罪主观方面四大要件，这四大要件是由刑法分则和总则共同加以规定的。而罪名是以简洁的词语对刑法上某种犯罪行为所作的高度概括和简明称谓。可见刑法上的犯罪行为与罪名虽然在表述上会不尽相同，但二者具有内在的一致性。刑法第17条规定已满14周岁不满16周岁的人应对故意杀人、故意伤害致人重伤或者死亡等八种犯罪行为负刑事责任，这八种犯罪行为用罪名来表示就是故意杀人罪、故意伤害罪等，这里的犯罪行为与罪名之间具有对应关系。认为"犯罪行为是刑法立法规范的对象"，"刑法确定已满14周岁不满16周岁的人应负刑事责任范围的统一标准，只能是犯罪行为本身"，[①] 这种论证显然犯了偷换概念的错误，把规范层面上的犯罪行为与事实层面上的犯罪行为混为一谈了。[②] 再次，肯定说的论证自相矛盾。一方面认为刑法第17条第2款规定的故意杀人

---

① 《最高人民法院刑事审判第一庭审判长会议关于已满十四周岁不满十六周岁的人绑架并杀害被绑架人的行为如何适用法律问题的研究意见》，载《刑事审判参考》法律出版社2001年版。

② 规范层面上的犯罪行为指刑法规定的抽象的犯罪类型，事实层面上的犯罪行为指现实案件中发生的具体的犯罪行为。

不是指罪名，同时又主张已满 14 周岁不满 16 周岁的人绑架杀人的，仍应依照刑法第 232 条定故意杀人罪。理论上前后不一致，无法自圆其说。最后，肯定说的论证容易使人产生误解。根据刑法第 17 条第 2 款的规定，已满 14 周岁不满 16 周岁的人只对故意杀人等八种犯罪承担刑事责任，罪名也限于故意杀人罪等八个。肯定说的论证容易使人误以为已满 14 周岁不满 16 周岁的人绑架他人并故意造成他人死亡、重伤，应当以绑架罪定罪处罚，这样就会导致不当地加重行为人的刑事责任。与刑法第 17 条第 2 款限定已满 14 周岁不满 16 周岁的人的刑事责任范围的立法旨意不符。

通过以上分析，笔者认为，对于已满 14 周岁不满 16 周岁的人的绑架杀人行为应该如何适用刑法的问题，既要考虑用刑罚手段打击、遏制已满 14 周岁不满 16 周岁的人的严重刑事犯罪的现实需要，体现刑法公正，又要在遵循罪刑法定原则的前提下作出合理的解释，不能违背现行刑法的规定。关键在于定罪时要正确运用演绎推理的三段论逻辑方法。

由于我国刑法第 17 条已明确规定已满 14 周岁不满 16 周岁的人应当对故意杀人罪负刑事责任而不对绑架罪负刑事责任，所以问题的关键是要看已满 14 周岁不满 16 周岁的人的绑架杀人行为是否符合故意杀人罪的构成要件。如符合，则以故意杀人罪定罪处罚就有了充分的法律依据；反之亦然。如前所述，在判断具体案件中行为人的行为是否构成刑法规定的某种犯罪时，应当首先确定刑法规定的某种犯罪的构成要件(需将刑法总则和分则的规定结合考虑)，以此作为推理的大前提，然后以构成要件为指导从具体案件中抽象出具有定罪意义的事实，以此作为小前提，最后将两者进行比较，得出是否构成该种犯罪的结论。根据我国刑法分则第 232 条以及刑法总则的有关规定，故意杀人罪是指已满 14 周岁的人故意地剥夺他人生命的行为，即犯罪主体是 14 周岁以上的人，犯罪主观方面是故意，犯罪客体是他人的生命权利，犯罪客观方面是以作为或不作为的方式造成他人死亡。对于已满 14 周岁不满 16 周岁的人绑架并杀害被绑架人的案件，我们完全可以从案件中抽象出符合故意杀人罪的构成要件的事实，相反舍弃了多余的绑架行为部分。认定已满 14 周岁不满 16 周岁的人的绑架杀人行为构成故意杀人罪，并不缺少任何构成要件，并不违反罪刑法定原则。

或许有人会质疑，既然同样是绑架杀人，为什么已满14周岁不满16周岁的人绑架杀人应认定为故意杀人罪，而已满16周岁的人的绑架杀人却应认定为绑架罪？理由如下：第一，行为人的年龄是法定的影响犯罪性质因素之一。根据我国刑法的规定，不满14周岁的人的任何危害行为均不构成犯罪。年龄因素既然可以影响罪与非罪，为什么不能在符合法律规定的情况下影响此罪与彼罪呢？① 第二，可以运用法条竞合理论来加以解释。已满16周岁的人实施绑架杀人的，既符合刑法第232条故意杀人罪，同时也符合刑法第239条绑架罪的情节加重犯，这种情况下刑法第239条与刑法第232条之间是一种包容竞合关系，即加重构成的绑架罪包含了故意杀人罪的内容。根据刑法理论关于处理包容竞合时全部法优于部分法的原则，应当以绑架罪定罪处罚。②

根据同样的道理，已满14周岁不满16周岁的人拐卖妇女、儿童并故意造成被拐卖人重伤、死亡或者强奸被拐卖妇女的，应当以故意伤害罪、故意杀人罪或者强奸罪定罪处罚；已满14周岁不满16周岁的人劫持航空器故意致人死亡或者重伤的，故意决水致人死亡或者重伤的，应当以故意杀人罪或者故意伤害罪定罪处罚（如果行为人采取爆炸方法决水的，应当以爆炸罪定罪处罚）。

二、全国人大常委会法工委答复之不足

值得注意的是，最近，全国人大常委会法工委就已满14周岁不满16周岁的人应承担刑事责任的范围问题答复了最高人民检察院的征询。全国人大常委会法工委在答复中指出，“已满14周岁不满16周岁的人绑架人质后杀害被绑架人，拐卖妇女、儿童而故意造成被拐卖妇女、儿童重伤或死亡的行为，要依据刑法追究其刑事责任。”全国人大常委会法工委在答复中解释说，“刑法第十七条第二款规定的八种犯罪，是指具体犯罪行为而不是具体罪名。对于刑法第十七条中规定的‘犯故意杀人、故意伤害致人重伤或者死亡’，是指只要故意实施了杀人、伤害行为并且造成了致人重伤、死亡后果的，都应负刑事责任。而不是指只有

① 张明楷著：《刑法的基本立场》，中国法制出版社2002年版，第276页。
② 陈兴良著：《刑法哲学》，中国政法大学出版社1992年版，第568页。

犯故意杀人罪、故意伤害罪的，才负刑事责任，绑架撕票的，不负刑事责任。”①

全国人大常委会法工委的这一答复，对于指导司法机关运用刑罚惩治已满14周岁不满16周岁的人绑架人质并杀害被绑架人，拐卖妇女、儿童并故意造成被拐卖人重伤、死亡或者强奸被拐卖妇女的行为，维护社会治安秩序，无疑具有重要意义。然而不难发现，全国人大常委会法工委的答复与前述肯定论的见解和论证存在基本相同的缺陷。虽然用心良苦，但总显得牵强附会，不能自圆其说，这样势必会在一定程度上影响全国人大常委会法工委该解释意见的权威性和实践中的执法效果。因此，笔者建议，全国人大常委会可以在适当时机重新作出如下立法解释：“已满十四周岁不满十六周岁的人绑架他人并杀害被绑架人的，决水致人死亡或者重伤的，劫持航空器致人死亡或者重伤的，拐卖妇女、儿童并故意造成被拐卖妇女、儿童死亡或者重伤的，或者在拐卖过程中强奸被拐卖人的，应当分别以故意杀人罪、故意伤害罪或者强奸罪定罪处罚。”

三、已满14周岁不满16周岁的人与16周岁以上的人共同绑架杀人是否按共同犯罪论处

对于已满14周岁不满16周岁的人与16周岁以上的人共同绑架他人并杀害被绑架人的，笔者认为应当按共同犯罪论处。关于共同犯罪的成立范围，刑法理论上有行为共同说、犯罪共同说和部分犯罪共同说等三种不同主张。② 行为共同说主张各行为人只要在客观上具有共同的危害行为就可以成立共同犯罪，其在共同犯罪的成立条件上失之过宽，且不符合我国刑法总则关于共同犯罪的概念的规定；犯罪共同说主张各行为人在最终定罪的罪名上完全一致才成立共同犯罪，其对共同犯罪的成立要求过严，会导致对部分案件的犯罪人需要适用刑法总则关于共犯的刑

① 肖玮：《未成年人严重刑事犯罪惩治有据》，载《检察日报》2002年8月29日第1版。

② ［日］野村稔著：《刑法总论》，全理其、何力译，法律出版社2001年版，第387～390页。

事责任的规定却无法适用的尴尬，有悖于罪责刑相适应原则。笔者赞同部分犯罪共同说。根据部分犯罪共同说，当二人以上共同实施的行为在主客观方面部分重合时，就可以认定成立共同犯罪，但是不要求对各共同犯罪人最终定罪的罪名完全一致。据此，对于已满14周岁不满16周岁的人与16周岁以上的人共同绑架他人并杀害被绑架人的，应当对不满16周岁的人定故意杀人罪，对已满16周岁的人则定绑架罪，对于全案则应按共同犯罪处理，量刑时应考虑适用刑法总则关于处罚主犯、从犯、胁从犯、教唆犯的规定。

四、刑法第17条第2款的立法依据

为什么刑法第17条第2款规定已满14周岁不满16周岁的人仅对故意杀人等八种犯罪负刑事责任？我国刑法学界大都从犯罪的严重性以及已满14周岁不满16周岁的人的辨认控制能力特点角度为刑法的这一规定寻求立法根据。认为立法之所以这样规定，是因为已满14周岁不满16周岁的人，虽然对较轻的犯罪行为缺乏辨认控制能力，但对严重犯罪行为已具有辨认控制能力。[①] 所以，他们实施故意杀人等严重犯罪行为时应当负刑事责任。这种见解固然正确地阐述了刑法第17条第2款的主要立法根据，但还不尽全面。事实上，刑法第17条第2款除了考虑犯罪的严重性之外，还考虑到以下两个因素：

一是犯罪的常发性，即已满14周岁不满16周岁的人实际实施的严重犯罪通常限于故意杀人罪等八种。像分裂国家罪，武装叛乱、暴乱罪，走私、制造、运输毒品罪，集资诈骗罪，以及贪污罪、受贿罪等，虽然也是性质严重、危害很大的犯罪，但立法者考虑到已满14周岁不满16周岁的人实际上很少甚至根本不可能实施这些犯罪，所以未将这些犯罪列入他们应负刑事责任的范围。

二是犯罪的包容性，即故意杀人罪、故意伤害罪（致人重伤）、抢劫罪几个犯罪由于在罪状描述方面或者采取了简单罪状方式，或者虽然是叙明罪状但构成要件比较笼统，因而具有较强的包容性，能够涵盖现

---

① 高铭暄、马克昌主编：《刑法学》，中国法制出版社1999年版，第175页。

实中容易发生的许多严重危害社会的行为，满足维护社会秩序的需要。例如，已满14周岁不满16周岁的人故意破坏交通工具致人重伤或者死亡的，以及抢劫枪支、弹药、爆炸物的，可以分别被故意杀人罪、故意伤害罪和抢劫罪所涵盖，不会出现刑法上的缺漏。

（本文发表于《甘肃政法学院学报》2002年第12期）

绑架罪法定刑的立法完善

张永红　孙　涛

我国刑法对绑架罪规定了极为严厉的法定刑：以勒索财物为目的绑架他人的，绑架他人作为人质的，以及以勒索财物为目的偷盗婴幼儿的，处10年以上有期徒刑或者无期徒刑，并处罚金或者没收财产；致使被绑架人死亡或者杀害被绑架人的，处死刑，并处没收财产。这种法定刑的设置既与绑架行为的危害不相称，也缺乏合理的层次搭配，因而亟须予以完善。

一、降低基本法定刑

绑架罪的基本法定刑过重，几乎是不争的事实：首先，在我国刑法中，只有劫持航空器罪、背叛国家罪与绑架罪的起点刑为10年有期徒刑。背叛国家罪属于危害国家安全的犯罪，危害之大不言而喻；劫持航空器罪虽是普通刑事犯罪，但其危害公共安全，也非绑架这一侵犯公民人身权利的犯罪可比，所以二者被配置10年的起点刑尚可理解，但对绑架罪设定如此高的起点刑则显属不当。其次，非法拘禁罪与绑架罪同属侵犯公民人身自由的犯罪，危害相差并不大，然而基本法定刑却极为悬殊。非法拘禁罪的基本法定刑为3年以下有期徒刑、拘役、管制或者剥夺政治权利，单从剥夺自由的角度看，它们的起点刑之差竟然将近10年！再次，出于不法目的绑架人质，尚未实施勒索财物或者提出不法要求的行为，其社会危害性远远低于故意杀人、抢劫、强奸等行为，然而，行为人实施故意杀人、抢劫、强奸等犯罪，完全可能被判处10年以下有期徒刑，但只要实施了绑架行为，却要面临至少10年的牢狱之苦，这明显违背了罪刑均衡的基本原则。最后，与国外刑法中绑架罪的法定刑相比，我国绑架罪基本法定刑过高的问题更为突出。国外刑法中，绑架罪的起点刑通常为3年有期徒刑或者更低。例如，德国为5年自由刑，日本为3年惩役，瑞士则仅为1年重惩役。需要注意的是，以上只是这些国家绑架罪基本法定刑的最低刑，如果考虑到这些国家对绑架罪都规定了特殊减轻处罚，其法定最低刑实际上还要低一些。尽管也有诸如意大利等少数国家绑架罪的起点刑高于我国，但值得一提的是，它们都是将“勒索财物”明确规定为客观要素，并非如我国一样作为主观要素，同时其也有诸多法定的减轻处罚情节。

正是因为绑架罪的基本法定刑畸高，所以在实践中，“为达到量刑上的合理，有的法院便（对绑架行为）以敲诈勒索罪或非法拘禁罪定罪处刑”,① 如果行为人没有其他严重情节，仅为取财，没有明显的侵犯人身权利的行为或者虽有侵犯行为但未造成严重后果，所得财物数额又不是特别巨大，便以敲诈勒索罪处理；如果行为人明显以限制人身自由的方式要挟索财，但最终未得到财物或所得财物数额未达敲诈勒索罪的定罪标准，则以非法拘禁罪论处。应当承认，这样的做法是有违罪刑法定原则的，但确实是司法机关为实现量刑平衡的一种无奈之举，它将我国绑架罪基本法定刑过高的弊端暴露无遗。

我国1979年刑法并没有设立绑架罪，绑架罪由1991年《关于严惩拐卖、绑架妇女、儿童的犯罪分子的决定》所规定，是基于当时的特殊形势、为适应“严打”需要而产生的，因此带有“重刑主义”的深刻烙印。目前，我们亟须对其基本法定刑予以调整，为此必须首先找到一个犯罪，以其法定刑作为参照。如果对绑架罪进行分解的话，它无非是非法拘禁和勒索财物或者提出其他不法要求的结合，但绑架罪属于单一行

① 戴长林、尧宇华：《论我国刑法中的绑架罪》，载《江西社会科学》1999年第5期。

为犯,[①]“勒索财物”或者“提出其他不法要求”只是其主观内容，不是客观要素，也就是说，绑架罪基本法定刑对应的仅是控制被害人但尚未索财或提出其他不法要求的行为，故而其与抢劫、敲诈勒索的行为明显不同，而更接近于非法拘禁。行为人采用不伤及人质的方法绑架他人，以及行为人放弃要挟行为并主动释放人质的情形和非法拘禁罪的基本构成相比，唯一的差别是绑架罪中行为人具有“勒索财物”或者“提出其他不法要求”的目的，而非法拘禁罪无此目的，但是否有此目的不应对刑罚造成太大的影响。从国外刑法来看，它们对非法拘禁罪一般都规定了与绑架罪极为接近的法定刑。例如，德国为5年以下自由刑或者罚金；俄罗斯为3年以下的限制自由，或3个月以上6个月以下的拘役，或2年以下的剥夺自由；日本为3个月以上7年以下惩役；瑞士为5年以下重惩役或者监禁刑（3天~3年）。因此笔者认为，绑架罪基本法定刑的设定应以非法拘禁罪作为参照，但考虑到绑架毕竟比非法拘禁的主观恶性大一些，所以要适当重于非法拘禁罪，应设置为5年以下有期徒

① 关于绑架罪的客观要件有“结果说”、“复合行为说”与“单一行为说”之争。“结果说”认为，行为人以勒索财物为目的，实施了绑架行为，并且非法获得了他人财物时，才构成绑架罪的既遂（胡祥福：《绑架罪若干问题探讨》，载《南昌大学学报》（人文社会科学版）2001年第4期，第68~70页）；“复合行为说”认为，绑架罪的既遂，除了要求行为人实施绑架他人的行为外，还要求其实施勒索财物的行为或提出其他不法要求的行为（肖中华著：《侵犯公民人身权利罪》，中国人民公安大学出版社1998年版，第225页）；“单一行为说”认为，行为人只要出于勒索财物的目的，并在此目的的支配之下实施并完成绑架行为，就已经具备了该罪的全部法定要件，与勒索财物目的相对应的勒索财物的行为只是犯罪情节，而非客观方面的构成要件的行为（林亚刚、贾宇：《绑架罪及相关犯罪的几点探讨》，载丁慕英编：《刑法实施中的重点难点问题研究》，法律出版社1998年版，第741~742页）。笔者赞同“单一行为说”。

刑、拘役或者管制，并处罚金。[①]

二、增设5年以上10年以下有期徒刑的加重法定刑

现行刑法对绑架罪设置了两个幅度的法定刑，加重法定刑为死刑，并处没收财产，其对应的情形是绑架并致使被绑架人死亡或者故意杀死被绑架人；基本法定刑为10年以上有期徒刑或者无期徒刑，并处罚金或者没收财产，其对应的是绑架但未导致被绑架人死亡的一切情形，具体而言包括以下两种情形：（1）出于不法目的控制了他人但尚未向第三人勒索财物或者提出其他不法要求；（2）出于不法目的控制他人之后又实施了向第三人索财或者提出不法要求的行为，甚至已经实际获得了财物或者实现了不法要求。对于第一种情形，笔者已经建议参照非法拘禁罪配置“5年以下有期徒刑、拘役或者管制，并处罚金”的法定刑，对于第二种情形，笔者建议增设一个新的法定刑幅度：5年以上10年以下有期徒刑，并处罚金，具体理由如下：

首先，非法控制被害人并向第三人索财或者提出不法要求的危害远远大于单纯非法控制被绑架人，因此不应配置相同的法定刑。非法控制被害人之后又向第三人索财或提出不法要求，不仅对被绑架人的人身权利构成侵犯，而且会对他人造成心理恐慌甚至会引起社会恐慌，更不用

---

① 需要提及的是，国外刑法多将中途释放人质作为绑架罪的法定减轻、免除处罚情节，如日本、俄罗斯、德国、意大利等。由于我国没有如此规定，只能将其作为酌定情节，但是鉴于我国对绑架罪规定了过高的起点刑，一般也要在10年有期徒刑以上的幅度内量刑。因此，有学者认为，应从学理上将此情形解释为犯罪中止。（阮齐林：《绑架罪的法定刑对绑架罪认定的制约》，载《法学研究》2002年第2期）笔者对此不予赞同，绑架罪属于单一行为犯，只要行为人完成了绑架行为，并实际控制了人质，就构成既遂，其中止的成立只能发生在预备行为过程中或者着手绑架行为后实际控制被绑架人之前。因此，无法通过解释论使其成为犯罪中止。也有人提出，应在绑架罪中设置“减轻处罚特例”条款。（邓定远：《绑架罪的完成形态与未完成形态的认定》，载《江西公安专科学校学报》2003年第2期。）但鉴于经笔者建议后绑架罪的基本法定刑已属很低，中途释放人质的情形完全可以作为酌定情节予以考虑，因此，不宜也没有必要将其作为特别减轻情节。

说在索财目的实现的情况下对他人的财产权造成实际的侵犯，因此，其危害要比单纯控制被害人大得多。对于此种情形应该配置较重的法定刑，只有这样才能真正做到罪与刑的均衡。

其次，从刑法总则的相关规定出发，应对这种情形配置5年以上10年以下的法定刑。我国刑法第20条第3款规定："对正在进行行凶、杀人、抢劫、强奸、绑架以及其他严重危及人身安全的暴力犯罪，采取防卫行为，造成不法侵害人伤亡的，不属于防卫过当，不负刑事责任。"第81条第2款规定："对累犯以及因杀人、爆炸、抢劫、强奸、绑架等暴力性犯罪被判处十年以上有期徒刑、无期徒刑的犯罪分子，不得假释。"可见，刑法总则中对于抢劫罪、强奸罪、放火罪、爆炸罪、投放危险物质罪以及以危险方法危害公共安全罪等，给予了与绑架罪大致相同的评价，原因即在于这些行为与绑架的性质和危害是大致相当的。当然，考虑到行为人在控制被害人之后要挟第三人会造成他人的心理恐慌，产生较大的"第二层次之恶"，① 所以绑架罪的加重法定刑应在参照抢劫、强奸等罪基本法定刑的基础上有所加重，从而设置为5年以上10年以下有期徒刑，并处罚金。

最后，从国外刑法的规定来看，绑架罪和抢劫罪之间法定刑的差别也不是很大。最为典型的是俄罗斯，其刑法总则规定，在实施犯罪前年满16岁的人才得承担刑事责任，但在实施犯罪前年满14岁的人，应对杀人、绑架、强盗（相当于我国的抢劫。——笔者注）等承担刑事责任，可见其也和我国一样对绑架、抢劫等给予了大致相同的评价。其刑法分则规定，强盗罪基本构成的法定刑是3年以上8年以下剥夺自由，绑架罪一般加重构成的法定刑是5年以上10年以下剥夺自由，两者之间也没有太大的差别。

三、调整绝对确定的死刑

绝对确定的法定刑，是指触犯一定罪名的犯罪行为应判处何种刑

---

① 边沁将犯罪之恶分为两个层次：第一层次之恶是指犯罪自身的恶性大小，第二层次之恶是指犯罪对社会和公众造成的相应恐慌。参见［英］吉米·边沁著：《立法理论》，李贵方等译，中国人民公安大学出版社2004年版，第293～296页。

罚，均以条文一一规定，司法裁判中无任何选择伸缩的余地，刑种、刑度单一化、固定化的法定刑。① 绝对确定的法定刑的缺陷极为明显：其不能在具体案件中根据同一种罪的各种不同情节，对被告人判处与其罪行和应承担的刑事责任相适应、轻重适当的刑罚，从而影响刑罚目的实现的效果。② 因此，绝对确定的法定刑在世界范围内已极少被采用。我国1979年刑法没有关于绝对确定法定刑的规定，在以后的单行刑法中却多次出现，③ 新刑法对它们中的多数予以吸纳，绑架罪的加重情形——“致使被绑架人死亡或者杀害被绑架人的”适用绝对确定的死刑及没收财产即为一例。④

然而，实践中并非所有“致使被绑架人死亡或者杀害被绑架人”的情形都需要适用死刑，如果说“杀害被绑架人”表明行为人的主观恶性极大，适用死刑无可厚非的话，那么“致使被绑架人死亡”中，因行为人对被绑架人使用暴力过重、捆绑过紧或者进行虐待造成被绑架人伤害致死；被绑架人因不堪忍受屈辱或因恐惧、绝望等原因自杀；行为人只是对被绑架人进行了一般性的体罚或虐待，被绑架人因体质较差或自身病变等行为人无法预知的原因而死亡；被绑架人在逃跑过程中遇危险而死亡等情形，一律适用死刑则未必合理。毕竟，“致使被绑架人死亡”

---

① 周光权著：《法定刑研究》，中国方正出版社2000年版，第70页。

② 高铭暄、马克昌主编：《刑法学（下编）》，中国法制出版社1999年版，第578页。

③ 例如，（1）1988年《关于惩治贪污罪贿赂罪的补充规定》第8条；（2）1991年《关于严惩拐卖、绑架妇女、儿童的犯罪分子的决定》第1条和第2条第1、2、3款；（3）1991年《关于严禁卖淫嫖娼的决定》第1条和第2条；（4）1992年《关于惩治劫持航空器犯罪分子的决定》。

④ 除此之外还有：（1）刑法第121条，以暴力、胁迫或者其他方法劫持航空器致人重伤、死亡或者使航空器遭受严重破坏的，处死刑；（2）第240条，拐卖妇女、儿童，情节特别严重的，处死刑，并处没收财产；（3）第317条第2款，暴动越狱或者聚众持械劫狱的首要分子和积极参加者，情节特别严重的，处死刑；（4）第383条第1款第1项，个人贪污数额在10万元以上，情节特别严重的，处死刑，并处没收财产；该款第2项，个人贪污数额在5万元以上不满10万元，情节特别严重的，处无期徒刑，并处没收财产。

与“杀害被绑架人”相比，其反映出的行为人的主观恶性要小得多，不能同样被适用死刑。

退一步讲，即使“致使被绑架人死亡或者杀害被绑架人”达到了可以适用死刑的程度，但也未必一定要规定绝对确定的死刑。现行刑法虽然对拐卖妇女、儿童罪，暴动越狱罪，聚众持械劫狱罪以及贪污罪的加重构成规定了绝对确定的死刑，但是，稍加观察即可发现，它们的适用条件都是“情节特别严重”（贪污罪还要求“个人贪污数额在10万元以上”），这就为那些达到了需要适用死刑的程度但又未必一定要适用死刑的情形留下了回旋的余地。另外，我国刑法分则条文中，故意犯罪中将“致人死亡”（包括故意和过失）作为加重结果的，除绑架罪外还有19个条文25个罪名，其中只有11个条文15个罪名可以适用死刑，① 除了劫持航空器罪和拐卖妇女、儿童罪规定了绝对确定的死刑外，其余各罪均非如此，死刑只是可选择的刑种之一。在国外刑法中，绑架罪基本没有死刑，更不用说绝对确定的死刑。德国、法国等国均已从立法上废除了死刑，因此对于绑架罪根本没有死刑可言；日本未明确规定绑架致人死亡的处罚，但从其关于故意杀人罪、过失致人死亡罪和故意伤害罪的规定可以看出，死刑也不是唯一的选择，而是和无期惩役、有期惩役一

---

① 19个条文25个罪名分别是第115条放火罪、决水罪、爆炸罪、投放危险物质罪和以危险方法危害公共安全罪，第121条劫持航空器罪，第141条生产、销售假药罪，第144条生产、销售有毒、有害食品罪，第198条保险诈骗罪，第234条故意伤害罪，第236条强奸罪，第238条非法拘禁罪，第240条拐卖妇女、儿童罪，第257条暴力干涉婚姻自由罪，第260条虐待罪，第263条抢劫罪，第318条组织他人偷越国（边）境罪，第321条运送他人偷越国（边）境罪，第336条非法行医罪和非法进行节育手术罪，第358条组织卖淫罪和强迫卖淫罪，第426条阻碍执行军事职务罪，第443条虐待部属罪，第445条战时拒不救治伤病军人罪。其中第115条、第121条、第141条、第144条、第234条、第236条、第239条、第240条、第263条、第358条和第426条10个条文15个罪名可以适用死刑。

起作为可供选择的刑种，而且由于其在司法上严格限制死刑的适用，①实际上也几乎不会对绑架罪判处死刑。在美国，多数司法区把绑架分为三类：普通绑架、加重绑架和绑架儿童，其中加重绑架大多处以长期监禁或者终身监禁，只有在个别司法区可以判处死刑。②

鉴于绑架罪绝对确定死刑的上述缺陷，应当改绝对确定的死刑为相对确定的法定刑，对“绑架并致人死亡”设置“10年以上有期徒刑、无期徒刑或者死刑，并处罚金或者没收财产”的刑罚幅度。同时，应当将实践中出现的其他比较严重的情形，如绑架集团的首要分子，获取财物数额特别巨大的，多次绑架或者一次绑架多人的，与“致使被绑架人死亡”一样作为特别加重情节，配置“10年以上有期徒刑、无期徒刑或者死刑，并处罚金或者没收财产”的法定刑。

（本文发表于《广州市公安管理干部学院学报》2007年第4期）

---

① 日本刑法虽规定了18种死罪，但实践中实际执行的死刑人数每年不超过10人，1990～1992年间未执行1人，1993年执行7人，为几年中之最，1997年仅对4人执行了死刑。[日] 板仓宏：《刑法总论》，日本劲草书房1998年版，第407页。转引自钊作俊：《死刑限制论》，武汉大学出版社2001年版，第73页。

② 储槐植著：《美国刑法》（第三版），北京大学出版社2005年版，第175～176页。

怎样区分绑架勒赎犯罪的既遂与未遂

李文峰

一、勒赎既遂论

持第一种观点的学者认为，行为人以勒索财物为目的，实施了绑架他人的行为，使被绑架人的家属、朋友等产生恐惧心理，从而非法取得他人财物的，则构成绑架勒赎犯罪的既遂。如果由于行为人意志以外的原因，仅仅对他人实施了绑架行为而未实际取得财物的，则应为绑架勒赎犯罪的未遂。① 笔者称这种观点为勒赎既遂论。例如，被勒索人将财物放于指定地点或交给指定的人，而该地点或人员已被公安人员所控制，罪犯尚未取得或者刚取得财物时即被当场逮捕，应视为未遂。因为不仅财物而且罪犯都置于公安人员的控制之下，罪犯虽然瞬时取得了财物，但财物的所有权并未转移，罪犯无法实际占有、处分该财物。② 主张该观点的学者提出如下几点理由：

1．从绑架勒赎犯罪的结构来看。绑架行为与勒索行为是不可分离的，缺一不能成立本罪。如果只考虑到绑架行为而不考虑勒索财物与否作为其既遂的界限，实质上是将一个统一的绑架勒索行为肢解开来对待。因为从犯罪的主观方面来看，犯罪人的最终目的是勒索财物，绑架人质只是其手段行为，没有达到其目的，便不能认为绑架勒赎犯罪达到了既遂状态。所以，在绑架他人以后，没有实施勒索行为，或者实施了

---

① 马克昌主编：《刑法学全书》，科学技术文献出版社 1996 年版，第 363 页；杨旺年：《试论绑架勒索罪》，载《法律学习与研究》1992 年第 3 期；刘培哲：《绑架勒索罪若干问题》，载《人民检察》1996 年第 9 期。

② 马克昌主编：《刑法学全书》，科学技术文献出版社 1996 年版，第 363 页；杨旺年：《试论绑架勒索罪》，载《法律学习与研究》1992 年第 3 期；刘培哲：《绑架勒索罪若干问题》，载《人民检察》1996 年第 9 期。

勒索行为而没有实际勒索到财物的，都不能认为是达到了既遂状态。

2. 从罪责刑相适应角度来看。有些学者担心以勒索到财物为既遂可能对绑架勒赎犯罪分子量刑畸轻，主张该论的学者认为以勒索到财物为既遂，没有勒索到财物为未遂，并不能轻纵犯罪分子，人们一般认为未遂比既遂的危害小，但这只是从纵向角度看问题，如果从横向看，即在不同种类的犯罪之间进行比较就可以看出决定社会危害性大小的关键因素在于犯罪的性质及其情节。有些犯罪虽然处于未遂状态，但其社会危害性远比有些犯罪的既遂严重，如盗窃1000元的既遂与抢劫500元但致使被害人重伤的未遂。正是由于这种情况，我国刑法第23条第2款规定："对于未遂犯可以比较既遂犯从轻或者减轻处罚。"对于未遂犯不是都要比照既遂犯从轻或者减轻处罚，有些可以，有些则不可以，关键要看具体犯罪的性质与其情节。绑架勒赎犯罪是属于性质严重、危害极大的犯罪，所以，对该罪的未遂犯，就可以不比照既遂犯从轻或者减轻处罚。

3. 绑架勒赎犯罪是绑架与勒索两个行为的结合。绑架行为与勒索行为是紧密衔接的两个行为，绑架是过程、手段，勒索不仅仅是目的，更重要的是一种结果行为。如果行为人只实施了绑架行为，而没有实施勒索行为，则不能构成本罪；行为人既实施了绑架行为，又实施了勒索行为，则构成本罪的要件才全部齐备。因此，作为具有明显结果意向的绑架勒赎犯罪，其既遂与未遂，应以勒索行为的完成与否作为判断的标准。行为人实施绑架行为，将人质劫持到手，以人质要挟被害人的亲属等并勒索到财物的，即构成本罪的既遂；如果被劫持的人质中途逃出或被解救，抑或由于其他行为人意志以外的原因，被绑架人的亲属等没有交出财物的，则为绑架勒赎犯罪的未遂。①

二、复合行为论

持第二种观点的学者认为，就绑架勒赎犯罪的犯罪构成而言，行为人主观上必须具有通过绑架人质达到勒索财物的目的，在客观方面必须

---

① 李文玉：《绑架勒赎罪初探》，载《江西法学》1992年第2期。

实施了绑架和勒索的行为，即必须同时侵犯了他人的人身权利和财产权利，才能构成绑架勒赎犯罪的既遂。如果行为人的勒索行为尚未实施，就由于其意志以外的原因被迫停止犯罪，理应认定为犯罪未遂。① 笔者称这种观点为复合行为论。其理由如下：

1. 有利于贯彻党的区别对待、分化瓦解犯罪分子的政策。把凡是实施了绑架行为的，不管其是否实施了勒索行为，是否占有财物，都认为是既遂，如此排除了绑架勒赎犯罪过程中可能出现的未遂、中止等犯罪形态，不利于贯彻党的区别对待、分化瓦解犯罪分子的政策。②

2. 勒索财物的犯罪目的决定了勒索财物行为的存在。虽然刑事立法上未对勒索财物的行为加以描述，而是将其作为犯罪目的之内容，但根据主客观相统一的原则，勒索财物的目的决定了与之相对应的勒索财物行为的存在。

3. 有利于犯罪中止和共同犯罪的合理解决。如果将绑架勒赎犯罪客观方面的行为理解为单一行为（即绑架他人行为），那就意味着只要行为人实施了绑架他人的行为就构成犯罪既遂，至于其是否实施了勒索财物的行为，对犯罪既遂的成立没有影响。如此，以下两个问题就得不到正确、合理的解决：

（1）犯罪中止的问题。按照以上所述，行为人一经实施绑架行为，即使翻然醒悟，自动放弃实施勒索财物的行为，将被绑架人予以释放，由于已经成立犯罪既遂，则不能认定为犯罪中止。这样做，对于犯罪人来讲，显然是不公平的，也与刑法鼓励犯罪人自动放弃可以继续实施的犯罪的立法精神不符，同时还会使犯罪分子一不做、二不休，将犯罪实施到底，对社会造成更大的危害。也许有人会说，对实施了绑架行为后自动放弃勒索财物行为的犯罪分子，不按照犯罪中止处理，并不会影响对犯罪分子的公正处罚，因为可以将犯罪人的上述表现作为从轻处罚的

---

① 刘培哲：《绑架勒索罪若干问题》，载《人民检察》1996 年第 9 期。

② 周道鸾主编：《单行刑法与司法适用》，人民法院出版社 1996 年版，第 201 页；严军兴主编：《新刑法释义》，中共中央党校出版社 1997 年版，第 286 页；李雪峰：《处理绑架勒索案件应注意的几个问题》，载《法制日报》1996 年 1 月 25 日，第 7 版。

情节在量刑时予以充分的考虑。该学者认为，这种主张似乎解决了对犯罪人的公正处罚问题，但其实不然，因为犯罪中止是法定的应当从宽处罚情节，① 这与酌定的可以从宽处罚情节是不能相提并论的。具有前一情节的犯罪人将毫无疑问地获得相当程度的从宽处罚，而具有后一情节的犯罪人是否获得从宽处罚，获得多大程度的从宽处罚，则取决于审判人员，是一个不确定的结果。

（2）共同犯罪的问题。“在司法实践中，有的行为人在其他犯罪分子实施了绑架行为后，中途参与实施勒索他人财物的行为，对于此种情况，如果按照一经实施勒索（‘勒索’似乎应为‘绑架’——引者注）行为就成立犯罪既遂的主张，显然不能按绑架勒索罪的共同犯罪处理，因为行为人的行为属于事前无通谋的事后行为。对于事前无通谋的事后行为，构成其他犯罪的，按其他犯罪定罪处罚，不构成其他犯罪的，以非罪处理。但对于这类情况不按绑架勒索罪的共同犯罪处理，于理于法都是说不通的。”② 该学者断言，上述两个问题，只有将绑架勒赎犯罪的客观方面理解为绑架行为和勒索行为，才能得到正确、合理的解决。

三、绑架既遂论

第三种观点主张，绑架勒赎犯罪中，只要行为人以勒索财物为目的，实施了绑架并控制他人的行为犯罪即达既遂。③ 笔者称这种观点为绑架既遂论。我国台湾地区学者也持这一观点，他们主张：“既遂与未遂之区别，乃以被掳者已否丧失行动自由，而处于行为人之实力支配之状态为标准，故若行为人出于勒赎之意图，已将被掳架离其原来处所，而移置于其实力支配下，则为本罪之既遂，至于被掳人之亲属是否依照行为人之勒赎指示而交付财物，则与本罪之既遂无关。换言之，掳人既

① 刘璇：《对绑架勒索罪中几个问题的探讨》，载《政法学刊》1996 年第 1 期。

② 刑法第 24 条第 2 款规定：“对于中止犯，没有造成损害的，应当免除处罚；造成损害的，应当减轻处罚。”

③ 李希慧：《论绑架勒索罪的几个问题》，载《法学评论》1998 年第 1 期。

遂犯罪即属既遂，至于行为人之勒赎意图是否得逞，则非所问。"[①] 笔者赞同上述第三种观点，简述理由并对前两种观点评述如下：

1．勒索财物的行为不应是绑架勒赎犯罪的构成要件行为。刑法第239条第1款明确规定："以勒索财物为目的绑架他人的……" 由立法可以看出，绑架勒赎犯罪是目的犯，勒索财物是目的，属于主观要件。但是，目的犯中的目的则是"超过的主观要素"，即超过客观事实范围的内容，或者说客观上不要求存在与目的相对应的事实。[②] 由于勒索财物只是绑架勒赎犯罪的犯罪目的，故现实的勒索财物行为并不是成立本罪的必要条件，即不是本罪的构成要件行为，绑架他人才是本罪必不可少的行为要件。

2．这是由绑架勒赎犯罪行为犯的性质决定的。绑架勒赎犯罪属于行为犯，只要行为人出于勒索财物的目的，实施了绑架他人的行为，控制了人质，即构成绑架勒赎犯罪的既遂，并不要求行为人有勒索财物的行为甚至勒索到了财物。因此，如果行为人已经绑架并控制了人质，但是因为看守不严致使被绑架人得以乘机逃脱，或者被绑架人竟然被其亲属等寻获而将被绑架人救回等，均应认为是绑架勒赎犯罪的既遂。

3．并不会排除绑架勒赎犯罪过程中的未遂和中止形态。把凡是实施了绑架他人的行为，不管其是否实施了勒索财物的行为，是否勒索到了财物，都认为是既遂，并不会如有的学者所言"排除了绑架勒索犯罪过程中可能出现的未遂、中止等犯罪形态"。[③] 例如，如果行为人已经着手实施绑架行为，但由于被绑架人全力抗拒等行为人意志以外的原因而未能实际控制被绑架人的，则属于本罪的未遂；如果行为人已经着手实

---

① 赵秉志主编：《中国特别刑法研究》，中国人民公安大学出版社1997年版，第699页；陈兴良著：《刑法全书》，中国人民公安大学出版社1997年版，第833页；潘家勇：《试论绑架勒索罪》，载《山东法学》1995年第2期。

② 林山田著：《刑法特论》，台湾三民书局1995年版，第395页；赵琛著：《刑法分则实用》（下册），1979年13版，第953页；陈朴生著：《刑法各论》，台湾正中书局1978年版，第351页。

③ ［日］大塚仁著：《刑法概说》（总论），有斐阁1986年改订版，第127页。转引自张明楷：《论绑架勒赎罪》，载《法商研究》1996年第1期。

施绑架行为，在劫持并实际控制被绑架人之前，即在绑架人质行为的过程中，由于良心发现或慑于法律制裁等原因自动中止了绑架他人行为的，则成立绑架勒赎犯罪的犯罪中止。

4. 绑架既遂论仍能使犯罪中止问题得到正确、合理的解决。主张复合行为论的学者认为，把绑架勒赎犯罪理解为只要行为人实施了绑架他人的行为即构成犯罪既遂，则不能正确、合理地解决犯罪中止问题，因此主张绑架勒赎犯罪既遂应既包括绑架他人行为，也包括勒索财物行为。但笔者认为，即使按照该学者的主张，也不能使犯罪中止问题得到正确、合理的解决。譬如行为人既实施了绑架他人的行为，又实施了勒索财物的行为，按照该学者的观点，这时已成立犯罪既遂（复合行为论的既遂并不要求行为人实际上勒索到财物）。但如果行为人一经实施了勒索财物的行为，还没有实际勒索到财物，即使翻然醒悟，自动放弃继续勒索财物的念头，将被绑架人予以释放，由于已经成立犯罪既遂，则不能认定为犯罪中止。笔者认为，这种情形与该学者所假设的情形仅仅是五十步与一百步的异同。如果该学者所假设的情形不能认定为犯罪中止，“对于犯罪人来讲，显然是不公平的，也与刑法鼓励犯罪人自动放弃可以继续实施的犯罪的精神不符，同时还会使犯罪分子一不做、二不休，将犯罪实施到底，对社会造成更大的危害。”① 那么，笔者所假设的情形如果不认定为犯罪中止，对于犯罪人来讲，岂不也是不公平的？

诚然，该学者也提出了一个问题，但把绑架勒赎犯罪的既遂标准扩大到复合行为也是解决不了这一问题的，因此这不能成为支持复合行为论的一个理由。关于这一问题笔者有个建议，我们可以借鉴俄、日、德、法等国家的做法，同时参照我国刑法第 241 条第 6 款②的规定在刑法第 239 条增加一款规定：“主动或者按照解救人员的要求释放被绑架人的，可以从轻或者减轻处罚。”这样该问题就可以得到较好的解决。

---

① 刘璇：《对绑架勒索罪中几个问题的探讨》，载《政法学刊》1996 年第 1 期。

② 该款规定：“收买被拐卖的妇女、儿童，按照被买妇女的意愿，不阻碍其返回原居住地的，对被买儿童没有虐待行为，不阻碍对其进行解救的，可以不追究刑事责任。”

5. 绑架既遂论仍能使共同犯罪问题得到正确、合理的解决。笔者主张，行为人实施绑架他人的行为即构成犯罪既遂，仍然能够使共同犯罪问题得到正确、合理的解决。我们知道，共同犯罪是指两人以上共同故意犯罪。共同犯罪在理论上分为事前通谋的共同犯罪和事前无通谋的共同犯罪。① 有学者认为，司法实践中，有的行为人在其他犯罪分子实施了绑架行为后，中途参与实施勒索他人财物的行为，对于此种情况，如果按照一经实施绑架行为就成立犯罪既遂的主张，显然不能按绑架勒赎犯罪的共同犯罪处理。理由是行为人的行为属于事前无通谋的事后行为。② 笔者认为该理由是不能成立的。这种情况下行为人中途参与实施勒索他人财物的行为，确实是事前无通谋的行为，但因此将其称为“事后行为”则是不合适的。事后行为，是指犯罪结束以后的行为。在一般情况下，犯罪达到既遂状态以后，犯罪行为也告结束，但在某特殊情况下，比如继续犯的场合，犯罪既遂以后犯罪行为则仍然处于继续状态，犯罪行为并没有因为犯罪达到了既遂状态而随之结束。因此，对于继续犯罪来说，犯罪达到既遂之后犯罪行为结束之前参与该犯罪活动的，是不能将之称为“事后行为”的，这种情况成立的是事前无通谋的共同犯罪，也有学者称其为“事中共犯”，③ 日本的刑法理论称为偶然的共同犯罪。

绑架勒赎犯罪由于非法控制人质行为的存在，是典型的继续犯，从绑架人质开始到人质被赎回、被解救或者被释放之前，其犯罪行为均处于继续之中。所以，在人质被绑架以后、释放以前，其他人故意参与有关的犯罪活动，如以勒索财物为目的看守“肉票”（即被绑架人）、给人质送水送饭、参与勒索等，均可成为绑架勒赎犯罪的共犯。我国台湾学者也持相同的观点，认为“在被掳人未经释放以前，其犯罪行为仍在继续进行之中，行为人对于被害人被掳时，虽未参与实施，而其出面勒索，系在掳人勒赎之继续进行中，参与该罪之勒取赎款之目的行为，自

---

① 陈兴良著：《共同犯罪论》，中国社会科学出版社 1992 年版，第 146 页。
② 陈兴良著：《共同犯罪论》，中国社会科学出版社 1992 年版，第 146 页。
③ 孙光骏、李希慧：《论绑架勒索罪的几个问题》，载《法学评论》1998 年第 1 期。

应认为是共同正犯。”并举例说：“乙妇与绑匪甲有夫妇同居关系，代为照顾被绑架小孩，应负本罪从犯之刑责。”①

并且，笔者认为，按照该学者所主张的犯罪既遂后即不可能再成立共同犯罪的观点，即使其所主张的绑架勒赎犯罪客观方面为复合行为（绑架行为和勒索行为）的既遂理论成立，也不能很好地解决共同犯罪的问题。比如，行为人既实施了绑架他人的行为，又实施了勒索财物的行为，按照该学者的观点，这时已成立犯罪既遂，如果之后有人参加进来，比如看守人质、二次勒索、收取财物等行为则属于所谓“事前无通谋的事后行为”，按该学者观点，则不能成立共同犯罪。但对于这类情况不按绑架勒赎罪的共同犯罪处理，于理于法也是说不通的。因此，对于绑架勒赎犯罪这种典型的继续犯，它的共同犯罪构成有其特殊性，我们不应看不到这种特殊性，更不能为了解决“共同犯罪问题”而将其既遂标准不适当地扩大到复合行为（即必须有勒索财物的行为）。

综上所述，笔者认为，区分绑架勒赎犯罪的既遂与未遂，应以行为人是否实施了绑架并控制人质的行为为标准。绑架并控制了人质的，即为该罪的既遂，而不论行为人是否实施了勒索财物的行为甚或勒索到了财物。

（本文发表于《广西政法管理干部学院学报》2001年6月期）

---

① 高格等编：《刑事法学词典》，吉林大学出版社1987年版，第112~113页。

绑架罪的既遂标准及认定思路

黄祥青

我国刑法理论通说认为，绑架罪的客观方面是单一行为，只要行为人使用暴力、胁迫或者其他方法，绑架并实际控制他人人身的，就构成本罪既遂。笔者以为，绑架罪的客观方面宜解释为复合行为，即由绑架和勒索或者提出其他不法要求等两个行为组成，其既遂应以实施了复合行为为限度，但不以勒索到他人财物等危害结果为标准。具体理由阐述如下：

第一，从刑法解释论角度看，在“以勒索财物为目的绑架他人的，或者绑架他人作为人质的”罪状表述中，其字面含义确实仅仅突出了“绑架”行为，“以勒索财物为目的”可以理解为构成本罪的主观要件。然而，刑法理论和司法实践经验均告诉我们，对于法条含义的解读通常不能停留于字面，大多还需要进行论理解释，以使解释的结论具有系统合理性，符合刑法之实质合理主义的基础立场。那么，评价解释结论是否符合刑法基础立场的标准是什么？实现刑法实质合理主义的路径何在？

笔者认为，就解读个罪法条而言，首先有必要对具体犯罪的罪质与罪量进行准确、充分的评价。因为，我国刑法规定的各种犯罪均是罪质与罪量的有机统一体，罪质揭示某种危害行为侵害的我国刑法所保护的社会关系；罪量标示该种危害行为对于一定法益的侵害程度。这种罪质、罪量关系在刑法解释论上的意义在于，具体犯罪不仅受到特定罪质的限定，还受到一定罪量的制约。如果超出了一定的罪量范围，罪质相同或相近的危害行为，也有可能成立他种犯罪。也就是说，罪量对于具体犯罪的罪质范围往往具有界定意义。于是，如何衡量、把握罪量就成为解释、认定个罪中的又一个关键性问题。绑架罪被归入侵犯公民人身权利和民主权利的罪章，其主要犯罪客体是公民的人身权利，其次的客体是公民的合法财产权利。据此，我们不妨把绑架罪与侵犯公民人身权利的极重罪故意杀人罪作比较，如果把绑架罪罪状中的“以勒索财物为目的”仅仅解释为主观要件，很显见，所剩下的单一的绑架人质行为就很难说比故意杀人行为的危害更大。况且在犯罪目的和动机方面，主观恶性更大的故意杀人罪也并不鲜见，而立法者并未因此匹配如同绑架罪一样严重的法定刑。换一视角透视，是否因为绑架罪在严重危害公民人身权利的同时还侵犯公民的财产权利呢？答案似乎也不能仅止于此。因为抢劫罪同样是侵犯公民人身和财产权利之双重客体的严重犯罪，其法定刑还是相较为轻。至此，从合理解释罪状的角度说，笔者感到只有把绑架罪的客观方面解释为复合行为，这样才既可与抢劫罪相衡平，也可在犯罪系列中找到绑架罪之罪质、罪量的实在位置；即绑架罪一经实施(包含劫持人质与勒索他人两个行为)，不仅严重侵害公民多人的人身权利（除严重危及被绑架者的人身安全外，还同时给被勒索者造成持续的巨大精神强制和压迫)，而且严重威胁公民的合法财产权利，这是单纯的故意杀人罪或者抢劫罪在社会危害性程度上都有所不及的，因而才能是绑架罪之罪质、罪量的适当归宿。

第二，从设定既遂标准的依据方面考察，各种犯罪的既遂形态有行为犯、结果犯或者危险犯等不同种类之分。这里值得深思的一个问题是，不同犯罪的既遂形态分别归属于上述不同种类的依据是什么？理由何在？这对于正确界定绑架罪的既遂形态无疑是重要的。

依笔者所见，各种犯罪既遂形态的设定，主要取决于具体犯罪案发时的常见状态，也就是说，具体犯罪通常进行、持续到什么程度或状态下案发，这种常见状态一般就可确定为相应犯罪的既遂形态。具体说，如果案发时危害行为正在实行过程中，如运输毒品犯通常是在运输途中被抓获，则该种犯罪的既遂形态宜设定为行为犯。如果案发时危害行为已经导致危害结果发生，如故意杀人罪常常是以被害人的死亡结果为线索“以案找人”而破案，则该种犯罪的既遂形态可认为是结果犯。如果案发时危害行为正在实行或者实行完毕，造成法益面临现实紧迫的危险性，如放射等危险性物质的投放者是在投放行为致使公共安全遭受现实紧迫的危险性时被抓获的，则该种犯罪的既遂形态应确定为危险犯。之所以将案发时具体犯罪的常见状态作为犯罪既遂的认定依据或标准，主要理由在于：虽然犯罪既遂形态描述的是各种犯罪的最后停顿状态，但其并不完全以犯罪人意图实施的全部犯罪行为实行完毕或者达成犯罪目的为依归。那么，确立何种时间节点作为各种犯罪的最后停顿状态才为适宜？从立法者设立犯罪停止形态的初衷看，各种犯罪的法定刑应当是以犯罪既遂形态为标本而配置，因为对于预备犯、未遂犯或中止犯等未完成形态之罪的处罚，在法理上都是以既遂犯为参照，在事实上都是以法定刑为基础而进行适度修正与调整。由此可见，犯罪既遂是基本的、主要的犯罪停止形态，其他未完成形态均是修正的、补充的犯罪停止形态。换句话说，犯罪的完成与未完成形态在立法设计上已存在明确的主次关系，不可错位或颠倒，应当在具体犯罪停止形态的认定中得到凸显或体现。基于此，不难想象，如果把既遂的时间节点设置得晚于案发的常见形态，则势必导致实际追诉的具体犯罪大多呈现未完成形态，既遂形态沦为少数或例外情形。这种现象既与上述立法初衷相悖，客观上也很容易滋生刑罚适用上宽缓失度的弊端。相反，如果将既遂的时间节点设置得早于案发的常见形态，则意味着实际追诉的具体犯罪在案发前就已经既遂，未完成形态基本上就失去了产生的空间或余地。此种现象显然也不是立法的本意，客观上使刑罚适用缺少必要的弹性而显现僵化与严苛之弊。因此，以具体犯罪通常案发的时间为节点，以此时的常见状态为依据确定既遂形态，此标准既能契合上述犯罪完成与未完成形态的主次关系，实践上也有利于实现刑罚的目的性。这里应予指出的是，笔者主张以具体犯罪案发时的常见状态为标准认定既遂形态，并非意指没有例外情形。事实上，举动犯作为犯罪既遂的类型之一，就往往发生和存在于案发之前。究其缘由，举动犯通常危害社会剧烈，立法上不能给其留有延伸的空间，将其既遂的时间节点大大提前，正是表明了法律上对其严厉的否定评价态度。质言之，将极少数社会危害性极大的犯罪设定为“着手就既遂”的举动犯，是刑事政策上的刻意为之，但不能作为绝大多数犯罪常规的既遂标准。

绑架者劫持人质后未行勒索或提出其他不法要求就被抓获的情形比较少见，被害人及其亲友待到绑架者完全达到勒索等非法目的以后才报案抓获绑架者的情景也所见不多。绑架罪案发的常见状态大多是在绑架者实施了劫持人质、勒索或提出其他不法要求的复合行为以后、达到犯罪目的之前。依据上述界定犯罪既遂形态的常规标准，把绑架罪的既遂形态设定为过程行为犯（含劫持、勒索或提出其他不法要求等两个行为)，应当讲具有设定依据上的事实可靠性与法理合理性。

第三，从司法认定与刑罚裁量层面分析，如果将绑架罪的客观方面界定为单一行为，以劫持到人质为标准认定本罪的既遂形态，则明显存在过度压缩本罪之未完成形态的存在空间，容易造成罪刑失衡的问题。如前所述，绑架罪的严重社会危害性是通过持续一定阶段的复合行为来体现的，倘若只有劫持人质行为即可成立犯罪既遂，其在客观表现上就与非法拘禁罪无甚差异，何以匹配如此严厉的法定刑呢？难道就是因为行为人出于绑架勒索的犯罪动机？上述“单一行为说”很难找到处罚的合理根据。事实上，劫持人质行为还有行为手段的多样性，如采用诱骗离家、反锁门窗禁闭等非暴力方法控制被害人人身的事例亦屡有所见，若动辄成立绑架罪既遂，必须判处有期徒刑10年以上的刑罚，由此产生的刑罚苛厉与多余也是不言而喻的；更遑论实践中还有在实施勒索行为前就自动选择放弃犯罪的情形，如保姆为勒索雇主而将自己照看的婴幼儿带至外地，然后又主动护送婴幼儿回家的行为就是适例。对此，以绑架罪犯罪中止论处，常常可以做到罚当其罪；倘若以绑架罪既遂定罪重罚，其结果大多会令法律的公正性备受质疑。归纳而言，绑架罪既遂的时间节点不宜设置得过早，否则不利于鼓励绑架者迷途知返，在司法裁量上也难以体现罪刑相适应原则的基本要义。

综上所述，分析、认定具体犯罪的既遂形态，应当纳入整体的罪刑关系来考察，并以实现同类犯罪的罪刑平衡关系为目标。上述绑架罪的既遂标准，就是在考虑自身与同类犯罪的罪质、罪量及其相互关系的基础上作出判断的。

（本文发表于《人民法院报》2008年2月20日第6版）

海峡两岸绑架罪之比较研究

田宏杰　许成磊

一、海峡两岸绑架罪之立法比较

（一）大陆刑法绑架罪立法概况

绑架是近现代西方社会一种常见的犯罪，在旧中国更是黑社会惯盗悍匪常用的劫财勒钱手段。新中国成立以后，在我国大陆曾经有很长一段时间没有发生这种案件，可以说掳人勒赎在新中国已几近绝迹，所以，从1954年起草刑法至1957年草拟的刑法草案第22稿，以及之后陆续修改的草稿（共33稿），都没有规定这类犯罪。1979年7月1日通过、7月6日颁布的《中华人民共和国刑法》是在第33稿基础上起草的，也没有设置绑架罪这种罪名，更没有规定此类犯罪的罪状及其法定刑。

但是，随着改革开放的不断深入发展，百万、亿万富翁在中国大地也已见惯不惊，这就为以勒索财物或者获取其他不法利益为目的的绑架罪的死灰复燃创造了客观条件。加之西方一些腐朽没落的生活方式的侵入，澳台黑社会组织向大陆的渗透，绑架这种严重的犯罪在我国大陆开始潜滋暗长，且呈日益猖獗之势，不仅严重地威胁着广大公民的人身权利和公私财产安全，而且极大地扰乱了社会秩序。鉴于此，大陆立法机关于1991年9月4日通过了《关于严惩拐卖、绑架妇女、儿童的犯罪分子的决定》，其中增设了绑架妇女、儿童罪和绑架勒索罪两个新罪，两罪的法定刑也完全相同。

1997年刑法修订时，考虑到绑架罪的司法实际情况，立法机关将原来（决定中）的绑架勒索罪修正为绑架罪，其外延包括以勒索财物为目的绑架他人和绑架他人作为人质的行为。[①] 从而形成了大陆现行刑法第239条的规定："以勒索财物为目的绑架他人的，或者绑架他人作为人质的，处十年以上有期徒刑或者无期徒刑，并处罚金或者没收财产，致使被绑架人死亡或者杀害被绑架人的，处死刑，并处没收财产。"同条第2款规定："以勒索财物为目的偷盗婴幼儿的，依照前款的规定处罚。"

（二）我国台湾地区"刑法"中掳人勒赎罪立法概览

掳人勒赎罪规定于我国台湾地区现行"刑法典"分则第33章之中，共有2个条文，即第347条的普通掳人勒赎罪和第348条的掳人勒赎结合罪。

所谓普通掳人勒赎罪，是指行为人意图勒赎而掳人的行为。此为掳人勒赎罪的一般犯、继续犯和实害犯。

所谓掳人勒赎结合罪，是指行为人犯掳人勒赎而又故意杀害被害人或者强奸被害人的情形。此为掳人勒赎罪的一般犯、实害犯与结合犯，结合形式有以下两种：一种是掳人勒赎而杀害被掳人；另一种是掳人勒赎而强奸被掳人。需注意的是，我国台湾地区"刑法典"中的掳人勒赎结合罪没有处罚未遂犯的规定，故唯有既遂状态，犯罪才能成立。

（三）立法之比较

就绑架罪的罪名设置而言，大陆刑法关于绑架罪的规定虽然只有一个法条，但理论界对于这一法条所确立的罪名，却是众说纷纭。归纳起来，较有代表性的观点主要有以下三种：第一种观点认为，绑架罪是涵盖大陆刑法第239条两款内容的罪名，[②] 最高人民法院1997年12月16日公布施行的《关于执行〈中华人民共和国刑法〉确定罪名的规定》实际上也是持这一态度。第二种观点则主张，大陆刑法第239条包括绑架勒索罪和绑架人质罪（或绑架罪）两个罪名。具体而言，第1款中"以勒索财物为目的绑架他人"的行为和第2款"以勒索财物为目的偷盗婴幼儿"的行为为绑架勒索罪；第1款中"绑架他人作为人质"的行为为

① 肖中华著：《侵犯公民人身权利罪》，中国人民公安大学出版社1998年版，第7页。

② 张明楷著：《刑法学》（下），法律出版社1997年版，第715页。

绑架人质罪或曰绑架罪。[①] 第三种观点则主张，大陆刑法第 239 条共规定了三个罪名，其中第 1 款包括“以勒索财物为目的的绑架他人”的绑架勒索罪和“绑架他人作为人质”的绑架罪；第 2 款中“以勒索财物为目的的偷盗婴幼儿”的行为应独立为偷盗婴幼儿罪。[②] 而与大陆刑法理论界不同的是，我国台湾刑法学界对于绑架勒赎罪的罪名确定几乎没有什么异议，均认为台湾地区“刑法典”所规定的绑架罪共有两个罪名，即掳人勒赎罪和掳人勒赎结合罪。

之所以如此，究其原因，笔者以为，关键还是在于两岸刑法关于绑架罪立法规定的不同。我国台湾地区“刑法典”分则采取的是“小章制”模式，而大陆刑法分则采取的则是“大章制”的体系结构，受此影响，大陆刑法关于绑架罪罪状的规定相对于我国台湾地区“刑法典”来说较为简略，而我国台湾地区“刑法典”的规定则较为详尽、丰富。此其一；其二，大陆刑事立法的传统指导思想是“宜粗不宜细”，这主要是为了适应社会生活的变化，使刑法法条的内容能够尽可能包容现实生活中可能出现的种种犯罪现象，以使刑法的规定不因社会生活的发展变化而很快滞后。但这一指导思想与罪刑法定主义的要求却有冲突。“法无明文规定不为罪，法无明文规定不处罚”是罪刑法定原则的根本内涵，由此出发，法条内容应尽可能明确、具体。尽管 1997 年刑法修订时，“宜粗不宜细”的传统立法指导思想在现行刑法中得到了很大的改观，但这一观念不可能从根本上清除，加之立法技术等其他多方面的原因，大陆刑法对罪状的规定相对于过去而言有很大的改善，但和台湾地区“刑法典”相比，仍然比较粗疏，这也是导致大陆学者对绑架罪法条所规定的罪名出现认识上的分歧的主要原因。因而笔者认为，要从根本上解决这一问题，首先应当完善刑事立法，从罪刑法定主义的要求出发，在周密考察、充分论证的基础上，尽可能使刑法的规定具体化。其

---

① 赵秉志主编：《新刑法教程》，中国人民大学出版社 1997 年版，第 589、607 页；高西江主编：《中华人民共和国刑法的修订与适用》，中国方正出版社 1997 年版，第 540 页。

② 林亚刚、贾宇：《绑架及相关犯罪的几点探讨》，载丁慕英等主编：《刑法实施中的重点难点问题研究》，法律出版社 1998 年版，第 737 页以下。

次，由于罪名的设置事关犯罪人刑事责任的确定，从健全法制、确保法制的统一和实现刑法人权保障机能的角度出发，罪名应尽可能由立法机关在刑法中予以明示。这样，一方面可以防止最高司法机关因认识上的不一致作出相互矛盾的司法解释，致使司法机关无所适从，另一方面也有助于刑法理论研究的深入发展。这一问题同样值得我国台湾地区刑事立法注意。

对于大陆刑法学界关于大陆现行刑法第 239 条所包含的罪名的三种不同的观点，笔者赞同第二种观点。因为，该条所规定的绑架行为实际上包括两种情形：一种是为勒索财物而实施的绑架罪，另一种是为绑架人质而实施的绑架罪。这两种情形尽管在客观方面都表现为“绑架”行为，但在主观目的上两者却迥异其趣。前一种情形行为人的目的重在索财，后一种情形行为人却是出于其他非法目的，司法实践中较为常见的主要是出于政治、宗教等目的，因而大陆刑法第 239 条所规定的两种情形之罪质是有差异的。罪质不同，罪名自然应当有异。所以，笔者认为，第二种观点比较全面地反映了立法意图。不过，在新的司法解释对此作出肯定以前，无论是以勒索财物为目的的绑架行为，还是出于其他目的的绑架人质行为，都应以绑架罪一罪论处，这是罪刑法定原则的要求。

至于我国台湾地区刑法学界所确立的掳人勒赎结合罪，很显然是普通掳人勒赎罪与故意杀人罪或者强奸罪的结合犯罪形态。第一种结合形态即普通掳人勒赎罪和故意杀人罪的结合，在大陆刑法中是作为绑架罪的加重犯罪构成加以规定的。第二种结合形态即普通掳人勒赎罪和强奸罪的结合，在大陆刑法中却没有涉及。根据大陆刑法理论，这种情形应当以绑架罪和强奸罪两个罪名实行数罪并罚。两岸的这两种不同规定和做法，哪一种更符合犯罪构成原理呢？

笔者认为，我国台湾地区“刑法典”的规定是比较科学的。根据刑法基本原理，结合犯是指数个在法律上独立而罪名不同的故意犯罪行为，由另一个法律条款把它们结合起来成为一个新的独立犯罪（或称第三罪）的情况。结合犯的成立必须具备以下特征：第一，所结合的数罪必须是刑法上有明文规定的独立犯罪行为；第二，数个独立的行为必须触犯的是数个不同的罪名；第三，数个罪名必须都是故意犯罪；第四，数个罪名由另一法律条文加以结合，成为新罪，即所谓第三罪；第五，数个罪名结合成为新罪以后，它们各自失去原有的独立性而成为新罪的构成要件；第六，结合的新罪是单纯一罪，不是数罪，也有称为特种一罪的。[①] 以此观之，掳人勒赎罪和故意杀人罪、强奸罪都是我国台湾刑法上的独立犯罪，罪名相异且均为故意犯罪，通过新的刑法条文的规定，是完全可以将其结合起来构成一种新的独立犯罪的。而大陆刑法由于没有规定绑架罪的结合犯形态，致使下列两个问题难以合理地解决：（1）大陆刑法 239 条第 1 款关于绑架罪加重犯的规定，将绑架中致人死亡和故意杀人两种情形不加区别地一视同仁，显然与罪责刑相适应原则不合。因为，绑架中过失致人死亡和故意杀人两种情形，尽管最终都出现了他人死亡的结果，但行为人对于他人死亡结果的发生所持的主观心理态度不同，由此表明行为人在这两种情形下的主观恶性程度以及社会危害程度也有差异，而将这两种情形同等对待，自然有违罪责刑相适应的原则。（2）绑架行为与强奸行为之间并不存在必然的牵连关系，对于绑架中又实施强奸行为的，以绑架罪的加重构成犯处理自然不合理。可由于大陆刑法没有设置绑架罪的结合犯形态，对此就只能以数罪实行并罚。而如果行为人实施的绑架行为和强奸行为均属情节一般，并罚时，无论是对绑架罪还是对强奸罪都不可能适用其最高的量刑幅度，按照大陆刑法第 236 条和第 239 条的规定，对此至多只能判处无期徒刑。而实际上，这种情形的社会危害程度并不比绑架又故意杀人的情形轻，后者可以判处死刑，而前者却只能判处无期徒刑，这样，同样与罪责刑相适应原则的要求相悖。而我国台湾地区“刑法典”关于掳人勒赎结合罪的规定模式则能够较好地解决上述问题。所以，笔者建议，大陆刑法在今后修订完善时，有必要借鉴我国台湾地区“刑法典”的做法，考虑增设绑架罪的结合犯罪形态。

二、两岸绑架罪构成特征之比较

（一）主体特征之比较

对于绑架罪的主体，两岸刑法均规定为一般主体，但对于绑架罪的

① 高铭暄等主编：《中国刑法词典》，学林出版社 1999 年版，第 359 页。

刑事责任年龄，大陆刑法的规定是16周岁，而台湾地区“刑法典”的规定则是14周岁。众所周知，绑架罪是一种相当野蛮残忍的严重刑事犯罪，其社会危害性并不亚于故意杀人罪、抢劫罪和贩毒罪等严重刑事犯罪，而按照大陆刑法第17条第2款的规定，已满14周岁未满16周岁的人实施故意杀人罪、抢劫罪和贩毒罪等八种严重刑事犯罪要负刑事责任，而实施绑架罪却不以犯罪论处，那么，已满14周岁未满16周岁的行为人如果在绑架过程中又实施了杀害被绑架人行为的，又应当如何处理呢？如果对此追究行为人的刑事责任，这无异于否定了刑法所规定的绑架罪的刑事责任年龄，因为这种情形是作为绑架罪的加重构成规定在大陆现行刑法第239条第1款之中的；而如果不让行为人对此承担刑事责任，又等于否定了总则关于故意杀人罪刑事责任年龄的规定。

之所以会发生这种令司法机关进退两难的尴尬情况，笔者以为，根本的原因主要有以下两点：一是大陆现行刑法关于绑架罪刑事责任年龄的规定不合理。刑法确立相对责任年龄段的人负刑事责任范围的重要理论根据在于，已满14周岁未满16周岁的人对于一些大是大非、社会危害很大的危害行为已具备了辨认和控制能力。在绑架过程中杀害被绑架人的杀人行为之社会危害性与一般杀人行为的社会危害性相比只能是有过之而无不及，而大陆刑法规定已满14周岁不满16周岁的人对故意杀人罪要承担刑事责任，而绑架罪却无须承担刑事责任，显然有失罪责刑的均衡。二是绑架中又故意杀害被绑架人这种情形的罪质，既不完全同于一般的绑架罪，又有别于一般情形下的故意杀人罪，理应另设罪名予以处置，而大陆现行刑法却仍将这种情形作为绑架罪的加重构成加以规定，无论是从罪数理论还是犯罪构成原理方面分析考察，都难免令人困惑。若按照台湾地区“刑法典”的做法，将此规定为结合犯，上述困惑也就迎刃而解。所以，这再次表明，大陆刑法关于绑架罪罪名的设置和刑事责任年龄的规定，确有改进之必要。

（二）主观特征之比较

根据大陆现行刑法第239条的规定，绑架罪在主观方面必须出于直接故意，间接故意和过失均不能构成绑架罪；而我国台湾地区“刑法典”第347条则规定，掳人勒赎罪在主观方面必须出于“意图勒赎”。这里，“意图”即期望，属于人类内心之观念情态，故我国台湾学者将其称为主观违法要件，以与作为责任要件的故意相区分。称“勒赎”即不法勒令他人交出财物以取赎之谓。申言之，即勒索令提出财物，以回赎被掳人，而回复其生命安全与身体自由。称“意图勒赎固不以果得勒赎之目的为限，然必须行为人先具有勒赎之意思，而后为掳人之行为者，始克相当”。①

可见，两岸对于绑架罪主观要件的认识还是比较一致的，都认为只有在直接故意的支配下所实施的绑架行为，才有可能构成绑架罪。但是，对于绑架罪的主观目的的内容，两岸刑法的规定以及学者的见解就有所不同了。大陆刑法规定绑架罪的主观目的有两种，一种是为勒索财物，另一种是为了获取其他不法利益，这种其他不法利益是就非财产性利益而言的；而我国台湾地区“刑法典”所规定的掳人勒赎罪的主观目的的内容则只有一种，就是勒索财物。因而我国台湾地区“刑法典”中所规定的掳人勒赎罪以侵犯财产法益为根本特征，而大陆刑法所规定的绑架行为所指向的对象可以与财产毫无关系，这也是笔者认为最高人民法院关于大陆刑法第239条只规定了绑架罪一个罪名的司法解释值得斟酌的一个原因。不过，从世界各国发生的绑架案件来看，绑架罪的行为人实施绑架行为的目的，的确并非都是为了勒索财物，有的纯粹是为了达到满足行为人其他不法要求的目的而绑架他人作为人质的。故笔者认为，大陆刑法关于绑架罪主观目的的规定，比我国台湾地区“刑法典”的规定更接近绑架案件的司法实际情况。我国台湾地区“刑法典”有必要在今后的修改中，根据绑架犯罪活动的发展变化趋势，对绑架罪的主观要件进行适当的调整，以充实绑架罪的构成要件，使之适应现代生活惩治绑架罪的需要。

（三）客观特征之比较

绑架罪在客观方面的特征如何？这在两岸刑法理论界都存在着较大的争论。归纳起来，大陆学者对此主要有以下几种不同的看法：第一种

---

① 王振兴著：《刑法分则实用》（全三册增修本），台湾三民书局1994年6月再版，第737～738页；蔡墩铭著：《刑法各论》，台湾三民书局1995年10月版，第1160页；褚剑鸿著：《刑法分则释论》（下册），台湾商务印书馆1995年12月2次增订版，第1288页。

观点认为，绑架罪的客观方面表现为利用被绑架人的近亲或其他人对被绑架人安危的忧虑，而使用暴力、胁迫或者麻醉方法劫持或以实力控制他人。①

第二种观点认为，绑架勒索罪（不包括绑架他人作为人质的行为在内——笔者注）的客观方面表现为以暴力、胁迫或者麻醉方法劫持他人或偷盗婴幼儿的行为。②

第三种观点认为，绑架勒索罪的客观方面是行为人必须实施了绑架他人并勒索赎金的行为，绑架他人与勒索赎金缺一不可。③

第四种观点则针对主张绑架勒索罪在客观方面既应有绑架行为也应有勒索行为的观点，提出了不同的见解，认为上述观点显然有悖立法精神，因为立法精神在于：只要出于勒索财物的目的，并以此为目的支配实施完绑架行为，就已具备该罪的法定全部要件；法律明文规定以勒索财物为目的绑架他人即可构成犯罪，这说明法律认为，勒索目的只需有绑架行为即可认定，没有理由认为“绑架勒索”中“绑架”与“勒索”都是指实行行为。因而与勒索目的对应相等的勒索行为只是犯罪情节，而非客观方面的构成要件的行为。④

我国台湾刑法学界对于掳人勒赎罪的客观要件同样存在着争论：一种观点主张，掳人勒赎罪在客观方面只要有“掳人”的行为即可，至于行为人是否实施勒索财物的行为，于掳人勒赎罪的成立无碍。这里，所谓“掳人”，即掳掠人之身体，使人于行为人实力支配之下，而丧失其行动自由之谓。⑤ 另一种观点则认为，本罪之行为为掳人而勒赎。所谓

① 张明楷著：《刑法学》（下），法律出版社 1997 年版，第 715 页。

② 陈正云等编著：《新刑法释义》，中国方正出版社 1997 年版，第 498 ~ 499 页。

③ 严军兴、肖胜喜主编：《新刑法释义》，中共中央党校出版社 1997 年版，第 286 页。

④ 林亚刚、贾宇：《绑架及相关犯罪的几点探讨》，载丁慕英等主编：《刑法实施中的难点疑点问题研究》，法律出版社 1998 年版，第 741 ~ 742 页。

⑤ 王振兴著：《刑法分则实用》（全三册增修本），台湾三民书局 1994 年 6 月再版，第 739 页；褚剑鸿著：《刑法分则释论》（下册），台湾商务印书馆 1995 年增订版，第 1290 页。

掳人乃谓掳掠人身，使被掳者脱离其原来之所在，丧失行动自由而移置于行为人实力支配之下而言。换言之，即以强暴、胁迫或诈术、恐吓或其他不正当方法，使被掳者离开其原来处所，而将其移置于自己实力支配之下。至于掳人行为系违反被掳人之意志，抑或得其承诺，均与本罪之成立无关。所谓勒赎，系指勒令被掳者之亲友提供金钱或其他财物，以赎取被掳者之生命或身体自由。①

可见，两岸关于绑架罪客观特征争论的焦点，主要集中在绑架行为究竟是一种单一行为还是一种复合行为这个问题上。笔者认为，从两岸关于绑架罪的规定来看，绑架行为都只能是绑架（或者说掳人）与勒索或者绑架与提出不法要求两个行为所结合而成的复合行为，否则，将如有的学者所指出的那样，如果将绑架行为视为单一行为，以下两个问题将难以解决：一是犯罪中止问题。按照单一行为说，行为人一经实行绑架他人或偷盗婴幼儿行为，犯罪即告既遂，行为人即使自动放弃勒索财物或提出不法要求的行为，也没有成立犯罪中止之余地，这不仅不合情理，也与刑法设立犯罪中止制度的目的相左。二是共同犯罪问题。司法中，有的行为人在其他犯罪分子实施了绑架行为后，中途参与实施勒索他人财物的行为，对于此种情况，如果按照单一行为说，显然不能按绑架罪的共同犯罪处理，因为行为人的行为属事前无通谋的事后行为。对于事前无通谋的事后行为，构成其他犯罪的，按其他犯罪定罪处罚，不构成犯罪的，以非罪处理。但对于这类情况不按绑架罪的共同犯罪处理，于理于法显然都难以成立。② 实际上，即使是主张单一行为说的学者也认为，“其于掳人后待赎中，其犯罪行为乃属继续进行中，在此期间参与勒赎之行为，纵未参与之掳人行为，亦应成立本罪之共同正犯。”③

---

① 林山田著：《刑法特论》（上册），台湾三民书局 1985 年修订初版，第 393 页。

② 李希慧、孙光骏：《论绑架勒索罪的几个问题》，载丁慕英等主编：《刑法实施中的难点疑点问题研究》，法律出版社 1998 年版，第 750 ~ 751 页。

③ 褚剑鸿著：《刑法分则释论》（下册），台湾商务印书馆 1995 年增订版，第 1290 页。

一言以蔽之，“单一行为说”的观点在理论上是很难一以贯之的，而“复合行为说”则可以很好地解决绑架罪认定中的问题。那么，如何理解这一复合形式的绑架行为呢？

首先，绑架罪在客观方面表现为一种绑架行为。这里的“绑架”，是指行为人以暴力、胁迫、麻醉或者其他方法限制他人人身自由的行为。目前，大陆绝大多数刑法学论著都将绑架的方法限定为暴力、胁迫、麻醉三种方法，笔者认为，这有失片面。因为，从司法实践来看，行为人采取欺骗的方法，将被害人骗到一定场所后关押起来，然后向被害人的近亲属等有关人员索取财物，这种情形无疑应当以绑架罪论处，而如果将绑架行为局限于暴力、胁迫或者麻醉三种方法，上述情形将难以准确定性，无疑会放纵犯罪分子。对此，我国台湾学者也大多认为，其掳人之方法，并无限制，以强暴胁迫为之者固可，即以诈骗引诱使人置身于行为人实力支配之下者，亦无不可。①

其次，绑架罪在客观方面还表现为勒索财物的行为或者提出不法要求的行为。所谓“勒索财物”，是指以杀害、伤害被绑架人或者对被绑架人造成其他损害相威胁，强令与被绑架人有特定关系的人交付财物的行为。② 所谓“提出不法要求”，是指行为人以绑架被害人为人质，向与被害人有特定关系的人提出其他非财产性利益的要求的行为。勒索财物的行为或者提出不法要求的行为，既可以只实施其中一种，也可以是行为人在绑架他人后，既勒索财物也提出不法要求。但须注意的是，勒索财物或者提出不法要求的行为所指向的对象并不是被绑架人，而是被绑架人的近亲属或者其他人。这里的其他人，不仅指自然人，也包括单位甚至国家。例如，行为人出于政治目的，绑架身居要职的国家高级官员，然后向政府提出种种不法要求等，此种情形下的对象就是国家而不是任何具体的个人或者某一单位。

---

① 褚剑鸿著:《刑法分则释论》（下册），台湾商务印书馆 1995 年增订版，第 1290 页；林山田著:《刑法特论》（上册），台湾三民书局 1985 年修订初版，第 393 页。

② 李希慧、孙光骏:《论绑架勒索罪的几个问题》，载丁慕英等主编:《刑法实施中的难点疑点问题研究》，法律出版社 1998 年版，第 752 页。

（四）客体特征之比较

关于绑架罪的犯罪客体，大陆刑法理论界存在着两种不同的主张：一种观点认为，绑架罪侵犯的客体是被害人的人身自由权利。① 这种观点被称为“简单客体说”。另一种观点则主张，绑架罪侵犯的客体是复杂客体，即他人的人身权利和财产权利。②

笔者认为，从大陆刑法的规定来看，绑架罪既然是一种目的犯，该罪所侵犯的客体就不应当是单纯的人身自由权利，还应包括财产权利或者其他法益在内。但由于大陆刑法规定的绑架罪之目的并不确定，既可能是勒索他人财物，也可能是绑架他人作为人质以提出其他非财产性的不法要求。由此所决定，公民的人身自由权利是绑架罪必然侵犯的客体，而财产权利或者其他合法利益则仅是绑架罪可能侵犯的法益，而犯罪客体必须是实施某种行为所必然而不是有可能侵犯的某一种社会关系，所以，笔者主张，就大陆刑法规定的绑架罪而言，绑架罪的犯罪客体应是简单客体，仅为公民的人身自由权利。

与大陆刑法不同的是，我国台湾地区“刑法典”规定的掳人勒索罪要求行为人在主观上只能是出于勒赎的意图，如果出于其他目的，如政治目的等，而实施了掳人行为的，不能论之以掳人勒赎罪。所以，我国台湾学者一致主张，掳人勒赎罪之条款所保护之法益相当广泛，即有财产法益、生命、身体与自由等法益，唯以财产法益与人身自由为重点。只不过，从目的行为之观点出发，我国台湾刑法学界把掳人勒赎罪当做财产犯，我国台湾地区“刑法典”也是把掳人勒赎罪作为侵犯财产法益的一类犯罪加以规定的，因此，我国台湾地区“刑法典”中的掳人勒赎罪侵犯的客体是复杂客体，其中，财产法益是刑法保护的重点即大陆刑法理论中所说的主要客体，人身自由法益则是次要客体。

那么，绑架罪的犯罪客体以人身权利为主要客体还是以财产权利为

---

① 陈正云等编著：《中国刑法通论》，中国方正出版社1997年版，第498页；肖中华著：《侵犯公民人身权利罪》，中国人民公安大学出版社1998年版，第225页。

② 李希慧、孙光骏：《论绑架勒索罪的几个问题》，载丁慕英等主编：《刑法实施中的难点疑点问题研究》，法律出版社1998年版，第752页。

主要客体更适宜？或者，换言之，两岸刑法对于绑架罪在刑法分则中的归类，哪一种更为合理呢？尽管这仅仅是一个国家或者地区刑事立法侧重点如何的问题，但它却是刑事立法模式科学与否的一种反映。笔者认为，绑架罪由于其所采取的手段行为是侵犯公民人身自由的行为，这种行为至为严重，且往往伴随有杀、伤行为，如勒索不成而“撕票”，或因惧怕日后被害人告发，为湮灭罪证而杀人灭口等等，手段至为残忍、恶劣，严重危害公民人身权利，扰乱社会秩序。鉴于绑架罪这种严重的社会危害性，笔者认为，大陆刑法以人身权利作为该罪的主要客体，比起我国台湾地区“刑法”以“财产权利”作为主要客体而言，更加符合刑事立法的宗旨，因为，对生命的关注应重于对财产权益的保护，这也是当今世界各国各地区刑法发展的方向和趋势。例如，联邦德国刑法所规定的绑架罪，犯罪客体也是复杂客体，但却是作为“自由罪”规定于妨害自由罪章之中的，由此可见其保护的法益重点所在。

三、两岸绑架罪既遂与未遂区分标准之比较

对于绑架罪既遂与未遂的区分，大陆学者主要存在着以下两种不同的主张：一种观点主张，绑架罪虽然是绑架和勒索或者提出其他不法要求两个行为的结合，但考虑本罪既遂与未遂的标准，应以被害人是否被绑架、偷盗而丧失行动自由处于犯罪分子的实际支配下为准。因为本罪侵害的客体是公民的人身权利，刑事立法的宗旨也是突出对人身权利的保护，所以，行为人为勒索财物或者提出其他不法要求的目的，实施了绑架行为或偷盗婴幼儿的行为，也就是将被害人掳离原地，移置于其实际支配之下，即为既遂。如果行为人已着手实施了绑架或偷盗行为，由于被害人的反抗以及行为人意志以外的原因未能将被害人掳离原地的，则属于未遂。至于行为人疏于看守，使被害人乘机逃脱或被绑架者、偷盗者的亲属和有关组织解救以及行为人勒索财物或者提出的其他不法要求的目的是否实现，均不影响本罪既遂的成立。另一种观点则主张，绑架罪由于在客观方面表现为绑架行为和勒索财物行为或者提出其他不法要求行为的结合，因而如果行为人的绑架行为虽然已经实施完毕，但由于行为人意志以外的原因，勒索财物的行为或者提出其他不法要求的行为尚未实施，则应成立绑架罪的未

遂，而不能是既遂。[①]

而我国台湾刑法学界则认为，掳人勒赎罪既遂与未遂的区分以被绑架者是否已经丧失行动自由、处于行为人的实力支配之下为准。若行为人出于勒赎意图，已将被绑架者架离原来处所，而置于其实力支配下，则为本罪的既遂。至于被绑架人的亲属是否依照行为人的勒赎批示而交付财物，则与本罪的既遂无关。换言之，掳人既遂则本罪既遂，至于行为人的勒赎意图是否得逞，则非所问。[②]

笔者认为，两岸刑法学界的上述看法都有其不尽合理之处。就大陆刑法的规定而言，绑架罪实际上有两种情形，一种是基本构成的绑架罪，另一种是加重构成的绑架罪，即大陆刑法第239条第1款规定的“致使被绑架人死亡或者杀害被绑架人的”。对于加重构成的绑架罪来说，自不发生犯罪未遂的问题，只有出现了法定的加重结果或者具有了法定的加重情节，犯罪才告成立，如果未发生法定的加重结果或者具备法定的加重情节，则不能论之以绑架罪的加重构成犯。对此，我国台湾学者也持赞同的意见。[③] 而对于基本构成的绑架罪来说，笔者赞同大陆学者的第一种观点。这是因为，尽管绑架罪的客观行为是一种复合型的行为，但绑架罪这种复合型行为与抢劫罪的复合行为还有一定的区别。众所周知，抢劫罪在客观方面表现为以侵犯公民人身权利的手段来达到行为人非法占有他人财物的目的，而绑架罪由于存在着两种复合情形，一种情形是绑架行为与勒索财物的复合，另一种则是绑架行为与提出不法要求行为的复合，并且，绑架罪的行为人在主观上的目的并不是单一确定的，而是不确定的。所以，如果一定要像抢劫罪那样，以行为人犯罪目的的实现作为绑架罪既遂与未遂相区

① 李希慧、孙光骏：《论绑架勒索罪的几个问题》，载丁慕英等主编：《刑法实施中的难点疑点问题研究》，法律出版社1998年版，第751页。

② 王振兴著：《刑法分则实用》（全三册增修本），台湾三民书局1994年再版，第743页；林山田著：《刑法特论》（上册），台湾三民书局1985年修订初版，第395页。

③ 王振兴著：《刑法分则实用》（全三册增修本），台湾三民书局1994年再版，第743页。

别的标准，一方面使得绑架罪既遂与未遂的区分标准难以统一于所有的绑架案件中，从而有违形式逻辑规则；另一方面也与绑架罪的构成特征以及司法实践中所出现的绑架罪的各种实际情形不相吻合。所以，笔者认为，对于基本构成的绑架罪来说，应以绑架行为是否实施完毕作为区分绑架罪既遂与未遂的标准，如果行为人采取暴力、胁迫、麻醉或者其他方法，使被害人置于其实力支配之下，则属绑架罪的既遂；反之，如果行为人虽然已经着手实施绑架行为，但由于行为人意志以外的原因，未能将被害人置于其实力支配之下的，则应论之以绑架罪的未遂。

至于我国台湾地区“刑法典”中规定的普通掳人勒赎罪，由于台湾地区“刑法典”明确规定该罪的犯罪目的是单一的“意图勒赎”，因此，普通掳人勒赎罪与我国台湾地区“刑法典”中规定的强盗罪在构成特征的表现形式上是完全相同的：在客观方面，两罪都表现为一种复合型的行为，即以侵犯公民人身权利的方法行为来实现行为人非法获取财物或者财产上的不法利益的目的；而在主观方面，行为人都具有确定的单一的犯罪目的，即非法获取财物或者财产上的不法利益。对于强盗罪既遂与未遂的区分，我国台湾刑法学界的通说主张以行为人犯罪目的实现与否，即行为人是否非法获取了他人的财物为标准。那么，对于表现形式与之完全相同的普通掳人勒赎罪，为什么仅以掳人行为是否实施完毕为标准，至于行为人勒赎财物目的是否实现则在所不问呢？因而笔者认为，我国台湾刑法学界的上述观点值得商榷。普通掳人勒赎罪既遂与未遂的区分同样应当以勒赎财物目的的实现与否作为区分的标准。如果行为人虽然已经实施了掳人的行为，但由于行为人意志以外的原因，尚未实施勒赎财物的行为，或者勒赎财物的目的未能达到的，不能以普通掳人勒赎罪的既遂论处，而只能作为普通掳人勒赎罪的未遂处罚。

四、两岸绑架罪刑罚适用之比较

对于绑架罪的处罚，大陆刑法第239条规定，犯绑架罪的，处10年以上有期徒刑或者无期徒刑，并处罚金或者没收财产；致使被绑架人死亡或者杀害被绑架人的，处死刑，并处没收财产。而我国台湾地区“刑法典”对于掳人勒赎罪的处罚则规定：犯普通掳人勒赎罪的，处死刑、无期徒刑或者7年以上有期徒刑；因而致人死或者重伤者，处死刑或者无期徒刑；犯普通掳人勒赎罪而未遂的，应受处罚；预备犯普通掳人勒赎罪的，处2年以下有期徒刑；犯普通掳人勒赎罪未经取赎而释放被害人者，得减轻其刑。

从上文可以看出，两岸对绑架罪都规定了较之其他普通犯罪更重的法定刑，法定最高刑都是死刑，且对绑架罪都按情节轻重设置了不同幅度的量刑档次。不同的是，大陆刑法对于绑架罪所规定的法定刑按从轻到重的顺序排列，而我国台湾地区“刑法典”对掳人勒赎罪的法定刑则是按从重到轻的顺序排列，这反映出两岸立法机关对于绑架罪处罚的不同态度，我国台湾地区“刑法典”对掳人勒赎罪的处罚比大陆刑法更为严厉和强硬。笔者认为，既然我国台湾地区“刑法典”中的普通掳人勒赎罪并不包括故意杀人的行为和致使他人死亡的结果的内容，对于普通掳人勒赎罪法定刑的规定未免过重，有与罪责刑相适应原则相悖之虞。此其一。其二，我国台湾地区“刑法典”对于普通掳人勒赎罪的几种未完成形态，即犯罪未遂、犯罪预备和犯罪中止的处罚，在掳人勒赎罪的法条中都作出了明确的规定，而大陆刑法分则对于包括绑架罪在内的所有犯罪的法定刑的规定，都是针对犯罪既遂形态加以规定的，至于犯罪未完成形态的处罚，则依据总则的相关规定，由司法机关酌情处理。显然，大陆刑法的这种立法模式较之我国台湾地区“刑法典”的做法，更符合刑事立法简明、精练的要求。但是，这种简明、精练应当以确保刑法条文内容具体、明确以及保证司法统一为前提，这是罪刑法定主义的当然要求。所以，笔者认为，我国台湾地区“刑法典”对普通掳人勒赎罪的各种未完成形态的处罚在法条中予以明确规定的做法，值得大陆立法机关借鉴。其三，大陆刑法对绑架罪的处罚规定了财产刑，而我国台湾地区“刑法典”对掳人勒赎罪所规定的法定刑则没有涉及财产刑。就掳人勒赎罪在我国台湾地区“刑法典”中的规定来看，掳人勒赎罪在我国台湾地区“刑法典”中是一种严重的侵犯财产法益的犯罪，行为人绑架他人并不仅仅是为了侵犯他人的人身权利，而是为了勒赎财物，也就是说，掳人勒赎罪是一种贪利性十分严重的犯罪，而罚金刑等财产刑在惩治和防范贪利型犯罪中的作用已成为人们的共识。从这一点来看，我国台湾地区“刑法典”对掳人勒赎罪财产刑规定的付之阙如确是一个缺憾，这从一定的侧面暴露出我国台湾地区“刑法典”长期以来不随社会生活的发展变化而作相应修改的弊端，也在一定程度上削弱了我国台湾地区“刑法典”的现代色彩。

（本文发表于《云南法学》2000年第2期）

附录 论著索引

一、著作

1. 张志杰主编:《非法拘禁罪》,中国检察出版社1996年版。
2. 邓国良、刘德福主编:《绑架犯罪及防治对策》,中国人民公安大学出版社2003年版。
3. 刘树德著:《绑架罪案解》,法律出版社2003年版。
4. 祝铭山主编:《非法拘禁罪·绑架罪》,中国法制出版社2004年版。
5. 裴广川主编:《刑事案例诉辩审评——绑架罪、非法拘禁罪》,中国检察出版社2005年版。

二、论文

1. 郭旦霞:《区分刑讯逼供与非法拘禁》,载《社会科学》1981年第6期。
2. 陈骥:《非法拘禁的案件应由哪个单位受理?》,载《法学杂志》1982年第5期。
3. 苏文昭:《对暴力绑架勒财行为定罪的探讨》,载《法学》1983年第9期。
4. 张光国:《对非法拘禁罪立案标准的看法》,载《法学杂志》1983年第2期。
5. 汪保康:《建议增设绑架罪》,载《现代法学》1985年第4期。
6. 刘玉安:《浅谈"绑票"行为的属性》,载《人民司法》1985年第11期。
7. 刘继:《非法拘禁罪小议》,载《法学杂志》1985年第6期。
8. 沈涛:《陶志国等人构成非法拘禁罪理当从重论处》,载《法学评论》1986年第1期。
9. 桑红华:《认定非法拘禁罪应注意的问题》,载《法学杂志》1987年第4期。
10. 张旭:《关于非法拘禁罪的探讨》,载《当代法学》1987年第4期。

11. 尹希贤:《浅谈非法拘禁罪》,载《法学杂志》1987 年第 2 期。
12. 刘佑生:《谈依法认定和处理非法拘禁罪》,载《河北法学》1988 年第 2 期。
13. 张智勇、夏勇:《少数民族地区非法拘禁案件调查报告》,载《现代法学》1989 年第 1 期。
14. 王作富、胡云腾、孙力:《拐卖、绑架妇女、儿童罪探析》,载《法学家》1992 年第 1 期。
15. 张恩福、宋志伟:《“人质型”非法拘禁犯罪案件浅析》,载《中国刑事法杂志》1992 年第 1 期。
16. 王淑华:《浅论绑架勒索罪》,载《人民司法》1992 年第 10 期。
17. 夏其淦:《试论绑架勒索罪》,载《甘肃政法学院学报》1992 年第 3 期。
18. 杨旺年:《试论绑架勒索罪》,载《法律学习与研究》1992 年第 3 期。
19. 李文玉:《绑架勒赎罪初探》,载《江西法学》1992 年第 2 期。
20. 康均心、胡鹰:《关于拐卖绑架妇女儿童犯罪的几个问题》,载《法学论坛》1992 年第 2 期。
21. 周道鸾:《试论关于〈严惩拐卖、绑架妇女、儿童的犯罪分子的决定〉的法律适用》,载《中国法学》1992 年第 4 期。
22. 刘雅玲:《试论绑架勒赎罪》,载《河北法学》1993 年第 1 期。
23. 陈小清:《试论绑架勒索罪》,载《中南政法学院学报》1993 年第 3 期。
24. 齐志明、孙爱军:《谈非法拘禁人大代表问题》,载《人民检察》1994 年第 2 期。
25. 周柏森、曾月英:《正确认识和处理“人质型”非法拘禁罪》,载《甘肃政法学院学报》1994 年第 1 期。
26. 蔡洪生、张伯坤:《对〈谈非法拘禁人大代表问题〉的一点异议——和齐志明、孙爱军同志商榷》,载《人民检察》1994 年第 11 期。
27. 徐东晖、潘家永:《试论绑架勒索罪》,载《法学论坛》1995 年第 3 期。
28. 潘家永:《试论绑架勒索罪》,载《山东法学》1995 年第 2 期。
29. 张明楷:《论绑架勒赎罪》,载《法商研究》1996 年第 1 期。
30. 林亚刚:《绑架勒索罪若干问题的探讨》,载《法学家》1996 年第 4 期。
31. 刘培哲:《绑架勒索罪若干问题》,载《人民检察》1996 年第 9 期。
32. 刘璇:《对绑架勒索罪中几个问题的探讨》,载《政法学刊》1996 年第 1 期。

33. 赵建新:《"以索债为目的绑架人质"中的"债"必须是合法之债》,载《人民检察》1996 年第 5 期。
34. 彭祥荡、钱圣:《浅析非法拘禁案件的新动向及对策》,载《法学评论》1996 年第 3 期。
35. 张喜民:《非法拘禁罪的表现及诱因》,载《河北法学》1996 年第 4 期。
36. 杨桐桂:《"人质型"非法拘禁案的特点与对策》,载《中国刑事法杂志》1996 年第 2 期。
37. 黎美义:《"人质型"非法拘禁犯罪的成因与惩治对策》,载《人民检察》1994 年第 11 期。
38. 林亚刚、贾宇:《关于绑架及相关犯罪的几点探讨》,载《国家检察官学院学报》1997 年第 4 期。
39. 张俊华:《绑架勒赎又劫财定一罪还是数罪》,载《人民检察》1997 年第 8 期。
40. 孙光骏、李希慧:《论绑架勒索罪的几个问题》,载《法学评论》1998 年第 1 期。
41. 方益权:《论绑架罪罪名确定及其构成要件》,载《温州师范学院学报》(哲学社会科学版) 1998 年第 4 期。
42. 林亚刚、贾宇:《绑架及相关犯罪的几点探讨》,载丁慕英等主编:《刑法实施中的重点难点问题研究》,法律出版社 1998 年版。
43. 方益权:《论"为索取债务非法扣押、拘禁他人"的一罪与数罪》,载《温州师范学院学报》(哲学社会科学版) 1999 年第 10 期。
44. 牟伦祥:《绑架罪条款有疏漏之处》,载《法律与监督》1999 年第 3 期。
45. 肖中华:《绑架罪略论》,载《山东法学》1999 年第 5 期。
46. 戴长林、尧宇华:《论我国刑法中的绑架罪》,载《江西社会科学》1999 年第 5 期。
47. 林鸿斌、李隽:《一起非法拘禁案引发的若干思考》,载《法律适用》1999 年第 7 期。
48. 孟庆华:《绑架罪若干问题探讨》,载《云南大学学报》(法学版) 2000 年第 4 期。
49. 肖俊德、樊洪:《略论绑架罪的几个问题》,载《中州学刊》2000 年第 11 期。
50. 王宗光:《论绑架罪的认定》,载《法律适用》2000 年第 5 期。

51. 孟庆华:《关于绑架罪的几个问题》，载《法学论坛》2000 年第 1 期。
52. 肖中华:《关于绑架罪的几点思考》，载《法学家》2000 年第 2 期。
53. 方文军:《论绑架罪》，载《检察时空》2000 年第 3 期。
54. 杨聚章、田立夫:《试论绑架罪》，载《新刑法研究与适用》，人民法院出版社 2000 年版。
55. 黎嘉良:《广西绑架勒索、非法拘禁犯罪规律特点和侦防对策》，载《广西公安管理干部学院学报》2000 年第 3 期。
56. 刘宪权、钱晓峰:《关于绑架、拘禁索债型犯罪定性若干问题研究》，载《法学》2001 年第 9 期。
57. 杜国强:《绑架罪若干问题研究》，载《河北法学》2001 年第 6 期。
58. 史杜军:《试论绑架罪的犯罪主体》，载《河南公安高等专科学校校报》2001 年第 6 期。
59. 胡祥福:《绑架罪若干问题探讨》，载《南昌大学学报》（人文社会科学版）2001 年第 4 期。
60. 胡捷:《绑架罪刑罚梯度有待完善》，载《检察日报》2001 年 1 月 15 日。
61. 宋川:《从一起绑架、非法拘禁案析共犯的错误与继承的共犯》，载《人民司法》2001 年第 1 期。
62. 李文峰:《怎样区分绑架勒赎犯罪的既遂与未遂》，载《广西政法管理干部学院学报》2001 年第 2 期。
63. 周建英:《从绑架罪看结合犯的刑事责任年龄》，载《河北法学》2001 年 4 期。
64. 由龙涛:《相对刑事责任年龄人绑架杀人定性浅析》，载《人民检察》2001 年第 5 期。
65. 阮齐林:《绑架罪的法定刑对绑架罪认定的制约》，载《法学研究》2002 年第 2 期。
66. 刘津慧:《绑架罪罪质特征之我见》，载《河北法学》2002 年增刊。
67. 赵秉志、肖中华:《绑架罪适用中的疑难问题（上）：既遂与未遂的区分》，载《检察日报》2002 年 1 月 15 日。
68. 刘全:《绑架中劫财行为之定刑——与林鸿同志商榷》，载《人民法院报》2002 年 7 月 29 日。
69. 林鸿:《绑架中劫走被绑架人财物行为之定性》，载《人民法院报》2002 年 4 月 22 日。

70. 肖中华、薛林:《论非法拘禁罪适用中的几个问题》,载赵秉志编:《刑法评论》(第1卷),法律出版社2002年版。
71. 王宗光:《勒索型绑架罪认定中的疑难问题》,载《刑事法判解》(第2卷),法律出版社2002年版。
72. 赵秉志、肖中华:《绑架罪适用中的疑难问题(下):绑架罪与非法拘禁罪的界限》,载《检察日报》2002年2月5日。
73. 张建军:《降低绑架罪主体年龄之建言》,载《人民检察》2002年第6期。
74. 潘拓、王超刚:《非法拘禁中打伤被拘禁人应如何定罪——从一宗非法拘禁案谈对刑法第238条的理解》,载《中国刑事法杂志》2002年第5期。
75. 朱明锁:《绑架中取走被害人随身财物如何定性》,载《检察日报》2002年10月17日。
76. 罗树志、陈小彪:《关于非法拘禁罪的几个问题》,载《中南大学学报》(社会科学版)2003年第5期。
77. 董邦俊、唐子艳:《非法拘禁罪及其立法之质疑》,载《湖北警官学院学报》2003年第2期。
78. 陈金鑫、薛林:《对非法拘禁罪几个问题的探讨》,载《犯罪研究》2003年第1期。
79. 邓定远、邓定永:《索债型非法拘禁罪若干问题研究》,载《政法学刊》2003年第6期。
80. 刘凌梅:《绑架罪客观要件争议问题的再探讨》,载《郑州大学学报》(哲学社会科学版)2003年第4期。
81. 刘树德:《绑架罪罪数认定研究》,载《中国刑事法杂志》2003年第3期。
82. 冯英菊:《非法拘禁他人并索财的,该定何罪?——兼论拘禁型抢劫和绑架的区分》,载《人民检察》2003年第12期。
83. 张韵声、陈祥军:《析绑架罪与非法拘禁罪之异同》,载《法律适用》2003年第8期。
84. 赵秉志、阴建峰:《非法拘禁罪构成特征探究》,载赵秉志编:《刑法时评(首卷2003年卷)》,中国人民公安大学出版社2004年版。
85. 于文湖:《对绑架罪的再思考》,载《滨州师专学报》2003年第1期。

86. 刘凌梅等:《绑架罪若干疑难问题研究》，载姜伟主编:《刑事司法指南》(第13辑)，法律出版社2003年版。
87. 赵秉志、阴建峰:《非法拘禁罪构成中若干问题研讨》，载《河南省政法管理干部学院学报》2004年第2期。
88. 荆凤梅、赵艺林:《超期羁押构成非法拘禁罪的法理分析》，载《河南省政法管理干部学院学报》2004年第5期。
89. 黄嵩:《论非法拘禁罪与绑架罪认定中的若干难点》，载《法学评论》2004年第4期。
90. 冯凡英:《论绑架罪的实行行为——兼谈绑架罪立法的完善》，载《烟台大学学报》(哲学社会科学版) 2004年第3期。
91. 刘志高、魏颖华:《对绑架罪法定刑立法规定之思考》，载《河南省政法管理干部学院学报》2004年第6期。
92. 曾亚杰:《如何理解“杀害被绑架人”》，载《人民法院报》2004年9月20日。
93. 李剑文:《论索债型非法拘禁行为的认定》，载《学术探索》2004年第11期。
94. 刘远、周海洋:《绑架罪新论》，载《山东警察学院学报》2005年第5期。
95. 吕秀辉:《对绑架型犯罪问题的看法》，载《辽宁行政学院学报》2005年第1期。
96. 宋翔、张太范:《“杀害被绑架人”不等于故意杀人行为》，载《人民法院报》2005年3月23日。
97. 赵秉志、阴建峰:《非法拘禁罪行为构造研析》，载《河北法学》2005年第1期。
98. 陈兴良:《拘禁他人并向其勒索财物行为之定性研究——杨宝营案的分析》，载《河北法学》2005年第3期。
99. 郑佳展、黄仁发:《亟待制定一般主体实施非法拘禁行为的定罪标准》，载《人民检察》2005年第3期。
100. 陈洪兵:《试析非法拘禁罪的疑难问题》，载《云南大学学报》(法学版) 2005年第1期。
101. 陈柱钊:《论索债型非法拘禁的司法认定》，载《江西公安专科学校学报》2006年第6期。

102. 王敬安：《非法拘禁致人死亡的司法认定》，载《人民检察》2006 年第 6 期（下）。

103. 闫永安、王志祥：《非法拘禁罪若干问题研究》，载《河北法学》2006 年第 11 期。

104. 王水明、王志祥：《绑架罪基本要件问题探讨》，载《河北法学》2006 年第 8 期。

105. 张明楷：《绑架罪中"杀害被绑架人"研究》，载《法学评论》2006 年第 3 期。

106. 张兰馨、徐晓玲：《绑架罪若干问题探讨》，载《行政与法》2006 年第 2 期。

107. 胡丽萍：《"绑架中致人严重残疾"量刑管见》，载《人民检察》2006 年第 6 期。

108. 夏思扬：《谎称被绑架而索财的行为如何定性》，载《中国检察官》2006 年第 1 期。

109. 裴钟彧、刘根娣：《索债型非法拘禁罪的司法认定》，载《法治论丛》2007 年第 3 期。

110. 张永红：《论绑架罪的保护法益》，载《河南公安高等专科学校学报》2007 年第 2 期。

111. 何俊：《关于绑架罪认定的几个问题》，载《广西警官高等专科学院学报》2007 年第 2 期。

112. 陈林义、吴仁义：《人质型绑架罪主观目的之认定》，载《中国检察官》2007 年第 3 期。

113. 钱叶六：《绑架罪司法认定中的几个疑难问题探究——从陈某绑架、抢劫案开始谈起》，载《云南大学学报》（法学版）2007 年第 3 期。

114. 张永红、孙涛：《绑架罪法定刑的立法完善》，载《广州市公安管理干部学院学报》2007 年第 4 期。

115. 陈兴良：《共同正犯：承继性与重合性——高海明绑架、郭永杭非法拘禁案的法理分析》，载陈兴良主编：《刑事法评论》（第 21 卷），北京大学出版社 2007 年版。

116. 付立庆：《已满十四周岁不满十六周岁的人绑架致使被绑架人死亡之法律适用》，载《人民检察》2007 年第 9 期。

117. 李磊：《非法拘禁致人重伤、死亡的司法认定——兼论刑法第二百三十八条第二款》，载《法治论坛》2007 年第 4 期。
118. 程燕：《非法拘禁罪转化犯规定的两个问题》，载《检察日报》2008 年 8 月 11 日。
119. 张永红：《绑架罪客观要件新解》，载《青海社会科学》2008 年第 1 期。
120. 叶慧娟、曹俊金：《论绑架罪的犯罪既遂标准》，载《法治论丛》2008 年第 1 期。
121. 王志祥：《绑架罪中“杀害被绑架人”新论》，载《法商研究》2008 年第 2 期。
122. 刘雪梅、谢雄伟：《论绑架罪特殊中止犯的设立——由“善良绑匪”案引发的刑法思考》，载《时代法学》2008 年第 3 期。
123. 黄祥青：《绑架罪的既遂标准及认定思路》，载《人民法院报》2008 年 2 月 20 日。
124. 赵运锋：《绑架罪司法疑难问题的梳理与检讨》，载《中国矿业大学学报》（社会科学版）2008 年第 1 期。
125. 张利兆：《宽严相济刑事政策的贯彻与严格依法定罪——由一起从绑架罪改为敲诈勒索罪案件引发的思考》，载《人民检察》2008 年第 10 期。
126. 鲁忠、石来：《试论绑架罪的主观方面》，载《湖北广播电视大学学报》2008 年第 2 期。

三、学位论文

1. 樊洪：《论绑架罪》，郑州大学 2000 年硕士学位论文。
2. 夏自卫：《索债型非法拘禁行为的刑法问题》，湘潭大学 2003 年法律硕士专业学位论文。
3. 孙庆宏：《绑架罪疑难问题研究》，中国政法大学 2003 年法学硕士学位论文。
4. 魏颖华：《绑架罪的理论与实务研究》，郑州大学 2003 年法学硕士学位论文。
5. 王颖：《论绑架罪的认定》，中国政法大学 2003 年法律硕士专业学位论文。
6. 张永江：《论绑架罪的司法认定与立法完善》，湘潭大学 2003 年法律硕士专业学位论文。
7. 绳万勋：《论绑架罪》，武汉大学 2004 年法律硕士专业学位论文。

8. 邓定远:《我国刑法中的绑架罪的概念与特征研究》,中国政法大学 2004 年法学硕士学位论文。
9. 袁锐:《试论绑架罪》,武汉大学 2004 年法学硕士学位论文。
10. 周欣:《绑架罪若干疑难问题探析》,华东政法学院 2004 年法学硕士学位论文。
11. 杨平娟:《论非法拘禁罪》,中国政法大学 2004 年法学硕士学位论文。
12. 古淑惠:《非法拘禁罪研究》,武汉大学 2004 年法学硕士学位论文。
13. 王荣:《绑架罪若干疑难问题研究》,郑州大学 2004 年法律硕士专业学位论文。
14. 肖国建:《论绑架罪的认定》,苏州大学 2004 年法律硕士专业学位论文。
15. 杨春雷:《论绑架罪》,黑龙江大学 2004 年法律硕士专业学位论文。
16. 王宏宇:《论绑架罪》,黑龙江大学 2005 年法律硕士专业学位论文。
17. 杨永浩:《绑架罪若干问题研究》,吉林大学 2005 年法学硕士学位论文。
18. 张宁:《论绑架罪》,黑龙江大学 2005 年法律硕士专业学位论文。
19. 职鸿章:《绑架罪若干问题研究》,郑州大学 2006 年法学硕士学位论文。
20. 何伟:《绑架罪若干问题研究》,中国政法大学 2006 年法律硕士专业学位论文。
21. 朱慧灵:《绑架罪若干问题研究》,郑州大学 2006 年法学硕士学位论文。
22. 刘冰:《绑架罪问题研究》,郑州大学 2006 年法律硕士专业学位论文。
23. 刘景山:《井某绑架案研究》,黑龙江大学 2006 年法律硕士专业学位论文。
24. 马飞:《绑架罪若干问题研究》,苏州大学 2006 年法律硕士专业学位论文。
25. 崔居胜:《绑架罪若干争议问题及立法完善研究》,四川大学 2006 年法律硕士专业学位论文。
26. 安保红:《论绑架罪》,安徽大学 2006 年法律硕士专业学位论文。
27. 高明:《论绑架罪》,郑州大学 2006 年法律硕士专业学位论文。
28. 李敏:《试论绑架罪法定刑的缺陷及立法完善》,湘潭大学 2006 年法律硕士专业学位论文。
29. 王东晖:《绑架罪司法实践若干问题探究》,湘潭大学 2006 年法律硕士专业学位论文。
30. 陈玲:《绑架罪略论》,中国政法大学 2007 年法学硕士学位论文。

31. 郎素娣：《论绑架罪》，对外经济贸易大学 2007 年法律硕士专业学位论文。
32. 张济坤：《试论绑架罪——以本体刑法学为视角》，中国政法大学 2007 年法学硕士学位论文。
33. 徐博强：《绑架罪认定若干问题研究——以构成要件为着眼点》，吉林大学 2007 年法学硕士学位论文。
34. 盛冲：《绑架罪若干问题研究》，中国政法大学 2007 年法学硕士学位论文。
35. 吕克杰：《论绑架罪》，山东大学 2007 年法律硕士专业学位论文。
36. 周翠兰：《非法拘禁罪疑难问题研究》，烟台大学 2007 年法律硕士专业学位论文。
37. 顾红艳：《绑架罪若干问题研究》，南京师范大学 2008 年法律硕士专业学位论文。
38. 任峥：《绑架罪司法疑难问题研究》，贵州大学 2008 年法律硕士专业学位论文。